U0137371

"蓝色福建 向海图强"丛书

海上福建

下

中共福建省委党史方志办 著

海峡出版发行集团
THE STRAITS PUBLISHING & DISTRIBUTING GROUP
福建人民出版社
FUJIAN PEOPLE'S PUBLISHING HOUSE

| 福州

厦门

泉州

平潭

福　州

综 述

有福之州　滨海名城

福州为福建省省会，别称榕城，地处中国东南沿海，闽江下游平原，福建省中部东端，"城在山中，山在城内"是福州地理的突出特色之一。东临台湾海峡，西靠三明市、南平市，南邻莆田市，北接宁德市。自隋唐以来就是福建的政治、经济和文化中心，现辖鼓楼、台江、仓山、晋安、马尾、长乐6个区，闽侯、连江、罗源、闽清、永泰5个县及福清市，市辖区面积1761.2平方千米。2021年末，福州常住人口842万人（不含平潭）。福州有2200多年的建城史，越文化、中原文化及海外文化等外来文化与闽文化相互融合、发展，形成闽都文化兼容并蓄、多元聚合的鲜明特点，产生了"海纳百川，有容乃大"的城市精神，孕育出三坊七巷文化、中国船政文化、昙石山文化、寿山石文化等闽都文化品牌。历代先民在生产生活过程中传承保留下大量宝贵的非物质文化遗产，至2021年6月，福州拥有176项市级及以上非遗项目，其中国家级非物质文化遗产代表性项目16项。福州先后荣获国家历史文化名城、中国优秀旅游城市、国家卫生城市、国家园林城市、全国绿化模范城市、全国文明城市、国家森林城市、中国最具幸福感城市等称号。

形胜绝佳　物华丰饶

福州市管辖海域总面积8200平方千米，大陆海岸线长920千米，是全国海岸线最长的省会城市。属典型的亚热带海洋性季风气候，四季常青，生态环境良好，

三坊七巷

是著名的花果之乡、生态之城，青山如黛、江水澄碧，一年四时花开不断。森林覆盖率为58.36%，位居全国省会城市第二位。境内有山、岩、洞、湖、寺、庙、祠、塔等风光名胜百余处，独具滨江滨海和山水园林旅游城市风貌。水果种植面积位列全省第二，盛产福橘、枇杷、荔枝、龙眼、葡萄、柿子、橄榄等水果，橄榄、李梅面积与产量均居全国第一。地热资源埋藏浅、水温高、水质好，含有氡、硫、钾等多种元素，自古有"闽中温泉甲天下"之美誉，宋代宰相李纲写诗赞叹"玉池金屋浴兰芳，千古华清第一汤"，2010年被国土资源部授予首批"中国温泉之都"称号。

历史悠久　积厚流光

1986年，福州入选第二批国家历史文化名城。福州先民创造了平潭壳丘头文化、昙石山文化、黄土仑文化，形成鲜明海洋文明特征的闽族文化和闽越文化。

20世纪90年代，习近平同志在福州工作期间高度重视文物和文化遗产保护，提出了许多具有前瞻性、战略性的思想理念，推动了一系列具有开创性、引领性的探索实践，为赓续闽都文化的"根"与"魂"奠定坚实基础。1997年，福州在全国率先颁布实施《福州市历史文化名城保护条例》，奠定了福州市立法保护历史文化名城的坚实基础。福州现有4783处不可移动文物，其中全国重点文物保护单位25处，省级文保单位136处，市级文保单位111处，县（市）区级文保单位586处；海丝史迹遗产点3处、海丝史迹关联点1处；国有博物馆、纪念馆20家，非国有博物馆10家。这里有中国长江以南最古老的木构建筑物华林寺；有被誉为"天下四大名碑"之一的"恩赐琅琊王德政碑"；有闽中最早的摩崖石刻——被称为书法艺术"至宝"的唐代李阳冰乌石山摩崖石刻。这些都有千年以上的历史。

海丝门户　因海而兴

早在距今1900年前的东汉时期，福州就开始了海港贸易和中转货物的活动，唐代时福州港与广州、扬州港并称为三大贸易港口。明代，郑和七次下西洋都从长乐太平港扬帆起航，创造了当时世界上规模最大、航线最远的航海纪录。东冶

复建后的船政衙门（刘述先　摄）

港是福建商港的源头，是中国古代海上丝绸之路最早的始发港之一。清末，福州被辟为"五口通商"口岸，福建内地和浙东地区的茶、木竹、纸等土特产从这里输出，布匹、呢绒、颜料、五金、洋油、烟草、西药等洋货从这里转运。左宗棠、沈葆桢在马尾创办的船政学堂，是清代第一所教授西方现代造船、海军知识的学堂，近代约60%海军军官出自福建，是中国近代工业和近代海军的摇篮，也是中国走向近代文明的重要标志，也为台湾的近代化奠定了基础。改革开放后，福州成为14个沿海开放城市之一。目前，福州港是中国沿海25个主要港口之一，也是对台直航试点口岸之一，建成生产性泊位186个，其中万吨级泊位56个，形成连片式、集约式和规模化发展格局，成为中国沿海大宗散货中转运输枢纽。

人杰地灵　群英荟萃

唐开元间，福州就有府学。北宋初出现大学者陈襄、陈烈、周希孟、郑穆，人称"海滨四先生"。南宋时期，民族英雄李纲、文天祥，著名诗人陆游、辛弃疾，爱国词人张元幹，"唐宋八大家"之一曾巩，著名理学家朱熹，大书法家蔡襄，名臣程师孟、梁克家，学者杨时、赵汝愚等都在福州任职或生活过。明代涌现了林鸿等"闽中十才子"、经史文学家林瀚、抗倭名将张经、音韵家陈第、一代名相叶向高、著名作家谢肇淛、甘薯引种者陈振龙、著名学者曹学佺等著名人物。清代有编纂《古今图书集成》的陈梦雷，经学家陈寿祺，文史名家黄任、梁章钜、陈衍等。近现代有民族英雄林则徐，首任船政大臣、开启台湾近代化的沈葆桢，启蒙思想家严复，著名翻译家林纾，"戊戌政变六君子"之一林旭，黄花岗七十二烈士的林文、林觉民、方声洞等，爱国华侨黄乃裳，国民政府主席林森，工人运动领袖王荷波、林祥谦。此外，林白水、高梦旦、郑振铎、冰心、庐隐、林徽因、胡也频、邓拓等在现代文学史上均有较高的地位。科普先驱高士其、肝胆专家吴孟超、围棋宗师吴清源等在国内外都深有影响。侯德榜、陈景润等院士青史留名，中华人民共和国成立以来的两院院士中，福州籍院士达到74位，数量在全国省会城市中名列前茅。

独特风情　厚植乡土

　　福州旅游资源丰富，有国家级森林公园5个、省级10个，国家A级旅游景区53个。始建于明洪武四年（1371年）的镇海楼与广州越秀山镇海楼、杭州吴山镇海楼同为东南沿海三大镇海楼。被誉为"中国城市里坊制度活化石"和"中国明清建筑博物馆"的三坊七巷享有"一片三坊七巷，半部中国近代史"的盛名。福州历史中轴线最南端的烟台山，曾有17个国家在此设立领事馆或代办处，号称福州版的"万国建筑博物馆"。鼓山和旗山东西对峙，自古就被誉为"全闽二绝"。福州方言在唐末五代就已定型，是保存中古音最多的方言之一。闽剧、伬艺和评话均列入第一批国家级非物质文化遗产代表性项目名录。福州地区特有的节日"拗九节"也被称为"孝顺节"。陈靖姑信俗被列入国家非物质文化遗产保护名录，"马尾—马祖元宵节俗"于2008年被列为国家级非物质文化遗产。脱胎漆器与纸伞、角梳并称福州特艺三宝，又与寿山石雕、软木画称为"榕城三绝"，其

"两马同春闹元宵"灯会（刘述先　摄）

中，脱胎漆器与寿山石雕列入第一批国家级非物质文化遗产代表性项目名录，软木画列入第二批国家级非物质文化遗产代表性项目名录。闽菜谱"首席菜"佛跳墙有"启坛荤香飘四邻，佛闻弃禅跳墙来"的美誉，锅边、鱼丸、荔枝肉、八宝红蟳饭等也都是具有浓郁地方特色的风味小吃，浸润着满满的烟火气。

赤子拳拳　情系桑梓

福州人远渡重洋，旅外谋生的历史久远，早在汉代就有福州人随着商船远渡海外，历代到海外谋生者众多，旅居海外的福州籍乡亲400多万人，分布在世界177个国家和地区。长期以来，侨胞在海外谋生创业、艰苦奋斗、勇于开拓，通过各种方式积极参与侨居国和家乡的各项事业建设。抗日战争时期，华侨有钱出钱、有力出力，踊跃支援祖国的抗日事业。中华人民共和国成立后，侨胞们怀揣赤子之心回乡投资、反哺故土。改革开放以来，福州更是侨商云集，侨胞充分发挥资金、技术、人才和人脉优势，积极投资兴业，助力乡亲脱贫致富。如爱国侨领林绍良、林文镜创建全国第一个侨字号国家级开发区——融侨经济技术开发区，之后又于1990年建立了全国首个侨办工业村——洪宽工业村，带领一批又一批台资、侨资企业落户福州。侨办企业覆盖金融、环保、地产、茶业、林业、工艺美术、教育、餐饮、服装、水暖、器械、灯具、服务各行业。

榕台同源　融合发展

福州与台湾仅一水之隔，是祖国大陆距离台湾最近的省会城市，福州籍台湾乡亲80多万人。古代，台湾经济比较落后，许多生活用品由福州供应。从宋代建立行政机构开始，台湾归属福建管辖。1885年台湾建省后，仍然和福建保持教育、行政和财政方面关系。福州文化对台湾影响深远，许多台湾的儒学教授、教谕、训导来自福州，福州的举人、进士不少掌教于台湾各书院。台湾许多民间信仰神灵是由福州分灵后进入台湾城镇和乡村，如两岸普遍流行的临水夫人陈靖姑、福州城隍神、戏神田都元帅、水部尚书陈文龙、五帝信仰、张真君信仰及白马王信俗等，都渊源于福州。台湾信众常组织大型进香团到福州寻根谒祖，并参加各种信俗交流活动。1985年以来，国家相继批准在马尾设立台商投资区、保税区和科技园区，海峡两岸海上试点直航口岸以及台轮停泊点，两地来往日益密切。福州市贯彻习近平总书记关于打造台胞台企登陆第一家园的重要指示精神，发挥福州与台湾血缘亲、地缘近、文缘通、商缘广、法缘同的"五缘"优势，持续深化榕台经贸交流合作，推动电子信息、机械、石化等优势产业精准对接，加强两地青年文化交流，至2022年已举办十届海峡青年节，带动更多台胞来榕就业创业，推动两岸关系和平发展。

海上福州　向海图强

进入新时代，福州按照习近平总书记提出的"3820"战略工程、闽江口金三角经济圈、海上福州、现代化国际城市战略构想，加快建设有福之州、幸福之城，形成电子信息、纺织化纤、轻工食品、机械制造、冶金建材、石油化工、生物医药、能源电力等八大主导产业，重点建设滨海新城、福州大学城、东南汽车城、丝路海港城、国际航空城、现代物流城等六个城，打响海上福州、数字福州、新型材料、海港空港、闽都文化五大国际品牌。2018年至今，成功举办六届数字中国建设峰会，数字政府发展排名位居省会城市第四位。此外，还承办了多项国际盛会，如21世纪海上丝绸之路博览会暨海峡两岸经贸交易会、福州国际招商月、丝绸之路国际电影节、海上丝绸之路（福州）国际旅游节、海峡（福州）渔业周·中国（福州）国际渔业博览会等。如今的福州城，已跳出"三山两塔一条江"的旧框架，向"七山两江一面海"的新格局阔步进发。

（编纂：吴燕、林巧　审稿：林毅敏、叶红）

马 尾 区

一、综述

马尾区位于福州市东部，地处东海之滨，闽江入海口，与马祖列岛隔海相望。闽江中有浮礁若马头，旧镇中岐位于马头之尾部，至迟于清咸丰年间出现"马尾"之名。2021年末，全区土地面积264平方千米，海域面积约44平方千米，海岸线58千米；户籍人口191096人，常住人口298645人。

马尾区地势呈西北高、东南低。辖区林地面积14953.17公顷，森林覆盖率47.18%。地处南亚热带与中亚热带交接处，属亚热带季风气候。年平均气温20.2℃，年平均降水量约1511.3毫米。闽江过境长度37千米，支流有磨溪、马鞍溪、水塘溪等14条溪流，河汊纵横，形成网状水系。2007年12月，省政府批准建立福建闽江河口湿地省级自然保护区，地跨马尾和长乐两个区，保护区总面积3129公顷。马尾辖区内保护区总面积869公顷，保护区内分布有野生脊椎动物283种，属国家重点保护野生动物59种；记录到野生维管束植物资源77种。

"千年古港，百年船政"。马尾是闻名中外的贸易港口、中国近代海军的摇篮。自唐代起，马尾港就是海上丝绸之路的重要起点之一。宋天圣七年（1029年），境内闽安镇设巡检司衙门，负责巡察海上贸易、缉私、巡捕海匪及设关课税等海疆事务。清道光二十二年（1842年），《南京条约》签订后，福州被辟为通商口岸之一，马尾港成为重要贸易港口。同治五年（1866年），船政在此创办，兴工业、育人才、建海军、卫海防，在政治、经济、军事、科技、教育等方面对中国近代经济社会发展产生深远影响。

"闽台一家，血浓于水"。马尾与台湾仅一水之隔，语言相通，习俗相近，血缘相亲。2001年1月28日，马尾与马祖签订《福州马尾—马祖关于加强民间交流与合作的协议》，标志着"两马"在"一个中国"原则的立场上，正式启动民间经济文化交流合作。"两马同春闹元宵"成为两岸文化交流重要品牌，"马尾—马祖元宵节俗"也由海峡两岸共同申报，于2008年列为国家级非物质文化遗产。截至2023年，"两马同春闹元宵"活动已举办二十一届。

福州经济技术开发区（马尾区）是全国首批14个经济技术开发区之一，是福州新区、自贸试验区、海丝核心区、生态文明先行示范区、自主创新示范区等多个国家战略层面政策叠加的重要区域。近年来，马尾区深入贯彻落实"海上福州"建设工作部署，全力推进国家骨干冷链物流基地建设和海洋经济发展，初步形成以水产品为核心，贯通养殖、捕捞、深加工、流通、消费全链条的冷链物流产业集群。区内的海峡水产品交易中心是东南亚地区最大的水产现货交易市场，水产品种类达300余种，年交易量约200万吨，年交易额约200亿元，保障全省70%以上的水产品消费需求；形成省内重要水产品加工生产基地，集聚了29家规模以上水产品加工企业。2021年，马尾区规模以上水产品加工企业完成产值102.9亿元。

二、闽江口的明珠——琅岐岛

琅岐岛素有"闽江口的明珠"之称，西、北、南三面临江，东面濒海，是海岛镇，与马祖列岛隔海相望，距离仅18海里。全岛东西长15.3千米，南北宽8.1千米。全岛面积92平方千米，海岸线长40多千米。琅岐岛古称"琅琦岛""琅琦山"。1999年12月福建省人民政府批准设立琅岐经济区。2012年1月1日起，琅岐经济区划为福州经济技术开发区直接管理。

琅岐岛人文荟萃，名人辈出，从宋代到清代，走出进士、举人达40多位。琅岐岛享闽江、拥东海，自然风光有白云观日、云龙潮音、双龟把口、五虎守门、天竺听泉、芦洲宿雁、金鸡报晓、白猴镇江、大桥卧波、朴林探幽等十景。人文景观丰富，拥有区级保护单位31处、文物保护点60处。琅岐岛自然条件得天独厚，农业以养殖业、种植业为主，观光采摘农庄、农牧场数量众多，1994年被确定为省级蔬菜副食品基地和具有田园风光特色的旅游休闲度假区。2012年被规划定位为生态旅游岛。2014年，琅岐闽江大桥通车，琅岐岛融入"榕城半小时都市生活圈"。近年来，琅岐促进文旅融合、农旅融合，持续办好"果蔬节""红蟳节"等品牌活动，全力打造闽江口优美的旅游休闲度假岛。

琅岐龙鼓沙滩位于琅岐岛东南向，是龙鼓度假区（国家AA景区）的重要组成部分，景区有漫长的海岸线、宁静的海滩、嶙峋的怪石、遍布的岩洞和礁石。近年来，景区主要建设景点有：九龙柱环岛、光影音乐沙滩、潮音栈道、露天派对、天空之境等网红打卡点，还有金鸡报晓、白猴镇江、双龟把口、海堤观潮、飞龙在天、古朴树林等。为了进一步推动沙滩资源开发利用，2021年五一假期期间，首届琅岐龙鼓沙滩浪漫嘉年华活动在龙鼓沙滩举办，并成功推出一日游路线和夜游路线。

三、千年古港

马尾港位于闽江入海口、江海交汇处。北距沙埕港125海里，温州港174海里，上海港472海里；南距泉州港157海里，厦门港200海里，香港420海里；东距台湾基隆港149海里，位于福建省海岸线中点，地理位置优越。

马尾素有"千年古港"的美称。东汉建武初年（25年），马尾港就有通商活动。自唐代起，马尾就是海上丝绸之路的起点之一。明成化十年（1474年），福建市舶司移设福州，马尾港成为琉球朝贡贸易的法定港口。清康熙二十三年（1684年），设立闽海关（常关）。乾隆十一年（1746年），闽海关（常关）设闽安等分口31处，负责查验货物和征收关税。道光二十二年（1842年），清政府与英国签订《南京条约》，马尾港成为重要贸易港口。清同治五年（1866年），清政府批准在马尾创办船政，建立造船工业，开设新式学校，并成为中国近代海

马尾港区（刘述先　摄）

军的摇篮和造船基地。同治十三年（1874年），发生日本派兵侵略台湾事件（时台湾属福建省建制）。为驱逐侵台日军，在马尾建立的由船政自造的兵船组成的"船政轮船"水师，以马尾港为母港，派出加强台防的舰船，运送军用物资和地面兵力，迫使日本侵略者撤出台湾。中华人民共和国成立后，马尾港军事功能逐步减弱，作为商港的地位日渐加强，并得到大规模扩建与新建。20世纪70年代，开始进行大规模港口基本建设。1982年，马尾港口集装箱运输兴起。

马尾与马祖、白犬相对，与台湾仅一水之隔。早在吴永安三年（260年），境内和夷洲（今台湾省）已有海上交通往来。两岸关系缓和后，马尾对台交流日益增多。2001年1月2日，两岸间首条海上客运航线——"两马航线"（马尾港至南竿福澳港）在马尾港启动，实现两岸人员的直接往来。2008年，闽台海运直航、直接通邮在马尾港正式启动。2019年5月17日，"两马"新航线——福州马尾琅岐至马祖南竿福澳港航线开通。2020年10月27日，福州马尾至台湾跨境电商货物海运直航专线首航，该航线为两岸跨境电商企业提供福州马尾与台北、基隆、高雄等台湾主要港口双向直航的海运干线物流服务，有力地促进闽台两地经贸合作。

四、海洋资源

马尾区地处亚热带季风气候区，属南亚热带季雨林和中亚热带常绿阔叶林交接处。沙生乔木林的木麻黄主要分布在琅岐岛和区内沿海地带。朴树林则分布在琅岐岛东北部。此外琅岐岛还分布有沙生草丛和沙生灌丛。海产鱼类及其他海生动物多产于琅岐东南部闽江口，主要品种有鲈鱼、南美白对虾、锯缘青蟹（红蟳）、文蛤、缢蛏、毛蟹等。

文蛤

文蛤是珍贵的海产品之一，通常一粒重三四两，最重的可达一斤左右，因而被誉为"蛤中之王"。文蛤是琅岐岛的特产。琅岐地处闽江入海口，海水含盐度适中，海底泥沙淤积，饵料非常丰富，十分适宜文蛤生长繁殖。近年来，琅岐岛开展人工养殖文蛤，取得成功，人工养殖文蛤面积不断扩大。

红蟳

学名叫锯缘青蟹，因其青色的外壳边缘有锯齿状缺刻而得名。红蟳是一种极著名的食用蟹，营养价值高。闽江口气候温和，水质肥美，饵料充足，盛产红蟳。琅岐红蟳个大、肉肥、膏红、味美，风味独特，是海产中的珍品。2015年，琅岐红蟳成功注册国家地理标志证明商标；2017年琅岐红蟳因个头大、品质优、无污染，成为金砖国家领导人厦门会晤专供水产品。

毛蟹

雅号"无肠君子""横行介士"，有"横行君子竟无肠"之说，因两只螯足上长着许多绒毛而得名。琅岐岛江海在此交汇，潮流畅通，饵料十分丰富，著名的闽江蟹多产于此。毛蟹个大肉肥，膏红味美，久负盛名。一般农历七八月时毛蟹最为肥美，膏红脂满味美。选择毛蟹时以脐的圆尖辨别雌雄，脐圆者为雌，尖者为雄。

五、历史人文

　　勤劳智慧的马尾先民在这片土地上，创造了光辉灿烂的文化，现有的390多处文物胜迹正是境内先民所创文化的典型代表。目前，辖区共有福建船政建筑、罗星塔、亭江炮台等全国重点文物保护单位5处，有迥龙桥、马限山近代建筑群等省级文物保护单位3处，有石佛亭造像、龙门摩崖石刻等市级文物保护单位13处，有区级文物保护单位54处。迥龙桥及邢港码头（闽安古镇）、罗星塔2处被列为海丝史迹遗产点。

（一）遗迹遗存

船政建筑

　　船政是中国近代工业的重要发源地，被誉为"中国近代海军的摇篮"，船政文化遗址群先后被命名为爱国主义教育示范基地、国防教育基地。船政建筑主要包括轮机厂、绘事院、一号船坞、钟楼、官厅池，2001年列为全国重点文物保

船政天后宫（刘述先　摄）

护单位。轮机厂始建于清同治六年（1867年）。该厂当时负责制造船的大小机件和合拢校准，清同治十年（1871年）制造出的中国第一台船用蒸汽机（150匹马力），轮机厂至2004年仍由马尾造船厂的机修车间使用。绘事院初名"绘事楼"画馆，清同治七年（1868年）建，是法国式两层砖木结构建筑。上层为绘事楼（绘事院），绘制船身构造图样，绘制机器图样以及测算、设计；下层为合拢厂（安装车间），占地面积1689平方米。一号船坞始建于光绪十三年（1887年），光绪十九年竣工，原称青洲船坞，可容纳8000吨级舰船入坞修理。钟楼于民国二十六年（1927年）以法国钟楼为蓝本设计建造，官厅池在同治六年建造。

（详见《海上福建（上）》）

马江海战炮台

马江海战炮台位于马尾区马限山中坡山顶，又称中坡炮台，始筑于清同治七年（1868年）。光绪十年（1884年）临战前构建前、后坡炮台，皆在中法马江海战中被毁。清光绪十三至十四年间（1887年至1888年）船政大臣裴荫森主持重修，修筑主炮位、掩体等。炮台用糯米汁拌三合土夯筑而成，占地面积3800平方米，1993年重修中坡炮台。1996年，被列为全国重点文物保护单位。

马江海战烈士墓

马江海战烈士墓位于马限山东麓昭忠祠内。清光绪十年（1884年），安葬中法马江海战死难烈士共九冢。民国九年（1920年），由当时福州船政局局长陈兆锵主持，合九冢为一丘，并立墓碑。1984年重修。墓长49米，宽10.5米，高1.1米。坐西北向东南，石砌，混凝土构筑，四周石柱，锚链环绕。墓前立方形拱顶碑亭，石碑直下两行楷书："光绪十年七月初三日，马江诸战士埋骨之处。"1996年，被列为全国重点文物保护单位。

昭忠祠

昭忠祠于1885年奉旨敕建，专为祭祀在中法马江海战中殉难的将士而设，是全国第一座海军专祠，民国时期又增祀在中日甲午战争中牺牲的海军烈士，是迄今为止全国仅存的仍然保留祭祀功能的近代海军昭忠祠。昭忠祠前后两进，1886

年竣工，内祀殉国的796位将士英灵。民国九年（1920年）重修时，祠内添建了戏台、阁楼、花厅、回廊等，且报请海军部将中日甲午战争中为国捐躯的海军将士列入马尾昭忠祠合祀。1984年大规模重修，同时辟为马江海战纪念馆。2004年、2014年，昭忠祠又进行了两次修缮并重新布展。1996年，昭忠祠被列为全国重点文物保护单位。

罗星塔

罗星塔建于南宋，最初为木塔。由于塔下山丘突立水中，回澜砥柱，水势漩涡，若"磨心"，所以也称"磨心塔"。明万历年间，罗星塔被海风推倒。明天启年间，著名学者徐𤊹等人倡议复建。重建的石塔七层八角，高31.5米，塔座直径8.6米，每层均建拱门，可拾级而上；外有石砌栏和泻水檐。檐角上镇有八方佛，角下悬铃铎。清光绪十年（1884年）中法马江海战就在塔下开火，石塔损伤

罗星塔（马尾区融媒体中心　供）

多处。战后，在塔顶安装一颗铁球，以替代被炮火所毁之塔刹。1964年重修，因栏板和塔檐剥落，只好改用铁管栏杆。但建筑的艺术风貌，仍存旧观。2013年罗星塔被列为全国重点文物保护单位。

福建戍守台湾将士墓群

福建戍守台湾将士墓群又称虎头山清军义冢。同治十三年（1874年），日本借"牡丹社事件"侵略台湾时，随船政大臣沈葆桢援台御敌在台湾阵亡或染瘴疫病死的135位清兵归葬于此。墓群共135圹，面向东北，一面依山，三面临溪涧山谷，右侧和前后两边用花岗石砌造，墓埕用三合土夯平。2013年福建戍守台湾将士墓群被列为全国重点文物保护单位。

亭江炮台

亭江炮台又称北岸炮台或南般炮台，位于闽江北岸亭江镇南般村，与对岸的长乐区象屿村南岸炮台隔江对峙，扼守闽江下游的咽喉地带。始建于清顺治十四至十五年（1657年至1658年），光绪六年（1880年）再修。中法马江海战期间，炮台被毁，光绪十二年修复。抗日战争期间又遭日军破坏，不久重修。北岸炮台占地面积3000多平方米，由山巅的主炮台、山腰的前沿炮台、江边的岸炮台和山后的弹药库等组成。2013年，亭江炮台被列为全国重点文物保护单位。

迥龙桥

横跨邢港河两岸的迥龙桥，建于唐天复年间（901—904），花岗石平梁结构，是福州现存最古老的石桥。南北走向，全长66米，宽4.8米，4墩5孔。两墩间距13米左右，两墩间平铺大石梁各5根，每根长15米，宽0.9米，厚1米，重约30吨。5孔共铺设25根。桥两侧共有36根石栏，雕刻奇兽、珍果，形态各异，均是唐、宋旧物。1991年，迥龙桥被列为省级文物保护单位。

闽安协台衙门

闽安协台衙门是我国现存较少且保存完好的海防军事衙门，始建于宋代，为监镇卫，元、明为巡检司。顺治十五年（1658年），清政府在巡检司原址上建协台衙门。中法马江海战期间，闽安协台衙门作为闽江第二道重要防线的指挥所，负责指挥闽安闽江口两岸的炮台及岸防。现存的闽安协台衙门为明末清初建筑，由门楼、照壁、仪门、正厅和后堂及三个天井组成，占地面积为1768平方米。2009年，闽安协台衙门被列为省级文物保护单位。2013年，马尾区政府将此处进行整体修缮，2014年正式对外开放。

马限山近代建筑群

清同治九年（1870年）以后，英国陆续在马限山建造了监狱、副领事署、圣教医院和院长公寓4座砖木结构的欧式建筑。2020年，马限山近代建筑群被列为省级文物保护单位。

济美桥

济美桥位于罗星街道君竹村，建于北宋景祐五年（1038年），经清雍正十年（1732年）、嘉庆七年（1802年）、同治六年（1867年）秋季三次重修。1992年济美桥被列为市级文物保护单位。

（二）非遗文化

马尾区拥有鲜明地域特色的非物质文化遗产，已成功入选1项国家级非遗项目、2项省级非遗项目、1项市级非遗项目、20项区级非遗项目，涉及民俗、传统美术、传统技艺、民间文学等多个类别。现有市级非遗文化传承人1名、区级非遗文化传承人3名，3个市级非遗传承示范基地、4个乡村非遗传习所，建成1所非遗展示馆，打造2个非遗传承示范校园。

马尾—马祖元宵节俗

马尾、马祖位于闽江出海口两岸，相隔不到一百海里。两地居民自古以来便有春节、元宵期间送花灯、闹花灯的节俗活动。每年元宵之夜，马尾与马祖两地灯火辉煌，烟花爆竹五光十色，踩街队伍翩翩起舞；尤其是"两马"并列的彩灯制作精巧，寓意深刻，十分引人注目，充分体现了海峡两岸人民对未来生活的美好愿望。2008年，马尾—马祖元宵节俗列入第二批国家级非遗名录。

（详见《海上福建（上）》）

琅岐肩顶戏

琅岐肩顶戏发源于琅岐镇前锋，在清朝末年时从古代民间迎神赛会妆台阁的基础上发展而成。肩顶戏以8位年轻的小伙子为台柱，肩顶八位5岁至10岁左右的孩童，小孩负责唱腔和手部、头部动作，大人负责台位变换和脚部动作。步伐主要有踩街步、花花公子步、花旦步和贝壳步，上下两人最重要的就是配合默契。肩顶戏的后台音乐由7至8人组成，根据曲调，管弦乐与打击乐或齐奏，或轮套，板介严谨，节奏感强，优雅动听。2022年，琅岐肩顶戏入选福建省第七批省级非物质文化遗产代表性项目名录。

福州古蒸鱼燕制作技艺

福州的古蒸鱼燕味道鲜美，形如元宝，又音似"御宴"。早年举子进京赶考前，按传统风俗习惯都食古蒸鱼燕，取一个好彩头。久而久之，食鱼燕就成了不可或缺的乡俗，被传承下来了。古蒸鱼燕制作技艺的历史，可上溯到康熙二十年（1681年），至今已有300多年历史，已传承十代。2022年，福州古蒸鱼燕制作技艺入选福建省第七批省级非物质文化遗产代表性项目名录。

马尾剪纸

马尾剪纸的渊源可追溯到唐代，当时闽王王审知在修成马尾闽安古镇邢港迥龙桥时，跟随的部属用红纸剪了许多喜花窗花妆点迥龙桥和两岸的亭台楼阁，格外喜庆。为感激闽王恩德，古镇妇女纷纷仿效学习，形成马尾剪纸，流传至今。作为闽江口的文化遗产，马尾剪纸艺术同船政文化相互融合，是记录马尾船政历史的"活化石"。2020年，福州剪纸（马尾）入选福州市第六批市级非遗代表性项目名录。

闽安八将舞

闽安八将舞为闽安水师将士首创，是闽台两岸民众喜闻乐见的经典传统民俗节目。清康熙年间闽安水师建立后，将士们生活比较单调，于是自编自演了一套既能寓乐于舞，又能鼓舞士气的八将舞，并且传授给当地民间武术团体与各个庙宇。八将舞还传播到闽安水师管辖的福建主要港口、要塞和台湾。2018年，闽安八将舞入选马尾区第二批非物质文化遗产代表性项目名录。

闽安板凳龙

闽安板凳龙距今已有150年的历史。每年正月十四、十五、十六三天必举行该项活动，其中数正月十五晚最为壮观。年轻力壮的小伙子们扛着板凳龙游街走巷，队伍浩浩荡荡，每经一户家门，主人便合家相迎，燃放鞭炮焰火。目前，闽安一带因多数年轻人侨居国外等缘故，板凳龙已近失传。2018年，闽安板凳龙入选马尾区第二批非物质文化遗产代表性项目名录。

闽安藤牌操

藤牌操又称藤牌阵、藤牌舞，始于明代。相传，藤牌舞源自戚继光当年所创的鸳鸯阵，经过戚继光部将晏继芳等人的改造而成。至清代，驻守闽安镇的兵勇常操练藤牌军，也传教乡勇，由此逐渐演变为传统民俗舞蹈——藤牌舞。2018年，闽安藤牌操入选马尾区第二批非物质文化遗产代表性项目名录。

（三）民俗信仰

二月二

"二月二"在马尾古称"花朝节"，是庆祝百花生日、迎接花神的节日。马尾一带民谚有"二月二，逢种都下地"之说，意为此时什么种子都可以播种了。亭江东岐村过去在这一天，主要是"迎大王"，连日演戏，有的年份，还一连演出好几天，亲友都来聚会，以保全村平安。马尾还有部分村庄，在这一天做锅边糊、煎饼，迎接播种季节的到来。

中元节

马尾中元节最隆重的是纪念中法战役死难烈士。中法马江战役中，1000多名将士、丁勇、抗法义士、无辜民众死亡。战后马尾人民收拾尸体，沿江设祭，至阴历十月。自此每年七月十五日，马尾官民均设祭纪念中法战役死难烈士，成为定例。

白马尊王信仰

白马尊王有两种说法，一种说法是白马尊王即闽王王审知。王审知是开闽王，当政时开辟港口，兴修水利，因此福建沿海人民设庙奉祀王审知。另一种说法为，白马尊王是闽越王的三太子，民间流传白马三郎射鳝保境安民的故事。马尾境内主祀白马尊王的场所有多处，如亭江镇的南门外白马尊王庙、重云白马大王庙，琅岐岛上也有多座白马尊王庙，其中凤鲞白马尊王庙为琅岐岛规模最大。

通济王信仰

通济大王庙在福建沿海与台湾众多，成为海峡两岸炎黄子孙共同信仰的护国安民之神。马尾地区古庙中有不少供奉通济王，如琅岐凤窝通济王庙、衙前通济王庙、南兜唐舍境通济王庙等。

六、闽安古镇

闽安镇（现为闽安村）位于马尾之东，前扼闽江，东临大海，形胜险要，为江海之锁钥，当会城之咽喉，自古是闽中的军事重镇、物资集散中心和对外交流窗口。唐代肇始设镇，取"安镇闽疆"之意。宋代为全闽四大镇之首，课税、赋盐、设关皆取利。明太祖朱元璋取福州时先取闽安。郑成功取福州时曾两度先占闽安，故有"省垣门户""闽赖而安"之说。清末，在闽安峡设立南、北炮台。清光绪十年（1884年）中法马江海战，福建水师全军覆没，闽安的炮台被法军摧毁，还被夺去数尊大炮。战争结束后，清政府又花巨资修复炮台，闽安的炮台基本得到了修复加强。

闽安古码头既是我国海上丝绸之路的起点之一，也是我国最早的对外通商口岸之一。从汉唐至明清，闽安邢港古航道都是所有进出福州港的外国商船的必经之路，各地区生产的丝绸、陶瓷、茶叶等，都在邢港码头装船扬帆运往世界各地。各地的商品汇集到闽安，交易点则是闽安纵横交错的九街九铺。商行商店云集于此，数不胜数，可谓"八方商贾聚闽安，百货随潮船入镇"。

闽安村（马尾区融媒体中心　摄）

　　如今，闽安古镇明清两个时期的街区及居民遗迹均存，在福建省古村落中少见。作为福建海丝重镇，留下了包括迥龙桥、协台衙门、福建戍守台湾将士墓群、亭江炮台等海丝遗迹，蕴涵着船政文化、海关文化、军事文化等历史积淀，保存有大量唐、宋、元、明、清文物古迹。其中，亭江炮台、福建戍守台湾将士墓被列为全国重点文物保护单位，闽安协台衙门为省级文物保护单位。2007年，闽安村被列入第三批福建省历史文化名村名单；2010年，被列入第五批中国历史文化名村名单；2012年，入选第一批中国传统村落名录。

七、美食特产

"靠山吃山，靠水吃水"，一方水土养一方人，每一道美味的食物都离不开大自然的馈赠和人类的智慧与辛劳。马尾独特的江海交汇条件与丰富的物产资源，形成了颇具特色的美食特产。

螃蜞酥与螃蜞酱

琅岐、闽安水域盛产螃蜞。螃蜞即蟛蜞，淡水产小型蟹类，形似小螃蟹，学名相手蟹。闽安水域咸淡水交融，涨潮、退潮与大海同步，加上邢港河水质清澈，特异的水源环境造就了闽安螃蜞量多、质鲜、味美的特点。用螃蜞腌制加工的螃蜞酥和螃蜞酱也久负盛名。

制作螃蜞酥要选用肢体较大的鲜活螃蜞，洗净后放入大盆中吐污三天。然后加入定量的地瓜烧白酒，待螃蜞醉酒后剔去肚内杂质。接着严格按比例制作调料，先将生姜倒入油锅炒出味，加入上等红糟温火慢烧，透熟后再加辣椒、味精、食盐、白糖等微火慢煮。煮毕倒入容器，配料冷却后加入醉酒的螃蜞搅动均匀，即成香脆可口、酒香四溢的螃蜞酥。

螃蜞酥的存放时间不长，制作成螃蜞酱就能保存较长时间。把鲜活的螃蜞洗净磨成酱，调以红糟、白酒、白糖、精盐、味精、葱头、蒜头等作料进行腌制即为螃蜞酱。海蜇皮蘸螃蜞酱是老马尾人的经典吃法，也是宴席上常备的小菜。

味　蛋

琅岐岛素来被称为"禽蛋之乡"，被列入《中国经济名都名乡名号》。岛民年饲养蛋鸭20多万只，产鸭蛋5000吨。琅岐人用鸭蛋加工的味蛋在国内外市场十分畅销。

味蛋又叫咸蛋，加工味蛋的技术比较简单。挑选鸭蛋时先进行初选，选粒大、新鲜、干净的鸭蛋。然后再进行复选，先用灯光照一照鸭蛋，剔除散黄蛋、红蛋、受精蛋等，然后用手指弹鸭蛋，剔除破损蛋。最后用草木灰和盐调好的配料包裹鸭蛋，放在罐子或缸里封存一两个月后，就可煮食。煮熟之后的味蛋蛋黄呈橘红色，色味香俱佳，佐餐下酒十分可口。把味蛋的蛋黄取出，可作为加工蛋黄月饼、蛋黄粽等的配料。

琅岐葡萄

琅岐葡萄以味甜、汁多、质优、品种多而著称。琅岐岛上葡萄种植面积达3000多亩，有醉金香、巨峰、美人指、夏黑、金星无核、香妃、红宝石、婴儿指、早玉等20多个国内外有名的葡萄品种。

琅岐是福州周边最火爆的葡萄采摘地，相继开发了万叶葡萄观光园、榕升休闲农庄、阡陌农庄等采摘园区。每年七八月份，到琅岐采摘葡萄、品尝葡萄的人络绎不绝。葡萄节是琅岐岛的主要文化品牌，从2011年开始，琅岐每年都举办以葡萄为主题的节庆活动。2019年就曾举办"来琅岐·浪起来——2019福州·琅岐葡萄旅游节"，当年7月20日，参加葡萄节启动仪式的游客达数千人，当日到琅岐的游客有上万人。当年的葡萄节还与全域旅游深度融合，推出"摘琅岐葡萄，品船政文化"和"摘琅岐葡萄，逛闽安古镇"等旅游线路，游客除了参加现场采摘，还可以游览琅岐金鸡报晓、闽安古镇、船政文化博物馆，既发挥生态有机葡萄园的特色，又促进全域旅游发展。

芭乐

芭乐，又称番石榴，是琅岐瓜果中的新宠。琅岐的芭乐从台湾引进，从小果开始就套上薄膜袋，直到采摘，始终与药物、病虫害隔离，所以无药害、病虫害污染，是标准的绿色食品。琅岐种植着几千亩台湾芭乐。每年8月下旬至9月初，是琅岐芭乐成熟的季节。

芭乐鲜果洗净（免削皮）即可食用，也有些人喜欢切块置于碟上，加少许酸梅粉或盐巴，风味独特。煮过的芭乐可以制作成果酱、酸辣酱等各种酱料。在制作各种水果沙拉、派、布丁、冰激凌、酸奶以及其他饮品的时候加入芭乐，也能增加风味。芭乐还可加工成汁，是很畅销的果汁饮料，也是现代人的送礼佳品。

（编纂：邱建萍　审稿：韩青、吴向都）

长 乐 区

一、综述

长乐区位于福州市东部，地处东海之滨、闽江口南岸，东濒台湾海峡。2021年末，全区土地面积745平方千米，海域面积3248平方千米，海岸线98.78千米；全区人口23.85万户、76.78万人，常住人口81万人。

长乐区地势西北部与西南部较高，中部地势平坦。辖区探明的矿产资源石英砂数量与质量居全国前列。森林覆盖率27.08%。属亚热带海洋性季风气候区，暖和湿润，夏长少酷暑，冬短少霜雪。年平均气温21.6℃，年平均降水量1552.2毫米。福建闽江河口湿地国家级自然保护区，地跨马尾和长乐两个区，总面积2260公顷，长乐辖区内总面积2100公顷，分布有高等植物141种，野生动物395种。2021年，闽江河口湿地可持续的发展模式，作为2021年世遗青年论坛最佳实践案例向全世界推广。

长乐境内文物古迹繁多，如著名的有古槐镇竹田村新石器时代遗址、春秋时期和三国造船的遗址——吴航头、宋代开始开凿的莲柄港水利工程、明代伟大航海家郑和刊立的"天妃灵应之记"碑、抗倭名将戚继光的平倭古战场、清代三江口水师旗营遗迹、琅尾港伏击日军遗址、中共福建省委及闽中游击队司令部南阳旧址等。长乐人文荟萃，素有"海滨邹鲁"之誉，历史上先后出现11名状元、3名榜眼、5名探花、956名进士，官至宰相、枢密使、参知政事、副相者9人，任尚书者10人，历代入祀乡贤祠的有钱四娘、林安上、刘砥、刘砺、高应松、陈文龙、杨梦斗、周行、陈玉、陈文沛、陈振龙。近现代有著名作家郑振铎、冰心，历史学家、教育家郑天挺，天文学家高鲁，"福建梅兰芳"郑奕奏，著名金石书画家潘主兰，世界著名鸟类学家、中科院院士郑作新等杰出人物。

　　长乐是福建省著名侨乡与台胞祖籍地之一。早在唐末五代，就有王彦英举家浮海避难新罗（今朝鲜南部）。南宋时期有漳坂人谢升卿入赘安南（越南），宝庆元年（1225年）立为安南王。元末明初，陈祖义、陈友定部队为朱元璋所灭，残部中长乐人多数逃亡到三佛齐（今印尼苏门答腊附近），成为东南亚地区的早期华侨。明永乐、宣德年间，郑和七次下西洋，有许多长乐人随船出洋，并就此定居海外。鸦片战争后，出现以"卖猪仔"形式出境的契约劳工。抗日战争时期，不少长乐人为避兵灾战祸而背井离乡，前往海外谋生。中华人民共和国成立后，尤其是党的十一届三中全会后，移民、留学与劳务出国人数日见增多，大量播迁世界各地，以美国、加拿大居多。截至2021年，有海外乡亲、港澳同胞70多万人。

闽江河口湿地国家级自然保护区（吴航乡情社　供）

长乐是国务院首批颁布的沿海开放县（市）、全国综合实力百强区。2017年2月13日正式启动福州滨海新城建设，新城位于长乐沿海地区。同年11月6日，长乐举行撤市设区授挂牌仪式。长乐作为全省改革开放的先行区，是福州贯彻落实"东进南下"发展战略的重要承载地，是福州新区核心区和福州未来中心城区的副中心，是21世纪海上丝绸之路建设的重要节点，撤市设区标志着长乐与中心城区融合发展开启新征程。

二、下沙海滨度假村

长乐沿海沙丘由海滩上的细砂经风力吹扬，内移堆积而成，分布于滨海平原外侧。下沙海滨度假村位于长乐区江田镇下沙村，于1986年5月开发建设，规划面积约38.67公顷，是省内最早开发、距省会城市福州最近的海滨旅游度假村。度假村倚山面海，风光得天独厚。度假村海滨浴场北至湖航宾馆，南至海军基地，全长2.3千米，宽400米，属内海无鲨区，在18米的水域内水深不过1米，沙细坡缓，不受潮汐影响，是游泳冲浪的好场所，也是观赏日出月升的极佳处。浴场北面与海堤相连的风母礁上，坐落着海螺塔、海蚌厅，以其独特的建筑风格和醒目的地理位置，成为海滨度假村的重要标志。下沙海滨度假村曾被称作"东方夏威夷""南国北戴河"，日均客流量最多时曾达3万人次。2017年后，下沙度假村片区土地收储工作启动，至2021年基本完成。

三、松下港

长乐松下港是福州地区主要海港之一，为国内不多见的不冻不淤天然深水良港，位于长乐东南部的松下镇，距上海447海里，距香港395海里，距台湾基隆125海里，并且和长乐空港十分接近，地理区位优势明显。松下港建港条件优越，深水岸线约16千米，可建65个万吨级深水泊位，水域面积4.5平方千米，主航道水深15~25米之间，可充分满足5万吨级以上船舶航行。松下港早在唐代就已与平潭苏澳通航，清末粤浙客轮往返途中必泊松下，华侨前往南洋亦在松下港乘轮。1972年，设立松下港务站。1988年，设立长乐松下台湾船舶停泊点。1994年，福建省和福州市作出决定，推动建设松下港为福州地区的深水海港。2003年后，松下港正式启动港口工程建设。至2021年，松下港已建成生产性泊位8个，其中万吨级以上泊位7个，总通过能力1095万吨，形成功能齐全的港口综合物流服务体系。

四、生物资源

长乐区海洋鱼类约有700种，其中经济鱼类上百种，主要有带鱼、大黄鱼、小黄鱼、蓝园鲹、鲐鱼、马鲛鱼、鲳鱼、鲍鱼、鲈鱼、鲥鱼、鲻鱼、鳗鱼、鳓鱼、鲨鱼、金色小沙丁鱼、竹荚鱼、大甲鲹、石斑鱼、鲷鱼、海马、海鲫、鲆、鲽等。

虾蟹类有100多种，主要有毛虾、长毛对虾、日本对虾、斑节对虾、中国对虾、龙虾、三疣梭子蟹、红星梭子蟹、锯缘青蟹（蟳）、琵琶虾（虾蛄）、虎头蟹（虎沙）、日本蟹（衔猴）、红螯相手蟹（螃蜞）等。

头足类有曼氏乌贼、台湾枪乌贼、中国枪乌贼等，曼氏无针乌贼系长乐区主要捕捞对象之一。

另有水母类的海蜇，哺乳类的海豚及具有"古化石"之称的中国鲎。

贝类有西施舌（海蚌）、缢蛏、菲律宾蛤仔（花蛤）、牡蛎、泥蚶、丽文蛤（三角）、文蛤（青蛾）、贻贝、扇贝、竹蛏、香螺、泥东风螺（黄螺）、血蛤、巴菲蛤（油蛤）、凹线蛤、青蛤、中国仙女蛤（红蛤）、鲍鱼、乌鲶、龟足（笔架）等。西施舌系珍贵海珍品，长乐区是全国西施舌主要生产基地之一。

藻类有紫菜、海带、石花菜、红篱、海萝、红毛藻等，其中以紫菜为主。

五、历史人文

长乐早在新石器时代就有人类活动。春秋时吴国、三国时东吴都在此造船，故别称"吴航"。自唐武德六年（623年）建县，迄今已有近1400年的历史。其间，明代著名航海家郑和以此作为下西洋的驻泊基地和开洋地。在漫长的历史过程中，长乐人民世代海耕、笔耕、农耕蔚然成风，凭借勇敢拼搏、百折不挠的精神，积淀出深厚的建筑文化、民俗文化、书院文化、名人文化、航海文化、华侨文化等文化基因，留下宝贵的文化遗产。长乐也因独特的历史人文，有着"海滨邹鲁、文献名邦""航海之乡""华侨之乡"等美誉。

（一）遗迹遗存

漳港显应宫

漳港显应宫又名天妃宫，俗称妈祖庙、大王宫，位于长乐漳港街道仙岐村。始建于宋绍兴八年（1138年），三进，土木石结构，造型粗犷古朴。明弘治三年（1490年），长乐知县潘府将后座改为"凤岐书院"，作为本地学子读书之所。清道光二十一年（1841年）再次重修。清光绪年间，遭受罕见风沙海啸吞没，至此湮没于地下。1992年6月22日，因当地农民挖基建房，发现塑像，埋没地下3米多深的显应宫遗址赫然出土，重见天日，随之出土的有泥彩塑妈祖娘娘、巡海大神、大王等神像50多尊，塑像神态逼真，衣饰色彩艳丽，为泥塑艺术珍品。显应宫出土重见天日之时蝴蝶从四面八方蜂拥而至，所以人们又称之为蝴蝶庙。同时出土的还有陶瓷器皿、古钱币等20多件，其中清嘉庆年间皇帝颁赐的"愿愈应"匾额一方尤为珍贵。1992年，显应宫在原址开始重建扩建，出土泥塑和石墙原样保护。现有的显应宫景点分为地面新宫和地下古宫两个部分。2001年，显应宫被列为省级文物保护单位；2006年，被列为全国重点文物保护单位；2007年，被评为国家AAA级旅游景区。

圣寿宝塔

　　圣寿宝塔又名三峰塔，亦称雁塔，位于长乐城区南山（俗称塔坪山）。始建于宋绍圣三年（1096年），政和七年（1117年）落成。明永乐年间改为三峰寺塔。明初郑和七下西洋，船队每次均驻泊长乐太平港等候季风、招募水手，此塔既是郑和登临俯瞰太平港的瞭望塔，也是船队出入太平港的航标塔。从宋代至明代不断得到僧人募缘、乡人舍财、官府捐资重修。郑和下西洋时多次重修圣寿宝塔。宝塔塔基为大力士座，八面环饰狮子、牡丹等石刻图案。塔身八角七层，仿楼阁建筑，石构。塔身转角设倚柱，各立一尊石雕护法天王，执剑或按剑，戴盔披甲，足踏宝莲，顶护宝盖。各层的塔壁浮雕及壁龛内的圆雕，多取材于佛教故事，造型生动，神态逼真。圣寿宝塔是研究宋代建筑与石雕艺术的珍贵实物，其建造设计、浮雕艺术等堪称一流。1961年，圣寿宝塔被列为第一批省级文物保护单位；2006年，被列为全国重点文物保护单位。

三峰寺塔（吴航乡情社　供）

龙泉寺

龙泉寺原名西山寺，与鼓山涌泉、福清黄檗并称闽中三大名寺，位于鹤上镇沙京村。龙泉寺始建于梁承圣三年（554年），历经唐、明、清三朝大规模重修与扩建，有三兴之说。大雄宝殿中16根大石柱与殿后岩刻"流米佛"为唐代遗物，寺中"龙井"与放生池前所立两根大石柱为南北朝时期古迹。寺内保存有许多古代名人题刻，还建有唐百丈怀海禅师纪念堂与《百丈清规》碑廊。1986年，龙泉寺被列为县级文物保护单位，保护范围包括寺周边摩崖石刻。

（二）民居风情

九头马古民居

九头马古民居位于鹤上镇岐阳村福庭自然村，因建筑群中围入九块形似骏马的岩石而得名。清嘉庆元年（1796年）至同治十一年（1872年），由当地士绅陈利焕父子历时近80年陆续建成。整座建筑群坐北朝南，占地面积1.5万平方米。现存22座主体建筑各成院落，辟门洞十余个，使五列宅院连成一体，又有防火墙、弄相隔。建筑用材考究，有杉木、柯木、楠木等十余种。该民居有亭、台、楼、阁、轩、榭、厢等建筑形式，有祖厅、接官厅、客厅、议事厅、喜事厅、仓库、书斋、闺阁、守节楼等使用功能，有木雕、藻井、壁画、书法、浮雕等装饰技艺，具有很高的历史、艺术价值。2001年，九头马古民居被列为县级文物保护单位；2005年，被列为省级文物保护单位；2013年，被列为全国重点文物保护单位。

枢密第

枢密第位于古槐镇洋布村，是宋代爱国忠烈高应松故居。今存建筑建于明初，前后三座，前有照墙、门楼。门楼正面石额上刻"枢密第"，两旁门联刻"渤海名宗派，丹山哲辅家"。前座已圮，仅存中座、后座。木构，羊檐悬山顶，面阔三间，进深两间。前有游廊，较完整地保留明代建筑风格。明洪武年间（1368年至1398年），知县王遵道在附近建"锦屿高氏忠烈祠"（高应松祠堂）。20世纪90年代，高氏后人集资及省、市、县文化部门拨款重修。现保存完好。2001年，枢密第被列为省级文物保护单位，保护范围包括花台、忠烈祠、读书处、古松（榕）。

南阳陈氏祠堂

南阳陈氏祠堂位于江田镇友爱村上杭顶，始建于明永乐十六年（1418年），明万历九年（1581年）重修。前后三进，悬山顶，穿斗式木构架，是典型的明代祠堂建筑。规模较大，保存较好。明刑部侍郎郑世戚、大学士叶向高，民国时期徐世昌、萨镇冰等曾为祠堂题赠匾额、对联。陈氏宗祠东侧有"三忠祠"，为纪念宋末爱国义士陈公荣及子宗傅、侄老成并同时勤王殉难的族人173人专祠，建于宋景炎年间，木构，前后二进。清乾隆二十三年（1758年）知县贺世骏奉旨重修，咸丰九年（1859年）族人捐款重修。2001年，南阳陈氏祠堂被列为省级文物保护单位。

司马第

司马第位于吴航街道，系明万历年间兵部侍郎陈省府第，是长乐城关府第之冠。建筑群雄伟壮观，12排各3座，各座隔风火墙，建筑面积1.12万平方米。2020年，司马第被列为市级文物保护单位。

（三）民俗信仰

琴江抬阁

琴江满族村位于长乐区西北部、闽江南岸。"抬阁"又称"台阁"，是琴江村旗人祖先从北方传来，至今有200多年历史。旧时，每年农历十月十三日满族颁金节与农历三月庙会，村民举行"台阁"表演。一般以9~13岁小孩为演员，借助隐形"铁机"造型，由多人抬着，一路徐行演出。台上演员数人，台下吹拉弹

琴江抬阁

唱、道白、导引、护场、化装者数十人。具有小型、流动、奇特的特点，不受舞台限制，随处可演。随着铁机的创新改造，机上演员可进行360度旋转，并加以舞蹈，配以音乐，使之上下协调。传统台阁剧目用旗语演唱，配乐为东北小调，有《许仙借伞》《哪吒闹海》《西厢记》《昭君和番》《大补缸》等。2007年，琴江抬阁被列入第二批省级非物质文化遗产名录。

张三丰原式太极拳

张三丰原式太极拳又称武当太极拳。相传，北宋末年由张三丰整理内家拳所创。后传至河北刘德宽，刘传赵鑫洲，赵传万籁声，万籁声定居福州后流传至今。其间，长乐人陈金夏拜万籁声为师，潜心修炼，使其在长乐广泛流传。它是一套内外双修、刚柔相济、阴阳互助、体用兼备、技击性较强的典型传统武术，讲究腰、裆、腿三功，流传于福州、泉州、南平、闽东、香港、东南亚等地区。2012年，张三丰原式太极拳被列入第四批省级非物质文化遗产名录。

龙门平安清醮习俗

龙门村位于太平港西南面，为航城街道所在地，其迎清醮敬神习俗（即五位灵公）可追溯至宋景定年间。每年冬至前，择吉日，全乡洁净街衢，素食三日，奉神舆，彩舟，巡察各境，各村虔设香案，恭献筵宴，跪拜迎送。途中巡游14个村庄，返乡后，待潮水，当夜村民护驾出水。送驾起行时，水手歌唱福禄寿喜四字藏头诗。诗云："福如东海涌涛涛，禄竹逢春节节高。寿比南山年年在，喜欢同唱太平歌。"意寓彩舟代天巡守，出游东海。是时锣鼓喧天，鞭炮齐鸣，人山人海，乡无空巷，故古人将"清坞游龙"标为龙门十景之一。2019年，龙门平安清醮习俗被列入第六批省级非物质文化遗产名录。

六、特色村镇

长乐，派江吻海，人杰地灵，时称"海滨邹鲁"。自唐武德六年（623年）置县以来，不断有人在这块充满生机的土地上聚族成村，比邻而居，繁衍生息。在漫长的历史长河中，先人们用自己的勤劳、聪明与才智，创造了极富长乐特色与韵味的村落文化，也刻画出属于本家族、本村落的独家记忆。

三溪村

三溪村位于长乐区江田镇，吴航十二景之一"屏嶂铺霞"所在的屏山脚下，因潼溪、南溪、北溪汇集于此而得名。三溪以其山水秀美、历史悠久、人文荟萃而闻名，是福建省第一批省级历史文化名村。

（详见《海上福建（上）》）

三溪龙舟夜赛

琴江村

琴江村位于长乐区航城街道、闽江下游南岸，因流经这一段的闽江宛若一把古琴而得名。这里是福建省唯一的满族村落，有全国仅存的清代水师旗营，被誉为"中国清代水师第一城""中国江南第一满族村"。2010年被列入第五批中国历史文化名村名单，2012年入选首批中国传统村落名录，2014年入选首批中国少数民族特色村寨名录。

（详见《海上福建（上）》）

梅花镇

梅花镇位于长乐区东北角，枕山面海，山川秀丽，是个准半岛。唐代，因境内广植梅花，故称"梅花坊"。古人有"未知长乐，先闻梅花"之赞说。梅花镇是"国家级生态乡镇""省级历史文化名镇"。

梅花镇为历代军事要塞，扼闽江"南喉"。从宋元到明清，历代在梅花都设有官方机构，筑建各类沿海防卫设施并派兵镇守。明清时期抵御倭寇、歼灭海盗、抗击外侮，近代镇守海疆、军民联合等诸多史实，铸就梅花镇极具特色的"戍边文化"。

梅花渔业生产历史悠久，是闽江口江海往来的重要渔港。千百年来，梅花乡民耕海牧渔，向海而生。600余年前，就始创定置网生产形式。在长期实践过程中，建立海洋捕捞、滩涂养殖、水产加工销售等一体化的现代化渔业生产体系。这些充分体现梅花积淀深厚的"海洋文化"。

梅花是一个百余姓氏杂居的古镇。迁入梅花的先民和古城历代进驻的守边兵员等融汇、聚居，世代繁衍生息。清道光七年（1827年），梅花各姓尊长集议订立"乡约二十二条"，成为梅花崇文厚德、共和典立的精神支柱，孕育出居善地、心善渊、与善仁、言善信的"和羹文化"。

梅花古城（长乐区委党史方志室　供）

梅花名胜古迹渊集。现存及重修的寺庙宫堂、祠阁馆舍、亭台楼阁等古建筑有30余处，其中有为抗倭而筑的明代"梅花古城"，有为缅怀多谋善勇的抗倭英雄林位而建的"林位宫"，有明万历皇帝降旨敕建的见证中外友好往来历史的"蔡夫人庙"，有清梅花乡贤倡导订立"乡约二十二条"的"乡约所"。这些古迹是梅花多元文化形成的历史文脉，为后来者讲述着梅花千年文明的发展。

梅花钟灵毓秀，人才辈出。有孝悌榜样的林巨卿，有抗倭英雄林位，有留学海外的梁炳年、林鹗如、林家闾、吴高考等，有乐善好施的乡绅林文庆，有行医济世的池芝盛、许天俊、陈诗豪，有参加抗日的吴金华，有革命烈士林依矮、周新建等。

二刘村

二刘村位于长乐区潭头镇，背靠龙峰山脉，面对闽江口。因南宋乡人刘砥、刘砺同登进士榜而得名。其开发历史可追溯至北宋，刘氏祖先由福州怀安凤岗迁居至此。南宋庆元元年（1195年），朱熹为避"伪学"之禁寓居二刘村龙峰山上，著书立说，授经讲学，理学在此地蔚然成风。二刘村凭借深厚的文化底蕴，哺育出70多名进士，其中宋代就有40多人。900多年来，二刘村子孙繁衍，瓜瓞绵延，播迁100多个乡村，成为长乐乃至八闽刘氏重要发源地。2016年二刘村被列入第五批福建省历史文化名村名单。

二刘村自然景观与人文景观相得益彰。龙峰山晦翁岩景区有曲径松荫、朱刘讲席、瀑布飞练、坦席迎薰等"十景"，以及情侣峰、老鸦岩、公鸡岩、美人照镜、十八罗汉等令人称奇的天然岩景，还有太极榕、盘岩榕、红榕等千姿百态的名贵树木。文人墨客、达官显贵更是到此览胜，留下"读书处""晦翁岩"等珍贵的摩崖石刻，以及三贤祠、龙峰寺、白鹿洞、郑和纪念堂、东晋古墓等名胜古迹。朱熹避难龙峰山、白鹿相伴左右的传说流传千古，为晦翁岩景区增添了几分灵气。

二刘村自古士子众多，有南宋闽中知名学者刘嘉誉，其子刘世南，孙刘砥、刘砺，曾孙刘子玠，个个贤达；也有清乾隆年间建斋传学的刘以佐、清光绪年间进士刘成杰等乡贤，还有黄花岗七十二烈士之一的刘六符。贤人荣归故里，必起梁造厝。全村现存六扇五古厝30座、四扇三古厝25座，多为木质结构、三座透后，有变化多端的悬山式曲线燕尾脊、错落有致的马头式山墙、简单古朴的硬山式屋顶。各房均有堂号，如庆武堂、树德堂、勤有堂等。古旗杆碣、古晾衣竿石础、古磨盘、古井等文物像历史掉落的珍珠，洒在这个古村落的每个角落。而宋里人刘震修造的云龙桥，清康熙年间兴建的牌坊，屹立于村口，与连绵不绝的古厝风火墙，诉说着刘氏家族千百年来的荣耀与辉煌。

七、美食特产

长乐依山傍海，有江、海、湖、泉、山、森林、湿地、滩涂等地理资源。同时，这里气候温暖，雨水充沛，有稻菽瓜果之利、渔盐畜禽之便。千百年来，长乐人民凭借勤劳与智慧，在大自然的馈赠下，创造出独特的风味美食，培育出优质的土特名产，形成具有长乐特色的美食特产文化。

（一）风味美食

长乐风味小吃颇具地方特色，主要有鱼丸、扁肉、蛎饼、粬、粿、鱼面、锅边糊、冰饭、肉烧、土豆丸、麦芽糖等。

鱼丸

用鳗鱼、鲨鱼等剁成蓉，加少量番薯粉，数次加水搅拌均匀，调入精盐，佐以鸡蛋清、油脂等，用手制成极富黏性的鱼浆，包上瘦肉、虾等馅心制成球丸状，放进温水中煮熟即可。其选料精细，制作考究，皮薄均匀，色泽洁白晶亮，食之滑润清脆，汤汁荤香不腻。长乐有"没有鱼丸不成席"之说，逢年过节，家居宴请，婚丧喜庆，都离不开鱼丸。长乐本地习俗，办酒席时，客人有"夹酒包"的习惯，酒包中，晾干的鱼丸，是装袋必备的礼品之一。而金峰、梅花、潭头、漳港等地生产的鱼丸，技艺独擅，风味独特，更是上佳的伴手礼。

冰 饭

该菜品诞生于20世纪80年代，由传统解暑饮料"冰水"演变而来，是夏季民众的一道解暑甜品。将糯米煮5分钟后倒出控水，再倒回锅中，加入少许香草精，小火不停搅拌煮10分钟，煮至米饭黏稠后关火，加少许糖、黄油拌匀，冷却后再加入自制冰水、碎冰、水果、芋圆、仙草、葡萄干、银耳、红枣片、椰果等拌匀即成。

土豆丸

土豆丸也叫"番薯丸"。始创于明嘉靖四十三年（1564年），抗倭名将戚继光驻守福清万安城期间，充分利用当地资源先后发明了冬至糍和、番薯丸、光饼、真酥，以此作为军粮，后流传于民间。土豆丸原为长乐家家户户在冬至时令过节庆必备的美食，因其可口味美、老少皆宜，深受海内外华人的喜爱。它的选料、做工、用量都得非常小心仔细。"选料要精、做工要细、用量要准"，肉馅必须选用本地农户圈养的土猪，"三白""大耳朵"最好，限定猪后腿肉，三分肥、七分瘦，口感最佳。土豆的选用则讲究季节性，长乐生产的只用到4月，之后改用外省品种，以保证土豆面皮的Q弹。玉田土豆丸是长乐区非物质文化遗产项目。

麦芽糖

在制作上，选择干燥、纯净、无杂质的小麦（或大麦）、糯米，用水浸泡一晚上，等待小麦（或大麦）发芽。糯米浸泡后洗干净，放在蒸锅里蒸熟，再晾凉，拌入已切碎的小麦芽或大麦芽发酵5~6个小时，再装入布袋内，扎牢袋口。将布袋置于压榨机或土制榨汁机上榨出汁液，经过加热熬煮，便可浓缩成一定浓度的麦芽糖。营前街道黄石连记麦芽糖是长乐区非物质文化遗产项目，在传承的基础上不断创新，将饴糖在反复拉扯中凝成糖，并裹入花生、芝麻等馅，形成富有地方特色的裹馅麦芽糖。

（二）土特名产

长乐土特名产种类丰富，有青山龙眼、长乐番薯、漳港海蚌、长乐黄酒、石壁白萝卜、茉莉花茶、灰鹅等。

青山龙眼

青山龙眼出产于古槐镇青山村，宋朝时被列为贡品，宋光宗特赐黄龙匾额，以誉其珍。青山龙眼是国家农产品地理标志登记产品，具有味甜、质脆、气香、肉厚、核小的特点，有青山0号、扁匣榛、红核仔、红核榛、柴螺、青壳桂圆等六大品种。

长乐番薯

长乐番薯是国家农产品地理标志登记产品，划定的地域保护范围为：潭头镇、文岭镇、湖南镇、鹤上镇、梅花镇、江田镇、罗联乡、古槐镇、金峰镇、漳港街道、文武砂街道等11个乡镇172个村。薯块呈纺锤形，大小均匀，光滑美观，商品薯率高。肉质细腻，纤维少，口感面、香、甜。

漳港海蚌

漳港海蚌因其独特的地理环境和水质特点，质量最佳，闽菜菜谱中正宗的"鸡汤氽海蚌"就是选用漳港海蚌。主要产于长乐漳港及附近海域，具有个大、白里透红、肉质脆嫩、味极甘美等质量特色。年产量50吨左右，产值约2500万元，是国家地理标志保护产品。近年来由于漳港海蚌场海蚌种群大幅度减少，产出量较小，仅用于国宴等重要场合，不对外公开销售。

漳港海蚌

石壁白萝卜

石壁白萝卜主要产于长乐区文岭镇石壁村。外观呈长圆形、球形或圆锥形，根皮为绿色、白色、粉红色或紫色。茎直立、粗壮、圆柱状、中空，自基部分枝。个大鲜嫩、汁多无渣、质脆味甜。石壁白萝卜是中国地理标志证明商标产品，销往全省及东南亚等地。

长乐黄酒

长乐黄酒是福州市级非物质文化遗产项目。采用经典保密秘方及"九道酒酿法"，即"一蒸凉，二煮酒，三药曲，四滤液，五陈酿，六压榨，七窖藏，八调配，九质凝"。酿造过程中，选用"黄粘术"优质糯米与龙泉水配药曲，烧开酒水，凉后与碾碎的"神草白曲"落缸浸泡一夜；糯米用水浸泡一晚后蒸熟，蒸后凉好入坛搅动；封坛用粽叶、纸张、塑料薄膜三层与加工的泥土封紧扎实进行糖化；一周后开启，用木棍搅匀；再过一个半月后压榨陈酿。静置的坛酒过一夏出坛，酒色为微红色，再过一夏后开始转淡黄色，三夏后酒呈琥珀色茶色，年头越久，窖龄越长，酒香越浓，酒色越清澈。其入口柔顺醇厚，回味余香，后劲十足；富含人体所需的氨基酸、蛋白质、维生素与低聚糖等成分，具有抗氧化保健功能。

（编纂：陈挺、胡方磊　审稿：陈学林）

福　清　市

一、综述

　　福清东南两面临海，东与平潭相望，南濒兴化湾。唐圣历二年（699年）福清建县，名为万安县；开元十三年（725年）改名福唐县。长兴四年（933年，闽龙启元年），闽王王延钧称帝，根据"山自永福里，水自清源里，会于治所"一语中"永福""清源"各取一字，更名为福清并沿用至今。截至2021年末，福清市辖7个街道办事处、17个镇，下设65个社区居委会、438个村民委员会。

　　福清境内属南亚热带海洋性气候，温暖湿润，雨量较充沛。全市区域面积2430平方千米，其中海域面积911平方千米。海域由福清湾、兴化湾北部及福清沿岸三个部分组成。海岸外岛屿星罗棋布，共有大小岛礁212个。龙高半岛和江阴半岛为域内最大半岛，分别楔入福清湾和兴化湾之中。福清海岸线总长度408千米，占福州海岸线的43.5%、全省的13%。浅海、滩涂面积大，10米等深线以内的浅海面积32000公顷，滩涂61000公顷。有海藻类149种，浅海和潮间带底栖生物主要经济种类289种，已知鱼类有409种，其中经济价值较高的有100多种。由福清湾、兴化湾和海坛海峡南岸组成的滩涂区是牡蛎、花蛤、缢蛏、紫菜等主产区；浅海水域是近海捕捞，网箱养鱼，吊养牡蛎、贻贝、深水花蛤及紫菜、海带等主要养殖区。

　　福清风景优美，文物名胜众多。著名的有东张新石器时代文化遗址；唐代兴修的水利工程天宝陂，入选世界灌溉工程遗产名录；唐代兴建的万福禅寺，是佛教黄檗宗的祖庭，现日本佛教黄檗宗就是明末清初由万福禅寺高僧隐元传入的；宋代修建的龙江桥，是福建省古代四大桥梁之一；东张宋窑遗址，为福建省南宋时四个主要生产窑之一；元代凿雕的弥勒造像，为全国最大的弥勒佛整石造像；

明代建造的瑞云塔、黄阁重纶石坊，其精湛建造艺术名闻遐迩。山海之胜吸引了历代许多文人墨客，境内现存欧阳修、朱熹、叶向高、戚继光等名人题刻170多处。福清旅游资源丰富，有以"中华梦乡"而闻名遐迩的石竹山国家AAAA级旅游风景区，堪称天然氧吧、拥有600多万平方米原始次森林的灵石山国家森林公园，日本黄檗宗祖庭黄檗寺所在地黄檗山风景区，南少林寺遗址所在地南少林风景区等。

二、海岸明珠

东壁岛

东壁岛位于福清湾南部，北望马祖岛，东接海坛岛，古有"瀛洲"之称，后因戚继光将军视其为海疆东面的壁垒屏障而改称"东壁"。南北长3.88千米，东西宽0.68千米，面积2.64平方千米。海岸线长12.38千米。东壁岛上有4个行政村，10个自然村。地形南北高，中间低，北部的九使山为最高点，海拔85.7米。

东壁岛

东、北石岸陡峭。乌尾、山营、南尾前等水道通深水区。南距大陆4千米，涨潮船渡，落潮徒涉。

自古以来，东壁岛渔民傍海而居，形成了独特的渔村文化，每年的"中秋拜月许愿""烧塔灯"等民俗活动都散发着浓浓的渔乡风情。闽人远古"蛇"图腾崇拜的"九使信仰""神龙救人"等美丽传说也在东壁岛当地广为流传。东壁岛滨海度假风景区以打造"中国最美渔村"为目标，建造集时尚休闲、度假、疗养健身、民俗体验、艺术鉴赏、商务洽谈、高档会议、海景美食、面海垂钓、沙滩浴场等功能于一体的旅游度假区，为国家AAA级旅游景区。

江阴半岛

江阴半岛位于福清市境西南、兴化湾之北，曾名白屿、玉屿。南北长18.48千米，东西宽3.54千米，面积69.8平方千米。原四面临海（北为上迳港，东为东港，西为西港，南为兴化湾），为福清第一大岛，福建省第五大岛。1970年在岛西北端筑长600米、宽20米的海堤，与渔溪镇的后朋连接。1978年又在岛东北端的下垄村筑堤，与江镜的柯屿连接，柯屿又筑堤与墨山连接。因而只三面临海，成为半岛，设江阴镇。山丘南北纵贯，最高山峰双髻山海拔429.1米。西南部有江阴和新港两个盐场，下垄、下渚、新港、小麦、芝山等处设轮渡码头。

岛上除了古有记载的碧榕洞、龙门夕照、桔峰落霞、北郭耕读、南埔牧笛、马鞍烽台、壁头听涛、窟井窥月等八大景点外，又有形色俱妙的"双狮戏球"、别具一格的"牛屿品泉"，合称"玉屿十景"。还有那一马平川的沽泽洋，形似观音的"观音礁"，天降巨鼎的鼎脐山，千姿百态的双髻峰，两岩怀禅的鸟窠岩，天然情趣，令人流连忘返。

兴化湾红海滩

兴化湾红海滩位于兴化湾北岸的福清港头、江镜镇海域，是目前福建省已知面积最大的天然红海滩。织就这片红海滩的是一棵棵纤柔的南方碱蓬草，碱蓬中包围着的是数千亩秋茄（红树林的一种），放眼望去，像是一片燃烧的火焰，沿着天际无限延展。兴化湾北岸还是黑脸琵鹭在中国大陆最大的越冬地和重要的迁徙停歇地之一。黑脸琵鹭因体态优雅，又被称为"黑面天使"，属全球濒危物种，国家二级保护动物，存活不足5000只。2022年1月，福建省人民政府同意建立的福清兴化湾水鸟省级自然保护区成为福建第111处自然保护区。在9300余亩的盐碱滩上，红色的南方碱蓬草与绿色的红树林红绿相间，形成层次分明的奇特景观。红若彩霞的低矮植物如毛绒地毯般沿蜿蜒岸线铺展开去，绵延入海，成百上千只候鸟栖身其间，或轻盈振翅，或游走觅食，给人们带来了一场别样的视觉盛宴。

三、江阴港

江阴港位于兴化湾顶部，江阴半岛南端壁头角，介于福清与莆田之间兴化湾，长28千米，宽23千米，面积619平方千米。港区广阔，容量大，可布置深水泊位55个以上，最大码头为25万吨级。江阴港距324国道、沈海高速公路仅8~11千

江阴港航拍（郑成乐 摄）

米，福厦铁路、福清渔平高速公路等江阴疏港支线直通港区，集疏运能量大。水路紧靠沿海大轮航线。港区与台湾隔海相望。

江阴港区是国家建设"21世纪海上丝绸之路"核心区的重要枢纽港，是全国少数具备开展铁路、海路和公路等便捷的多式联运体系的港区之一，是服务福建省周边地区和江西、湖南、湖北等内陆省份的重要出海通道。江阴港区通过温福、福厦铁路分别与甬台温铁路和厦深铁路对接，江阴疏港铁路支线直达江阴港码头，形成通往长三角、珠三角的便捷通道和物流枢纽；通过已建成的渔平高速连接线、新江公路和即将动建的长福高速、江涵大桥等路桥，与福泉高速、渔平高速、324国道形成四通八达的公路交通运输网络。

四、生物资源

对　虾

"福清白对虾"是目前世界上三大养殖对虾中单产量最高的虾种，具有生命力强、适应性广、抗病力强、生长迅速、对饲料蛋白含量要求低、肉质鲜美、加工出肉率高、离水存活时间长等优点，是集约化高产养殖的优良品种。2017年8月，"福清白对虾"注册为国家地理标志商标。

花　蛤

福清是全国最大的花蛤育苗基地，三山镇嘉儒村及其附近滩涂生长的花蛤体大且饱满，得名"嘉儒蛤"。清《海错百一录》载："蛤出咸淡水，壳白，以花纹变幻不同，故名花蛤……福清产者略大而壳厚。"2015年2月，福清"嘉儒蛤"获批国家质检总局地理标志保护产品。2017年6月，"福清花蛤"获批国家工商总局国家地理标志证明商标。

五、历史人文

（一）遗迹遗存

瑞岩弥勒造像

瑞岩弥勒造像俗称"弥勒岩"，位于瑞岩山前岩。元至正年间由福清人吕伯恭等，依岩石形态凿雕弥勒佛像，至明洪武元年（1368年）才凿成。石像前高9米。造像雕刻精细，线条流畅，形神兼备。石像盘腿趺坐，袒胸露腹，双耳垂肩，左手捻珠，右手抚腹，两眼平视，笑容可掬。在弥勒佛腿上、腰上还雕有三尊小和尚石像，高约0.8米，形象逼真。明洪武二十三年（1390年）僧悟普建造石佛阁，明泰昌元年（1620年）叶向高重修。至清同治年间（1862—1874）石佛阁因年久失修被风雨损坏殆尽，现仅存9根石柱。弥勒造像是福建省最大的佛教石雕像，是全国最大的立体整石弥勒佛坐像。造像前柱上阴刻"愿人常行好事"等字句，并有4块石碑，一块为明万历十一年（1583年）重建弥勒阁时的碑刻，碑文清晰可见。1996年，瑞岩弥勒造像被列为全国重点文物保护单位。

福清少林院遗址

1993年6月4日，在福清市东张镇少林村，发现了少林院遗址，这是福建省内唯一有书证、物证，有说服力的少林院遗址。福清少林院遗址的发现引起了省市相关部门的高度重视。1995年7月，由福建省博物馆、福州市考古工作队等联合组成了"福清少林院遗址联合考古队"，并分两期对少林院遗址进行考古发掘。发掘总面积达5945平方米，发现了房屋、护坡、水沟、天井、台阶、廊道、墙基、墓葬等五代至清代互相叠压的建筑遗迹数座，采集和出土了大量的梁架、柱础、石柱、板瓦、瓦当等建筑构件和陶瓷器、石器、铜钱等文物。为明确福清少林院遗址的建筑布局、规模及年代、名称、性质等提供了珍贵的资料。2005年，福清少林院遗址被列为省级文物保护单位。

黄阁重纶坊

黄阁重纶坊位于福清市城区利桥街东段，与瑞云塔遥遥相对。建于明崇祯元年（1628年），系明内阁首辅叶向高后人为纪念叶两次入阁主政而建造。坊系青石结构，仿楼阁式重檐歇山顶建筑，高10米、宽11米、进深3米，建筑形式为四柱三间，进深三柱两间。上层正中嵌一竖式龙匾，阴刻"恩荣"两字。左右各盘绕一条飞龙，两旁各悬一根垂莲龙柱。中层为一大横式石匾，横向阴刻楷书"黄阁重纶"四字；低层又一横匾阴刻竖列楷书22行，每行6字，铭记叶向高及其祖四代的诰封官衔。匾缘飞龙花纹。匾下及两旁共11组镂空人物形象栩栩如生。人物画雕的下方，是磨光的四方形石柱8根，浮雕完整，刻琢甚工。整座石坊结构匀称，间隔有致，精雕细镂，堂皇壮观。1985年，黄阁重纶坊被列为省级重点文物保护单位。

天宝陂

天宝陂是福清第一座大型水利工程，也是闽中地区现存最古老的大型水利工程，位于福清市城区西南双旌山下，建于唐天宝元年（742年）。天宝陂坝体为台阶式结构，系壳灰黄土浆砌条石滚水坝。宋大中祥符五年（1012年）知县郎简主持重修。宋元符二年（1099年）知县庄柔正又主持重修，并改名元符陂，圳长（渠长）2300余米。明万历十七年（1589年），融人周大勖、周文遴父子鸠工修筑西陈石圳700多米，加固西陈沟头的滨江海堤坝，提高蓄水量。现存坝长289米，其中右岸150米为唐、宋、明保留的老坝；64米是1950年重修的坝体；75米是1963年砌的副坝；坝高3.5米。2001年，天宝陂被列为福建省级文物保护单位；2020年，入选"世界灌溉工程遗产名录"。

（二）建筑奇观

龙江桥

龙江桥位于福清市海口镇，又称海口桥。横跨龙江下游，是福清最长的一座古代石梁桥。它与龙海江东桥、泉州洛阳桥、晋江安平桥合称福建省古代四大桥梁，是省内目前保存最完整的宋代石梁桥。

（详见《海上福建（上）》）

瑞云塔

瑞云塔位于福清市城区龙首桥（又称利桥）北岸，又称利桥塔。瑞云塔始建于明万历三十四年（1606年）冬，竣于明万历四十三年（1615年）秋，费时10年，由明内阁首辅叶向高之子、符丞叶成学同知县凌汉翀募捐鸠工而建，名匠李邦达设计施工。传说卜基之日，五色云从太保山而来覆其上，烂漫辉映，故名"瑞云塔"。塔高34.6米，用雕琢精致的花岗石砌成，外形为仿木构楼阁式，七层八角，底基为生灵须弥座。第一层北面开门，门匾上镌刻"凌霄玉柱"，其余七面设佛龛，第二至第七层两面开门，六面设佛龛。塔内作八角空心室，各层转角倚柱成海棠式，并有曲尺形石阶，供人登顶；柱顶斗拱二层，叠涩出檐。塔上每层细部的浮雕为武士、比丘、罗汉、花卉、飞禽走兽和佛教故事图案。全塔有菩萨、力士、佛像等大小浮雕共400多幅，千姿百态，神态逼真。每层进出口各有两尊守门神。更为别致的是，每层八角檐端都坐镇一尊镇塔将军。1961年，瑞云塔被列为省级重点文物保护单位。

东关寨

东关寨位于福清市一都镇东山村，坐落在半山腰，依山势而筑。建于清乾隆元年（1736年），是何氏家族为防匪盗联合筹资兴建的。寨房为土木结构，向南偏西70度，呈长方形三进建筑，长76米，宽约55米，中轴线对称布局。左、中、右三部分之间有土筑隔火墙。围墙下方为花岗岩垒砌而成，上为土筑哨廊，宽2米多，可供跑马巡逻。哨廊外墙开有小窗，供瞭望射击之用。寨门为石框木板门，板门用重阳木制成，门顶有出水洞，以防火攻。寨内房屋分若干小单元，并用防火墙和火道隔离。寨墙以石头砌筑环护，高达10余米，坚固雄伟。寨分上下两层，共99间。寨左开池塘，右辟花园。1981年，东关寨被列为县级文物保护单位；2001年，被列为省级文物保护单位。2019年，东关寨文化旅游景区获评国家

AAA级旅游景区。同时，东关寨又是闽中游击队战斗旧址。2017年，东关寨被命名为福州市党史教育基地；2021年初被列为福建省第一批革命文物。

黄檗山万福寺

黄檗山万福寺又名黄檗寺，寺因山名，山因寺显。黄檗寺创建于唐贞元五年（789年），禅宗六祖曹溪慧能的法嗣弟子正干和尚为开山祖师，唐希运禅师曾任住持。唐德宗、明神宗分别为寺院赐额。明末清初，隐元禅师率众弟子东渡日本，开创日本黄檗宗，黄檗山万福寺便成了日本黄檗宗的祖庭，多年前来拜谒祖庭的人员不断。隐元禅师带到日本的文化涉及美术、医术、建筑、音乐、史学、文学、印刷、煎茶、普茶料理等方面。其影响不仅限于日本宗教界，对当时整个日本江户时期的文化都带来了全面影响。中日文化交流史中，福清黄檗山万福禅寺具有重要的文化地位、久远的历史影响和丰富的思想内涵。

黄檗山万福寺（渔溪镇政府　供）

（三）民俗信仰

佾 舞

佾舞是周礼的重要形式，是中国古代传统呈献给尊贵国宾的最高国礼，也是古代历朝公祭天地，祭奠先祖、先师，呈献敬神谢天的重要典礼，成为建国君民、制礼作乐、教化人民的礼仪规范之准则，是纯正的中华传统典雅的乐舞。周礼佾舞在福清源远流长。清乾隆版《福清县志》详细记载了官方集体传承佾舞的建制，为六佾标准礼乐生72人、备补8人。如今，福清不仅获得佾舞教材——明代《宫礼乐疏》影印本，还完整传承了中华传统最纯正典雅的佾舞学科理论与术科技能，成为大陆地区唯一依据明代《泮宫礼乐疏》恢复和振兴传承"周礼佾舞"的城市。2021年，福清佾舞入列国家级非物质文化遗产代表性项目名录。

宗鹤拳

宗鹤拳独具地方特色，在福清西北部的镜洋镇较为盛行。宗鹤拳后世弟子遍布闽台、两广、港澳及东南亚、日本、美国等地，弟子已逾百万人。二十多年来，日本、俄罗斯及台湾地区等地的宗鹤拳弟子多次莅融寻根问祖。为了更好地保护和传承宗鹤拳，方世培祖师的第五代传人方长玉、方长灿等人共同发起成立"福清市宗鹤拳协会"，并在福清、福州两地开设多个传习所，传授本派拳法。至今，福清以宗鹤拳武术文化为载体，已成功举办三届海峡两岸宗鹤拳武术文化暨首届融台青少年文化交流大会，这一活动也成为福清及省重点对台交流文化项目之一。2008年，宗鹤拳被列入福建省非物质文化遗产保护名录。

佾鼓舞

佾鼓舞相传是由戚继光邀集民众擂鼓敲锣助威杀敌发展而来。明嘉靖年间，戚继光率兵平倭，转浙入闽赴兴化追击残敌时，沿途邀集民众壮士举旗擂鼓敲锣助威杀敌，到处战鼓雷响，杀声冲天，倭兵闻声丧胆，一败涂地。为纪念这一胜利，当地民众不断创新而演绎出伡鼓舞，世代传承，迄今已有四百余年。伡鼓舞表演时，四把彩色宝盖凉伞一字形横队领先，钹、锣依次双行纵队居中，由二人推车，一名鼓手组成的伡鼓殿后压阵击节指挥。伡鼓舞是新厝镇春节闹元宵的传统节目。2007年，新厝镇伡鼓舞被列入福建省非物质文化遗产保护名录；次年，该镇被文化部命名为"中国民间文化（伡鼓）艺术之乡"。

烧瓦塔习俗

烧瓦塔习俗始自元末，人们为反抗元朝统治者的残酷压迫，秘密约定以烧瓦塔举火为信号，举行起义，中秋节烧瓦塔习俗便由此演变而来。每年中秋节到来之前，大人和孩子们到处收集残砖断瓦，待材料收集齐全后，选择一个开阔的

红火瓦塔庆丰年（柳振忠　摄）

场地开始垒砌瓦塔。黄昏时分，孩子们在大人的帮助下，把塔里的柴草点燃，然后将准备好的食盐、鞭炮等扔往塔肚，塔肚便发出噼里啪啦的声响，并闪耀着蓝色火焰。东瀚镇自古有"赛塔"习俗。"赛塔"一般以村落划分区域，建造雌雄两座塔，有时也建造备用塔。龙山街道先强村的群众在烧瓦塔前，会请来十番队吹打一番，制造气氛。随后，人们将毛竹锯成段后扎上棉布，再蘸上煤油充当火把。等人们燃旺瓦塔之时，手持火把的人们乘着皎洁月色，浩浩荡荡向指定的山头进发，每人在路上还可分到一块月饼。中秋节过后，人们用米汤浇牢瓦塔，以期来年再用。过去，龙高一带群众中秋时节烧瓦塔，海口镇一带烧砖塔，新厝镇一带烧木塔。由于瓦片渐渐退出百姓生活领域，现在大都以砖块或木块取代。

舞板凳龙

板凳龙，又叫板灯龙，在龙高半岛流行了数百年。龙高半岛的舞板凳龙活动首推三山镇瑟江村。整条龙由一块块安装着彩灯的木板搭接而成，分龙头、龙身、龙尾三个部分。舞板凳龙活动最大的看点是"穿龙柱"。一只长龙从左边的"入孝"之门穿入祠堂后，在数十根大柱子中间穿行，不但不会乱了方阵，还能顺利从右边的"出悌"之门穿出，令人称奇。舞板凳龙一般选择元宵节或中秋节前后举行。

何氏九仙信俗

相传汉武帝时，江西省临川县有名士叫何堠，帮助淮南王刘安谋事有功，被任为福州太守。他的九个儿子相率到仙游的湖上炼丹，以丹饲湖中鲤，鲤化龙，九人各乘一鲤飞升。后来到福清石竹山继续修真，显灵济世，以梦点化世人，泽被黎民苍生，百姓称其为九仙君，为石竹山道院内供奉的主神。当地民间流传着"春祈石竹梦，冬求九鲤签"。春季（特别是农历正月初一至十五）和冬季到石竹寺祈梦或抽签者川流不息。2009年，"石竹山祈梦习俗"被列入福州市非物质文化遗产名录；2009年，被列入省级非物质文化遗产名录。

六、特色村镇

海口镇

海口镇位于福清市东北部，因其地势扼守龙江入海口，故名"海口"。海口镇山川秀丽，风景如画，拥有全国重点文物保护单位石雕弥勒佛和龙江桥，县级重点文物保护单位瑞岩山摩崖题刻群，还有瑞峰寺、东岳庙、瑞岩寺、龙卧寺、通江门等名胜古迹。海口还有着可歌可泣的抗倭抗暴历史，有着"七巧三奇特"的美丽动人传说。"一日去海口，三日讲不了"成为国内外福清人中流传的佳话。

海口镇由于地理的优势和气候宜人，千百年来一直经济繁荣，人文鼎盛。远在唐代，海口就是福建对外关系的海关重地。因古代独有的鱼盐之利和海上贸易之盛，古来市井繁荣，商贾云集，北宋诗人陈藻有诗云："架屋上山成市井。"商船集聚龙江口，似是"无风飘叶"，海口又有"小杭州"的美誉。

到明初，海口又成为福建军事重镇之一，集市镇与军镇于一身。明洪武十三年（1380年），朱元璋派江夏侯周德兴经略福建防务，即决定在海口建卫城。延至洪武二十年正式动工，洪武二十三年卫城建成，并配置"镇东卫指挥使司"，派重兵戍守，成为福建五卫之一。至明嘉靖间，由于海口的富庶，贪婪又残暴的倭寇不断侵扰杀掠。为了有效地抗倭，海口又建一民城。"一镇建两城"，这在福建仅有，在全国亦不多见。

海口镇地灵人杰，古来贤才荟萃。"一拂居士"郑侠，拿头作押，为民请命，其传略载入国史；四岁中进士的蔡伯俙世称"奇童"；副宰相陈贵谊，刚正不阿，人臣楷模；余梦鲤、林正亨、林杨等，敢于为民请命。在现代革命史上，陈振先、程序等一批仁人志士，前赴后继，为民族解放、人民幸福而奉献的精神，可歌可泣；百年来乡人旅外日增，林绍良、林国民、俞雨龄等建业于异邦，贡献于故土。

江兜村

"小扁担，三尺三，一头挑海，一头挑山。"这首民谣里的"小扁担"指的就是福莆岭古驿道。江兜村坐落于福清市新厝镇，始建于宋代，是这条古驿道上一个重要的文化节点。村内各处的古厝、古庙、古树、古驿道等，组成了五"古"丰登。江兜村被评为福建省首批传统村落、福建省最美休闲乡村和全国文明村。

江兜古时有八景。听千佛晨钟，观昭灵晓旭；赏韶溪夜月，望鹭岛渔灯；南山有春色宜人，仙岭忆松烟御敌；朱子书院书声琅琅，蜃楼海市奇观隐隐。清末民初，江兜"王氏双杰"之一的王学丹擅作指墨山水画，描绘出"江兜八景"，流传至今。

江兜村的古厝数量众多，百年以上老宅现存48座，且大都保存较好。受莆仙文化的影响，传统建筑风格多为宫殿式建筑结构，古香古色红砖大厝错落有致，流光溢彩的燕尾脊参差交错，是江兜历史文化的"活化石"。著名的有王高宗古屋、三座厝、北片古屋、企座古屋、南山古屋等。

江兜村地处福清南端与莆田交界，集闽都文化和莆仙文化于一体，村里除了伡鼓舞、烧瓦塔、词明线戏等福清非遗项目之外还兼有十音八乐、棕轿舞、面塑等莆田非遗文化。十音八乐为江兜的传统民乐，2014年在莆田被列入第四批国家级非物质文化遗产名录。棕轿舞则是江兜村元宵节必不可少的节目，表演时在昭灵庙大埕围绕火焰，敲锣打鼓，场面十分壮观。

江兜村还是福清市著名的侨乡。早年间江兜人为了生存而远渡重洋、艰苦谋生，在汽车零件、橡胶、棕油、房地产等行业取得令人瞩目的业绩，涌现出一批批成就卓著的企业家。这些侨贤们不忘故土，热心公益，捐资建筑了一些南洋风格的侨厝，比如江兜华侨小学教学楼，江兜华侨中学教学楼、科学楼等，体现了江兜华侨努力拼搏的奋斗精神以及爱国爱乡的桑梓情怀。

七、美食特产

（一）风味美食

金针菇炖高山羊

金针菇炖高山羊是将高山羊肉添加金针、枸杞等辅料进行炖煮而成。其中高山羊是福建省地方优质羊种，主产地在原福清县高山公社，故而得名。高山羊肉质鲜美、膻味轻，具有和胃、补虚、壮身、消炎、愈合伤口之功效，有"羊肉之冠"的美称。

石竹湖砂锅鱼头

石竹湖砂锅鱼头寓意丰年足雨，富足有余，食材选用获颁国家《无公害农产品标志证书》的东张水库（石竹湖）红鲢鱼。经过特定工序，将鱼放入砂锅，采用石竹山上流下的天然泉水，加上秘制的调料，经过长时间熬制而成，每份砂锅鱼头煲都贴有"封条"。石竹湖砂锅鱼头味道清香，肉质鲜嫩，汁浓味鲜，鲜而不腥，肥而不腻，汤色乳白如汁、清纯如雪、香甜可口，美味妙不可言。利用砂锅做鱼头既不失鱼的鲜味，又可以保持鱼脑里丰富的营养，一举两得。

光饼

据《福州府志》记载：明嘉靖四十二年（1563年），戚继光入闽追歼倭寇，因连日阴雨不能举灶，命烤制小饼，以麻绳串挂，作行军干粮。福清人予以食盐辅味，入碱助消化，拍上芝麻润胃肠，去燥火改良。后人感念戚公，称为"光饼"。光饼沿袭至今已有450多年，仅福清还保留传统制作工艺，即，用外裹黄泥的深口大缸作容器，用松枝将缸壁烧白，并贴好饼胚，再用炭火慢慢把饼烤熟。烤出的光饼，只只金黄，十分香脆。光饼吃法诸多，有紫菜光饼、猪油光饼、光饼夹等，央视十套《味道》还曾专题介绍。光饼已烙印进了福清人的生活：他们清明时以光饼祭祖，满四月的婴儿亦有挂饼吃饼的习俗。

海蛎饼

海蛎饼是福清人喜食的以海蛎为馅料的油炸小吃。以大米加入黄豆用水发透，磨浆；裹以馅料在热油锅里炸熟，食之"酥脆香糯，百吃不厌"，央视十套《味道》栏目给了它浓墨重彩的一笔。福清话保留"炸"的古音"烰（fú）"，因此海蛎饼又称"烰蛎饼"。古汉语的"烰"通"浮"，一是观现象：油炸食品因受热膨胀会浮上油面；二是表吉意：浮即上升，并且颜色从白色慢慢变为金黄色，象征光明和蒸蒸日上。逢年过节福清人家大多都会烰蛎饼，取其吉祥之意。蛎饼也是清明节祭墓不可少的食品，这是因为人们把蛎饼比作倭寇，用光饼夹着蛎饼吃，象征着戚家军包围了倭寇。

番薯丸

福清多产地瓜，海产品也十分丰富，番薯丸就是融汇山海之味的美食。福清的龙高半岛基本是沙质旱地，只能种植番薯、花生等耐旱作物。当地人过冬至用糯米粉搓汤圆很困难，于是人们开始种粟（即高粱），并尝试用粟米粉搓汤圆，再裹以调制好的海鲜菜馅，这成了当地特有习俗，人们把它叫作番薯丸，成为福清特有的美食。2016年10月，中央十套《味道》栏目作了专题介绍。

（二）土特名产

龙眼

乾隆版县志记载："（龙眼）形如弹丸，皮黄褐色，肉白而甘。"渔溪镇是福清龙眼的发源地，当地果农有着300多年的种植经验，他们擅长给龙眼疏花、疏果、修枝，其栽培的渔溪龙眼肉脆、味甜、汁多，甜而不腻。渔溪镇双墩村垄底有棵老树单产1355斤，被称为"龙眼王"。"渔溪龙眼"以皮薄、核小、肉脆、口感好而闻名，获准注册国家地理标志证明商标。

枇杷

"闽中十大才子"之首的福清人林鸿有诗曰："梦觉只闻铃索响，不知山鸟

枇杷大丰收（颜家蔚　摄）

啄枇杷。"福清市一都镇有山地15万亩，平均海拔300米，雾大风小，土地肥沃，雨量充沛，光照充足，特别适合枇杷生长，是"全国绿色食品原料（枇杷）标准化生产基地"。这里的枇杷果实饱满、色泽鲜艳、肉软多汁、酸甜适中，口感特佳，是优秀的绿色食品和健身滋补佳品，远销国内外。2012年，"一都枇杷"获准注册国家地理标志证明商标。

（编纂：魏希兴、陈晔　审稿：高居华、陈宝定）

连 江 县

一、综述

连江位于福建东部沿海，东临台湾海峡，与马祖列岛一衣带水，西傍省会福州，南扼闽江出口，北控闽浙通衢，是国务院首批沿海开放县份之一，是中国温泉之乡、鲍鱼之乡、海带之乡，全国水产第一大县，福建省著名革命老区、著名侨乡、台胞祖籍地。晋太康三年（282年）设县，古称"温麻"。唐武德六年（623年）改称连江，因城域形似展翅凤凰，故又名凤城，雅称"闽都金凤"。全县总面积4367.14平方千米（未包括待统一的马祖、东引列岛），其中陆地面积1256.12平方千米，海域面积3112.02平方千米，全县辖19个镇3个乡37个社区243个村，以及待统一的竿塘乡。2021年总人口678273人。

连江境内水系发达，水力资源丰富。敖江系福建省第六大河流，素有连江"母亲河"之称。闽江流经县境南部琯头镇汇入东海，敖江、闽江双江汇流，蔚为奇观。

连江县沿海122个岛屿镶嵌在东海万顷碧波之中，宛如串串珍珠。境内海岸线长达238千米，分布着天然港湾47处，著名的有三湾（罗源湾、定海湾、黄岐湾）、三口（可门口、闽江口、敖江口），其中闽江口琯头港、定海港和可门港（民国时期称松岐港）具有港深浪平、潮汐落差大、不冻不淤、锚抓力强、岸线稳定、腹地开阔的特点，具备建设万吨以上直至30万吨码头的良好条件。可门港已于21世纪初全面开发建设，一座世界级的东方大港正在崛起。早在明代初年，粗芦岛、福斗山就成为郑和水师七下西洋的誓师出发地之一。故连江既是海上丝绸之路的重要节点，又是历史上兵家必争之地和抵御外敌入侵的前哨，"省垣

（福州）海上门户，闽浙陆上咽喉"。104国道、沈海高速、温福铁路、201省道和福州绕城高速等五条通道，构成便捷的交通环境。

二、海岸明珠

粗芦岛（五虎礁）

粗芦岛位于连江县琯头镇，五虎门与乌猪港之间，是连江县单岛面积最大的岛屿。东濒东海，与马祖列岛相望，西隔闽江为乌猪水道，东南与川石岛隔江相望，南临壶江与琅岐岛相望，面积约14.38平方千米，绵延着22.6千米的海岸线。因两侧平坦，千里江流一路冲刷下来，大量的泥沙淤积于江口，淡水海水交汇之处，盛产丰富的黄色牡蛎，是当地的特色海产。明永乐年间，郑和率船队七下西洋，均由闽江口出洋，并在粗芦岛福斗山建神坛，祭祀妈祖等海神。岛的西部多村民居往，东部为旅游区，站在丘旦山东向的观景台上，正面不远处可见闽江口绝景的五虎礁。五虎礁并排而立，昂首浩瀚东海，人称"五虎守门"。清道光

五虎礁

三十年（1850年），云贵总督林则徐因病辞官返回福州，在五虎礁写下了壮怀激烈的五言诗篇《五虎门观海》。

川石岛

川石岛又名芭蕉岛，位于琯头镇东南部，地处闽江口最突出部，号称"闽江口第一岛"，与粗芦岛、琅岐岛、壶江岛隔江相望。由于全岛森林覆盖率高达86.7%，素有"天然氧吧"之称。该岛海洋性气候明显，冬暖夏凉，岛上的芭蕉山、寨尾山等主峰，陡峭伟岸，雄峙东海。岛内虽然石多如笋，礁盘如杜，但肥沃的地表红壤土层，哺育出数不尽的榕、棕、樟、松，还有成片的石榴、芭蕉、马尾松、相思树等。岛民以捕鱼为业，兼之养殖业和农业，每年都产出较为可观的鱼、虾、蟹、淡菜、蛏、蛤、紫菜、海带等。自古以来，川石岛就是兵家必争之地。如今已成为福州水上的坚强门户，同时也是我国东南沿海的一把卫国尖刀。

黄岐半岛

黄岐半岛位于连江县东部沿海，与马祖列岛仅一水相隔，地理位置独特，海岸线漫长，海湾众多，海面岛屿星罗棋布，海蚀地貌景观无数。这里不仅有天然渔场，还是南来北往的"海上丝绸之路"的重要港口，也是我国军事要地。半岛突出部的黄岐镇和定海村状若两只龙爪，周围上百个岛礁如龙珠般散落海上，蔚然可观。筱埕镇定海村素称"闽江北喉"，是东海之滨的一颗明珠，福建首批历史文化名村。黄岐也以盛产鲜活水产闻名八闽大地，被列为"全国十大中心渔港"。黄岐半岛东北部的畲箕山战地遗址是"连江县国防教育基地"。当前，以黄岐半岛和马祖列岛为载体的"黄岐（环马祖澳）国际旅游区"正在精心打造中。

三、闽江口内港乌猪港

琯头镇定安村乌猪港原名荻芦峡，是九龙山下沉后形成的。它位于闽江口，属福州市连江县琯头港内港。闽江由琯头港出长门，过双龟北行，由粗芦岛与官岐之间水道进入乌猪港，经定海湾、黄岐湾，过北茭鼻入海。清末，乌猪港和五虎附近海域日渐淤浅。乌猪港也是原中共福州地下党从福州前往连江开展革命的必经港口。新中国成立后，政府对乌猪港进行大量清障工作，航行条件大为改善。1962年新建乌猪码头，石砌突堤式，长30米，靠泊吨位100吨，是福州—乌猪客轮的终点站。

四、海洋资源

连江县水产品总产量连续40多年居全国县级第二（2022年跃居全国第一），全省、全市第一，获得"中国鲍鱼之乡""中国海带之乡""全国水产品质量安全示范县""全国平安渔业示范县"称号。"连江丁香鱼""连江虾皮""连江海带"获得福建省十大渔业品牌称号。渔业总产值占农林牧渔业总产值的比重由1990年的57.64％，提高到2021年的91.17％。

（一）植物

海　带
海带为海藻类植物之一，为大叶藻科植物，因其生长在海水，柔韧似带而得名。连江县是海带之乡，连江的官坞是中国海带养殖基地。
（详见《海上福建（上）》）

紫　菜
紫菜属红藻纲，红毛菜科。生长于浅海潮间带的海岩礁上，像青苔那样生长。连江晓澳镇三晓社区和浦口镇中麻、官岭村的紫菜在连江榜上有名。

（二）动物

中华鲎
中华鲎亦称东方鲎、中国鲎，连江俗称马蹄蟹、鲎鱼。鲎是一种最古老的无脊椎甲壳动物，它与三叶虫是同一个时代的动物，堪称海洋里的远古遗民，因此有"生物活化石"之称。县内主要在琯头、晓澳、东岱、浦口的闽江口、敖江口海区较常见。

连江沿海每到农历六月，一到大潮水发，在茫茫大海里，雄鲎、雌鲎一旦相遇结合，便形影不离，直到老死，故有"海底鸳鸯"的美称。

大黄鱼

大黄鱼俗称黄瓜鱼，肉嫩味美，多食不腻。大黄鱼鳔营养特丰，尤为名贵。民国版《连江县志》也有黄花鱼的记载，亦谓"石首鱼"。诸鱼中独此鱼不腥。连江人用大黄鱼制作鱼丸、鱼面闻名省内外。

沙丁鱼

沙丁鱼又称萨丁鱼、鳁和鰛。连江海区盛产金色小沙丁鱼，因为它是暖水性中上层鱼类，有强烈的趋光性，渔民既可用灯光围网诱捕，也可用拖网、流刺网或定置网捕捞。近年来，沙丁鱼为海洋捕捞重要经济鱼类之一。

蓝点马鲛

鲛鱼，连江沿海一带俗称"马鲛"，体长而侧扁，身上布满蓝色斑点，腹部呈银灰色，呈纺锤形，为暖水性中上层鱼类，性凶猛，常成群追捕小鱼。鲛鱼成长快、产量高，上市的一般是两年鱼。连江渔民常用流刺网或钓渔具捕获马鲛，主要渔场在舟山，每年的4—6月为春汛，7—10月为秋汛。

扇 贝

扇贝是世界各地重要的海洋渔业资源之一，壳、肉、珍珠层具有极高的利用价值。连江县从青岛中国科学院海洋研究所引进海湾扇贝，在坑园下屿海区县水产综合场育扇贝苗955粒试养成功。配合福建师范大学生物系培育3批种苗214万粒，在定海和下屿海区用网笼养殖。

鲍 鱼

鲍鱼历来被称为"海味珍品之冠"，素有"一口鲍鱼一口金"的说法，被誉为"餐桌上的软黄金"。

安凯鲍鱼

至2020年，连江县累计养鲍总量超过27亿只，成功申报"连江鲍鱼"驰名商标、"连江鲍鱼"地理标志保护产品、"连江鲍鱼"农产品地理标志、"连江鲍鱼"地理标志证明商标以及"地理标志产品连江鲍鱼"、鲍鱼罐头加工技术两个福建省地方规范。连江组织企业与大型超市合作，在成都、重庆等城市开展推介活动，促进连江鲍鱼走向全国。

百胜缢蛏

《连江县志》记载，早在1300年前连江沿海就开始大面积养殖海蛏。明《闽书·南产志》记载，"连江和福宁州是产蛏极有名的地方"。百胜村和道澳村以及官坂等村位于海水、淡水交汇处，独特的地理环境造就了缢蛏独特的品质，其中最有名的当属百胜缢蛏。相传清光绪十五年（1889年），百胜乡贤高葆光考取武进士，任御前四品带刀御卫，他从家乡带上十粒蛏干用红线结成串进献皇上，光绪帝尝后点头称好，从此百胜蛏干成了贡品。2011年，"百胜缢蛏"获中国国家地理标志证明商标。

锯缘青蟹

连江人简称锯缘青蟹为蟳，闽江口的下岐、壶江、川石、东岸、白潭、普井等地所产的蟳，肉味尤其美，人称蟳中之最。琯头镇下岐村的蟳自孵化出来到长大，长期泡在半咸淡海水里，又常在硬板板的岩石上爬，爪钝肉实不咸，洁净又没有土味，当地人特称为礁蟳。蟳一年四季都有，但以每年农历八月初三到廿三这段时间最为肥硕，此时的壳坚如盾，脚爪圆壮，只只都是双层皮，故民间有"八月礁蟳抵只鸡"之说。蟳的肉味鲜美，营养价值极高，不仅是传统滋补食品之一，而且有滋阴补肾、消积健脾、养心安神之功效。

螺

连江的螺有几十种，较为出名的有泥螺。《闽中海错疏》记载，"泥螺，壳似螺而薄，肉如蜗牛而短，多涎有膏"。每年夏季是泥螺上市季节。一盘泥螺令人顿生津液，萌生食欲，真是"盘中粒粒如玛瑙，泥螺虽小味清爽"。肉脂厚实的泥螺现已跻身于高档酒店，成为馐八珍凉盘中不可缺少的一道佳肴，备受客人喜爱。

五、历史人文

送王船

连江旧俗有大王船出海，相传缘起筱埕。每年十二月初一，就开始造木质官船2艘，长4.5米，宽1.6米，船上画龙雕凤，船舱塑文武太平王神像，两旁塑有"保卫相""文武案""巡部""中锋"；船头塑有"喝浪大神""头锭""二锭""三锭""中舵"；船尾有用纸剪制的"正副舵手""罗盘长"等30余尊及兵卒144人。到正月初五早上，把船上应备之工具及生活用品备全，其中必有一对晒干的大龙虾和一对大银鱼，象征海况良好。及夜，乡人抬着文武太平王的座驾，众人簇拥着大王船，放航于海上。

（详见《海上福建（上）》）

妈祖信俗

县境濒海，民间信奉妈祖极为广泛，渔民和航海商旅崇拜尤为虔诚。黄岐半岛和马祖列岛，历来传说妈祖为救父亲海难，只身投海，后负父尸至南竿澳口。岛上渔民感其孝举，立庙祀之，并把南竿岛命名马祖岛（方言"妈"与"马"谐音）。

（详见《海上福建（上）》）

陈靖姑信俗

临水夫人即陈靖姑。县境有数座陈夫人庙，最早一座建在县尾铺温麻庙西侧，至今香火不绝。部分城乡民众家中亦设临水陈夫人香位。每年农历正月十五和八月十五必摆供品祀祭，祈求儿女平安成长。马鼻、透堡、官坂等地农历正月十六还有游陈夫人神像风俗。

（详见《海上福建（上）》）

张圣君信俗

张圣君，又称张圣者、张法主公，是宋代闽中地区平民社会中产生的民间信仰人物，现在连江一带也广受尊崇，梅洋道教宫观的张圣真君堂规模庞大。张圣君出生于永泰嵩口月洲村，得道圆满于永泰盘谷方壶岩，坐化于闽清金沙九龙潭，是后世传说中的"监雷神""农业神"和"商业神"。

（详见《海上福建（上）》）

六、特色村镇

定海村

定海村是连江县筱埕镇所辖行政村，因寓意"镇定海疆"，故名定海。地处闽江口北岸定海湾、黄岐半岛西南突出部，一面靠山，三面临海，最高峰纱帽山海拔199米，距镇政府驻地2千米。境内有逻定公路贯村通过，与县道连黄公路、官安公路连通，交通便捷。东、南与马祖列岛隔海相望，西临定海湾，北与筱埕村接壤，形如单臂出拳，富山海之利，得风气之先。境域面积133平方千米，土地松软肥沃，村域范围内拥有多座名山，森林覆盖高。海岸线长达10余千米，海域面积130平方千米，境内定海湾有"天然良港"之誉。海洋生物资源丰富、种类繁多，有鱼类500多种，其中底栖动物有100多种，海域内埋藏大量贝壳资源。定海是连江县的一个重要渔业村，又是福建省首批省级历史文化名村。

（详见《海上福建（上）》）

官坞村

官坞村位于连江县黄岐半岛西南部、筱埕镇东北部，距镇政府驻地6千米，三面环山，一面临海，与马祖列岛仅一水之隔。东邻凤贵村，西接大埕村，南临黄岐湾，北连安凯乡。距县城35千米，省二级公路官安线横穿全境，海、陆交通非常便捷。官坞村是一个以海水育苗，海水养殖、捕捞、水产品加工为主要产业的纯渔业村。全村拥有大小船只359艘，海带养殖199户，海蛎养殖7户，鲍鱼养殖35户及数十户近海捕捞。从一个"有脚不踏官坞角，有女不嫁官坞男"贫穷落后的渔村，发展成为远近闻名的"全国小康建设明星村"和"中国海带之乡"，创造了经济社会发展一个又一个奇迹。官坞村先后荣获"全国先进基层党组织""福

官坞村全景

建省第八届文明村""全国小康建设明星村""中国十大魅力乡村""福建省第一批社会主义新农村建设示范村""全省民主法治示范村"等称号，2021年被省乡村振兴办列为省级乡村实绩突出村。

（详见《海上福建（上）》）

七、风味美食

扁肉燕

肉燕又称"太平燕"，是福州一带的地方传统名吃，属于闽菜系。连江丹阳、坑园下屿肉燕很有特色，滑嫩清脆，淳香沁人。因其形如飞燕，故又称"扁肉燕"。扁肉燕与鸭蛋共煮，寓意"太平"。

鱼 丸

鱼丸又称"鱼包肉"，是连江特色传统名点，属于闽菜系。最先打出鱼丸的名号并进驻上海的是连江人。在连江黄岐半岛，多以鲜黄鱼、马鲛鱼、鳗鱼、小参鲨为主料，剁碎鱼肉，加适量姜汁、食盐、味精，捣成鱼泥，调进薯粉，搅匀后挤成小圆球，入沸汤煮熟。连江鱼丸因注重选料和制作工艺而闻名遐迩。

连江鱼丸

（编纂：周谋云、陈一新　审稿：林启兴、周谋云）

罗 源 县

一、综述

罗源县，别号罗川。明万历《罗源县志》载："山如罗簇，水若带盘，潮生九曲，三溪夹城，诸峰环拱，故曰罗源。" 罗源历史悠久。唐大中元年（847年），析连江县北一乡置罗源场。唐咸通二年（861年）升场为镇，更名永贞。五代后唐长兴四年（933年）升镇为县。宋乾兴元年（1022年）定名罗源县。罗源县南临连江县，西南与福州市晋安区、闽侯县接壤，西北连古田县，北与宁德市蕉城区交接，东隔海与霞浦东冲半岛相望。总面积1187.18平方千米，其中陆地1062.2平方千米，海域103平方千米，滩涂21.98平方千米。

罗源县属亚热带季风气候，雨量充沛，温暖湿润，降雨量1400~2000毫米。境内三面环山，地貌以山地、丘陵为主，平原狭小。境内有千米以上高山12座，全县最高峰牛姆山海拔1251米。县内有6大河流、13支流，年径流量22.833亿立方米。县境东面临海，有大小海湾9个，岛屿22个，海岸线长129.09千米。罗源湾为福建省六大深水良港之一，总面积230平方千米，其顶部及北岸水域属罗源县，面积140平方千米。湾内深水岸线长12千米，可建造5万吨级以上泊位码头。

二、海岛明珠

担 屿

担屿位于罗源湾可门水道中央，距湾北岸蝴蝶角0.4千米。屿两头高中间低，涨潮时海水掩埋中部，两端如担子之两头。东端称下担屿，海拔24.4米，设有灯桩；西端称上担屿，海拔16.4米。两屿面积同为0.029平方千米，近屿水深7~30米。

洋　屿

洋屿古称圆屿，位于鉴江湾口南侧，距大陆最近点0.2千米。东西宽100米，南北长130米，面积0.01平方千米。地势东北高西南低，屿顶浑圆，海拔16.6米。洋屿虽小，但扼鉴江口航路要冲，近屿海面是渔业和海水养殖业场地。

三、罗源湾红树林海岸公园

罗源湾红树林海岸公园坐落于北山村和巽屿村浅海滩涂，是福州最大的人工红树林公园，拥有2000亩郁郁葱葱的红树林。2018年7月，罗源湾红树林海岸公园一期工程竣工并对外开放，主要为红树林入海栈道与人工沙滩。红树林入海栈

罗源湾红树林海岸公园（罗源县融媒体中心　供）

道总长约200米，宽约2米，蜿蜒曲折穿梭于红树林中间。北山村依托红树林海岸公园，发展独具特色的渔村风情旅游，建设千米人工沙滩、千米堤坝步道及千米环湖步道，并配套风情商业街、海上餐厅、海边民宿等项目，令游客饱览海边美景、尽享山海美食，同时也极大地改善了生态环境。

四、海港海湾

罗源湾

罗源湾由罗源县碧里半岛（又称鉴江半岛）和连江县黄岐半岛环抱而成，东西长约25千米，南北最宽处15千米，总面积230平方千米，湾西部及北部水域属罗源辖区，面积140平方千米，南部水域归连江县。罗源湾口小腹大，为半封闭溺谷型海湾。湾口称可门口，是进出罗源湾的唯一通道，介于罗源虎头角与连江县

罗源湾港区（游永健　摄）

可门角之间，朝向东北，宽约950米，两岸岩壁陡立，峰峦夹峙，水深23～78米，无挡门沙。湾口有可门、冈屿、门边（在连江县政区内）3条水道。可门水道，从可门口至冈屿，长约8千米，宽1千米，底质为岩石，水深12～60米，潮差7米，在距湾口5千米处有2个小屿（上下担屿）将水道中分为二。冈屿水道，从冈屿至迹头，长16千米，亦因冈屿和鸟屿而分为南北两道。可门、冈屿水道北岩岸岬间发育有大片泥质滩涂，平坦开阔，微向海倾斜，其中著名的滩涂有下廪滩、南书埕、门口埕等，而以下廪滩最大，面积9.4平方千米。迹头以西海域于1993年围成陆地。

罗源湾港

罗源湾港位于罗源湾北部。1991年，港区以五里亭为中心，西起南陈桥，东至可门口，岸线长约25千米，港区内有五里亭客、货运码头、迹头码头。1993年4月，松山围垦堵口合龙，港区推移至松山垦区海堤线外，岸线长约15.7千米，港区内有迹头码头、淡头码头、狮岐万吨码头。2000年7月，经省政府批准，确定罗源湾港为福州外港。2010年，罗源湾码头年吞吐能力1200万吨。2011年，罗源湾首次迎来LBONIDASWARRIOP散装货轮靠泊，船长289.8米，宽46米，载重量18.3万吨。2013年，罗源湾深水航道工程经扫海测量后通过验收，10万吨北港航道正式投入使用。2018年6月29日，罗源湾港区扩大开放，通过由国家口岸办牵头的国家验收组的验收。2020年，罗源湾港区碧里作业区4号泊位扩能改造工程通过竣工验收，改造后，该泊位靠泊能力由5万吨级提升到10万吨级，设计通过能力由280万吨提高到377万吨。

鉴江湾

鉴江湾位于鉴江镇东部，由虎尾角与垱湾村东南之无名山角北南夹峙而成，西至鉴江盐场海堤，东临三都澳口与霞浦县东冲半岛相望。鉴江湾为开敞型海湾，湾口朝向东南，宽约2千米，纵深约3千米，面积4.65平方千米。湾西部为大片淤泥质干出滩，满潮水深0.4～3.2米，东部水深0.9～30米。

鉴江港

鉴江港口位于鉴江湾西南部，水路距赛岐港37海里，距罗源港18海里，陆路有白鉴公路接104国道（福汾干线）。港口设有启泰桥码头、盐运码头、陆岛客货码头（又称道下码头）。

五、生物资源

罗源县海洋生物品种繁多，海洋浮游生物近300种，浮游生物总数381毫克/立方米。种类组成复杂，以热带性和暖水性为主。海洋大型底栖生物100余种，以软体动物居首位，其次是环节动物和棘皮动物。底栖生物以寻氏肌蛤（又名水彩短齿蛤，俗称乌鲶）、褶牡蛎等生产量最高。潮汐带生物以软体动物最多，甲壳动物次之，主要经济种类有鲍鱼、海带、紫贻贝、褶牡蛎、缢蛏、泥蚶、杂色蛤仔（花蛤）等。游泳生物241种，以鱼类为主，多为温水性种类，主要经济鱼类有大黄鱼、带鱼、鳗鱼、鲳鱼、马鲛鱼、七星鱼等。

鉴江流蜞

流蜞也称沙蚕，俗称海蜈蚣、海蚂蟥，貌丑而味美，是一种富营养、速生长、高产值的海洋生物，被誉为"海中冬虫夏草"。流蜞常年穴居，仅在每年农历九月廿五至廿七露面，唯有这时才可能吃到肉质鲜嫩、营养丰富的绝味流蜞，因此罗源鉴江民间素有"廿五流蜞做新妇，廿六流蜞任你捞，廿七流蜞走亲戚"的俗语。

苍　鹭

苍鹭是一种水边鸟类，头、颈、脚和嘴均甚长，因而身体显得细瘦。其上半身主要为灰色，腹部为白色。成鸟的过眼纹及冠羽黑色，飞羽、翼角及两道胸斑黑色，头、颈、胸及背白色，颈具黑色纵纹，余部灰色。碧里乡濂澳村依山向海，海边鱼虾为苍鹭提供了丰富的食物来源，因此常年有大量苍鹭栖息于此。

卷羽鹈鹕

卷羽鹈鹕是一种大型的白色水鸟，体羽灰白，眼浅黄，喉囊橘黄或黄色，颈背具卷曲的冠羽。自2016年起，每年卷羽鹈鹕沿着漫长的迁徙路线，从蒙古国飞越千山万水，抵达罗源湾越冬，等到次年二三月，它们才会北上，回归故里。卷羽鹈鹕作为国家一级保护鸟类，在整个东南亚仅有150只左右，2022年迁到罗源的有21只。

六、历史人文

罗源始建于唐，得名于宋，距今已有1000余年历史，是一座积淀着深厚文化底蕴的千年古城，历史悠久，文物古迹甚多。现存的寺庙、石塔、古墓葬、摩崖石刻等多系唐宋以来文化遗产。其中造型独特、福建最古的栖云洞十八罗汉石雕，以及糅合五代、宋、明、清建筑艺术的江南文物瑰宝陈太尉宫为国家级文物保护单位，并有圣水寺、碧岩寺、西洋宫等诸多神秀。罗源人杰地灵，人才辈出，仅宋朝的进士就多达203人，著名的有梁国公倪振、"三黄"世家等。

（一）遗迹遗存

栖云洞十八罗汉造像

石像位于凤山镇南门外村圣水寺南侧一天然石洞栖云洞内。南宋淳祐八年（1248年）造，系宋石匠陈曾缘用辉绿岩石所雕造。石像高低参差不齐，造型各异，栩栩如生。据专家考证，石像乃仿五代画家贯休在佛教经典中所描绘的画像进行雕造。放置石像的须弥座亦于同一时期造，依着栖云洞洞壁三面构砌。座分上枋、上枭、束腰、下枭、下枋、圭脚。中间镶嵌华板，华板刻有花纹和文字，华板与板之间镶有辉绿岩竹节型小圆柱。整个造型古朴美观。每尊石像和须弥座刻有捐造者、雕造者姓名，以及建造年间和造价等。此外，栖云洞洞壁还留有元代至民国时期的文人骚客摩崖石刻。1980年，栖云洞十八罗汉造像被列为县级文物保护单位；1991年，被列为省级文物保护单位；2006年，被列为全国重点文物保护单位。

陈太尉宫

陈太尉宫位于中房镇乾溪村，建筑年代跨宋、明、清。坐西朝东，平面呈"亚"字形，总建筑面积900余平方米。陈太尉宫原为高行先生祠。唐乾符三年（876年），河南光州固始县华岳村灵潭境贡士陈苏入闽避乱至此，带领乡人开荒垦田、种茶植果、养蚕制丝、修筑水利、开办学堂、为人治病、救危助困，得到人们的尊重和敬仰。后梁贞明元年（915年），陈苏逝世，为表达怀念，人们特塑陈苏泥像，与其祖宗的牌位一起供奉于陈氏宗祠内，并将陈氏宗祠称为"高行先

陈太尉宫（林桂生 摄）

生祠"。积善之家，必有余庆。陈苏第十五世孙陈庆从军后屡立战功，率兵平定了闽地境内的山匪蛮獠，后战死沙场，南宋朝廷追封为"都统伏魔太尉"，配享陈氏祠堂内，后世之人逐渐以"陈太尉宫"来称呼这座祠堂。1980年，陈太尉宫被列为县级文物保护单位；1985年，被列为省级文物保护单位；2001年，被列为全国重点文物保护单位。

林家祖厝旗杆碣林

旗杆碣林位于中房镇林家村林氏祖厅前，明清两代所立。完整保存18对，大小不一。其中，有明嘉靖三十一年（1552年）湖州乌程县少尹林灯；明万历河南道参军林日荣；清顺治年间，官授奉政大夫、广东廉州同知林长存；清咸丰庚申年授奉政大夫、署湖北荆门州知州林芝华等所立的旗杆碣。林家祖厝旗杆碣林宏伟壮观，是罗源县保存最好的旗杆碣林。2007年，林家祖厝旗杆碣林被列为县级文物保护单位；2013年，被列为省级文物保护单位。

岐阳郑氏宗祠

宗祠位于凤山镇岐阳村116号，明代建筑，清代有重修，祖殿建于明万历年间（1573—1620）。宗祠坐北朝南，平面呈长方形。依次由大门、天井、大堂、祖殿、后殿组成。祠土木结构，悬山顶，穿斗式木构架，拱背式山墙。宗祠建筑面积1000余平方米。面宽四柱三间，进深五柱四间，供奉历代宗亲神主，称"追思堂"。1986年，岐阳郑氏宗祠被列为县级文物保护单位；2013年，被列为省级文物保护单位。

（二）民俗风情

畲族服饰

服装颜色多黑（青）、蓝（靛蓝），但以黑色为主调，象征勤劳、朴实。明代至民国时期，畲族多数人生活艰苦，不论春、夏、秋、冬皆用自织自染的苎布或自织的棉纱布缝制衣物。新中国成立后，服装多改用纯棉或涤棉等布料缝制，

畲族服饰制作（林桂生　摄）

仅夏装用苎布。20世纪70年代起，称传统女装为凤凰装。20世纪80年代起，男女青年兴穿时装，只有女子礼服和少数老年妇女仍保持传统服装。

（详见《海上福建（上）》）

临水三夫人

陈夫人（靖姑）、林夫人（九娘）、李夫人（三娘），俗称"三大奶"。民间视为护国佑民、救产护婴之神。专设庙宇众多，飞竹村的西洋宫又称为林九娘祖殿。

白马王

白马王相传其为汉时闽越王郢之三子，因骑白马亦称白马三郎，有勇力、善游猎。在鳝溪狩猎时遇一鳝鱼害民，白马三郎弯弓射击，不慎人马皆落入水中溺亡。为纪念其为民除害精神，乡村多于溪流水尾建宫奉祀，白塔、迹头、八井、梅洋、百丈、洋北等地规模较大。迹头村民每年皆举行庙会，抬金身巡游。

昭佑王

昭佑王即黄岳，相传唐末乡贡入太学。因战事频繁，百姓生活艰辛，黄施衣于众，并出资挖井施水于沿海村民。朱温篡位后欲让黄岳为辅，黄以死拒从。黄岳后被封为"昭佑王""忠烈王"。明代起县人信奉，先后在廪头、潮格、蒋店、港头、桂林、兰田、石塘、东湾等地建庙宇纪念。每年农历正月，潮格、港头、桂林等地皆举行巡游。

通天公

通天公为管水护田之神，罗源山区信众较多。每年农历五月廿二为其诞辰日，摆田螺、酒水等供品祭祀。其时刚好单季稻插秧结束，故部分群众又称"田乡节"，此俗今仍相沿。

胡头公

相传明代，连江县黄岐胡姓人家一日在海上捕鱼时，偶得一木制头像，遂带回家中。是夜，胡姓人家梦见一人，自称是玉皇三太子，因触犯天条被天帝斩为三段，脚丢闽安、身抛闽南、头扔贵地。若能尊我敬我，便可保你合家平安、添丁发财。胡氏诺之，于次年正月十三抬头像巡游，果然灵验。头像被取名胡头公，受全村人推崇。后黄岐村一女嫁给兰田村陈家，娘家人用纸糊一头像作为陪嫁送给女儿。是年，兰田村五谷丰登，村民将丰收归功于"胡头公"。自此，兰田村每年农历正月初便开始糊胡头公像，十三日抬头像巡游，此俗世代沿袭。

七、特色村镇

北山村

北山村隶属罗源县松山镇，位于罗源湾南岸，系罗源县最大的建制村及革命老区基点村，村庄依山傍海，三面环山，一面沿海，拥有天然的背山面水自然格局，先后获得"全国妇联基层组织建设示范村""乡村振兴省级示范村""省级传统村落"等荣誉称号。

北山红树林坐落于北山村和巽屿村浅海滩涂，作为北山村的招牌打卡景点，这座海上森林吸引了无数游客的眼球。海面波光潋滟，树木于海面上拔起、蔓延，鹭鸟在林间穿梭，自由翱翔。

北山村是一座革命老区村，曾经历过战火的洗礼，村中留下许多红色革命旧址，如红军医院等。

北山村因地制宜，坚持以"多彩渔乡地、畅享北山湾"为主题，以滨海渔乡为载体，地域特色与文化为魂，打造北山渔乡渔田风貌联动区，打响渔乡风情小镇特色品牌。目前，北山湾景区建设初显成效，完成月亮湾码头、垂钓平台及景观步道工程、观海民宿及木屋美食等13个项目建设，引入罗源渔村风情旅游发展有限公司实现景区市场化运营管理，开发了休闲马车、海上脚踏船、水上滚筒、休闲垂钓等旅游产品，配套完善餐饮、民宿、购物、娱乐等旅游设施。

西洋村

西洋村位于罗源县碧里乡，村庄生态环境优良、气候适宜、风景秀丽，素有"罗源湾后花园"之美称。

西洋村以花卉苗木种植为主导产业，几乎家家种花卉，户户植苗木，成为闻名省内外的花卉苗木培育基地。多年来，西洋村民探索新路，从种菇为生到种花致富，目前从事花卉苗木种植的村民达到500多户2000多人，现有花卉苗木基地约4000亩。主要种植的品种有红花檵木、红叶石楠、杜鹃、罗汉松、四季桂、绿化草皮等。放眼西洋村，只见阡陌纵横，花团锦簇，红花绿叶交织成一片绚烂花海。这里每年还会举办花卉文化节，吸引大批游客和摄影爱好者前往赏花、拍照。

井水村

井水村位于罗源县鉴江镇东部的井水半岛突出部，三都澳入口处，是福州市地理位置上最北部的一个行政村。这里是罗源最北的渔村，曾被称为"山沟沟的海边边"。石屋、石路、石阶、石井……与其他海边渔村不同，井水村内还错落分布着许多千姿百态、栩栩如生的石头，如"玉兔望月""锦鲤问天"等，因此也被当地人称为"石头村"。

井水村因地制宜，依靠村庄海湾特色，以井水半岛的山海环境和渔村渔俗为基底，村民们建起了海上牧场进行鲍鱼养殖，从最初的九孔鲍鱼，到后来扩大规模，引进黑鲍、绿鲍等新品种，持续培育休闲养殖业、乡村旅游、民宿度假等乡村旅游新业态，推动当地经济发展，带动村民致富。

漫步井水村内，石墙夹着石径，石径缀着石房……耳畔是海风轻拂，眼前是浪花丛簇。一座座错落有致的石屋静静伫立，石阶串起一条条石径，石径又通向一座座石厝，连成一个石头的世界。奇妙的"一线天"令人惊叹，"蓝天一线"自缝隙中露出，穿过狭小的过道，一望无际的大海豁然闯入视野，使人不由感叹大自然的鬼斧神工。这里还有风格独特的海边民宿和新鲜的海产品，观天空云卷云舒，看海水潮起潮落，享受着不一样的渔村风情。

八井村

八井村是传统畲族村，建村至今600多年。相传南宋本邑官绅陈显伯为解决村民饮水难问题在此打井，宋至清代共挖8口井，于是20世纪50年代初，畲民把村名改为八井村。该村先后获评"福建省民间文化艺术之乡""民族团结进步模范集体"等荣誉称号。

红色文化、畲族文化、非遗文化是八井村独特而闪亮的三张名片。八井村的畲族人民世代相传，畲族文化保留较好，曾是1956年国家开展畲族民族成分识别调查工作首批三个调查点之一，现今依然保存着畲族人民的生活习惯和服饰习惯。其中畲族医药被列入国家级非物质文化遗产名录，八井拳更是畲家拳的典型代表，闻名周边。同时，八井村是罗源最早建立红色政权的畲村之一，留着畲族革命的辉煌足迹。

村中建有畲族文化民俗展示馆，由畲族历史记忆馆、畲族技艺传承馆和畲风畲艺文创馆组成。馆内除展示罗源畲文化中最具代表性的畲族服饰、畲家拳、畲

罗源县松山镇八井村（林桂生　摄）

医药等非遗文化，还收集了一批来自全国各地的畲族文物。当地特色的"山哈集市"销售有畲族文创产品，还拥有一系列畲族特色体验项目，如畲族编织、畲族剪纸、畲族拳术等。村内还建设有畲家民宿、农家乐等配套服务设施。

八、美食特产

（一）罗川风味

罗源风味小吃丰富多彩，有鱼丸、扁肉、肉燕、拌面、炒土粉、油条、海蛎油饼、锅边糊、油炸芋头糕、白芝麻饼、白糍、肉饺、鱼饺、番薯饺、菠菠饼、芋头饺、烧卖、烧饼、煎包、油条、油炸春卷、米糕、年糕、芋头糕、爆米花糕、花生糖、芝麻糖、卷心糖等。畲族乡村小吃有仙草糕（仙草熬汁去渣、加入米浆凝结而成，切块加糖或加咸味炒成，有消暑作用）、糯米糍、菠菠饼、芋丸、薯丸、药饭（常用青草熬汤，然后加入大米煮成，有消除疲劳之效）、竹筒饭（竹节钻孔装入大米和水用火烧烤，饭香可口）、什锦豆腐等，不下百种。

番薯饺

番薯饺也叫"番薯粿"。罗源城乡各家各户的主妇于冬至前自制馈送亲戚长辈。粿皮用煮熟番薯与番薯粉揉制而成。馅用萝卜丝或白菜丝，讲究的则用冬笋，另加入肉丁、牡蛎、虾肉、香葱、老姜，下垫柚叶，置笼内，蒸熟，鲜香可口，很有地方特色。因爱吃的人多，有些家庭妇女会在冬至前在小街巷制作出售，有的还将其油炸后馈送他人。

菠菠饼

菠菠饼是罗源县传统风味小吃之一。制作时将鼠曲草煮烂漂去苦汁，加上糯米粉捏成泥状为皮，内以花生仁粉、白糖、芝麻等为馅，然后用糕叶（一种禾木料植物叶）垫上，置蒸笼上蒸熟即成。吃时有香、甜、清凉之感，具有清凉解毒之功效。

碧里下廪羊

罗源县碧里乡有种奇特的山羊，名字叫"下廪羊"。下廪羊不但全身是宝，最为奇特的是它喜欢吃有剧毒的断肠草。下廪羊的另一特征是羊肉无膻味。下廪羊养殖区域地处沿海，海上带着盐分的水气浸润山上的青草，而盐又是羊饲料中重要的矿物质，"时间一长，羊肉的膻味也就没了"。此外，下廪羊喜欢爬山吃草，因此羊肉紧实，口感极佳。

畲家乌饭

罗源是全国第三大畲族人口的聚居地。每年农历三月初三，畲族百姓都欢度"乌饭节"。家家都做乌米饭，全家共餐，馈赠亲友，集会对歌，至夜方歇。畲家乌饭是畲族人用一种野生植物——乌稔树叶（俗称乌饭叶柴）煮汤，将糯米浸泡其中，数小时后捞起，放到木瓶里蒸熟而成。乌米饭色泽蓝绿乌黑，并带油光，吃到嘴里，香软可口。

（二）罗源石雕

罗源不仅蕴藏着丰富的叶蜡石资源，而且有大批继承传统、锐意创新的石雕艺人，深厚的文化底蕴和丰富的资源孕育了罗源石雕艺术。"天下石，罗源工"道出罗源石雕技艺的精湛和包容吸收的胸怀。

罗源石雕艺术的长足发展，得益于20世纪70年代初成立的罗源雕刻厂，从而形成了罗源独特的圆、浮、透、镂、薄、线等雕刻技法，人物、动物、印钮、花鸟、山水、瓜果、器皿等雕刻品种层出不穷。在一块块雕刻用材上，相形度势，捕捉灵感，使作品千姿百态，异彩纷呈，各具特色。其作品构思之新颖，雕琢之精细，布局之巧妙，意境之深远，无不让人拍案叫绝。雕刻队伍人才辈出，可谓长江后浪推前浪，出现了一大批著名的雕刻艺术家。他们技艺精湛，才华横溢，各领风骚，借天地造物，施各家绝活。

罗源石雕艺术人才荟萃，优秀作品不胜枚举。罗源县工艺美术学会汇集了以罗源籍作为重点征集对象的中国工艺美术大师林飞、潘泗生、黄丽娟、黄宝庆、潘惊石以及郑安、严进忠、赖光庆等罗源籍福建省工艺美术大师、省雕刻艺术大师和中青年创作设计人员，他们之中的国家级、省级工艺美术大师、名艺人的石雕艺术精品被国家博物馆、故宫博物院等收藏，他们的优秀论文经常在海内外重要报纸杂志上发表和收录。许多石雕精品还屡获国家级、省部级金奖，罗源石雕艺术作品已经赢得国内外的一片赞誉，并被广为收藏。

（编纂：林烨欣 审稿：李晓静）

厦 门

综 述

海上花园　魅力厦门

厦门是现代化国际性港口风景旅游城市，也是全国最早实行对外开放政策的经济特区之一。位于福建省东南部、台湾海峡西岸中部、闽南金三角的中心，东与大小金门岛、南与龙海区隔海相望，陆地与泉州南安市、安溪县以及漳州长泰

厦门国际花园城市（赵建军　摄）

县、龙海区接壤。境域由福建省东南部沿厦门湾的大陆地区和厦门岛、鼓浪屿等岛屿以及厦门湾组成。厦门港是中国与东南亚各国及闽台海上交通枢纽。2017年7月8日在第41届世界遗产大会上"鼓浪屿·历史国际社区"正式被列入《世界遗产名录》。2021年，厦门市土地面积1700.61平方千米，常住人口为528万人。厦门先后获得全国文明城市（六连冠）、国家卫生城市、国家园林城市、国家环保模范城市、全国科教兴市先进城市、中国优秀旅游城市、全国双拥模范城市、全国十佳宜居城市、国际花园城市等多项荣誉称号。

资源丰富　宜居宜业

厦门岛是福建省第四大岛，地貌形态丰富，有山地、丘陵、台地、平原及滩涂。属南亚热带海洋性季风气候区，年平均气温20.9℃，年平均降水量1143～1464毫米。湿地及近岸主要植被可以分为红树林植被、半红树植被、滨海盐沼植被、滨海沙生植被、淡水湿地植被五种植被类型，植物资源共有维管束植物209种，分别隶属于80科174属。植物区系有热带、亚热带成分多，草本植物多，外来物种

厦门市树——凤凰树（厦门市委党史方志室　供）

多三个特点。厦门海域内有包括国家一类保护动物文昌鱼、中华白海豚和福建省重点保护珍奇动物中华鲎在内的各类海洋生物近2000种。海水鱼有420种，主要有文昌鱼、条纹斑竹鲨（狗鲨）等。海岸线总长度234千米，海域包括厦门港、外港区、马銮湾、同安湾、九龙江河口区和东侧水道。浅海滩涂用于养殖的浅海面积约有120平方千米，浅海水质肥沃，风浪较小；至20世纪90年代中后期沿海渔村吊养牡蛎基本全覆盖滩涂浅海，养殖面积增加至2万多亩。至2021年，厦门市有渔业乡7个，渔业人口18477人，渔业总产值61.54亿元。岛外河网密布，且呈树枝状分布，从北部山体延伸入海。在曲折蜿蜒的厦门海岸线上，曾星星点点分布着数座古渡和避风港。包括厦门岛的五通、曾厝垵、东渡，翔安澳头、莲河及刘五店，海沧嵩屿、马銮湾等。厦门海域外有大、小金门等诸多岛屿为屏障，形成掩护条件良好的优良港湾。西海湾包括海沧湾、马銮湾、杏林湾，东海湾包括同安湾、东坑湾、大嶝海域。据1990年海岛调查，厦门市共有30个海岛，面积大于500平方米的海岛有25个（不包括金门、大担地域的海岛）。至2021年，厦门市海岛岛礁共53个，其中有居民海岛4个（厦门岛、鼓浪屿、大嶝岛、小嶝岛），无居民海岛49个。无居民海岛和岩礁以岛链形态环绕厦门岛分布，形成众星拱月之势，具有丰富的自然景观和人文景观资源。

国际大港　开放特区

厦门港位于金门湾和九龙江出海口，航道水深一般在12米左右，不冻少淤，万吨级轮船可随时出入。港湾周围岛屿星罗棋布，形成天然防风屏障，是得天独厚的天然良港。因军事地位重要，明朝初年始设立城寨。清朝初年，福建水师提督、闽海关、泉州府海防同知、兴泉永道等衙署先后移驻于此，厦门岛逐渐成为闽南地区的军事、政治中心。明末清初，郑成功据厦抗清，力行"以商养军""通洋裕国"，在厦门设商行、建商船，大力发展海运。当时厦门与东南亚诸岛国和日本长崎等地贸易往来十分频繁，成为东南沿海的重要贸易港口。康熙二十三年（1684年），清政府将全国四大海关之一的闽海关设在厦门，厦门港正式取代漳州月港的地位。雍正五年（1727年），厦门成为清政府批准的对东南亚各国的唯一贸易口岸，海上贸易达到鼎盛，"港中舳舻罗列，多至万计"。道光二十三年（1843年），厦门成为"五口通商"的口岸之一，是中国沿海重要港口城市。至2019年底，厦门港现有生产性泊位175个（含漳州），其中万吨级以上泊位80个；全年港口货物吞吐量2.13亿吨；港口集装箱吞吐量1112.22万标箱；厦（门）金（门）航线客运量完成182.30万人次，实现节假日常态化40班次，创历史新高。厦门港已是中国沿海主要港口之一、中国综合运输体系的重要枢纽、集装箱运输干线港、东南沿海的区域性枢纽港口，集装箱吞吐量位居世界第14位。同时，厦门港是我国集装箱运输干线港和对台主要口岸，还是国家确定的四大国际运输中心和四大邮轮运输试点示范港之一。

滨海旅游　美丽鹭岛

厦门是中国东南沿海一座风景秀丽的海港风景城市，自然景观与人文景观相互交融，兼具山、海、岛、礁、湖、寺、园、花、木等多种神秀和名人古迹，拥有独特的侨乡风情、闽台特色与异国情调，是福建省旅游资源最富集的地区。

白鹭（董复东　供）

历史上有"大八景""小八景""景外景"等二十四景，2001年经重新评定出厦门二十景：鼓浪洞天、皓月雄风、菽庄藏海、胡里炮王、大轮梵天、五老凌霄、万石涵翠、太平石笑、云顶观日、金山松石、虎溪夜月、金榜钓矶、鸿山织雨、笔笮月色、天界晓钟、东渡飞虹、东环望海、青礁慈济、鳌园春晖、北山龙潭。厦门还有许多沙滩海滩美景，有绿树成带、田园风光满满的黄厝东海岩沙滩，可遥望厦门一水之隔的大金门、大担、二担，直到夜幕降临，还可以看见对面的点点灯火；有紧邻着环岛路的会展观音山海滩，附近娱乐设施甚多，有不少旅游项目；曾厝垵海滩被誉为厦门民宿最多最小资的海滩；还有可以看到游艇的五缘湾海滩，以及闻名中外的鼓浪屿海滩。主要分布在环岛路和鼓浪屿的沙滩有白城沙滩、椰风寨沙滩、五缘湾沙滩、观音山沙滩、黄厝海滩、港仔后海滨沙滩、美华沙滩、大德记沙滩、彩虹沙滩等。

人杰地灵　开风气先

厦门历史悠久，文风昌盛。唐代陈僖、薛令之最早迁徙厦门岛，并称"南陈北薛"，成为厦门最早的开发者。陈黯诗篇辞赋，皆精而切，被时人誉为福建八贤之一，开厦门人文风气之先。宋代朱熹任同安主簿期间，振兴教育、整饬学风，倡导形成良好的读书风气。宋代的苏颂，不仅是一位著名的政治家，也是杰出的天文学家、天文机械制造家、药物学家。民间医学家吴夲，医德高尚，普济众生，被老百姓誉为医神，至今广受闽、粤、台及东南亚许多民众的信奉。明清时期，民族英雄郑成功以此为基地力抗荷兰侵略者，收复台湾，在历史上写下光辉篇章。清道光年间，陈化成在鸦片战争中抗击英军，保卫吴淞口，壮烈殉国。光绪十八年（1892年），卢戆章创出"中国切音新字"字母，撰写出中国拼音文字的第一本著作《一目了然初阶》。侨界领袖陈嘉庚，支援祖国抗战，倾资办学，被毛泽东誉为"华侨旗帜，民族光辉"。著名医学家林巧稚，把毕生精力无私地奉献给祖国医疗科学事业。曾呈奎被誉为"中国海藻学奠基人""中国海带之父"。

人文繁盛　风物多彩

早在8000年前的旧石器时代晚期，就有人类在厦门繁衍生息。至2020年，厦门市已公布各级文保单位156个，其中，国家级7个、省级54个、市级95个。有世界级非物质文化遗产项目2个（中国南音、送王船），国家级非物质文化遗产12项，省级非物质文化遗产36项，市级非物质文化遗产41项。厦门岛上的居民，是自唐以来各地方的移民，风俗习惯在长期的共同生活中，相互影响，相互融合，逐步演变，形成厦门岛特有的民俗特点。明清以来，厦门为泉、漳居民迁移台湾、出洋谋生的主要口岸，成为泉、漳、台湾和东南亚风俗的交汇处，成了连接闽南传统民俗与台湾民俗、东南亚闽南华侨华人传统民俗的中心。厦门人口五方杂居，寺庙殿堂林立，民间信仰包容兼收。厦门渔民极为重视造船，在造船程序上形成了一整套习俗并沿用至今，渔民普遍信仰天后妈祖、关帝、海龙王等。2011年，闽台送王船被国家文化部认定公布为第一批国家级非物质文化遗产代表性项目。厦门有许多工艺特产和美食小吃，其中漆线雕、厦门珠绣、贝壳工艺品和南普陀素饼、黄胜记肉松、鼓浪屿馅饼、同安马蹄酥等特产都十分受欢迎。美食主要有沙茶面、土笋冻、海蛎煎、同安封肉、姜母鸭、南普陀素菜等；特色小吃有200多种，制售小吃的摊点、酒楼、餐厅仅在岛内就有2600多家。此外，一些新创小吃点心，如咖喱酥、榴莲酥、酥皮叉烧包为厦门小吃锦上添花。鼓浪屿馅饼、麻糍和南普陀寺的各种新式馅料素饼等受到游客的青睐。

厦门从一个海防小镇，发展为城市建设日趋完善的现代化城市。迈入新时代，厦门继续以跨岛发展为延伸，进一步跨出厦门、跨出福建、跨出海洋，提高中心城市承载力、辐射力、带动力，更好地服务国家发展战略。

（编纂：刘昌厚、林靖　审稿：刘昌厚）

思　明　区

一、综述

思明区是厦门市的经济、政治、文化、金融中心，位于厦门市南部（含鼓浪屿全岛），三面临海，与小金门诸岛和漳州隔海相望，面积84.28平方千米。2003年4月，经国务院批准，原鼓浪屿区、开元区并入思明区。至2021年，全区常住人口106.2万人。

思明区气候属南亚热带海洋性季风气候。地貌形态有丘陵、台地、平原及滩涂等类型。钟宅—筼筜港属断陷平原、海湾区，其地势低平，东北走向。以此为界，思明区的东南部，除沿海地区有小面积的台地、平原和滩涂分布外，地势较高，大多为高丘陵所盘踞，云顶岩（高 339.6 米）是岛上最高的山峰。台地类型

厦门鹭江两岸夜景（王火炎　摄）

厦门筼筜湖

主要是海蚀台地，分布于海拔 50 米以下的山前地带、河谷两侧和沿海地区。平原主要是海积平原，海拔高度 2～5 米。筼筜港南北岸为典型的海积平原。辖区内可利用的主要资源为非金属、温泉、饮用天然矿泉水资源。

思明区高度重视海洋经济发展，依托丰富的优质滨海旅游资源，推动滨海旅游业成为主导产业之一。深挖文化底蕴，强化文体旅融合，形成区域赛事品牌群，打造滨海体育休闲消费胜地。发挥自然资源部第三海洋研究所、厦门大学等科研优势，加快集聚专业科研机构，输出高端技术人才及创造性应用成果。常态化开展辖区海洋生态环境保护工作，创新监管机制，为海洋经济发展保驾护航。辖区内拥有厦门大学海洋与地球学院、自然资源部第三海洋研究所、厦门市海洋与渔业研究所等科研机构，聚集一批高素质海洋专业科研人才。各科研机构主动对接国际前沿研究和国家的重大需求，持续推动产学研用融合，取得一批引领性和重大应用价值的创造性成果，为我国海洋科技发展、综合管理、权益维护和生态文明建设做出重要贡献。

2019年完成地区生产总值1896.46亿元。财政总收入252.89亿元。年内，接待国内外游客7126.55万人次，同比增长13.3%，占厦门市接待国内外游客数的71.2%；旅游总收入1071.52亿元。

二、鼓浪屿

鼓浪屿位于厦门岛西南隅，与厦门岛遥遥相望。全岛面积约1.91平方千米，海岸线长7.6千米。自然景点和人文景观相互交融，遍及全岛，素有"东海明珠""海上花园""万国建筑博览""音乐之乡"的美誉，是国家级重点风景名胜区，海岛风情，独树一帜。厦门开埠后，中西文化在这里汇聚融合。音乐文化构成鼓浪屿文化中最厚重的部分，受西方教会音乐的熏陶，鼓浪屿涌现出一批知名的音乐家。钢琴艺术成就最为突出。鼎盛时期，全岛拥有500多架钢琴，人均钢琴拥有量居全国之冠，有"钢琴之岛"之称。鼓浪屿建筑类型多样，主要有别墅、公馆、民居和领事馆建筑、公共企事业建筑、园林景观建筑等，既具有深厚的闽南文化传统，又具有浓厚的西洋文化形态和风格，成为厦门独特的历史文化的浓缩和代表。

（详见《海上福建（上）》）

三、天然良港

思明区周围海域宽广，港阔水深，外航道水深12～25米，宽1000米以上，可通航10万吨级船舶；内航道水深10米以上，可通万吨级船舶。港外有大金门、小金门、大担、浯屿等一系列岛屿组成天然屏障。港内风浪小，可建40个万吨级泊位码头，最大泊位10万吨。境内有优越的不冻港口厦门港，是中国与东南亚各国海上交通枢纽，是海军舰艇驻泊、集结、疏散地，在对外贸易和对台港澳经济、文化交流及国防建设中，独具重要位置。

四、海洋生物

思明区内滨海泥滩有红树林和盐沼群落，除木麻黄、相思树等防护林外，还有沙生的灌木和草本群落。木麻黄林群落分布在海岸沙地，为人工营造的防风固沙林。红树林群落主要分布在海岸泥滩和静风的港湾，涨潮时植株浸没水中或仅露出树冠，退潮时植株露在泥滩上，故有海岸森林之称。红树林分布较广，鼓浪屿内厝澳、筼筜湖西堤码头外及何厝等处都有分布。区境海域沿岸和近海有鱼类400多种，虾蟹类76种，软体动物77种，海藻139种。拥有国家级保护动物中华白海豚、厦门文昌鱼等。1997年后，渔农兼业户和渔民陆续"农（渔）转非"而逐渐减少，2003年进一步开展渔民转岗及渔船拆解工作，现已无渔船，不再有渔户及渔业劳力。

五、文物胜迹

截至2021年，思明区有不可移动文物291处（326个点），其中全国重点文物保护单位5处（40个点）、省级文物保护单位40处、市级文物保护单位49处、区级文物保护单位9处、一般不可移动文物188处，世界文化遗产地鼓浪屿也在辖内。胡里山炮台、破狱斗争旧址、陈化成墓、厦大早期建筑群、鼓浪屿近代建筑群为国家重点文保单位。市级涉台文物古迹有台湾公会旧址等。

思明区还有国内著名旅游景点南普陀寺、胡里山炮台。

闽南气势宏伟的寺院——南普陀寺

南普陀寺位于厦门岛南部五老峰下，毗邻厦门大学，面临碧澄海港，为闽南佛教圣地之一，也是闽南佛学院所在地，在海内外均有很大影响。南普陀寺肇基于唐，五代僧清浩结庐而住，称"泗洲院"。宋治平年间（1064—1067）僧文翠改建，称无尽岩。元末废毁。明洪武十八年（1385年）僧觉光重建，改称普照院。崇祯年间（1628—1644）泉州开元寺诗僧明光募资扩建普照院，寺院粗具规模。清初，普照院再次毁于兵火。康熙二十三年（1684年）福建水师提督施琅驻镇厦门，于普照院旧址复建殿宇，并增建大悲殿，辟为观世音菩萨道场，因其位于浙江普陀山观音道场之南，故改称为"南普陀寺"。寺庙依山而建，格局小巧，多用石材，屋檐为闽南风格的弧状飞檐翘角，上有众多剪瓷工艺的藻饰，绚丽多彩。寺坐东北朝西南，占地面积约3万平方米。寺后五峰屏立，松竹翠郁，岩壑幽美，号"五老凌霄"，是厦门大八景之一。

（详见《海上福建（上）》）

19世纪保存最完整的海岸炮址——胡里山炮台

胡里山炮台位于厦门岛南端海滨，始建于清光绪二十年（1894年），建成于光绪二十二年。炮台总面积7万多平方米，城堡面积1.3万多平方米，分为战坪

胡里山炮台全景

区、兵营区和后山区，安装有28生克虏伯大炮1门，筑有护墙、弹药库、兵房、官厅、山顶瞭望厅、暗道等，整座炮台为半地堡和半城垣式。28生克虏伯大炮由德国克虏伯兵工厂清光绪十九年制造，口径280毫米，重87吨，膛线84条，炮长13.9米，射程19760米。胡里山炮台以其重要的地理位置、较大的建筑规模、完整齐全的设备，成为厦门七大炮台的中心台、指挥台。民国二十六年（1937年）九月至民国二十七年五月，日军军舰入侵厦门港，胡里山炮台开炮击伤"羽风号"，击沉驱逐舰"箸竹号"，这是抗日战争期间在东南海域中被击沉的第一艘敌舰。1996年11月，国务院公布胡里山炮台为第四批全国重点文物保护单位。2000年4月15日，国家文物局、国家文物鉴定委员会出具文物鉴定书："确认厦门市胡里山炮台珍藏的德国克虏伯兵工厂制造的280毫米克虏伯海岸炮，为世界现存19世纪制造的最大、完整保存在炮台原址的后膛海岸炮"。8月，该大炮以"现存于原址上最古老最大的19世纪海岸炮"，列入上海大世界吉尼斯纪录名录。2002年1月，德国克虏伯历史档案馆确认该炮为"世界上现仍保存在原址的最古老和最大的19世纪海岸炮"。

六、民俗信仰

思明区为厦、泉、漳与中国台湾地区和东南亚交往的交汇处，又是与西方交往的口岸，成了连接闽南传统民俗与台湾民俗、东南亚闽南华侨民俗的中心，也有西方民俗传布影响，在长期的交流融会、兼容并蓄中形成独特的思明民俗。清明吃薄饼、上元乞寿龟、端午赛龙船、中秋博会饼等民俗既有传承，又有独创。随着人民物质文化生活水平的提高和厦门经济特区的发展，民间在继承发扬优良的传统民俗基础上，又形成不少富有时代气息的社会礼仪、生活习惯、道德风貌和节日新风。

思明日常有饮茶的习俗，客来敬茶，已成常礼。春节期间，客人上门拜年，主人敬以甜茶。婚庆期间，亲友到新郎家，新娘也敬以甜茶。祭神灵、祀祖先，必献茶叶或敬清茶三杯。春节吃年糕，春节、清明、三月节吃薄饼。上元、半年、冬至吃汤圆，二月二吃蚵仔饭，立夏吃苋菜面，端午节吃粽子，中秋吃月饼，重阳、霜降、立冬进补。

民间对自然神的崇拜有天公、土地、山石、水仙、城隍、魁星、日头公、月亮妈、仙鹿、神虎、门神、灶君、厕神、床母、树公、花神等。祀奉人物有关帝爷、姜太公、妈祖、保生大帝、吕祖等。

思明区还流行国家非物质文化遗产中秋博饼。传说在300多年前，郑成功屯兵厦门，每到八月十五月圆之时，满怀反清复明之豪气的将士们，难免有思乡思亲之情。为排解和宽慰士兵佳节思念家乡亲人之苦，郑成功的部将金门人洪旭发明了一种博饼游戏，让士兵赏月博饼。郑成功亲自批准从农历十三至十八，前后六夜，军中按单双日轮流赏月博饼。如今"博饼"已成为中秋节不可缺少的民俗文化活动。每逢中秋佳节，中山路家家户户，围桌博饼，欢乐融融。很多商家也都在整个八月设立博饼优惠，令顾客宾至如归。

七、美食特产

（一）风味美食

思明区内海鲜佳肴主要用料是鱼、蟹、虾、贝等，闽南风味为主，兼台湾、潮汕风味，在闽菜传承基础上，博采各菜系之长，摒弃粗糙油腻，撷取清鲜香醇，用蒸、炒、煎、炸、焖、炖、熘等技法，注重色、香、味、形、质五要素，具备鲜、淡、嫩、醇、微辣的特色。用厦港所产石斑鱼、黄鱼、红蟹和鱿鱼烹制海鲜菜肴，早在清代就被视为正宗名菜。海鲜菜用料讲究新鲜，即买即煮为佳。旅客可在餐馆海鲜池中选定海鲜，交予厨师烹制。此外，海瓜子、海蛎煎、海螺、海蟹也是佳品。厦门煎菜蟹、煎膏蟹、煎鱼也非常香美。位于辖区的中山路不但有丰富的文物古迹，而且有着丰富的非物质文化遗产，还保留许多中华老字号，好清香、黄则和与黄金香就是典型的代表。

南普陀素菜

南普陀素菜运用闽南地区丰富的山野作物资源，采取独特调味法，融宫廷素菜精细、民间素菜天然和寺院素菜纯正于一体。

（详见《海上福建（上）》）

仿古药膳

仿古药膳以海味山珍搭配名贵补药，精烹细作，别具特色。如"药膳鸡锅""药膳土龙汤""枸杞开边虾""当归烧河鳗"等经典药膳，让人回味无穷。台湾风味的"姜母鸭"是仿古药膳代表之一。

炒面线

炒面线选上等线面放在七成热油锅炸至赤黄色，捞上盘后用开水烫去油腻待用，以瘦肉、冬笋、香菇、蒜苗为配料，切成丝炒过，和鳊鱼、虾沥，酌加绍兴酒，然后与炒过的面线拌配料再炒即成。炒面线刚出锅，色香俱佳，柔韧有弹性，以沙茶酱、红辣酱为佐料，口感极佳，别有风味。

虾 面

虾面取瘦肉片和小虾肉煮熟，虾壳、虾头剁碎后和猪骨熬制成面汤。取适量水面煮熟，切韭菜段装碗，加入虾仁、猪肉、蒜泥，淋上特制虾面汤即可食用。

芋 包

芋包将槟榔芋削皮洗净捣成生芋泥，和上少量淀粉、精盐，搅拌均匀成芋蓉，在碗内壁涂上一层油，放入五花肉、虾仁、香菇、冬笋、荸荠等片丝馅料，再盖上一层芋泥，轻轻倒扣放在蒸笼里蒸炊即可。

茯苓糕

茯苓糕原名"复明糕"，意为"反清复明"。随着清政权巩固，反清复明组织渐渐解散，后叫"茯苓糕"。将茯苓与大米磨成粉调和，加糖蒸成。蒸熟的茯苓糕没有药味，有一种清甜，既能当零食又能果腹，还能清火利水、祛湿健脾。

馅 饼

馅饼分甜咸两种。甜饼以绿豆沙为馅，取上等绿豆蒸熟去壳，研精细，饼皮和饼酥下足油量，揉得恰到好处，烘制时注意掌握火候，做到内熟外赤不走油，饼皮香酥油润，鲜馅冰凉清甜。咸饼以肉丁为馅，加猪油白糖所制。

（二）土特名产

辖区特产及手工艺品主要有厦门彩塑、厦门漆线雕和厦门珠绣等。厦门彩塑是以塑造现代人物为主，兼创作一些动物形象和传统题材彩塑。在现代人物塑造中，以中国少数民族和世界各国人民形象为主，风格粗犷，简练含蓄，服装色彩协调，神态惟妙惟肖。造型上采用艺术夸张手法，大胆地突出主要部位，使形象更含蓄、神态更可爱，尤受儿童喜爱。

厦门漆线雕是厦门历史最悠久的民间工艺品之一，远销东南亚各国。用细如发丝的特制漆线，以盘、绕、堆、雕等各种纯手工技法，以民间传统，雕刻龙凤、麒麟、云水、缠枝莲等题材。作品线条疏密有致，精巧细致，色彩缤纷。不仅能装饰木器、漆篮和戏剧道具，也能装饰瓷器、玻璃等，表层贴纯度96%的真金，工艺精微，尽显闽南民间工艺独特意韵。

厦门珠绣是具有独特艺术风格的装饰性工艺品，已有100多年历史，产品有珠拖鞋、珠挂图、珠绣包等100多种。厦门珠绣采用五彩缤纷的玻璃珠子，运用凸绣、串绣、乱针绣等传统工艺手法绣制出浅浮雕式图案。全珠图案构图严谨、密不容针；半珠图案优雅秀美，清新悦目。珠绣挂图构图清新，色彩柔和，景物逼真，层次分明。

八、名街商圈

中山路步行街位于厦门岛西南部思明区内，以中山路、思明南路和思明北路为中轴向四周辐射。中山路是厦门城市的核心区域，始于明代。明洪武二十七年（1394年），明政府为加强海防，在厦门岛设永宁卫中左守御千户所，筑厦门城，自此，中左所、厦门城开始载入典籍。目前仅存的一段古城墙，就在中山路北街口，公安局院内。20世纪20年代具有南洋风情的骑楼街道形成之后，中山路更成为厦门政治文化商贸经济发展的中心街区。中山路保存下来的骑楼街道历史文化遗址和闽南街市风情，见证了厦门城市历史发展的过程，留存了城市宝贵的文化记忆，成为厦门人文地标、商业名街。

厦门中山路商圈包括中山路步行街、大同路、思明南路、思明北路、思明东路、思明西路、大中路、镇邦路、升平路、新华路、局口街、海后路等。商圈内聚集了一大批购物中心、百货店、专业店、专卖店和老字号商店，以及酒店、旅社、银行、邮局、书店、学校、剧场、医院、舞台等设施。主要有中华城、老虎城等大型购物中心，巴黎春天百货中山店、夏商百货、来雅百货中山店等3个大型百货。

曾厝垵位于厦门岛南部思明区内，东至白石炮台与黄厝社区接壤，西至胡里山炮台，南临厦门湾与大、小担岛隔海相望，北靠御屏山西姑岭。由于这里优越的地理位置，以及独特的闽南原生态风味，吸引了一些文艺青年来这里休闲创作，由此自发形成了文创旅游的雏形。"美丽厦门共同缔造"行动启动后，改变了城中村"大拆大建"的改造思路，因地制宜，创新了城中村"有机更新、多元共治"的转型治理模式，建有3000平方米的文创展示中心，入驻国家级非遗传承人庄陈华和其女庄晏红创办的"弘晏庄木偶艺术馆"、中国工艺集团打造的中国工艺厦门旗舰店"两岸工艺大师精品中心"、"绵羊人"剧本杀、墨问素简空间等高端特色的文创企业；建设公益文化馆，包括曾厝垵闽台文化馆（珍珠博物馆）、渔村时光空间、一厝好戏等；配套厦门网红咖啡店品牌，主要有豪丽斯、山海观、onlyone、猫的国等；打造丰富的住宿业态，形成特色民宿品牌。

辖区特色街区商圈，除了中山路商圈、曾厝垵文创商圈外，还有火车站商圈和会展商圈等。火车站商圈位于厦门岛中部，呈线型带状市级商业中心，是厦门20世纪90年代中后期崛起的以大型商业地产设施为主体的新兴商业中心，总面积约3.5平方千米，沿厦禾路—嘉禾路主轴分布。在商业网点方面，主要商场有万象城、磐基名品中心等高端购物中心，罗宾森购物广场、中闽百汇等大型购物中心，夏商百货华联店、天虹商场等中高端百货；家乐福、沃尔玛、华润万家等大型综合超市，以及永乐思文、苏宁电器等专业店。商圈内交通十分繁忙，多条城市交通干道在此交会，还有火车站、梧村汽车站、BRT站点、地铁等交通枢纽，每天有数十万人流在此汇集。会展商圈包括瑞景商业广场、加州商业广场、会展中心等，涵盖周边莲前西路、前埔南路、前埔东路商业街，总面积约6平方千米。在商业网点方面，主要有宝龙一城、中航紫金广场、建发JFC、天虹君尚、加州商业广场、瑞景商业广场等6个大型购物中心；巴黎春天瑞景店、沃尔玛等百货和超市。近年来，随着东部地区的开发建设，新建住宅区和居住人群越来越密集，会展商圈逐渐成型，成为思明区商业网点布局的新的一环。会展商圈将通过优化商圈商业结构和空间布局，提升服务功能与水平，加强业态整合与集聚发展，重点发展集休闲购物、餐饮娱乐、商务办公于一体的特色商圈。

（编纂：陈际　审稿：纪兴塔）

湖 里 区

一、综述

湖里区位于厦门岛北部，南与思明区交界，东面濒临浔江港，与翔安区相对；北面通过高集海堤、厦门大桥与集美区毗邻；西面为厦门西港岸线，经海沧大桥与海沧区相通。全市"两环八射"中"两环"穿越湖里，是全市地铁密度最高的城区。

湖里区原为传统农业区，是厦门岛最主要的粮食和蔬菜生产地和重要的农副产品供应地，长期维持农渔兼作的经济格局。1980年10月，国务院批准在湖里划出2.5平方千米设立厦门经济特区。1987年11月湖里区正式成立以来，逐步形成机械装备、电子信息、商贸物流、金融服务、文旅创意等"3+2"主导产业。截至2021年底，湖里区地区生产总值1539.41亿元，常住人口102.5万人。

二、五缘湾

五缘湾原名钟宅湾，位于湖里区（厦门岛）北部，20世纪90年代末，被规划为厦门城市湿地公园，更名为五缘湾。湾区内有源古博物馆、生态酒店、湿地公园、帆船俱乐部、音乐岛等。五缘湾定位为"活力生态港，财智精英城"。经过精心规划，整个片区被细分为1个核心区和7个功能分区。核心区为环湾中心区，规划有文化艺术之岛（歌剧院）、水上运动之岛（游泳跳水馆）两个湖心岛，填补了厦门缺乏大型音乐厅和水上运动中心的空白。五缘湾湿地公园占地面积约100万平方米，其中水域面积约18万平方米，陆域面积约82万平方米，相当于半个鼓浪屿的大小，是厦门最大的公园，也是厦门最大的湿地生态园区，更是厦门的"城市绿肺"。每年3月，大批白鹭会在湿地公园筑巢、繁殖。公园也是栗喉蜂虎的保护区，以及候鸟南北迁徙的重要驿站。公园内有水栖和湿生植物带、水生植物群落、芦苇及湿地区域植物群落。设有原生植被保育区、湿地核心保护区、红树林植物区、天鹅湖休闲区、鸟类观赏岛、迷宫、花溪等。

五缘湾帆船港是五缘湾片区开发的亮点，它天然具备成为帆船港的特质，景观美丽，常年有风，被许多帆船航海家誉为"最美丽的帆船港湾"。截至2022年4月，帆船港内规划有300个帆船泊位和相应的帆船码头，还将建设帆船文化展示馆，举办帆船用品展，以及6万平方米的帆船公园，提供帆船比赛、旅游体验、帆船培训等一系列服务。

三、港区码头

高崎、东渡港区

高崎港区位于厦门内港的北部东端，集美海堤西侧，港区纵深65～100米，东临鹰厦铁路和高崎社区。定位为以散货、件杂货中转为主的小泊位港区。

东渡港区在厦门岛狐尾山西麓，宋、元、明三朝均有政府设立的官渡，与西岸的嵩屿对渡，故称东渡。沿岸的牛家村澳就是停靠船只的港湾。1976年，开始建设东渡港区。至2021年，已建成泊位67个（其中万吨级以上泊位25个），年设计通过能力为货物3315万吨、集装箱259.4万标箱、旅客1315万人、汽车71.5万辆，是中国东南沿海的主力港口和海峡两岸直航口岸之一。

厦门国际邮轮中心码头

厦门国际邮轮中心码头位于厦门岛西侧，狐尾山西麓，厦门东渡港区0号泊位，属于厦门港务（集团）有限公司。2004年动工，2007年4月投入使用，占地面积达47公顷。2020年厦门国际邮轮母港泊位改造后，共有4个泊位，可同时靠泊2～3艘大中型邮轮，可停靠世界上最大的22万吨级邮轮。客运联检大楼是该码头的

世界级厦门邮轮城（陈廷枢　摄）

重要配套设施和标志性建筑，是旅客出入境查验、候船、休闲的综合性大楼，大楼占地4.3万平方米，总建筑面积8万平方米，设计年吞吐量150万人次，高峰时可容纳旅客3000人。

海天码头

厦门集装箱码头集团有限公司旗下的海天码头是我国东南地区最大的集装箱专业码头。有12个泊位，泊位总长2486米，堆场总面积57.5万平方米，码头前沿水深12.2～14.5米，冷藏箱插座1663个，配备有桥吊22台、龙门吊48台、轨道吊2台、正面吊5台、堆高机10台和3台跨运车等大型集装箱机械设备。航道水深12米，宽度250米，最大可接纳8500TEU或10万吨级船型减载。1983年，开始进行集装箱运输，是厦门市最早，也是中国大陆第一批开展集装箱运输的码头之一。

同益码头

同益码头位于篔筜港海堤北端海岸，是厦门港首家中外合资的码头，由厦门经济特区对外贸易（集团）有限公司、厦门轮船公司和香港华闽船务有限公司合资兴建。1984年11月开工，1988年7月竣工。码头长90米、宽8米，引桥长189米、宽5米。码头占地面积3710平方米、建筑面积116平方米、堆场总面积2594平方米，是台湾水果、水产品"登陆"的主要码头。

厦门现代码头

现代码头位于中国（福建）自由贸易试验区厦门片区的两岸贸易中心核心区，在厦门东渡港区的最北部——厦门现代物流园区（象屿保税区二期）西侧，南起鹭甬油码头，北至厦门高崎闽台渔轮避风港南堤西端，自2010年1月起投入运营。码头岸线长913米，陆域纵深500米，陆域面积42万平方米，有2个7万吨级散杂货泊位和1个7万总吨级汽车滚装泊位。

五通海空联运码头

五通海空联运码头又称五通客运码头，2006年5月开工建设，2008年8月31日正式通航。由厦门国际航空港集团投资兴建。占地面积1.98万平方米，建筑面积1.8万平方米，建有两层候船楼一栋，候船楼采用全钢玻璃结构，建有中央空调和新风系统，内部设计24小时安防监控和双回路电源，网络和通信畅通。码头位于厦门岛东北角五缘湾五通港区，厦门北侧水道南岸；距厦门站11千米，厦门高崎国际机场7千米，金门水头码头8海里，乘高速双体船到金门只需15分钟便能抵达。旅客自金门到大陆，可通过海空联运全程"一票到底"。

四、海洋生物

湖里区东部海域常有国家一类保护动物中华白海豚出没。辖区植物以热带、亚热带植物为主，主要海岸植物群落有相思树林、木麻黄林和红树林。辖区内渔业水产资源丰富。常见鱼类有虎鱼、竹甲鱼、钱头鱼、狗母鱼、蚝老仔鱼、比目鱼、水针鱼、石斑鱼、蟳虎、土龙、白鳗、姜骨、虎鳗等。加力鱼、黄瓜鱼、鲨鱼、石斑鱼、黄翅鱼、鲈鱼、鳗鱼、夯仔鱼、郭鱼、花鲦（跳跳鱼）、涂笋等为地方特色鱼种。虾类有长毛对虾、哈氏仿对虾、鹰爪虾。此外，还有斑节虾、大红虾、缉虾、沙虾、虾姑等。蟹类有三疣梭子蟹、远海梭子蟹、锯缘青蟹，还有石蟹、招潮蟹（俗称红脚仙）、和尚蟹等。软体动物有章鱼、乌贼、海猪、沙蚕、涂笋、中国枪乌贼、长枪乌贼、海蛎、花蛤、蛤、蚶、蛏、蚬、蛤蜊。其他软体动物还有石具、小卷仔、猴水仔、土婆、海煎匙、海桃花等。此外，还有黄螺、花螺、王螺、军螺、铁钉螺、加锥螺等。海藻类有坛紫菜、海带、真江蓠，还有海苔、浒苔、海米粉等。

五、文物胜迹

湖里区有登记公布不可移动文物共122处；其中，市级文物保护单位（含涉台文保单位）19处，包括涉台文物古迹8处，区级文物保护单位2处，尚未核定公布为文物保护单位的不可移动文物101处。辖区内有沿海古山寨遗址1处（高崎寨遗址），无省级以上文物保护单位。

高崎寨遗址

高崎寨遗址是市级文物保护单位，位于殿前街道高殿高崎村北山，是明末清初时郑成功部队屯防兵寨之一，是扼守厦门岛的战略要地。寨内建筑早已不存，今仅南侧及西北侧保存石砌寨墙多段。此寨为清顺治十二年（南明永历九年，1655年）郑成功收复中左所后命工官冯澄世督建的寨堡。清顺治十七年（1660年）清廷调集数省水师围攻厦门，驻守此寨的郑成功部队协同郑军各部大败清军于高崎海上。清乾隆二十二年（1757年）重建。20世纪50年代，寨址南面修建登寨阶梯。20世纪90年代初，局部重修，辟为公园。

厦门海堤及移山填海纪念碑

厦门海堤及移山填海纪念碑为市级文物保护单位，位于殿前街道高殿高崎村。该堤建于1953年至1955年，是连接集美到厦门岛的填海工程，使厦门和大陆连成一体。它呈西北至东南走向，两侧外阔及底部全由花岗岩石构筑，全长2212米，宽19米，上有公路、铁路以及输水管道，在海域深水处有一宽达15米的涵洞。这是新中国第一个填海造陆工程，对巩固和建设厦门具有重大的军事价值和经济意义。1955年在海堤南端山坡上建有一纪念碑。1960年秋，朱德委员长视察厦门时，为海堤纪念碑题写"移山填海"四个大字，碑文主要记述了建设海堤的经过及其意义。

六、民俗信仰

湖里区主要传播的宗教有佛教、道教、基督教。辖区内设有闽南文化保生慈济分会。宫庙供奉的神灵众多，有佛教的如来、观音，道教的太上老君、王母娘娘、玄天大帝、张天师、土地神，历史圣贤五谷仙祖、关公、开闽王、三忠王以及池、李、朱、邢、温、孙、赵、康等姓的王爷、妈祖、保生大帝、三平祖师、清水祖师、广泽尊王等。土地公在当地颇受尊崇，其次是妈祖、王爷、保生大帝、观音。仙岳山土地庙是全国规模最大的土地庙。居民住家多数设有"佛龛"，供奉观音、土地公、灶君。关帝被视为财神，店家供奉为多。

当地宫庙建筑俗称"皇宫起"，前后殿之间有天井，大多为三开间燕尾翘脊的典型闽南建筑，少有山门牌坊。保存最完好的古建筑是薛岭龙源宫，最具纪念意义的是五通"万人坑"祖庙，奉祀被日本侵略军杀害者的亡灵。祖灵信仰深植当地人心。住家中设有祖宗神位，前置香炉、烛台，清明、七月半、冬至和除夕（年兜）"四节"以及祖宗的忌日进行祭拜。同姓聚居的村落建有陈、林、黄、孙、王、钟等19个姓氏的46座宗祠，俗称祖厝，奉祀开基祖以及列祖列宗。

每年在固定的日子里祭祖，结婚的新人婚后要到祖厝里敬拜。乌石浦萧氏家庙、湖里杨氏宗祠、后浦陈氏宗祠被列为市级涉台文物保护单位，两岸宗亲共同祭拜祖先。许多宫庙在神诞日会组织信众前往祖庙参拜进香，俗称"请火"。在元宵节、神诞日或是佐事时，宫庙举办庙会，请出神灵的神像巡游称为"巡境"，接受信众的敬拜，俗称"吃香位"，同时设礼酬神、献戏娱神。其中较有特色的是湖里凤和宫、高崎万寿宫、殿前白鹤寺、后埔禾济宫的庙

第152届闽台送王船"迎王祈福"活动现场（陈嘉新　摄）

会，岭下、墩上、尚忠和坂上"王爷公坐任"，高林保安殿"妈婆出巡"，薛岭龙源宫"送王"，枋湖、梧桐"请丈公"。农历十月常有举办王爷佐事，请王爷巡境、敬王爷、送王爷，即"迎王、贡王、送王"。钟宅、枋湖、浦口等地还举行"送王船"活动。海峡两岸有着共同的"神缘"，许多民间信仰活动会有台湾信众参加。

　　旧时，辖区内一般有生活习俗、服装习俗、称呼习俗、岁令节俗和渔业习俗。如：渔业习俗是沿海村社"田少海多，民以海为田"，以海蛎（俗称蚵）为主，有"米瓮仔设在海中央"之说。除了海蚵，有的沿海村社又有一些特色的海事生产。每年春夏之交"江鱼仔"大发，产量很高，以至于一时销售不完在大石湖的石头皮上晒成"江鱼仔干"。此外还有钟宅在外港放养海带，高崎的渔船到台湾海峡"擦鱿鱼"等；也有渔民用小船到海里烧香、撒纸钱，敬"好兄弟"。浦口社还有敬奉海龙王的习俗。

钟宅民俗"送王船"

送王船，古代称"王醮"，为闽南沿海靠水地区传统的民间习俗，大约起源于明代中晚期。古代王醮原为"驱灾"崇拜，所送的王爷原先为各地瘟神。清中叶之后，王爷由瘟神演变为庇护、管理地方之神明，送王船演变为送王爷乘船"代天出巡"，保佑地方风调雨顺、合境平安的祈福风俗。钟宅畲村王爷宫供奉的是"三王"，即大王爷、二王爷、三王爷。三位王爷每四年要外出巡视一次，村民便建造王船，送三位王爷出巡。送王船的月份一般在农历十月。

（详见《海上福建（上）》）

七、美食特产

捞　饭

湖里区传统农耕经济时期，居民日常三餐以大米、番薯为主食，一般是中午吃干饭，早晚吃稀饭。煮大锅稀饭时，捞出一小部分当成干饭，叫作"捞饭"，敬神或是给干重活的人吃。用小咸草袋或纱布做成的小米袋子装上米放入大锅稀饭中煮，捞出来叫作"袋仔饭"，让小孩子吃。

漆宝斋漆艺

漆宝斋漆艺是福建省级非物质文化遗产项目，传承传统大漆髹饰技艺及厦门漆线雕技艺。漆宝斋漆艺包括优必德漆线雕、脱胎漆线雕、雕漆漆线雕、玉石漆线雕、金漆雕、漆画漆塑、锦漆云雕、锦花漆画、锦漆镶嵌、锦丽堆漆等系列。采用纯天然的植物大漆作为原材料，运用独特工艺进行艺术创作，其中的五朵锦花工艺（堆花、隐花、描花、台花、显花）最具特色。漆线雕擅长以各种线雕技法表现热闹繁复、五彩杂陈、金银交错的图案与造型，表现富丽精致。不仅可用于泥塑、木雕、夹苎雕、脱胎漆器、瓷雕等其他材质的原雕上进行文饰，还可以独立的艺术形式进行创作，并逐渐形成以漆线雕技艺为中心的漆艺全面开发，实现漆艺运用于室内装饰装潢的突破。

漆宝斋艺术馆作为项目的传习场所、展示中心，是我国目前较系统的以漆艺为主，集研发、设计、制作、培训、收藏、体验、展示、交流八大功能为一体的民间工艺美术馆。漆宝斋以弘扬中国漆文化为使命，以开拓发展漆艺事业为目标，集国内外非遗工匠、漆艺家、设计师共建"漆艺沙龙"，是传统漆艺与现代生活合作发展的展示窗口。

影雕技艺

惠和影雕是省级非物质文化遗产项目，传承至今已有300多年的历史。惠和影雕继承清代惠安石雕大师李周"黑白针"技法，将绘画艺术运用于石雕。影雕采用新疆的黑胆石、内蒙古的里胆石、闽南的青斗石等上等石材为材料，经切割、水磨抛光、图案打底等工序，再用特制的约1公斤重的合金钢针点击敲打，通过疏密、粗细、深浅等手法，将绘画艺术永久移植到石板上。其作品独树一帜，融绘画、书法艺术为一体，犹如"滴水穿石"般在石头上绣出万千世界，有"中华一绝"之美称。惠和影雕技艺的第十六代传承人是惠和股份董事长李雅华。2017年金砖会晤期间，惠和影雕作为福建省三个非遗代表性项目之一，在厦门筼筜书院进行展演。

影雕

八、村落街市

湖里辖区内有许多独特的村落和街市：钟宅村、乌石浦油画村和城市广场。

钟宅村

钟宅村位于湖里区内，现改为钟宅畲族民族社区。钟宅畲族在厦门已有600多年历史。源于河南省许州颍川郡朱县安邑乡，发脉于江南江西、福建汀州府，后迁徙、繁衍至福建海澄县屿上村居住，后部分移居钟宅社传世至今。1988年恢复"钟宅畲族村"为畲族身份，并于2003年10月撤村改居，是厦门市岛内唯一的少数民族社区，位于厦门岛东北部（钟宅湾畔），东北两面临海，西距离厦门高崎国际机场3.5千米，南傍湖边水库，北与翔安区刘五店码头隔海相望。社区先后荣获"全国民族团结进步模范集体""全国民族团结进步创建活动示范社区""福建省民族团结进步模范单位""福建省民族团结进步模范村"等荣誉称号。

钟宅社区的畲族民俗文化极具特色，其每四年举办一次的"造王船、送王船"庆典活动已成为钟宅畲族社区独特的文化符号。2010年，社区还组建了"厦门市湖里区送王船造王船技艺传习中心"，以古老的方式传承老一辈的文化技艺。传习中心按照规章制度开展"送王船、造王船"技艺保护、传承和宣传工作，并于2013年加入厦门送王船联谊会，同时积极与台湾宫庙、厦门其他区宫庙等进行联谊交流。四年一度的"钟宅畲族送王船造王船"传统民俗活动，如今已经成为湖里区的传统民俗"品牌"活动之一。

乌石浦油画村

乌石浦油画村位于厦门市湖里区江头街道江村社区。1980年，厦门第一家油画制作企业成立，随后逐步形成湖里区乌石浦油画村（与深圳的大芬油画村并列为世界上最大的商品油画生产基地）、海沧区油画街两大生产基地，油画艺术中心和海西国际油画中心也陆续开业。自1992年始，陆续有一些国内外的油画经销商到乌石浦油画村收购油画，由此吸引了来自全国的画家、画师、经营者汇聚至乌石浦及周边社区。来自国内外的采购商、贸易公司、艺术工作室、画框厂及配套产业云集此地，乌石浦油画村的商品油画生产和销售迅速扩张。

油画村已拥有画廊180多间，4000多名画工、画师，油画产业配套工作人员超万人。如今的"乌浦油画艺术街"，已经成为高端原创油画、收藏级艺术品、国画名家字画、精品创意油画的集散地，逐步超越了草创时的普通装饰性商业油画的经营模式。越来越多有高端原创油画采购需求的画廊及艺术品收藏者、收藏机构皆慕名而来。画廊经营者们多数采用签约画家、有规划的艺术品经营方式。同时，为满足广阔的市场需求，油画村也会为酒店会所、居家、工程配套等项目提供定制油画和创意现代饰品，画框、画材、装裱、培训等产业配套项目也已形成完整的产业服务链。如今的"乌石浦油画村"已体现出成为"全国重要的原创油画艺术品流通窗口"的特点。

商圈广场

湖里万达广场位于厦门岛东部湖边水库区域，处于仙岳路与金山路交汇处，总建筑面积约53万平方米，由大型购物中心、五星级酒店、室外街、SOHO办公、高级写字楼等组成。其中，购物中心涵盖了苏宁百货、沃尔玛超市、万达影城IMAX、量贩KTV、美食餐饮等丰富业态，满足了客户的一站式消费需求；万达金街汇聚了时尚饮品、网红小吃、流行餐饮等205个经营品牌，品类丰富。

SM城市广场是菲律宾SM集团投资中国市场的第一站，位于仙岳路和嘉禾路交界处，扼守进出厦门岛的两大交通主干道，建筑面积达12.6万平方米，吸引了沃尔玛、SM百货、屈臣氏、中博手机等500多家国内外知名品牌入驻。厦门SM城市广场以其丰富的商品和齐全的业态，展现了"一站式"购物、娱乐、美食、休闲的消费生活理念，成为厦门市乃至周边地区地标式的消费首选地。

航空古地石广场坐落于厦门东部核心，依托地铁2号线古地石站，紧邻湖边公园、湖边水库，拥有一线湖景和城市中心得天独厚的环境。项目定位选择社交属性强以及年轻化的品牌，目前拥有精致餐厅、休闲餐吧、KTV、酒吧（静吧、

hiphop酒吧）等。公园、湖景、低层的精致建筑，以及随处可见的户外阳伞、休闲的复合式轻食与咖啡馆、考究而精致的全湖景餐厅、欢乐的酒吧构成了一个"越夜越美丽"的地方，目标是打造成为厦门独特的潮流社交、餐饮、娱乐、聚会胜地。

五缘湾商圈位于云顶北路以东，穆厝南路以北，五缘湾道以西，枋湖路以南。该区域现有湾悦城、乐都汇、乐群广场三个购物中心，集购物、餐饮、休闲、娱乐于一体。通过规划布局、优化业态、错位发展，打造一条涵盖"食、游、购、娱、体、展、演"的全业态夜生活动线。

"特区·1980"湖里创意产业园区位于华昌路两侧，北至悦华路，南至凤湖街，东至华盛路。项目主要涵盖华美空间、东南天地、海峡设计中心等七个创意园，以及特区纪念馆、免税商场、湖里老街摊规点等。依托园区优势，通过提升配套设施、品牌打造，利用历史文化、创意园区、餐饮休闲、网红打卡点等，积极打造综合性文旅消费集聚区。

（编纂：缪峻涛　审稿：胡振强、李腾）

集 美 区

一、综述

集美区位于厦门市西北部，依山临海，山川形胜，天马山氤氲缭绕，浔江港碧波荡漾，厦门、杏林、集美三座跨海大桥长虹卧波，汇集山、海、丘陵、平原美之大成；集美，是"华侨旗帜"陈嘉庚的故里，集美学村楼宇巍峨，花繁叶茂，波光霭影，富丽典雅，百年名校造就了千万英才，桃李芬芳遍天下；集美，区位优越，密集的交通网络构成现代化的交通枢纽，是厦门岛通往内陆的重要门户。

集美鳌园（董复东　供）

集美红树林湿地公园（集美区委党史方志室 供）

集美区旅游资源丰富，区境西北部奇峰俊秀，峡谷幽深，森林茂密，溪泉澄澈，是山地生态旅游的极佳之地；散布于中部腹地的凤山庙、皇帝井、圣果院、皇渡庵、深青驿遗址、城内城遗址、双岭九十九间大厝等诸多景点，人文荟萃，底蕴深厚，形成一个供人访古寻幽的人文景观集群。东南沿海港湾曲折，碧波万顷，三桥（厦门、集美、杏林三座跨海大桥）凌空，犹如彩虹高悬；三堤（高集、集杏、马銮三条海堤）穿海，恰似巨龙卧波，刚柔相济，景观壮美。集中分布于海滨的嘉庚纪念圣地、集美学村、龙舟池，组成一条景观迤逦的风景线。辖区有4个国家AAAA级景区（鳌园、厦门园博苑、诚毅科技探索中心、厦门老院子景区），2个国家AAA景区（厦门灵玲马戏城、双龙潭景区）。

二、海岸明珠

宝珠屿

宝珠屿位于集美西海域，杏林街道东南海域3.5千米处，该屿面积2000平方米，海拔约13米。宝珠屿得名于南宋朱熹《珠屿晚霞》一诗。其跋"屿在文江南流，浮于江，润泽圆美宛若宝珠，日升时射映江中，水光腾跃，灿若朝霞"；诗云：宝珠自古任江流，锁断银同一鹭洲。晓望平原灿日色，霞光映入满山丘。宝珠塔坐落在岛屿山顶，坐北朝南，下为圆形塔基和栏杆平台，塔身为穹隆顶圆柱体，花岗岩砌筑，外部饰凸出五棱。南侧有拱形塔门，门上镌刻"宝珠塔"三字。穹隆顶中为一圆形石柱，围以五块梯形花岗岩石，象征"五龙夺珠"。此塔为陈嘉庚次子陈厥祥于1963年为纪念其母而建，是厦门西港的航海标志。

马銮湾（集美）

厦门马銮湾位于集美和海沧交界的厦门西海域。这里没有人工装饰的风景，是一处小众而纯净的海湾。从杏南立交桥观景台开启一场清新的滨海之旅，环形的立交桥凸出海岸线，走上天桥观望，桥底的渔船随着海波轻轻晃动，远处的海沧高楼、杏林大桥遥遥可见。当潮水退去时，从马銮桥头公园的缺口石阶走下去，就能直抵桥下。马銮桥头公园属于杏滨路临海观景线的一部分，可散步、可慢跑、可野餐，耳边萦绕浪花击打礁石的声音。穿过悠长的绿道，马銮湾东侧的海景尽收眼底。护岸旁的红树林苗错落有致，未来这里将成为候鸟们的栖居之所。向着马銮海堤的方向行走，将会路过一片还在使用的码头，这是一个原生态的海湾渔场，没有洁白细腻的沙滩，只有深蓝色的海水和退潮时暗藏危险的滩涂。搁浅的船只停靠在沙石上，紧贴着牡蛎壳的石头路从岸边延伸至海里，将渔船托举起来的海水，在阳光的折射下蓝绿透亮。新阳大桥是厦门经济特区建设十五周年十大献礼工程之一，连同马銮海堤将广阔的马銮湾海域一分为二，同时连接着集美与海沧。

杏林湾环湾绿道

杏林湾位于厦门市集美新城中心区域，占地约100公顷，湾区内水域面积720公顷，岸线总长20.6千米，是以生态运动为主题的滨水休闲带。依托杏林湾打造的杏林湾环湾绿道，总长20千米，是集美新城核心区最大的生态景观项目，也是集美区建设"美丽厦门"的重点工程之一。该项目贯穿集美传统的文教区、崛起的新城住宅区和景观秀丽的园博苑等。在这条以生态运动为主题的滨水休闲带上，沿湾布有20千米不间断的步行道、自行车道、休闲吧、游客休息区，配套以景观小品、运动设施及服务站点，景观设计融入闽南学村和滨海风格。走在景观步道上，一侧是还在建设的杏林湾商务营运中心，另一侧则是平静优美的园博苑月光环，如梦似幻，引人遐思。自行车绿道从集杏海堤出发，沿途经过园博苑、中航城、集美新城核心区、杏林湾商务运营中心、中科院以及水上运动中心。位于水上运动中心前的一段长2.6千米的自行车道是整条车道最美的地方，也是厦门唯一的海上自行车道。整条绿道充分利用湾区原有的湿地景观，提升集美生态环境，为市民游客增添一处既健康又环保的休闲好去处。

浪漫海岸

滨海旅游浪漫线地处环东海域沿海一线，是利用同安湾优美的滨海自然景观，结合文化体育产业和满足马拉松赛道要求，高标准规划建设的一条纯慢行滨海旅游特色景观带，也是全国独一无二、拥有全天候专用高级别马拉松赛道、滨海一侧全部开放为公共空间，集生态保护和景观休闲于一体的纯慢行景观旅游步道。浪漫线起点位于集美大桥北侧桥头，向北延伸至沈海高速公路南侧，经中洲岛、下潭尾湾、东坑湾、刘五店东部会展片区，终点位于翔安澳头特色小镇，环绕整个环东海域岸线，融合了环境生态、旅游休闲和体育健身等三大功能。全线景观由南至北，结合场地现状周边道路与周边地块用地规划，将整个7.9千米长的浪漫线区域分为伊甸绿岛海岸、阳光度假海岸和城市活力海岸共三大片段，结合场地实际空间与周边规划条件，依次设置了红树林湿地公园、沙雕艺术海岸、丁坝海滨广场、美峰综合运动公园、极限运动公园、儿童乐园、潮汐公园、官浔溪公园8处重要景观节点。

三、海洋生物

集美区具有从热带向亚热带过渡的特点，植物以热带、亚热带的成分为主，地带型植被为南亚热带雨林。海滨滩涂生长着盐生植被，境内有盐地鼠尾栗、互花米草和南方咸蓬三个群落。沿海滩涂则生长着红树林，凤林和东安海边有零星分布，以白骨壤群落为主。

区域内渔业资源种类繁多，既有鱼类、贝壳类、头足类、环节类、两栖类和爬行类的动物，亦有各种海生和淡水类植物。常见的海生鱼有100余种，主要有条纹斑竹鲨等鲨类、文昌鱼、中华青鳞鱼、日本鳗、康氏小公鱼、棱鲻、英氏鲻、大黄鱼、真鲷、二长棘鲷、黑鲷、黄鳍鲷、海马、石斑鱼、鲈鱼等30多种。常见的甲壳类有远洋梭子蟹、鲟、三疣梭子蟹、锯缘青蟹、长毛对虾、周氏新对虾、刀额新对虾、日本对虾、斑节对虾、哈氏仿对虾等。海水中有头足类的章鱼、墨鱼、短蛸，环节动物门的星虫、沙蚕，支口纲的鲎，水母纲的嘉庚水母、海蜇、海马等。海生植物有海藻类、海带、紫菜、江蓠、浒苔等，淡水植物主要有莲（藕）、水芋、红滞、细绿萍、水浮莲、水花生、茭白、荸荠等，多用作蔬菜、饲料或绿肥。

四、文物胜迹

集美区历史遗留胜迹众多，有新石器时代及历朝集美先人的生产、生活、征战遗址；有古代、近代和当代名人墓葬；有佛、道寺观和基督、天主教堂；有各姓宗族祠堂和具有闽南特色的古民居；有内容丰富的各类石刻和碑刻；有留存至今的井、塘、坊、塔和铳楼；有供人瞻仰、凭吊的名人和革命烈士陵园；有闻名遐迩的中国教育第一村——集美学村。集美学村具有嘉庚建筑风貌的规模庞大的早期校舍建筑群，堪称集美文物之双绝。据文物部门普查资料，集美区地面文物286处，其中国家级重点保护文物2处，市级10处，区级8处，涉台文物古迹9处。

龙舟池

集美龙舟池位于集美鳌园路南侧与龙船路之间的海边。陈嘉庚于1950年在厦门海滩上筑堤围垦外、中、内三池。外池俗称"龙舟池"也就是现在的厦门集美龙舟池，总面积24万平方米。池畔建有式样各异的"启明""南辉""庚"和

"左""右""逢""源"七个亭子。池畔四周建有数座仿古建筑的琉璃瓦顶楼台、廊庑和亭榭,以北岸居中的"南辉"亭为主观景台和指挥台,建筑为廊庑式,两端连以双层八角亭攒尖顶,中为二层楼重檐歇山顶,均为琉璃瓦屋面。龙舟池周围亭台具有深受东南亚文化影响和强烈的闽南地域特色的建筑风格,是龙舟池的重要组成部分。

尚忠、允恭楼群

坐落于集美街道集岑路1号的尚忠楼群,包括尚忠、诵诗和敦书三楼,尚忠楼居中,敦书楼和诵诗楼分立左右两侧,呈半合围式。坐落于集美街道嘉庚路1号的允恭楼群,原包括即温、明良、允恭、崇俭和克让五楼。1985年,明良楼拆建为图书馆,现存四楼,楼群建于山冈上,沿山势呈"一"字形排列,冈下为学校体育场。2006年5月,国务院批准此二处楼群为第五批全国文物重点保护单位。

科学馆

坐落于集美街道集岑路2号的科学馆,建于民国十一年(1922年)九月。抗战期间,遭日军飞机轰炸受损,民国三十五年修复。1949年11月再次遭国民党军队飞机轰炸,1951年修复,现为集美大学科学馆。该楼坐北朝南,砖木结构,建筑面积2657平方米。门楼及角楼四层,两翼三层。建筑为前后廊式,一楼为拱券廊,二楼为方形廊,中间装饰哥特式圆柱,三楼设前后阳台。屋顶为西式双坡顶,嘉庚瓦屋面。外墙以粉色为主色调,门楼及角楼山墙装饰丰富,柱头、屋楼及山花作巴洛克装饰。2006年5月,被国务院批准为第五批全国重点文物保护单位。

前场古码头及旧街遗址

前场古码头及旧街遗址位于杏滨街道前场社区前场街。码头遗址有二,一在32号旁,石级以条石砌成,朝向东北,残长5米,宽3米,最高1.5米,原为运猪仔码头;一在58号旁,由条石砌筑,由高至低,残长10米,最高1.5米,原为货运码头，系旧时灌口地区海陆交通枢纽和货物集散地，亦为灌口繁华商业区之一。遗址北20米处有石板桥，一墩二孔，桥墩呈船首形。遗址附近现存一旧街，长约百米，石板路面，沿街尚存有平房式及二层洋楼式店面。

龙王宫

龙王宫位于集杏海堤东端南侧的集美街道银江路51号旁。相传龙王宫建于五代年间，清代重建，供奉龙君，宫前为码头。宫庙坐东朝西，前、后两殿，中为小天井，抬梁式卷棚顶，门前及廊道有抱鼓石一对，龙柱二根，祥云石柱四根等。前殿正门立龙纹石雕"龙王宫"匾，两侧各有一边门，殿内水泥柱及抬梁梁架，歇山顶，祀开漳圣王陈元光和开闽王王审知。后殿为新修建筑，面阔三间，进深一间，祀龙王，后壁悬有龙纹石雕"圣旨"匾。原坐北朝南，明正德年间改为现在朝向。原寺前有旗杆石，现宫内尚存有石匾、石柱、石窗、抱鼓石、柱础及石雕板等建筑构件。每年农历五月初五、九月十六举行祭祀活动。每逢出海及

集美大社刘香（集美区委党史方志室　供）

对渡，厦门亦需祭神保佑，龙舟竞渡前，要到庙里"请圣水"，为赛船和楫手洗浴驱邪，以求胜利。

五、民俗风情

集美的历史细究已有千年。丰富的文化底蕴浸染了这里的每个角落，并在传承和出新中不断走进人们的视野。不停传唱着的闽南童谣，代代相传的大社刘香，见证闽台情缘的灌口凤山祖庙大使公信俗，这些非物质文化遗产，它们承载着城市的悠久历史，守护这座城市的千年文脉和珍贵记忆，渗透出浓浓的"传承范儿"。

闽南童谣——《月光光》

闽南童谣为民间口传文学，它是历代劳动人民以口耳相授方式流传并继承下来的。闽南童谣的起源、沿革没有详细的文字记载，但在福建地方典籍中记载着唐代福建观察使常兖州曾看到闽地民间流行着《月光光》的童谣。这首《月光光》童谣与今天闽南各地流传的《月光光》童谣，虽然文字或多或少做了改动，但主题和结构十分相似。由此可见，闽南童谣的历史源远流长。明朝中叶以后，随着闽南人大批过台湾、下南洋，闽南童谣也随之传播到台湾、南洋。

答嘴鼓

答嘴鼓是流行于闽南地区和台湾省及东南亚闽南籍华裔聚居地，为广大群众喜闻乐见的闽南民间地方曲艺。它是一种喜剧性的说唱艺术，近似我国北方的对口相声，但又不尽相同，它的对白是严格押韵的韵语，语言节奏感很强。运用丰富多彩、生动活泼、诙谐风趣的闽南方言词语、俚俗语，用闽南方言复杂而富有节奏与音乐美的音韵结构组织韵语，注意情节的敷演与人物的刻画，采用"包袱"的手法与"韦登笑科"（爆笑料）的艺术手段，取得喜剧性的艺术效果，很受广大群众的欢迎。

六、美食特产

味友鸭肉面线

味友鸭肉面线，作为集美地标性的美食之一，从一家小饮食店经过春秋十二载，于2005年3月25日实现第一个跨越，入驻凤林路90号大楼，开启了属于味友的时代。味友的鸭肉面线，是很多人吃了都会想念的美食，可以说是最正宗的集美味道，承载了无数集美人的记忆。番鸭慢工细煮，肉质细腻软烂，浓浓的肉香与药膳香气融合在了一起。非遗手工面线细长软绵，浇上四物炖煮的鲜美鸭汤，只需一吸一抿，就能给予满腹的饱足。店里还有特色的土笋冻、匙子炸、春卷、五香卷、紫菜煲等，每一道菜都是满满的闽南风味。

三德利姜母鸭

被称为集美灌口网红的三德利姜母鸭，如今可谓家喻户晓。集美称得上吃鸭大户，传闻没有一只鸭子可以活着走出集美，"姜母鸭"就是鸭中的佼佼者。灌口姜母鸭在灌口很多地

姜母鸭

方也称"盐鸭",它是用陶土砂锅烧煮而成,姜母指三年以上的老姜,能够驱寒祛湿,番鸭鲜嫩不沾膻腥,加入麻油、老抽等酱料用煨火的烹调方式让姜母入味鸭肉是极好的。之后将整只的盐鸭在食前剪切成小块,让鸭背上的盐和砂锅底汤汁与鸭肉充分拌匀,整体颜色金黄诱人、香气扑鼻,且味道鲜香,甘辛兼备,营养丰富。

七、集美学村

集美学村是集美各类学校的总称,位于集美半岛南部。它由著名爱国华侨领袖陈嘉庚先生于1913年始倾资创办,相继创办女小、师范、中学、幼稚园、水产航海科、商科、女师、农林部、国学部、女中、幼师,建设有图书馆、科学馆、美术馆、音乐馆、体育馆、水族馆、大礼堂、大操场、游泳池、植物园、医院、银行、电厂、自来水厂等为教学和生活服务的公共建筑,占地面积约2平方千米,誉满中外。20世纪50年代,在人民政府支持下,陈嘉庚向亲友集资,继续致力于学校的建设,兴建了南侨建筑群和南薰楼、道南楼等大型建筑。经过90多年的建设,建筑总面积已达150余万平方米(包括集美大学)。学村三面临海,各校校园绿荫遮日,花木扶疏,红墙绿瓦,水榭亭台,构成美丽的校园风光。1985年,美国前总统尼克松参观集美学村,对校园环境赞叹不已,说他到过世界上150多个城市,所见校园之优越,集美首屈一指。集美学村既是钟灵毓秀之地,又是凝集众美的观光风景区,其建筑融中西风格为一体,体现了典型闽南侨乡的建筑风格。学村中的龙舟池节假日常举行赛龙舟。鼓乐齐鸣,南音悠扬,人声鼎沸,把平日宁静的校园变成欢乐的海洋,集美学村也就成了厦门旅游的热点。2016年9月,集美学村入选"首批中国20世纪建筑遗产"名录。

集美大学是福建省省属综合性大学,省重点建设高校,交通运输部、国家海洋局与福建省共建高校,博士学位授予单位。集美大学在陈嘉庚先生亲自指导下创立,其建筑融中西风格于一体,无论是高大壮观的校舍堂馆,还是小巧典雅的

集美学村

亭台廊榭，无一不是琉璃盖顶、龙脊凤檐、雕梁画栋，而细细看去，却又各具匠心，无一雷同，人们称其为"嘉庚风格"。2015年新校区入选新中国成立60周年"百项经典暨精品工程"，是全国高校唯一入选的项目。

集美中学是福建省首批办好的重点中学、福建省一级达标学校，系陈嘉庚于1918年创办。校园内的南薰楼由主楼及两侧附楼组成，呈Y字形，矗立于浔江西岸的制高点上，1957年6月建成。楼名取自虞舜时南风诗"南风之薰兮，可以解吾民之愠兮"，以示陈嘉庚一生兴学造就后代的心愿。楼高十五层，83.3米，两侧翼楼各七层，当年集美人称呼其为"十五层"。它是嘉庚风格的代表性建筑之一，已成为集美乃至厦门市的标志性建筑之一。

（编纂：叶薇　审稿：张燕红）

海 沧 区

一、综述

海沧区位于厦门岛西面、厦漳泉闽南金三角地区的突出部,与厦门岛隔海相望。2003年4月,经国务院批准,将厦门市杏林区的杏林街道办事处和杏林镇划归厦门市集美区管辖,原杏林区更名为海沧区。2021年,海沧区国土总面积184.73平方千米,总人口673961人,其中常住人口280057人。

海沧区主要旅游景点有日月谷温泉公园景区、天竺山景区两处国家AAAA级景区。

二、特色岛屿

火烧屿

火烧屿位于厦门西海域中部,海沧大桥从岛上穿过。天然地形呈北东向展布的长条形,南北长约0.9千米,东西宽约0.4千米,面积24公顷。全岛东南部高,最高点海拔34.17米,西侧海岸有3个向海中突出的岬角和2个小海湾,后经人工改造,在西侧海岸修筑堤坝,2个海湾被填平。

大屿岛

大屿岛是白鹭重要栖息和繁殖地,是黄嘴白鹭(又称中国白鹭、唐白鹭)的模式种产地,1995年被福建省政府批准为厦门大屿岛白鹭自然保护区。距厦门岛1.9千米,距鼓浪屿仅1.1千米,岛西南面与嵩屿仅隔0.3千米,地形波状起伏,呈双马鞍形,陆地面积0.186平方千米,岛上最高点海拔62米,岸线长2.3千米。白鹭是世界珍稀、最具魅力的海滨观赏鸟类,保护区内白鹭属的大白鹭、中白鹭、小白鹭、黄嘴白鹭、岩鹭都能观察到（后两个种被列为世界性濒危物种），白鹭总数量近两万只。

三、特色港湾

马銮湾（海沧）

马銮湾位于海沧区的东北部，寓意马都留恋的地方，表明它的富饶和美丽。马銮湾是"海上陶瓷之路"的最早口岸之一。湾内有1960年建成的马銮海堤，位于海沧区翁厝村至集美区马銮村，全长1.66千米，宏伟壮观，起到防潮排涝的作用。有1996年建成通车的新阳大桥，全长3720米，双向4车道，是连接海沧至杏林的主要通道。有位于马銮湾南岸的厦门长庚医院。还有2014年启动开发的马銮湾新城，规划定位是产城融合的国际化生态海湾新城，建成"有山有水、依山傍水、显山露水和有足够公园绿地、足够海面湖面"的宜居新城。2019年，马銮湾新城产业被定位为生命健康产业、智慧产业、商务文旅产业、现代物流产业，聚

马銮湾（海沧）（林海滨　摄）

焦发展高端服务业中创新性强的领域和核心环节，招大引强。至2021年，马銮湾新城建设全面铺开，中心岛围填造地基本成型，"四线五片"框架全面推进，"三纵三横"骨干路网实现通车；厦门双十中学海沧附属学校庚西分校、百年名校厦门一中海沧校区建成招生，马銮湾医院、地铁社区等公建项目加快推进，路网、管廊、水电气等市政管线设施加快建设，国际一流的"大厦门湾西翼核心引擎、产城融合的科创生态海湾新城"基础不断夯实。

海沧湾

海沧湾位于海沧区东部滨海地区，南起嵩屿码头，北至新阳大桥，滨海岸线长度约18千米，是毗邻海沧行政和商业中心的重要滨海景观带，也是海沧区最具生态性、生活性及旅游性的滨海休闲区。2010年，海沧湾新城建设启动，以海沧湾陆域和海域约30平方千米面积为重点，以1平方千米多的中央商务区（CBD）为重心，主要建设市政交通设施及公共建筑设施，打造成为国内一流湾区。

海沧大道被誉为马拉松"最美赛道"，是海峡两岸（厦门海沧）女子半程马拉松赛和厦门（海沧）国际半程马拉松赛赛道的组成部分，全线长7千米，包含海沧大道沿线30余处建筑群、240余幢单体建筑，以及整个海沧湾沿岸的码头、公园、栈道、海岸景观等。海沧湾公园是厦门市最长的带状公园，东临海沧湾，西接海沧大道，南起嵩屿码头，北靠海沧大桥西引桥，全长5.8千米，面积20万平方米， 2010年春节前开园。公园内有总长3千米的木栈道、1.5千米长的彩色混凝土路面，以及部分透水砖路面等，步移景换，让人目不暇接。夜景工程颇有特色，泛光灯、投射灯、LED点灯源，一路璀璨，迎空绽放，与海沧大道夜景工程交相辉映，将海沧湾新城的夜晚装扮一新。

四、港区码头

海沧港区

海沧三面环海，海岸线总长37.52千米（大陆岸线），港口资源得天独厚，

海沧湾（郑伟明 摄）

是厦门港的重要组成部分。至2021年，海沧港区有集装箱班轮航线74条，其中国际航线34条，内支线13条，内贸线27条。2021年，海沧港区完成集装箱吞吐量963.45万标箱，货物吞吐量1.29亿吨。

厦门远海码头位于厦门港海沧保税港西区，岸线总长1806米，陆域面积132.67平方米，2011年11月28日投产。码头设备精良，具备靠泊超20万吨船舶的能力，具备整车进口、保税转口、原木查验、危险品、冷藏箱等作业资质。2021年，厦门远海码头有外贸航线18条。2016年，由中远海运集团、厦门市政府和中交建集团三方共同出资的厦门远海自动化码头投入商业运营，这是中国第一个拥有自主知识产权的全自动化码头。与同规模传统集装箱码头相比，节约能源25%以上，效率提升20%。

嵩屿码头

嵩屿是厦门市重要旅游码头，位于厦门岛西岸，与鼓浪屿隔海相望，从这里出发，10分钟即可抵达鼓浪屿。自宋迄清，与厦门岛东渡等处靠水路对渡，是境内与厦漳的主要水路。1985年新建码头，作为客货渡口。海沧区打造以嵩屿码头为中心的旅游集散点，拉动区内旅游产业的发展，开通嵩屿码头—鼓浪屿内厝澳码头航线，形成海沧"一日游""二日游"特色精品旅游线路。建成具有国家蓝色海湾整治示范工程和展示海沧"海丝"文化的重要文化地标——嵩屿码头蓝色海湾广场，广场体现人与自然和谐共生的理念，构筑"水清、岸绿、滩净、景美、岛丽"的海景。

五、海洋生物

鱼类主要有石斑鱼、鲷鱼、鲈鱼、鳗鲡、罗非鱼、草鱼、鲢鱼等，虾蟹类主要有长毛对虾、斑节对虾、锯缘青蟹、三疣梭子蟹等，贝类主要有牡蛎、花蛤、缢蛏、泥蚶等。

六、文物胜迹

青礁慈济祖宫

青礁慈济祖宫称东宫，是全国重点文物保护单位，宫中供奉海峡两岸共同尊崇的北宋著名民间医生吴夲，是厦门市最大的民间信仰场所和重要的历史文化古迹，被誉为"闽台慈济第一宫"。青礁慈济祖宫始建于南宋绍兴二十一年（1151年），名为"青礁龙湫庙"；南宋乾道二年（1166年），赐庙额为慈济，称"青礁慈济庙"；南宋淳祐元年（1241年）下诏"改庙为宫"，由此称青礁慈济祖宫。历代对该宫庙均有修葺，现存青礁慈济祖宫重建于清初，系重檐歇山顶砖石木结构三进宫殿式建筑。青礁慈济祖宫是保生大帝信仰的发祥地。自2006年以

青礁慈济祖宫景区图

来，海峡两岸（厦门海沧）保生慈济文化旅游节已成功举办十四届，吸引众多台湾同胞的参与，成为两岸交流的"烫金名片"。

（详见《海上福建（上）》）

莲塘别墅

莲塘别墅作为厦门目前保存面积最大的古建筑群，其工艺考究、装饰富丽、石木砖雕精美，是研究古代居民人文生活的"活化石"。2009年11月，莲塘别墅被列为第七批省级文物保护单位；2015年10月，被评为厦门新二十四景之一，称"莲塘大厝"。莲塘别墅位于海沧街道海沧村莲花洲社，由旅越南华侨陈炳猷于清光绪三十年（1904年）至光绪三十二年（1906年）修建。它由住宅、学堂、家庙三级建筑和花园组成，占地面积约3万平方米，建筑面积8235平方米。

龙门寺

龙门寺背靠青山，面朝天竺湖，是一处风水宝地。相传唐宣宗李忱由此而入天竺山故得名龙门寺。龙门寺周边的岩石经大自然的精雕细刻，形成了绚丽多姿、形态逼真的天然石景，有神龟石、漏米岩、禅师洞、仙人洞等，给人以无尽的遐想和思古幽情。

真寂寺

真寂寺原名义安寺，始建于唐玄宗开元年间（713—741）。唐宣宗李忱曾于公元843年入闽，在义安寺避难三年，即位后赐名真寂寺，留下了浴龙桥、拴马石、漏米岩等人文景观。如今的真寂寺，是在当初真寂寺遗址上仿台湾佛光山寺庙风格重建的，宏伟壮观，分上下两层，上层为大雄宝殿，供奉三宝佛，即佛祖释迦牟尼、东方药师佛和西方阿弥陀佛，大雄宝殿的四壁上镶嵌小金佛三万尊，成为"万佛殿"。下层为僧舍、图书资料室和禅堂，窗明几净，清静无尘。

七、民俗信仰

保生大帝信俗

保生大帝姓吴名夲，宋太平兴国四年（979年）生于白礁村，自幼学医，结庐于青礁崎山东鸣岭下，为民治病莫不妙手回春，后因上山采药，坠崖谢世。为感念其德术双馨，民间谥为"医灵真人"，后又得累朝褒封，明永乐十七年（1419年）被封为"保生大帝"，民间俗称"大道公"。保生大帝信俗在民间流传近千年，海沧有著名的青礁慈济宫，主要包括祈求药签、问事签以及请神、乞火、分炉、进香、绕境巡游、祭典等活动。该信俗随着闽南移民的播迁而遍布台湾及东南亚等地区。2008年6月，保生大帝信俗入选第二批国家级非物质文化遗产代表性项目。

海沧蜈蚣阁

蜈蚣阁是流传于海沧东屿、锦里等村庄的民间游艺活动，旧时用于迎神赛会的化装游行，今为进香及文艺踩街的形式之一。蜈蚣阁"阁棚"的数量有20至108节不等，材料以木板为主，每个阁棚长1.5~3米，宽0.7~1米，上面装置一高凳，由儿童扮成古装戏曲人物坐在高凳上。棚周饰以五彩花卉、兽禽图案。每块"阁棚"之间以活榫相接，连成一串，又可灵活转动。"阁棚"的首尾分别装上龙头龙尾。表演时，每一阁棚由两个或四个甚至八个成年男子扛抬，几十节阁棚相连，便宛如百足蜈蚣，故称"蜈蚣阁"。每年在保生大帝的诞辰，上述村庄都会

海沧蜈蚣阁巡街现场（陈淑华　摄）

133

组织"蜈蚣阁"艺阵到青礁慈济宫"进香"。其游艺过程按摆阁、过火、巡境等顺序进行，是民间稳定族群、凝聚民心的一项独特的民俗文化盛事。海沧蜈蚣阁于2011年5月入选第三批国家级非物质文化遗产代表性项目。

八、美食特产

海沧的特色小吃可以说是海鲜"三宝"——土笋冻、土龙汤、白灼章鱼。其原料生长在海沧沿海滩涂上，工艺讲究，卫生可口，物美价廉，风味独特，营养价值高。海沧东屿村在1999年就形成总长千余米的东屿海鲜街，至2007年有海鲜大排档、酒家20多家。2013年始因开发建设需要，东屿村被征地拆迁，海鲜一条街也随之消失，原店家有的迁异地经营，但海沧仍保持其海鲜特色，以鲜蒸和生炊的加工方法，保留海产的原汁原味，大部分海鲜甚至只需一两滴酱油、放一两片姜，就能孕育出难以形容的美味。渐渐地，在海沧旅游时品尝一顿海鲜、闽菜等地道海鲜美味，让无数游客回味。

土笋冻

土笋冻是一种闽南特色传统风味小吃，以海洋腔肠动物"星虫"为原料加工而成的冻品，其形圆小略扁，玲珑剔透，色泽灰白相间，质地柔糯脆嫩，富有弹性。搭配酱油、蒜蓉等酱料，味道更是甘洌鲜美。2013年入选第四批厦门市非物质文化遗产名录项目。

土笋冻

白灼章鱼

白灼章鱼是海沧三宝之一，最时兴的吃法是白灼。上等佳品必须选用新鲜的章鱼为原料，以白灼烹制锁住章鱼原有的鲜味，白灼章鱼鲜爽脆嫩，富有嚼头，佐以芥末和酱油，滋味让人赞不绝口。

土龙汤

土龙汤被称为"闽南第一大补汤"，是海沧三宝之一。"土龙"属鳗鱼科，学名食蟹豆齿鳗，生性凶猛，因捕食螃蟹等海鲜珍馐，营养价值极高。土龙汤具有去除体内淤血，活血化瘀，气血两通，强筋壮骨的作用。最正宗的做法是与中药同煮，熬制数小时，直至骨肉软烂，汤汁浓厚，才可上桌。

九、村镇街市

海沧街道青礁村

青礁村位于海沧区西南角，与漳州市龙海区角美镇相接。它不仅是中国美丽休闲乡村、全国第二批重点旅游村、福建省金牌旅游村，也是"开台王"颜思齐的故乡、青礁慈济祖宫所在地，文化积淀深厚，可谓"望得见山，看得见水，记得住乡愁"。

院前社是中国乡村旅游创客示范基地、全国首批"美好环境与幸福生活共同缔造活动"精选试点村、福建省四星级乡村旅游村经营单位，是厦门新二十四景之一，称"乡约院前"。2014年以开展"美丽厦门·共同缔造"、建设"活力海沧"试点为契机，从自发出租菜地起，到组建"济生缘"合作社，开辟"城市菜地"项目。利用30余栋古民居、板房等改造为咖啡厅、民宿等，发展乡村旅游，还吸引台湾创客入驻DIY手工产业，形成特色体验项目。如今青礁村已成为厦门市乡村旅游的一张新名片，成为海内外游客体验闽南特色乡村旅游、享受"城市慢节奏生活"的综合性旅游区。

青礁村素有闽南进士名村之称，自古传扬耕读文化，世代传颂"颜氏家训"。其中以芦塘社底蕴最为深厚，村庄内坐落"举人楼""郑氏官宅"等12幢明清闽南特色古厝，芦塘开基祖陈氏宗祠"光裕堂"改造而成的"芦塘书院"更是成为青礁的民众大学堂。2020年建成的"乡愁馆"进一步对青礁村人文历史进行挖掘。作为最早聘任台胞为社区主任助理的村庄之一，芦塘社广结"台"缘，借助"台"力，学习台湾乡村治理经验，推动村庄发展建设。海沧区首位台胞乡村社区规划师李佩珍一直扎根青礁，积极投身芦塘乡村振兴规划、设计、建设等工作。

开台文化公园

开台文化公园是祖国大陆第一座以纪念颜思齐开台文化为主题的公园，位于青礁村内。颜思齐，明朝万历年间出生于青礁村（当时属漳州府海澄县），少年即出海闯荡，凭借过人胆略，迅速成为纵横台湾海峡的华人海商领袖。台湾开发史上，颜思齐最早招徕漳泉移民，对台湾进行大规模有组织的拓垦，因而被尊为"开台王""开台第一人"。公园2019年开园，公园中心是两岸同根开台文化展示馆主建筑，红砖红瓦、双翘燕尾脊，颇具闽南味，纪念馆周边还有台湾广场、中轴广场、凉亭等设施，场地宽阔、环境宜人。公园的落成，为颜氏宗亲、周边居民和各地游客打造了一个集闽台交流、纪念教育、休闲娱乐为一体的富有中式闽南特色的文化公园。

东孚街道洪塘村

洪塘村坐落于国家AAAA级旅游景区天竺山森林公园脚下，总面积约4.98平方千米，东至凤山交界，西以过坂为界，南至东瑶村，北与漳州长泰区相接。洪塘村辖内设有2个地铁出站口，地理位置优越，交通便利，四通八达。洪塘村先后获评"中国十大最美乡村""全国民主法治示范村""全国综合减灾示范社区"和"中国最美休闲乡村"等国家级荣誉以及"敬老模范村""福建省森林村庄"等省、市级荣誉。

（编纂：金莹、李彩兰、庄玉凤、蔡秋娟　审稿：陈剑峰）

同　安　区

一、综述

同安区位于厦门市北部，地处闽南金三角的中心地带，东连翔安区，南接集美区，常住人口85万人。区域土地面积669平方千米，是厦门最大的行政区。同安有着1700多年的历史，文化底蕴深厚，素有"海滨邹鲁之地、声名文物之邦"的美誉，是著名的侨乡、台胞祖籍地。2021年，境外同安籍乡亲300多万人，遍及40多个国家和地区。同安区有文物保护单位73处，区级以上非遗项目44个。同安区不仅是千年古城和滨海新城的融合，也是一座生态之城，依山面海，山泉林海资源丰富，拥有滨海旅游浪漫线、两家AAAA级景区、三家全国休闲农业与乡村旅游示范点及滨海系列高端休闲酒店，旅游资源优势突出，年吸引游客超千万，是"国家生态区""中国最美休闲胜地"。

二、丙洲岛

丙洲岛位于同安区西柯街道办事处驻地东南2.5千米处，辖上乡、下乡两个自然村，共有16个村民小组，盛产牡蛎、对虾、蛏、花蛤及鱼类。丙洲历史上是同安县的重要门户。同安县曾管辖的金门居民从海路来县城，需绕过丙洲岛才能抵达同安县城。明末清初，丙洲是郑成功抗清据守的重地，为扼守同安海口的咽喉据点，郑成功攻克同安县城后，即命所部在丙洲岛筑寨设防。清顺治十三年（1655年），因同安古城已于顺治五年（1648年）被清兵用炮轰陷，无险可守，郑成功遂命部将陈霸把同安县城拆掉，将官署和部分居民迁至丙洲，修造新城，与金门互为犄角，在抗清斗争中发挥前哨作用。丙洲岛在明清时期是同安城重要的守卫门户，岛屿地势窄长。丙洲岛最初由七个岛礁组成，后来随着岛上人口的增加，岛屿之间由于围垦及填土造地逐渐相连起来。1975年建成的与陆地相连的围垦海堤，使丙洲岛从此成为半岛。2012年7月，高17.56米的陈化成雕像在丙洲岛落成完工，成为丙洲岛重要地理标志。

三、滨海旅游浪漫线

东海畔，同安湾，水深海蓝，碧波万顷。在同安区环东海域，环绕整个美丽的同安湾，有一条厦门环东海域滨海旅游浪漫线，她是缔造"美丽厦门"山海之

厦门滨海旅游浪漫线二期同安段建成开放（李文鸿　摄）

美重要的组成部分，这条新建的"岛外环岛路"与岛内的环岛路隔海相映，直接展现厦门美丽湾区和优雅岸线。滨海旅游浪漫线总长约46.4千米，其中同安段全长18.3千米。建有彩色沥青路面的自行车道、人行道，机动车禁行。沿途有美峰生态公园、官浔溪体育公园等运动主题公园及阳光小镇商业综合体等多元配套设施，聚集万豪酒店、特房波特曼七星湾酒店、万丽酒店等多家高端休闲酒店，是集体育健身、休闲旅游娱乐为一体的文体旅游产业带。近年来，厦门围绕滨海浪漫线，密集引进一系列文体休闲娱乐活动，有厦门市铁人三项、厦门环东半程马拉松等重量级活动。滨海旅游浪漫线，已成为厦门岛外休闲度假胜地。

四、历史人文

（一）遗迹遗址

同安孔庙

在同安老城区东溪之畔的古城墙下，有厦门市唯一的孔庙。该孔庙建于后唐长兴四年（933年），南宋初期迁至现址，现存建筑为清代乾隆三十二年（1767年）重建，1990年辟为同安县博物馆，2005年被列为省级文物保护单位。其主体建筑为大成殿，屋顶为重檐歇山式建筑，外貌古朴，体现了儒家稳重、简约的风格。同安孔庙是古同安（包括今厦门大部分地区、台湾地区的金门及漳州龙海区部分地区）文教兴盛昌明的标志。由于同安特殊的地理位置，孔庙的兴建，某种程度上奠定了联系厦台两岸的文化基础。2009年起，同安区每年9月举行盛大的祭孔活动，将其打造成为海峡两岸祭孔的文化交流品牌。

同安城墙遗址

城墙遗址位于同安区大同街道东溪西畔，北连东桥，南接南门桥。同安城墙为同安古城东部城墙。同安城建于南宋绍兴十五年至十八年（1145—1148）。元至正十五年（1355年），改夯土墙为石砌墙，始建时周长2544米，高约3.8米；

1926年修建道路时大部分城墙被拆除，现残存东溪河岸边的城墙，长约450米，是研究同安历史的重要文物古迹。

绩光铜柱坊

绩光铜柱坊位于同安区大同街道顶溪头社区、环城东路东侧路旁，是厦门规模最大的石牌坊。清康熙五十六年（1717年），清廷为表彰施琅平定台湾而建此坊。1996年，修建环城东路时从原址东移15米迁现址。坐东朝西，为四柱三间重檐歇山顶石坊，明间高，两次间低，面阔9.55米，高约9米。顶层正中嵌置饰有镂空蟠龙纹的"恩荣"题匾，明间正、背面坊额镌刻楷书"绩光铜柱""思永岷碑"，坊上镌刻有施琅生前所获荣典、官阶爵位及施琅之子施世骠和其他官员具衔题名、浮雕人物故事等。2001年，绩光铜柱坊被公布为涉台文物古迹。

芦山堂

芦山堂位于同安区大同街道洗墨池路23号，为苏氏芦山派裔的发源地，为全闽芦山苏氏大宗祠。芦山堂始建于五代后晋开运年间（944—946），原系苏氏入闽二世祖苏光海府第，北宋科学家苏颂诞生地。现存建筑为清代重建，1988年整体重修并重建后堂。坐东南朝西北，由门厅、正厅和后堂三进及两侧护龙组成，总面宽28米，通进深36.1米，堂前石埕宽6~26米，进深72米。芦山堂是研究同安宋代历史及苏颂历史、苏氏源流的重要文物古迹，是对台交流的重要平台。台湾苏氏宗亲有近25万人，其族谱记载家族均源于芦山堂。芦山堂1991年被列为第一批省级文物保护单位。

（二）获批非遗的项目

珠光青瓷烧制技艺（同安汀溪）

珠光青瓷又称同安窑，是唐代至元代同安盛产的瓷器，瓷型朴实厚重，釉色深黄润泽，装饰以刻划花为主。宋元时期，同安汀溪窑生产的瓷器远销海外，相传当时有位被日本人奉为"茶汤之祖"的高僧珠光文琳特别喜欢用一种刻蓖点纹的青瓷碗喝茶，这种瓷器被日本人命名为"珠光青瓷"，成为日本贵族和上层人士喜爱的高档茶具。1956年同安修建汀溪水库，挖掘了大量的碗片，经国内专家和日本学者鉴定，正是日本人所称的"珠光青瓷"。珠光青瓷是"同安窑"的代表，也是同安作为古代海上丝绸之路重要节点的见证，在现代社会重放光彩。2011年，珠光青瓷烧制技艺入选福建省非物质文化遗产目录。

传统锡雕（同安锡雕）

锡雕是同安人推崇的工艺制品，在同安传统生活中，锡酒壶、锡灯、锡花瓶较为常见，无论是婚丧嫁娶还是馈赠亲朋好友，皆以锡制品为贵。由于闽南语中"锡"与"赐"同音，具有祈福、吉祥之意，锡雕被广泛用于制作祭器。现代社会，锡雕作品主要用于宗教器皿、装饰品、纪念品等。2013年，同安传统锡雕技艺入选厦门市非遗目录。2017年，锡雕（同安锡雕）入选福建省非遗代表性项目名录。同安锡雕作品《长寿瓶》获中国工艺美术百花奖铜奖。

厦门漆线雕技艺

漆线雕是厦门传统的手工线雕技艺，同安人通过设立空调恒温室、采用电暖技术等创新了工艺。同安漆线雕作品还是外国政商界要人访厦的纪念品。2019年入选福建省非物质文化遗产目录。

闽台送王船

同安吕厝华藏庵自明永乐六年（1408年）起举行"送王船"活动，每四年举行一次。明清以后，大批同安人移居台湾及海外，在台湾及东南亚等地发展了华藏庵分炉位200个，跟华藏庵保持着密切的联系，送王船习俗也在台湾与东南亚等地流行一时。2016年，吕厝华藏庵举办第151届"送王船"活动，来自台湾、东南亚及大陆信众达7万人以上。吕厝"送王船"已成为海峡两岸及东南亚华人文化交流的重要平台。2011年入选国家非物质文化遗产。

（详见《海上福建（上）》）

送王船活动（陈卫华　摄）

王审知信俗

每年农历二月十二闽王王审知纪念日，同安北辰山举办祭拜开闽王的典礼仪式、进香过炉、迎神赛会、戏曲阵头表演等活动，由此逐渐形成北辰山王审知信俗，流传于闽南、台湾以及东南亚各地。2009年，北辰山开闽王信俗入选厦门市第二批市级非物质文化遗产名录。2017年，王审知信俗（福州、厦门）入选福建省第五批省级非遗代表性项目名录。

车鼓弄

车鼓弄又称弄车鼓、车鼓阵，属于闽南早期滑稽小戏"弄戏"的一种，是同安地区一种具有浓厚地方色彩的传统民俗娱乐形式。自古同安就有"文看车鼓弄，武看套宋江"的谚语。它是一种说唱、表演合一的传统歌舞艺术，以动作朴实简单、易学易演，诙谐幽默的风格受到了广大人民的喜爱。车鼓弄主角是男丑

"车鼓公"、彩旦"车鼓婆"，两人在二弦、三弦、竹笛、唢呐等锣鼓丝弦乐声中，踏着四方交叉步进行说唱表演，内容多为孝道劝善、夫妻情趣等。车鼓弄通常在庙会祭祀时表演，有时也被邀请到婚庆人家演出。2007年，厦门同安车鼓弄入选福建省第二批省级非物质文化遗产名录。

宋江阵

宋江阵，亦称"套宋江"，是在春节、元宵、中秋等民间传统节日里表演的一种群众性武术操，流行于福建厦门、泉州、漳州以及台湾和金门等地区。相传起源于明代抗倭斗争中的军旅步战武术阵法和乡团训练，后倭寇内乱平定，但民众习武健身抗暴的习俗却一直沿袭下来，并随着闽南人开拓台湾而在金门一带广泛流传。在发展过程中，宋江阵从最初的武术表演不断融入音乐、戏曲、表演等元素，区分为三十六天罡、七十二地煞分别扮成梁山好汉模样，逐步形成宋江舞大旗、梁山泊好汉携十八般兵器展示打圈、开四城门、巡城、排城、破城等固定表演阵势，成为群众喜闻乐见的民间艺术表演形式。2007年，厦金宋江阵入选福建省第二批非物质文化遗产项目。至2018年，同安区有宋江阵团队四个，分别为汀溪镇造水村、莲花镇淡溪村、祥平街道西湖社区、洪塘镇郭山村，均成立宋江阵培训演示基地。

五、特色村镇

国营福建省同安竹坝华侨农场

同安竹坝华侨农场创办于1960年，是国家安置归难侨的基地之一，也是厦门市最大的国有华侨农场。农场先后安置来自印尼、缅甸、新加坡、柬埔寨、马来西亚、菲律宾、泰国、越南等东南亚8个国家2000多名归难侨。1972年和2002年又分别安置了部分南安市山美水库和长江三峡水库移民，素有"小联合国"之称，是沟通联系海内外华侨的桥梁及纽带。

竹坝华侨农场从不同国度归来的华侨带回了异域的民俗风情，通过人文挖掘和景点开发建设，已经形成了包括归侨史迹馆、市青少年教育实践基地、竹坝酿酒厂、百利种苗、谢大叔杨桃园和南洋一条街在内的主要旅游业态，是一个融南洋风情与休闲度假于一体的好去处。在这里，人们不用走出国门，就能亲身体验到南洋文化、风貌建筑、风味美食和风土人情。

潘涂村（潘涂社区）

海蛎，于厦门人而言，就像东北的酸菜、四川的腊肉，是最常见的家常菜。厦门人餐桌上的海蛎，有七成是同安区潘涂村养的，而这些量只是他们在全国各地养殖产量的十分之一。潘涂人在全国沿海的海蛎养殖面积达6.3万亩，养殖产量约45.4万吨，产值约4.5亿元，可谓是"中国海蛎第一村"。

自古以来这里村民就以养殖海蛎为生。随着同安区工业化、城市化的迅猛发展，2006年，同安区环东海域片区启动开发，潘涂村大部分土地都被征用。潘涂乡亲带着多年积累的"手艺"，到广东、福清、泉州、漳州等地重新开始海蛎养殖。异地养殖海蛎的潘涂人，始终心系家乡。潘涂人在外每年养殖产量约45.4万吨，10%的产量运回潘涂，每天都会有货车运送海蛎回到潘涂清洗、加工、批发、售卖。久而久之，潘涂逐渐成了厦门海蛎产品的集散地。在潘涂社区，目前约有80%常住人口参与或从事海蛎养殖、加工和销售等相关产业。在厦门卖海蛎的大部分都是潘涂人，潘涂海蛎产值占厦门市场70%。随着产业规模的扩大，

海蛎煎

原有粗放的散户生产经营方式已无法满足需求。2019年，社区开辟出93.5亩集体用地，建立起海蛎集散中心，并设立专人专班引导，使得海蛎加工实现集中化处理、一站式采购。与此同时，潘涂社区成立3个合作社，整合养殖户资源，统筹纳入集体经济组织管理；成立厦门市潘涂海蛎产业发展有限公司，为村民们在海域租赁、产品集散批发、产业深加工等领域保驾护航。

2022年，在同安区首届美食旅游康养文化节的"乡厨大舞台"厨艺争霸赛上，大头吉海鲜馆夺得三等奖。其中，海蛎煎和桂花炒两道本地小吃，都是选用新鲜的潘涂海蛎热炒出锅，得到评委大赞。小海蛎撬开"一村一品"大产业，潘涂的海蛎走向了全国人民的餐桌，潘涂作为"中国海蛎第一村"还有更广阔的发展空间。

六、美食风味

同安封肉

封肉是同安人办喜事或建新房举办筵席必不可少的一道菜。在传统筵席中，封肉往往在中间时段登场，正是众所瞩目的时候，封肉因此成为许多同安人最深刻的童年美食记忆。

（详见《海上福建（上）》）

同安封肉

薄 饼

同安人逢农历三初三有敬祖吃薄饼的传统习俗。薄饼相传为明朝重臣、五省经略同安人蔡复一夫人李氏所创。蔡复一为了抄写整理朝廷文书，废寝忘食，蔡夫人十分着急，终于想出一个妙法：把面粉搅成糊状，在锅上轻轻一抹，做成一张薄薄的面皮，再把干饭做成香甜可口的油饭，把胡萝卜丝、肉丝、蚵煎、芫荽等炒制成熟，然后用面皮卷成圆筒状，叫作"包薄饼"。每到就餐时分，蔡夫人用手捧着薄饼，送到丈夫嘴边。薄饼随后成为蔡氏家族传家的制作技艺，也成为同安人广泛流传的食用习俗。同安薄饼制作技艺于2009年入选厦门市第二批市级非物质文化遗产名录，2017年入选福建省第五批省级非物质文化遗产名录。

炸 枣

炸枣是同安重要民俗食品，用于敬天公、娶新娘等喜气日子。以糯米粉掺熟地瓜揉成圆皮，包裹馅料（有黑芝麻馅、豆沙馅、花生馅、荤菜馅等种），再用手揉成圆球状，放入油锅炸熟，即成炸枣，与马蹄酥、贡糖并称"同安三宝"。

马蹄酥

俗称"香饼"。以面粉、白糖、麦芽饴、猪油为原料，分酥、皮、馅三道工序制作，糅合后贴在竖炉壁上文火烘烤而成，状如马蹄，香脆可口，营养丰富，为传统送礼名点。"麻油炸香饼"是同安妇女坐月子的必备补品。近年来还开发出素馅香饼，为礼佛供品。

（编纂：洪汇前、黄慧佶　审稿：洪汇前）

翔 安 区

一、综述

翔安拥有全国唯一的"英雄三岛战地观光"、对台小额商品交易免税购物公园等旅游资源。80多千米长的海岸线休闲旅游资源优势突出，涉台、涉侨、涉外文物古迹遗留众多，自然与人文旅游资源组合良好，气候宜人，适宜旅游的季节长，旅游综合开发价值大，旅游事业和旅游产业蓬勃发展。目前，翔安区有大嶝英雄三岛战地观光园、大嶝小镇等AAA级景区和香山省级风景名胜区，以及澳头、大宅、面前埔等福建省三星级旅游乡村和福建省金牌旅游村，大帽山境、澳头渔港小镇等福建省养生旅游休闲基地和福建省休闲旅游集镇。红珊汽车赛道公园、黄厝文创村、下潭尾湿地公园、台贸小镇等新兴景点异军突起，一度成为游客最喜爱的网红打卡点。2021年，翔安区旅游人数约393万人次，旅游收入约9.8亿元。

二、主要岛礁

白哈礁

白哈礁位于金门水道西侧，西北距大嶝岛3.7千米，东南距金门岛1.8千米，为花岗岩明礁。礁盘长80米，宽60米，高11米，面积约4800平方米。白哈礁自古为海上航标，原名"陛下礁"，相传景炎元年（1276年）宋端宗赵昰南航，落水于此获救而得名，厦门话谐"陛下"为"白哈""白虾"，又因其形似兔而色灰白，故俗称"白兔仔礁"。礁石嶙峋突兀多洞窍，风吹浪拍，钟鼓琴瑟之声阵

147

中华白海豚

阵，妙若蓬莱仙乐。两岸炮战时期，白哈礁为双方侦察兵出没之地，礁岩上弹迹累累。而今硝烟尽散，华亭巍立，海阔天空，波澜不惊。白哈礁四周水域辽阔，盛产石斑鱼、黄花鱼、对虾等，国家一级保护动物白海豚也常在这一带出没。更特别的是，在礁上即使用肉眼也能饱览金门风光。

鳄鱼屿

鳄鱼屿（鳄鱼岛），又名白屿，位于翔安湾东咀港东南海域，距离陆地最近点只有1.4千米，东北西南走向，长0.61千米，宽0.21千米，面积0.13平方千米，其西南部凸起如鳄鱼头，东北底下如鳄鱼尾，似两条鳄鱼相交横卧海面随波荡漾，故称鳄鱼屿（原名白屿）。岸线长1.74千米，周围水深0.3米至3.1米之间，是渔船天然的避风坞。岛上植被覆盖率较高，有20多间砖石砌成的两层楼房及平房，以及两口淡水井，是厦门唯一有淡水井的无居民海岛。岛周围海域密布海水养殖设施。鳄鱼屿位于马巷街道琼头社区西南方的浔江口，周边海域的沙质滩涂盛产世界珍稀的文昌鱼，俗名"薪胆物"。

大嶝岛

大嶝岛东南端坐落着英雄三岛战地观光园，位于原海峡之声前线广播站空压机房旧址上，占地约8万平方米。这里曾经历过1958年"八二三炮战"的洗礼，昔日炮火纷飞的前沿阵地，如今旧貌换新颜，园内呈现出一派勃勃生机。园内共有英雄三岛精神主题馆、英雄三岛老照片老物件展馆、英雄三岛民兵事迹展馆、前线播音史迹展馆、炮阵地旧址等十几个展馆和景点，设有航海科普馆、模拟实感体验馆、激光枪打靶射击、古炮射击等多处互动体验设施。园区是全国唯一一座面向金门，以统一祖国大业为主题，以战地观光为内容，融爱国主义教育、国防知识教育、军事科普教育为一体的多功能参观、学习、游览胜地。大嶝小镇台湾免税区是国家AAA级旅游区，全国首个对台商品免税主题公园。

大嶝小镇·台湾免税公园

三、刘五店港区

刘五店港区位于翔安区南部，厦门北侧水道的东北方，西面正对厦门岛的高（崎）集（美）海堤。港区陆域地势平缓，陆路距翔安隧道口3千米，距泉州70千米，有公路直通港区；水路距厦门港约18海里，距泉州后渚港约60海里，距香港300海里。刘五店以明初刘漫在十三都海滨开设五家店铺而得名，早在宋元时代就已经是同安汀溪窑"珠光瓷"的主要输出港口。乾隆二十六年（1761年），清政府在刘五店设铺，至光绪中叶，这里已成为一个贸易码头和小集镇，并有大商船开往奉天（今辽宁省）、天津、广东、台湾等地进行贸易。1949年10月后，刘五店港区被列为军港。1980年，在原有斜坡式突堤条石码头砌石上添加60厘米厚的钢筋混凝土，长164米，宽6米。港区仓库面积200平方米，堆场面积1400平方米。1981年9月27日，刘五店港第一次运输新鲜蔬菜直达香港，正式与香港、澳门通航，成为福建省对外开放的启运点之一。

四、文物胜迹

彭德清故居

彭德清故居位于金海街道彭厝社区彭厝自然村南面，环村路北25米处，修建于清末。坐东北朝西南，前后两落，建筑面积约220平方米。门上悬"彭德清故居"匾，因年久失修，已破落，前落东侧厢房屋顶已倒塌。彭德清（1911—1999），曾用名彭楷珍、陈国华，1930年加入中国共产党，1955年被授予少将军衔。他少时参加同安农民协会，卒后骨灰撒在与金门一水之隔的海面上。1928年至1932年，彭德清与洪宗涂、许英宗、陈先查以小学教员的身份为掩护，开展地下革命活动。抗日战争时期，彭德清先后担任闽南抗日义勇军独立大队长、新四军教导总队二大队教导员、三纵五团政治委员、一师三旅七团团长兼政治委员、苏浙军区第三纵队副司令兼参谋长等职，率部多次挫败日、伪军的"扫荡"，多次击退国民党顽军的进攻，为民族独立和解放，为取得抗日战争的胜利建立了不朽功勋。解放战争时期，彭德清先后任苏中军区一师三旅旅长，华东野战军四纵十二师师长，渡江先遣纵队第四支队支队长，第三野战军第二十二军、二十三军副军长，参加过苏中、枣庄、莱芜、孟良崮和淮海等著名战役。他敢挑重担，敢打硬仗，身先士卒，在历次战斗中攻必克，战必胜，战功显赫。

"八二三"炮战指挥部旧址

旧址位于香山街道东园社区东园自然村沟仔南28—30号，始建于民国，为张鸿爱故居。该建筑为坐北朝南，中西合璧式二层楼房，面阔八间26米，总进深15.5米，高8.6米，占地面积403平方米，总建筑面积806平方米。正面磨光花岗岩基座，上部清水烟炙砖砌筑，正面两厢为八角形前突，正门三级石砌台阶，清水砖拱形门，拱门弧度较大的5个，弧度较小的4个。一二层四周为回廊，西洋式廊柱券顶，木制楼板楼梯，清水砖腰线，建筑材料及装饰技法均以典型西洋式风格为主。20世纪七八十年代时为同安县新店公社供销社东园分社。

五、非遗民俗

非物质文化遗产

截至2021年底，翔安区共有非遗代表性项目33个，共有省级非遗项目6个，市级非遗项目10个，区级非遗项目17个；人类非物质文化遗产项目保护单位3个，国家级项目保护单位5个；区民俗文化人才30名，省级传承人6人，市级传承人16人，区级传承人25人。

翔安文兴瓷制作技艺

"文兴瓷"是传承明代宣德年间的古瓷珍品"雪花兰"的釉面特点，结合现代的制瓷技术，融合古今中外各种绘画形式，采用一种独特的氧化物釉料，在瓷胚上绘制各种图案，经过高温烧制自然窑变而成。但是古瓷珍品"雪花兰"的制作技艺在20世纪90年代之前曾中断过，翔安人洪伟国在传承"雪花兰"的制作技艺基础上，研发出文兴瓷，研发成功后向国家知识产权局申请持有专利产权保护。其精巧的工艺在国际各大型的发明博览会获得金银奖牌13枚。翔安文兴瓷制作技艺现为翔安区第一批非遗项目，洪伟国为该项目区级传承人。

春仔花习俗

流传于翔安区新店镇洪厝村的春仔花习俗，由明嘉靖年间洪厝村历史名人洪朝选倡导传承而来，每逢年过节、红白喜事，妇女头上都要插戴春仔花。这种习俗在漳州、泉州以及港澳台地区和海外华侨华人同胞聚居地广泛流传。"春仔花"的"春"，在闽南话中与"剩"谐音，寓意风调雨顺，五谷丰登，年年有余。春仔花呈元宝形，里面再细扎微型的"石榴花""梅花""灯笼花"等形状，有"新娘花""婆婆花""孩童花""寿花"，以及丧事用的"答礼花"等10多个品种。春仔花习俗是第一批市级非遗项目。

六、美食特产

洋江蚝油

翔安洋江蚝油主要呈褐色或棕色，品质好的则鲜艳有光泽，汁液黏稠适中，细滑均匀，味道鲜美且微咸略带甜味，蚝香浓郁，不苦不涩，入口滑润。翔安蚝汁、蚝油手工制作技艺保持着100多年来守正创新且具有地方特色的属性，未被异化，采用纯手工制作，传承百年的配方，经由十数道科学的工艺程序制成，每道工序要求按质量标准进行。翔安蚝汁、蚝油源于中华调味品制作文化，且结合闽南本土原料特色与地方饮食习惯，形成了闽南调味品制作的特殊文化，并迈进国际市场。

新店番薯粉粿传统小吃

番薯粉粿是闽南一道独特的传统小吃。番薯粉粿最注重的是粉粿一定要韧，翔安新店番薯粉粿一般都是采用质量上乘的番薯（地瓜）粉，拌上少量用大米熬成的米糊，放在石臼里春烂，使大米和地瓜粉充分糅合一起，然后加水稠稀搅匀。接着准备一大铁锅，放入油，待其热后，将稀状地瓜粉用勺子均匀地洒成圆圆的薄皮，就像擦薄饼（春卷）皮一样，然后压片后切成棕褐色约小指宽的半透明长条，放在太阳下晒干。这样可收藏存放较久，其筋道非比寻常。如今，掌握并精通番薯粉粿制作工艺的人越来越少，番薯粉粿传统制作工艺迫切需要得到有效的保护与传承。新店番薯粉粿传统小吃技艺是厦门市第三批市级非物质文化遗产项目。

石花冻

翔安沿海地区的石花冻是一种海洋藻类食品，是一种最本土化最接地气的传统美食。石花冻起源可追溯到南宋绍兴年间，是当时小嶝岛岛主洪道研发出来的，世代传续，至今已有800多年的历史。石花冻以生长在大海潮间礁石上的红藻石花为原料，加工制作而成。石花冻手工制作技艺有十来道工序：石灰水浸泡、加白醋、清水漂洗、晒干、清水浸泡、晒干、砂锅熬煮、冷却成冻等，道道工序要求都很严格。石花冻制作技艺现为区级非遗项目，在其主要传承人邱奕清几十年的传承教授下，现在石花冻已成为小嶝餐饮业一道特色食品。

翔安传统糕点蒜蓉枝

蒜蓉枝是翔安区新圩七里自然村的传统手工糕点，又名索仔股（闽南语），由林氏先人林荣涵于光绪九年（1883年）研发。这一家族糕点制作技艺，父传子子传孙世代承续，已历四代（林荣涵—林友苞—林怀庆—林拱），有130多年历史，至今仍然深受消费者喜爱。翔安传统糕点制作技艺（蒜蓉枝）现为区级非遗项目，其主要传人林拱长期致力于这一非遗项目的保护传承推广，使其在翔安名闻遐迩。

闽南米粉

闽南手工制作的米粉质地柔韧，富有弹性，水煮不糊汤，干炒不易断，配以各种荤素菜或高汤进行汤煮或干炒，爽滑入味，深受广大消费者的喜爱。闽南米粉制作技艺始于同治年间，在翔安代代相传。其制作技艺是大米经过淘、浸、磨、压、煮、碾、挤、焯、凉、披、摊、晾等十八道制作工序后，进行晾晒，依靠自然风干。风干后的米粉白如雪、细如线、韧如簧。因很多工序无法使用现代设备来取代，现如今的米粉制作过程仍然以手工操作为主。闽南米粉制作技艺现为区级非遗项目，其主要保护单位为厦门古厝埕食品有限公司、厦门古早香食品有限公司、厦门市翔安区朱扁米粉厂。

翔安传统面线

翔安传统面线很受闽南大众的欢迎，除了在厦门、漳州、泉州畅销之外，甚至远销新加坡、马来西亚和台湾地区。2018年还上了央视《舌尖上的中国3》节目。它的制作技艺始于清光绪二十年（1894年）。它以优质的面粉和食盐、水为原料，经和面、擀面、切面、盘面、绕面、醒面、拉面、晾晒、收叠等九道工序后才得以做成。翔安传统面线的这九道制作工序，缺一不可，时间都要拿捏到位，这样制出的面线细亮如丝，芬香扑鼻，柔韧如筋不易断，煮出来的汤不浑。翔安传统面线制作技艺现为区级非遗项目，其主要传承人黄加现为该项目的区级传承人。

七、特色村居

大宅火龙果基地

翔安大宅社区种有1400多亩的火龙果，是福建规模最大的火龙果连片种植基地。火龙果进入成熟期后，每天有超过10万斤的火龙果从这里销往全国各地。大宅除了已种植20多年的传统白心火龙果，还新引进了黄龙果和青龙果，同时研发一些衍生加工产品，把火龙果加工成果酒、果茶、果干、面食等农副食品，连火龙果花每亩也能增加几千元的收入。

（编纂：许晨光、郭小慧　审稿：吴明昊、陈海靖）

漳 州

综　述

历史悠久生态优良

漳州地处台湾海峡西岸、闽南金三角南端，东邻厦门，东北与厦门市同安区、泉州市安溪县接壤，北与龙岩市漳平市、龙岩新罗区、龙岩市永定区毗邻，西与广东省梅州市大埔县、广东省潮州市饶平县交界，东南与台湾隔海相望，是国家历史文化名城、台胞主要祖籍地和著名侨乡。公元前222年，漳州境域纳入秦帝国版图。唐垂拱二年（686年），陈元光表奏朝廷建置漳州，并立漳浦、怀恩二县，州治在西林，因西林位于云霄境内漳江之畔，故取州名为漳州。2021年，漳州市辖有四区七县，分别为芗城区、龙文区、龙海区、长泰区和漳浦、云霄、东山、诏安、南靖、平和、华安县，另管辖国家级漳州台商投资区、国家级漳州高新技术产业开发区、国家级漳州招商局经济技术开发区、国家级东山经济技术开发区、省级古雷港经济开发区、省级常山华侨经济开发区。漳州陆地面积1.29万平方千米，海域面积1.86万平方千米，属南亚热带海洋季风气候，气候温暖，雨量充沛，夏季台风活动频繁。境域内多山，年平均地表水资源总量为178.37亿立方米，人均占有量为4280立方米，水资源比较丰富。但沿海突出部岛屿是缺水区，东山岛上没有常年性河流，需依靠岛外引水，漳浦水资源也较为紧缺。现有各级各类海洋保护区10处。

海洋资源丰富优渥

漳州南部的龙海、漳浦、云霄与诏安四县濒海，东山县为海岛。海岸带总面积为4830平方千米，其中陆域面积3147平方千米，海域面积1683平方千米。大陆

海岸线长715千米，居福建省第三位。传统作业渔场有闽南渔场和台湾浅滩渔场。沿海海水鱼类687种，主要的经济鱼类有带鱼、大黄鱼、鳀鲳鱼、石斑鱼等。常见的国家重点保护水生野生动物有22种，其中国家一级重点保护水生野生动物7种，国家二级重点保护水生野生动物15种。常见的福建省省级重点保护水生野生动物有14种。海域矿产56种，探明储量39种，其中硅砂和海砂已探明总储量5亿吨。沿海风能、潮汐能、波浪能等海洋新能源丰富。港口条件优越，拥有厦门湾（南岸）、东山湾、诏安湾等20多个天然港湾。龙海区至漳浦县沿海一带有良好的天然避风港口，适宜邮轮游艇业、海洋工程装备业的发展。目前，漳州已有3个一类口岸，5个二类口岸，1个海峡两岸直航试点口岸，5个对台小额贸易点，这些口岸是漳州海洋经济向外拓展的窗口，也是海峡两岸经贸和"海丝"建设载体。截至2021年，全市已建、在建渔港42个。

古雷港（詹照宇　摄）

海洋经济蓬勃发展

漳州是连接闽粤、闽港海陆交通的重要通道，也是邻近内陆地区进行贸易流通的重要渠道。2020年，漳州海洋传统产业（包括海洋捕捞和海水养殖业、海洋交通业和海盐业等）生产总值1020亿元，位列全省第四位，海洋渔业、海洋旅游、海洋建筑、海洋工程装备制造业等成为全市海洋经济主导产业。2021年，全市水产品产量、渔业产值两项指标连续25年位列全省第二位；全市淡水养殖产量29.63万吨，人均水产品占有量463公斤，两项指标均居全省第一。高优养殖特色明显，现有水产养殖品种达156种，其中石斑鱼、青蟹、牡蛎、对虾、泥蚶、蛤类、罗非鱼、河鲀养殖面积和产量居全省首位；石斑鱼、青蟹、牡蛎3个品种的养殖面积和产量为全国之最。2021年水产品加工产量99.4万吨，产值236.7亿元，加工产量、产值均居全省第二位。全市水产品已拥有8个中国驰名商标，位居全省第一，水产品地理标志证明商标36个。漳州也被授予"中国石斑鱼之都"称号。漳州石斑鱼、漳州白对虾、漳州罗非鱼、云霄巴非蛤被列为"福建省十大渔业品牌"，诏安县被授予"中国生态牡蛎之乡"称号。漳州现有14个福建省著名商标、34个福建省名牌产品、10个水产品地理标志证明商标。

滨海风光旖旎迷人

漳州海滩景观景点特色突出，以"海峡西岸旅游岛"东山、漳州滨海火山国家地质公园、六鳌翡翠湾为代表的滨海风光已基本形成。漳州拥有中国首个生态型人工岛——"双鱼岛"。海岸地貌景观奇特，处处可见沿海的海蚀洞、海蚀柱、海蚀穴等海蚀地貌和连岛沙坝、海积地貌。有东山的马銮湾、金銮湾等闻名遐迩的海湾沙滩，有生物资源丰富的九龙江口、漳江口红树林群落。滨海旅游景区较为著名的有国家AAAA级旅游景区，有天下第一奇石美誉的东山风动石；国家地质公园漳州滨海火山国家地质公园；全国重点文物保护单位、全国首批涉台文物白礁慈济宫；全国重点文物保护单位、被专家学者称为"国之瑰宝"的赵家堡；国家级自然保护区漳江口红树林保护区；被誉为"东方的夏威夷"的东山岛；东山乌礁湾国家海滨森林公园等。2020年，全市有A级旅游景区22家，其中AAAAA级景区1家，AAAA级景区12家，AAA级景区9家。

人才俊杰层出不穷

漳州自古以来英才辈出，尤其是宋代朱熹知漳，明代王阳明巡抚汀漳时，对漳州历史文化产生深远的影响。截至清代，有进士977人。有漳浦蔡世远、蔡新"叔侄两帝师"；长泰戴氏"一门九进士"；明代漳州籍三位尚书、两位侍郎同朝为官，被誉为"五星聚奎"的传奇佳话。士人中有非凡贡献的不乏其人。宋代有一介书生伏阙上书、力主抗战的高登，有奏罢苛捐杂税的颜师鲁、颜颐仲。著名理学家龙溪人陈淳，所著《北溪字义》《北溪大全集》是阐释程朱理学的重要著作。有出使敌国、友邦不辱使命的林弻、潘荣，有"海上方志"《东西洋考》

的作者张燮。"闽海才子"黄道周，奋勇抗清，视死如归，一生著述100多种。清代涌现出献计收台的黄梧，参与统一台湾、血战到底的蓝理，治理台湾的蓝廷珍、蓝鼎元。嘉庆年间，沈锦洲、谢颖苏等9名画家以不同的风格，形成诏安画派。近代以来，漳州涌现许多革命先驱和优秀儿女，有最早投身到漳州革命活动的朱积垒、王占春、李金发等革命先烈；有在抗战前线英勇捐躯的李林、高捷成、苏精诚等民族英雄；有在革命战火中成长为龙江骄子的彭冲、苏静、李兆炳等开国功勋；有奋斗在一线、建设新漳州，为祖国经济建设和社会发展作贡献的时代英模等。同时涌现小说家散文家林语堂、散文家许地山、诗人杨骚、天文学家戴文赛、首创拼音文字汉字速记的近代高校第一位校长蔡锡勇等文化名人。

海丝门户开放包容

自古以来，漳州海洋经济意识比较活跃，特别是明代隆庆元年（1567年），开放海禁，"准贩东西二洋"，并在月港设置海澄县，月港成为合法商港，逐渐成为国内外贸易中心。漳州月港是中国第一次以民间贸易方式登上世界贸易舞台，从此演绎出漳州经济发展史上璀璨光辉的一页。明代漳州人以月港及沿海诸港为依托，雄起勃发，以铺天盖地之势拉开了民间远洋贸易之大幕，其国际贸易发展的深度和广度前所未有，直接促成漳州历史上第一次经济大起飞。通过月港的海外贸易，中国的生产技术、科学文化成果传播到海外，海外的生产技术和物种也引入中国。月港享有"天子之南库"的美誉，促进了漳州地区经济社会的发展，漳州因之号称"闽南一大都会"。

历史文化多姿多样

漳州市是历史文化名城，文物资源丰富。2020年，漳州市已登记不可移动文物4731处，其中世界文化遗产1处，全国重点文物保护单位27处39个点，新增6处省文物保护单位，累计达151处，市（县、区）级文物保护单位959处。拥有世界级非物质文化遗产项目3项，国家级17项，省级66项，新增40个市级非遗代表性项目，市级累计达175项。国家级代表性传承人14人，省级74人，市级238人。其中，2008年，福建土楼（南靖、华安）正式列入世界文化遗产名录；2020年，送王船项目成功列入联合国教科文组织人类非物质文化遗产实践名册。平和南胜窑遗址、南靖和华安东溪窑遗址被列入世界文化遗产预备名录。此外，漳州市还拥有国家级历史文化名镇2个、历史文化名村6个，省级历史文化名镇2个、省级历史文化名村16个，漳州台湾路—香港路历史街区于2015年列入中国第一批历史文化街区。闽南文化（漳州）生态保护区于2019年入选首批国家级文化生态保护区。漳州民间信仰多样，唐代后漳州历代都兴建寺院，较著名的有开元寺、净众寺、法济寺、南山寺、龙山寺等。道教诸神庙奉祀的有全国性的神明，也有地方性的神明，一个神庙多数不止专奉一个神像。道教神庙大多供奉保生大帝、开漳圣王、妈祖、清水祖师，慈济宫、威惠庙、天妃（或称天后）宫散见各地。现存较有代表性的有白礁慈济宫、东山关帝庙、浯屿天妃宫、龙海东岳大帝庙和云霄威惠庙。

漳州木偶雕刻

特产美食久负盛名

漳州物华天宝，素有"水果之乡""鱼米之乡"的美称，又以"剪纸艺术之乡""灯谜艺术之乡""农民画艺术之乡""书画艺术之乡""民间音乐艺术之乡"和"玉雕艺术之乡"等著称。水仙花、片仔癀、八宝印泥号称漳州"三宝"，蜚声海内外。水果有枇杷、杨梅、荔枝、龙眼等47种，330多个品种。古谚云："玩在苏杭二州，吃在福建漳州。"作为闽南菜系的一个重要组成部分，鱼米之乡的漳州被誉为"小吃天堂"，已发展8大类250多个品种，其中荣获"福建名小吃"的近百种，"中华名小吃"有20多种，比较著名的有漳州面煎粿、漳州卤面、手抓面、白水贡糖、锅边糊、猫仔粥、漳州四果汤、海澄双糕润、漳州豆花等漳州著名小吃，漳州面煎粿更是荣获中国地域十大名小吃和福建十大名小吃。

开发蓝色国土，做强海洋经济，是漳州立足当前、发挥比较优势、实现经济可持续增长的必然选择，也是漳州面向未来、提升区域核心竞争力的关键之举。

漳州水仙花

（编纂：陈坤山、蔡婉玲　审稿：朱建池、蔡春枝）

龙 海 区

一、综述

龙海区位于漳州市东部，台湾海峡西岸。九龙江河系的北溪、西溪、南溪出海门水域，经厦门港注入台湾海峡，境内流域长度108.9千米。河口及沿海的海域上，有海门岛、浯屿岛等28个岛礁和71个海礁，其中有居民海岛有5个。全区陆域总面积1128平方千米，管辖海域面积1004平方千米，大陆岸线长度132.3千米，海岛岸线长度102.73千米。旅游资源丰富，山川、湿地、花果、海滩、温泉、森林、海岛等自然资源齐备，有号称"海上兵马俑"的国家地质公园——2230万年前的牛头山古火山口；明初四大名卫之一的兵戎古镇——镇海卫古城；中国历史文化名村埭美古村；省内面积最大的九龙江口红树林；石码古街、田头村、卓港村、双第华侨农场等古街小镇，风情浓郁，美不胜收。

龙海自古就有"海滨邹鲁"之誉，是闻名全国的"龙江风格"的发源地和月港海丝文化发祥地，中国民间文化艺术（绘画）之乡、中国休闲食品名城，是盛行于闽南和台湾、东南亚的歌仔戏发源地和戏窝；是福建著名的侨乡和台胞祖籍地，是华侨抗日女英雄李林的故乡，是菲律宾前总统科拉松·阿基诺、国民党荣誉主席连战、国民党前副主席王金平的祖籍地；是原中央苏区县（市）和福建省革命老区县（市），1926年7月成立的中共石码支部是漳属地区第一个地方党组织，毛泽东、罗荣桓、聂荣臻、陶铸等老一辈无产阶级革命家曾经在这里留下光辉的足迹。

龙海物产丰富，素有"鱼米花果之乡"的美称。拥有浮宫杨梅、程溪菠萝、白水贡糖、紫泥金定鸭、江东鲈鱼等国家地理标志产品。沿海野生海水鱼类263

种，甲壳类动物60多种。传统渔业经济以捕捞和养殖海水产品为主，包括鱼类、甲壳类、贝类和藻类。2021年，龙海获评农业农村部2020年度"全国平安渔业示范县"，水产品总量连续多年跻身全省前列。

近年来，龙海充分挖掘岸线长、港湾阔的"蓝色家底"，坚持向海洋要空间、向海洋要动能、向海洋要潜力，依托交通快、腹地广优势，深度融入"海上福建""海上漳州"建设大局，海洋经济取得较快发展。2021年，实现主要海洋产业总产值51.95亿元，出口创汇2亿美元以上。临港工业、海洋装备、海洋生物科技等新兴产业和新技术加快发展，以临海产业带、滨海城镇带和蓝色景观带的海洋开发布局逐步显现。其中，临港工业带动作用明显，形成机械制造、汽车装配、修造船业等优势产业集群和一大批规模企业、优势企业，现有规模临海企业34家，2021年实现产值120亿元。

二、海岛明珠

紫泥岛

紫泥岛即紫泥镇，由乌礁、浒茂两岛组成。位于龙海区东北部，东邻厦门岛，北接漳州台商投资区，西南紧靠龙海城区，面积68平方千米，海岸线长55.6千米，辖15个行政村，人口6万人左右，是龙海区第二大侨乡，福建省9个海岛乡镇之一。

紫泥岛是闽南著名的鱼米之乡，水产、禽畜、蔬菜、粮食是特色产品，特别是溪墘红蟳（红膏蟹）、金定鸭名扬四海。沿九龙江南港，修造船厂整齐有序地沿江而建，是紫泥重要的工业产业。甘文农场的九龙江入海口湿地，有数千亩红树林，是省级自然保护区组成部分，有着极为丰富的动植物资源，列入国家重点保护的野生动物有黄嘴白鹭、黑脸琵鹭等。在甘文农场的海堤上，建有多个观鸟台，在上面可以俯瞰整片红树林，以及在树上休憩、在滩涂上觅食或在空中飞翔的各种鸟类。还有多个供游客休闲的农家乐，游客可以尽情享用当地的海鲜美食。干煎红蟳、菜蟳，清蒸黄翅鱼，紫菜饭，跳跳鱼线面，清蒸缢蛏，盐焗缢蛏等都是游客必点的美味佳肴。2021年，全镇养殖面积1228.87公顷，总产值2.25亿元。粮食种植面积近900公顷，有种粮大户17户；蔬菜种植面积1300多公顷，总产量3.58万吨；纯种金定鸭养殖3000多只，产蛋上百万枚。

海门岛

海门岛位于浮宫镇，岛上有海山和海平两个行政村。全岛呈梭子形，雄镇九龙江出海口，犹如镶嵌在九龙江口的一颗璀璨的明珠。与厦门、金门遥相对望，被称为闽南沿海的"三门"，守卫着整个台湾海峡和九龙江的入海口。海门岛在明朝月港繁荣时期，担当过民间海商与西方远征船队展开贸易的跳板，如今重归淳朴的渔村形态。海门岛面积3.8平方千米，厦漳大桥开通后，设匝道通向海门岛，结束了海门靠渡船出行的历史。岛上保留着桃花源般原始的田园风光，大多数村民以打渔、养殖为主，种植为辅，渔樵耕读，民风淳朴。

海门岛植被很茂盛，树林、花草、果树等覆盖着海门岛的整个山丘，海、礁、花、草、鸟、树相互映衬，自然风貌独特，景色迷人。这里也是鸟类的乐园，有白鹭、南飞燕、斑鸠、八哥、苍鹭、翠鸟、灰鹭等数十种鸟类。海门岛的岸滩和浅滩上长着成片的红树林，为省级自然保护区的组成部分，红树林有的高达六七米，极适合鸟类及海洋生物繁衍栖息。海门岛地处咸淡水交汇处，海鲜上乘，结合传统的渔民煮法成就了远近闻名的海门岛海鲜美食，吸引无数远近食客前来品尝。

浯屿岛

浯屿岛位于港尾镇浯屿村，面积仅0.96平方千米，北距厦门岛6海里，东北距金门岛8.5海里。距金门的大担、二担岛仅三四海里，是漳州、厦门的"海上门户"，自古以来就是我国东南沿海重要的海防要地。明洪武二十年（1387年）江夏侯周德兴奉旨在此修建浯屿水寨，这也是福建五座水寨之一。明末清初，郑成功雄踞厦门期间，浯屿、厦门和金门成三足鼎立之势，是郑成功重要的军事基地之一。岛上风光旖旎，独特的浯屿八景令人心旷神怡、流连忘返。浯屿岛居民的经济来源以远洋捕捞业为主，人民生活富足，在20世纪90年代有中国第一渔村之

梧屿岛（周先丽 摄）

称。这里海产丰富，盛产鱿鱼、墨鱼、鲳鱼、带鱼等，生蚝、石斑鱼、苦螺、毛蟹、小管等海鲜也都具有原生态美味。来到梧屿岛，一定要到漂浮于海上的"海上田园"亲海休闲平台体验一番，这里集合了海钓、休闲捕捞、咖啡茶座、风味海鲜餐等，能让游客亲身感受到丰富的海洋文化。

三、海岸沙滩

龙海隆教湾

隆教湾位于隆教畲族乡。东起镇海村旗尾山，西至白塘牛头山，有6000多米长，整个海湾呈月牙状。湾内海浪轻拍，湾外波涛起伏。隆教湾海滩平缓宽阔，沙质洁白而且柔软细腻，具有"位优、水净、岸长、花奇、树多、物丰、景致"

的特色，素有"天下第一滩"之称。由于生态环境保护到位，海面上碧波千里，一望无垠；在蓝天白云下面，近处捕鱼的小渔船与远处的大轮船，在欢快翻飞的海鸥身下慢慢地航行。伴着傍晚的阳光，讨小海的渔船慢慢靠岸，渔民挑着当天的渔获，开心地走向家的方向。在沙滩上，渔民齐心协力地拉着围网，引来游客们驻足观看。鲜活的海鲜以最快速度进入当地的饭店、排档，小鲍鱼汤、白灼龟足（俗称佛手）和苦螺、炒沙虫、清蒸黄翅鱼、清蒸冬蟹粉丝等都是特色美味，让游客大快朵颐。隆教湾浅滩很宽，退潮时水深2米以内的浅滩宽度可达数十米，是建立海滨浴场，进行沙浴、日光浴，开辟跑马场、帆板冲浪等体育活动的天然胜地。

九龙江口红树林岸带

九龙江口红树林岸带位于福建省东南部的九龙江入海口，范围包括浮宫镇、东园镇、海澄镇、紫泥镇和角美镇的13个行政村、2个镇办农场和1个军垦农场。岸带湿地资源丰富，有红树林沼泽288公顷，潮间淤泥滩涂90.9公顷，潮间盐水沼

龙海紫泥红树林（李储全　摄）

泽15.4公顷，河口水域25.9公顷。这里1988年被福建省人民政府批准为省级自然保护区，是全省第一个建立红树林自然保护区的地区，面积420.2公顷，也是全省面积最大、种类最多、生长最好的红树林分布区。

九龙江口红树林岸带有维管束植物54科107属134种，其中红树植物有5科7属10种；野生脊椎动物21目54科212种。列入国家重点保护的野生动物有卷羽鹈鹕、褐鲣鸟、海鸬鹚、黄嘴白鹭、黑脸琵鹭、黑翅鸢、草鸮等29种；属中日两国政府协定保护候鸟96种，中澳两国政府协定保护候鸟52种。此外，保护区还有众多的水生生物资源。因其独特的地理位置和丰富的生物多样性，九龙江口红树林岸带长期受到厦门大学、国家海洋三所等高等院校、科研机构和专家学者的关注，他们在此开展了多方面的科学考察，取得许多研究成果。这里也是厦门大学的教学基地，发挥了自然保护区作为科研、科教培训和科普基地的功能和作用。

四、天然海港

招银港区

招银港区位于九龙江出海口，厦门湾南岸，与厦门港处于同一个开放水域。水域西起田墘，东至塔角，岸线长10千米。港区以浯屿、赤屿、白屿等岛屿为屏障，天然水深8~12米。招银港区是全国十大木材进口港口、东南沿海最大的木材集散地、第一批全国粮食现代物流建设示范单位、全国第一批进境粮食指定口岸和福建省级示范物流园区。

招银港区深水岸线长，陆域条件好，航道区位优越，集疏运网络比较完善，30米宽的疏港公路与324国道、319国道、厦漳高速相连，为港口物流的发展提供了便利的交通运输环境。招银港区核心主体是漳州招商局码头有限公司，漳州招商局码头是国家一类对外开放口岸，也是国家首批公布的对台直航港口之一。这里已经形成粮食、木材、钢材、砂石和集装箱五大核心货种。

后石港区

后石港区功能定位为大型临海工业服务的深水工业港区，主要发展大宗散货码头。2005年，后石港区建成后石电厂10万吨级煤码头和5000吨级综合码头各1个，为华阳电业有限公司自有码头。后石港区3号泊位位于漳州开发区四区，由漳州招商局厦门湾港务有限公司投建，总投资12.7亿元人民币，使用岸线长422米，用地面积近40公顷，建设规模为15万吨级（水工主体按20万吨预留），设计货物年吞吐能力为450万吨，疏运货物主要以粮食、木材等货物为主，是目前厦门湾最大的深水散杂货码头，将主要服务于闽南、闽西、粤东等周边区域临港工业，以及江西、湖南等地企业内外贸货物的港口物流需求，进一步推动厦门湾南北两岸港口协同发展。后石作业区位于后石港区南段，从斗美南至燕尾头岸线长约5千米，规划岸线长2135米。

石码港区

石码港区位于九龙江下游西溪、南溪和南港两岸，港区内有普贤、海澄、紫泥、一比疆等作业区和石码、浮宫、白水作业点。岸线长约7.5千米，可建设中小泊位50余个，通过能力达1500万吨，港区陆域面积约260万平方米。港区功能主要服务龙海地方经济，以杂货和建材运输为主。石码港区码头均为内贸杂货码头，装卸的货物来往于全国各沿海港口，无集装箱航线。受地理位置及码头设施设备等影响，港口集疏运较简单，只有公路—水路、水路—公路。2021年，石码港区完成货物吞吐量614.43万吨，其中进港245.58万吨、出港368.85万吨，旅客量为9476人次。

五、生物资源

黄嘴白鹭

黄嘴白鹭，珍稀水禽，主要栖息于九龙江口红树林树丛和周边山上的树林，以鱼、虾和蛙等为食，有结群营巢、修建旧巢和与其他白鹭混群共域繁殖的习性。在其栖息地可以看到单独、成对或集成小群活动的情况，较少见到数十只在一起的情况。黄嘴白鹭常一脚站立于水中，另一脚曲缩于腹下，头缩至背上呈驼背状，长时间呆立不动，等待捕食机会；行走时步履轻盈、稳健。

黑脸琵鹭

黑脸琵鹭，属全球濒危物种之一，为国家一级保护动物。在龙海主要栖息在海边潮间地带及红树林和内陆水域岸边浅水处，常单独或呈小群活动。主要以小鱼、虾、蟹、昆虫、昆虫幼虫，以及软体动物和甲壳类动物为食。觅食活动主要在白天，多在水边浅水处觅食。黑脸琵鹭为迁徙鸟类，因为适应龙海的气候和食物比较充裕的原因，绝大部分一年四季都不迁徙。

溪墘红鲟

紫泥镇的溪墘红鲟个大、色泽鲜艳、肉质鲜美，富含18种氨基酸。溪墘红鲟有多种烹饪方式，干煎红鲟、红鲟粥、清蒸红鲟粉丝是特色美食，特别是桂圆干炖红鲟更是孕妇产后体虚的最佳补品。2003年，溪墘红鲟无公害标准化生产示范基地获得农业部"无公害农产品"标志证书。2004年6月，溪墘红鲟获得福建省名牌产品称号。2021年，全区红鲟系列产品混养面积130公顷，总产量1730吨。

对　虾

龙海从1981年开始养殖对虾。2003年，省海洋与渔业局将龙海市南美白对虾养殖列入当年省级农业标准化示范区建设，示范区面积1067公顷。2004年12月，示范区被国家标准化管理委员会确立为第五批（Ⅱ类）全国农业标准化示范区项目。2007年，龙海南美白对虾养殖被列入福建省首批渔业科技示范户工程项目的两个推广主导品种之一，有科技示范户150户、面积194公顷、亩产719公斤。2021年，全区南美白对虾养殖面积2519公顷，总产量26670吨。

蛏

龙溪、海澄两县在明清时期就有养殖记载。1993年，角美镇西边村缢蛏亩产超5吨，名列全省第二。是年，紫泥镇和海澄镇等地开始利用虾池混养缢蛏。2004

年，紫泥甘文农场推广虾池混养缢蛏，混养面积16.69公顷，收获缢蛏130吨，亩产2100公斤。2006年至2007年，年均推广缢蛏池塘养殖面积74.7公顷，共收获缢蛏2576吨。2021年，全区缢蛏养殖面积220公顷，产量15010吨。

六、历史人文

（一）海丝古港——月港

月港位于九龙江下游入海处，因其港道（海澄月溪至海门岛）"一水中堑，环绕如偃月"，故名月港。明代，漳州月港是"海上丝绸之路"的起航港之一，是世界闻名的"香料之路"航道上的一个重要商埠，史载"闽人通番，皆自漳州

月港历史风貌区（郭高翔 摄）

月港出洋"。它与汉、唐时期的福州港，宋、元时期的泉州港，清代的厦门港，并称福建历史上的"四大商港"。

月港兴起于明景泰年间（1450—1456），盛于明万历年间（1573—1619），衰落于明天启年间（1621—1627）。明成化至弘治年间，月港人烟辐辏，商贾咸聚，成为闽南大都会，有"小苏杭"和"天子南库"之称。万历年间，每年由月港拔锚扬帆的商船数以百计，当时月港船舶航行路线抵达越南、泰国、马来半岛、马鲁古群岛、日本、印度等地，月港海商还通过马尼拉和南洋群岛，直接与西班牙、葡萄牙、荷兰、英国等欧洲国家商人进行广泛交易，并与美洲发生贸易关系，打开了漳州通往世界的大门。

月港水陆交通便利，经济腹地广阔，不仅包括九龙江流域，还延伸至汀州、赣南、湘南以及闽北、浙江、江淮等地。沿途腹地物产丰富，为出口提供了种类多样、数量巨大的货源。输出的商品主要以丝织品为主，还有果品和手工艺品，品种多达100多种。输入的商品（俗称番货）品种繁多，据《东西洋考》记载，有140种之多。除了传统的香料、珍宝外，大部分是农产品、手工业产品和手工业原料。米和白银成为后期主要的输入货物，仅1570年至1644年，月港就吸收世界5亿两白银，占当时美洲所产白银的一半。

（二）民居风情——埭美水上古民居

埭美水上古民居位于九龙江南溪河畔的东园镇埭尾村，是龙海现存最大、保存最完整的建于明代至清代中期的古民居建筑群，是"闽系红砖建筑"的典型代表。埭美为福建省历史文化名村、第六批中国历史文化名村、第三批中国传统村落。

埭美水上古民居始建于明朝景泰年间，历经多次增修扩建，形成如今的规模。这些民居排列整齐划一，"房屋建制不逾祖训"被执行至今，被专家称为"一张规划图管五百年"。红瓦屋面，石砌墙体，木雕、砖雕、泥塑和梁、拱、窗花等构件的装饰工艺极为精湛，特别是硬山式燕尾脊建筑风格，是闽南地区的

埭尾古民居（郑亚裕　摄）

建筑风格代表之一，素有"闽南第一村"的美誉。在这276座建筑中，有49座是明清时期的古代建筑，建筑体系为"九宫建筑"，即前排横向建造9座房屋，后排再对准前排依次向后建造，房屋旁边还附带着纵向排列的3排"护厝"，根据记载，"九宫建筑"体系是要有显赫官宦背景的家族才能建造，可见当时埭美家族是多么显耀辉煌。

一条30多米宽的内河如长龙玉带般环绕村庄，形成整个村庄良好的排涝系统。从河边的古码头遗址，可看出当年水上交通的便利与繁荣。从空中往下看，整片古村恰似漂浮在河面之上，形成了"绿水绕村，玉带环社"的独特景观，使埭美成为名副其实的"闽南周庄"。

（三）文保宫庙——白礁慈济宫

白礁慈济宫位于角美镇白礁村，背靠文圃山，面朝九龙江，祀奉保生大帝，即北宋名医吴夲。白礁慈济宫原为龙湫庵，始建于宋景祐年间。高宗绍兴二十年（1150年）改建，次年扩为二进庙宇。孝宗乾道二年（1166年）赐庙名曰"慈济"。理宗淳祐元年（1241年）诏改慈济庙为慈济宫。清嘉庆年间增建前殿，成为三进宫殿式建筑，占地1600余平方米。宫庙坐北朝南，前殿为二层楼阁式，两侧有悬山顶厢房各三间，二楼两侧分置大钟大鼓。天井有上下双重须弥座构成的石砌献台，镌飞天乐伎和双狮戏球浮雕，献台上置蹲踞状石狮，称"国母狮"，石狮右前肢上举握一方印，均为宋代遗存。台前有龙泉井。正殿为重檐歇山顶，红色筒瓦单层宫殿式结构。后殿更高于正殿，面阔五间，进深三间，前有小天井，两侧有钟鼓楼，为重檐歇山顶楼阁式，整座宫殿建筑集宋代建筑艺术之大成，有"闽南故宫"美称，为国家级文物保护单位。

（四）非遗文化——送王船

送王船，在龙海又称烧王船，是龙海沿海渔港、渔村的一种民俗活动，通过祭海神、悼海上遇难的英灵，祈求渔业生产风调雨顺、出入平安。送王船送的是"代天巡狩"的王爷，其代替玉皇巡游四方、赏善罚恶，保佑民间风调雨顺、国泰民安。一般是3年至4年举行一次，通过掷筊在固定的农历月份确定某一天举行送王船仪式。送王船时，要特制一艘王船，一般10米长、3米高，船身有精美图案和浮雕，漆金描红。船头正面为狮头图案，两侧插上旗子，谓之左青龙、右白虎。船尾正面绘上大龙，船上插有"代天巡狩"的红色号旗。船舷上方都有纸人，代表"天兵天将、水手"等。送王船时，在王船上载满柴、米、油、盐及各项生活用品等实物，有的村民抬起王船，有的村民抬着王爷，在热闹的锣鼓声和震天的鞭炮声中，举行隆重的仪式进行王爷巡游，最后一起将王船敬送到靠近村里的海边或河边焚烧。寓意送走不好的运气、祈求平安顺利。

（五）遗迹遗存

隆教古火山口

隆教古火山口位于隆教畲族乡白塘村东南的牛头山脚下，是形态完美的新生代玄武岩古火山，也是漳州滨海火山地质公园的重要组成部分。火山历经15次喷发，总厚度为178.5米，现在可看到的只是晚第三世中段上部的最后3次喷发物，距今2230万年。火山口表面长椭圆形，高约40米，宽约70米，由北向东伸展，长约200米。中外地质专家誉牛头山火山口为"世界罕见的古火山口博物馆"，称其具有重要的科研价值、观赏价值。

镇海卫古城

镇海卫古城位于隆教乡镇海村，是一座闻名遐迩的兵戎古城，与威海卫、天津卫、金山卫并称明初四大名卫，2013年被列为全国重点文物保护单位。镇海卫系明江夏侯周德兴于洪武二十年（1387年）建以抗倭。城墙全部用石头砌就，原有东西南北四个门，现在保存较好的是南门和水门（东门）。特别是南门，有两重门，第一道门两侧各筑一道半月形城墙，俗称月眉城。古城内有后山、鼓山、曜山、昭山、仓山，俗称五星山；城外有酿酒桶头山、土地公山，状似七星散落，合称七星落地。城南有象鼻山和旗尾山。镇海卫城内遍布水井，分布于石径、榕树之旁，庭院之中。城内至今仍有不少保存完好的祠、庙、亭、碑、牌坊。在镇海卫城水门（东门）一侧，有一株名为赤榕的古榕，约与卫城同龄，是卫城兴衰的历史见证。

天一信局

漳州天一批馆于清光绪六年（1880年）由旅菲华侨郭有品创办，地址在其家乡漳州府龙溪县二十八都流传社，时称"天一批郊"。清光绪十八年（1892年）改称为"天一信局"，并扩大为四个局，设龙溪流传为总局，厦门、安海、吕宋为分局。光绪二十二年（1896年）注册为"郭有品天一信局"，民国元年（1912年）改称为"郭有品天一汇兑银信局"。天一批馆比清朝邮局早16年开办，是专营东南亚信汇、票汇、电汇的民间银信局。华侨银信大都通过天一批馆汇寄。天一批馆的业务和经营区域不断扩张，在菲律宾、马来西亚等地先后设立24个分局，在中国的漳州、厦门、泉州、香港、上海等地方设立9个分局。天一批馆从创办至停业，历时48年，是中国邮政史上有记载的第一家民间国际邮局，是规模最大、分布最广、经营时间最长的早期民间侨批局，其信誉之卓著、影响之深远、

天一信局（龙海区委党史方志室　供）

创办年代之早，在福建华侨史乃至中国邮政史、中国金融史上占有重要的位置。天一信局是第六批全国重点文物保护单位。

（六）民俗信仰

红星村"抢孤"习俗

"抢孤"习俗始于明代。由红星村大社自然村朱氏开基祖朱明武创建，至今流传600多年。每四年农历十一月举办一次活动。活动的主要形式是搭建孤棚，在孤棚顶部，放满了奉敬朱王爷及孤棚顶客人的祭品和数千元红包奖金。本村人不能参加比赛，由外村的勇士们在不借外力的情况下争相攀爬上孤棚顶，谓之"抢孤"。孤棚上祭品与奖金全归冠军，而祭品中的饭菜会被冠军丢给棚下的民众，用来喂养牲畜和家禽以祈求六畜兴旺。"抢孤"习俗属"建醮"活动的重要项目之一，是"建醮"活动最高潮部分。红星村"抢孤"习俗与台湾宜兰县的"头城

隆教乡红星村"抢孤"习俗（陈惠玲　摄）

抢孤"活动有着密切关系。台湾宜兰县民俗学者多次到红星村调研、探讨与交流，增进文化认同感。

保生大帝信俗

龙海境内凡立有保生大帝（俗称大道公）宫庙的村社，均举行祭祀纪念活动。农历三月十五日开始做"三月半节"，连续三天演对台戏，闽南各种民间戏曲、音乐、舞蹈均呈现于活动中。供奉保生大帝的祭品包括用150多公斤糯米做成的大寿龟，巫觋作铁条穿腮等巫术表演。做节当日，抬保生大帝神像出庙游乡，各式神轿、阵头和花车，随着大道公神轿巡视大街小巷，以驱邪纳福。沿途锣鼓喧天，舞龙舞狮，踩高跷，还演奏祭祀保生大帝的专用的颂歌。年轻力壮的信徒要抬着神轿赤脚踩过炭火堆。2005年，保生大帝信俗被列入第一批福建省级非物质文化遗产名录。

七、特色村镇

海澄镇

海澄镇，号称"小苏杭"的月港古镇，位于福建省南部，地处九龙江下游出海口南岸。海澄镇原为海澄县县城，史称月港。海澄镇至今还保存有古月港时期的晏海楼、观海寺、孔子庙、城隍庙、萃贤坊，以及阿哥伯码头、容川码头等7个古码头和月港旧街市等一批古月港文化旅游的宝贵资源，已开发古月港文化节。

（详见《海上福建（上）》）

八、美食特产

（一）风味美食

石码五香卷

石码五香卷是龙海地方传统名小吃。长期以来，每逢端午节或婚寿喜庆，家家户户大都备有卤面，配以五香卷招待前来的亲朋好友，这已成了闽南的传统民俗。

石码五香卷的主要原料是猪瘦肉、淀粉、洋葱、精盐、味精、砂糖、五香粉等，将原料调匀，以豆腐衣为外皮，裹成约10厘米的长条状的生五香。食用时，将五香生放入油锅炸5分钟左右，待五香条成为金黄色浮上后，即可取出，切成若干小段，配上番茄酱或辣椒酱、酸萝卜片等，趁热食之，外酥内嫩、醇香可口、回味无穷。2002年，石码"常常满烧腊饭店"的"石码常常满五香"荣获"中华金厨奖"，同时石码五香卷被世界中国烹饪联合会、中国烹饪协会认定为"中国名点"。

（二）土特名产

荔枝

龙海荔枝种植历史较早，在宋、元、明时期就被列为贡品。龙海荔枝品种较多，有58种，名优的有兰竹荔枝、绿荷包荔枝（又称肉丸荔枝，因属贡品，俗称皇帝荔枝）、乌叶荔枝和下番枝荔枝4个品种。2012年，经国家工商总局商标局认定，"九湖兰竹荔枝"荣获中国国家地理标志证明商标。

荔枝海公园位于九湖镇凤凰山上，面积约100公顷，地处传统意义上的"万亩荔枝海"核心地带。园内近3万株荔枝树枝繁叶茂、翠绿欲滴，有乌叶、兰竹、桂味、妃子笑等10多个品种，树龄多为50年以上，有的已达百年，堪称荔枝大观园。

在九湖镇九湖村有一株树龄约600年的"荔枝王"，树高20多米，树冠400平方米，最高年产鲜荔枝1300公斤，被列入《福建名木古树名录》。

水仙花

水仙花是中国十大名花之一，是福建的省花、漳州的市花和龙海区区花，是漳州三宝之一。漳州是中国水仙花之乡，据记载：蔡坂村张光惠于明景泰年间告老还乡时，于洞庭湖湖面拾得一粒水仙花球，带回故乡漳州的蔡坂村种植，次年寒冬腊月，百花凋零，唯独水仙花盛开。后年年栽培，世代相传，延续至今。

漳州水仙花属石蒜科，水仙系，现有金杯、银盏两个品系。这两个品系以味香、形美、箭多、蕾饱赢得世人的赞誉。水仙花球经过水仙花雕刻师们精雕细刻后，其造型独特、千姿百态，如仙女下凡，故被称为"凌波仙子"。春节期间，水仙花海万花绽放、花香四溢，一跃成为漳州郊区最热门的网红景点，形成"水仙花海、人山人海"的乡村旅游壮观景象。"漳州水仙花"获中国驰名商标和福建名牌产品称号。

浮宫杨梅

浮宫杨梅，是国家地理标志产品、福建省名牌产品、福建省无公害产品。南宋年间从晋江安海经海运引入，后广为种植，成为浮宫大宗果品，遂称浮宫杨梅。浮宫镇杨梅种植面积约2600多公顷，总产量在5万吨左右，是福建杨梅第一镇。

"夏至杨梅满山红"，浮宫镇杨梅种类繁多，有安海（早梅）、安海变、胶钓、硬丝、洞口黑等品种，这些品种颜色、酸甜度各异。在诸多品种中，主要分为四个"当家品种"：早熟杨梅以上市早抢登市场，软丝杨梅以口感好占领市场，硬丝杨梅以耐贮运适销外地市场，晚熟杨梅以个大汁多稳住市场。由于杨梅的药用价值高，当地村民都自制杨梅酒和盐制咸杨梅干、杨梅蜜饯以备药用。

程溪菠萝

程溪菠萝是台湾有刺种菠萝，是国家地理标志产品。程溪镇位于龙海区西部山区，十分适宜菠萝种植，程溪菠萝品质优良、香气诱人、味道独特。程溪镇的菠萝种植高峰期面积达8000公顷，年总产量曾经占我国菠萝总产量的7.1%，是福建省最大的菠萝生产基地。

程溪菠萝是一种多年生草本植物，系热带四大名果之一。其味道鲜美，果肉肥厚，富含维生素、纤维素、蛋白质、脂肪以及钾、钙等多种微量元素，属无公害食品。欧洲人盛赞它"有美丽的外观，鲜美的香气，独特的风味，是任何水果不能比拟的水果"。

白水贡糖

白水贡糖是白水镇的传统名产糖果，至今已有100多年的历史。清光绪十一年（1885年），海澄县楼埭陈九曾在白水营墟创办茂顺号糖果厂，利用传统方法，进一步精工研制，生产出一种特别的糖果，香、醇、酥、美，入口脆甜，化而不留渣，余味无穷。其产品遂驰名省内外和港澳、东南亚一带，成为品茗佳点，婚礼纳彩的喜糖，赠送亲友的上品，并被选送入朝为贡品，于是得名白水贡糖。

白水贡糖传统制作工艺十分讲究，从选料到炒制、拌料、捶打……每一个工序、每一道步骤都不能马虎。原料必须是东北的花生、一级白糖和精制的麦芽糖，制作时讲究"二准三快"（二准就是炒花生火候要准，麦芽糖和白糖搅煮时火候要准；三快就是花生（研成末）下锅后混合糖膏要快，起锅后分块人工捶、榨要快，斩切糖块和包装要快）。每年秋冬季节气候干燥，水分少，是贡糖生产的大好季节，制出的贡糖质量特别好。

2015年，龙海市金旺旺食品有限公司的"白水贡糖制作技艺"被列入漳州市第六批市级非物质文化遗产。白水贡糖已经注册国家地理标志商标，是福建省著名商标、福建名牌产品。

（编纂：简少雄　审稿：杨海珍）

漳　浦　县

一、综述

　　漳浦县位于漳州市东南部，东南濒台湾海峡，县域总面积2148.84平方千米（航拍）。海岸线长267千米（航拍），居福建省第二位；凸出部形成整美、六鳌、古雷3个半岛，凹岸形成的海湾有江口湾、佛昙湾、前湖湾、将军湾、大澳湾、旧镇湾、浮头湾、东山湾等。拥有海域面积3560平方千米，湿地127.26平方千米。2021年，有21个乡镇，人口94万，是著名侨乡和台胞主要祖籍地，是国家级生态文明示范区和国家级现代农业示范区。

　　漳浦历史上英才辈出，名胜古迹众多，可以追寻"开漳圣王"陈元光，"忠孝两全"高东溪，"一代完人"黄道周，"蓝氏三杰"蓝理、蓝廷珍、蓝鼎元，

漳浦县城（邱志民　摄）

"一门两帝师"蔡世远、蔡新等先贤的家国情怀，领略赵家堡的宋城遗风、乌石妈祖的千年神韵。漳浦是全国文化先进县和中国书法之乡、中国剪纸之乡、中国竹马戏之乡。

漳浦山海资源丰富，是全国农业大县、福建省海洋第二大县，素有"金漳浦""鱼米之乡""水果之乡""花卉之都"等美誉。这些资源构成了适宜海产动植物生长栖息繁衍的良好海域生态环境，提供了浩大的浅海滩涂增养殖区，具有优越的资源优势和开发水产养殖业的空间。近年来，漳浦县委、县政府充分考虑资源环境承载能力与未来发展潜力，按照产城互动、海陆联动的原则，构建起以沿海大通道为主要依托的临港产业板块。第一产业方面，主要依托海洋资源基础和产业条件，发展水产养殖及水产品加工产业，据统计，2021年漳浦县水产品总产量42.09万吨，渔业总产值82.42万亿元。第二产业方面，已规划建设前亭工业园、赤湖工业园等临港工业园区，重点发展装备制造、皮革、风力发电、光伏发电等临港产业。第三产业方面，滨海旅游业总体保持平稳发展，有开发较成熟的滨海火山国家地质公园、翡翠湾滨海度假区、天福石雕园等国家AAAA级景区旅游资源，以及在建的龙美湾景区、七星海度假区。

二、海岸明珠

漳州滨海火山岛

漳州滨海火山岛位于漳浦县前亭镇崎沙村，是保持完好的大型滨海火山景观，保留了典型的第三纪火山地质地貌景观。漳州滨海火山国家地质公园是原国土资源部批准的首批全国11个国家地质公园之一，也是一座天然的火山地质博物馆，于2004年10月1日正式开园，核心景区包括香山半岛、林进屿、南碇岛和崎沙湾、江口湾、后蔡湾等三个海水浴场，即"一山二岛三海湾"。一山——香山半岛拥有特色火山地质及丰富的网红特色景点，如纪念碑谷、彩虹山爱的城堡、印度水井等。二岛——林进屿与南碇岛。林进屿面积76013平方米，海岸长度1138

米，位于漳浦县后蔡湾东北侧海域中，距大陆最近点约1.4千米，最高点海拔72米，基岩海岸，四周均为火山喷发后形成的玄武岩石群。火山地貌属于新生代陆地间断性多次火山喷发而形成，有柱状节理玄武岩景观，不同规模古火山口无根火山气孔群景观和海蚀熔岩湖、熔岩洞景观等，已建立林进屿自然历史遗迹保护区。南碇岛面积23422平方米，海岸长度674米，距大陆最近点约6千米。形如船碇，地势四周低，间隆起，最高处海拔51.5米。南碇岛是一座椭球形的火山岛，由清一色的五角形或六角形石柱状玄武岩组成。岛西、北两边有一条向西、北方向延伸的潮间带滩地，水深0~2米，滩地中礁石散布，每当涨落潮，浪花飞溅，景象奇观，成为有名的浪花带。岛上设有航标灯塔，已建立自然历史遗迹保护区。

三海湾——崎沙湾、江口湾、后蔡湾三个国家特级沙滩景区，海岸线全长18千米。漳州滨海火山国家地质公园是全国规模最大、保存最完整、特色最突出的滨

漳州滨海火山国家地质公园（邱志民　摄）

185

海火山地质遗迹，属世界罕见，被福建省人民政府列入福建十大旅游品牌。2007年，被国家旅游局评为国家AAAA级旅游景区。

古雷半岛

古雷地处漳浦县南端沿海突出部，以海浪击石似鼓，响声如雷而得名。古雷半岛三面临海，东临浮头湾，西濒东山湾，南接台湾海峡，北与杜浔镇相连，是个三面临海条带状半岛，南北长17.3千米，东西宽2千米，陆域面积40平方千米，海域面积1.53万公顷，海岸线长48千米。半岛周围分布着菜屿列岛、虎屿岛、丰屿、鸽沙屿、半洋礁、土礁等数十个岛、屿、礁。半岛东面有长22千米、面积近667公顷的海岸海滩带，地势平坦，是养殖水产品的上乘区域。东部海区是闽南最大的渔场——菜屿渔场，是全国四大黄鱼产卵区之一。这里水产品资源丰富，较为突出的有大黄花鱼、鲳鱼、石斑鱼、鱿鱼、龙虾等。境域内矿产资源丰富，储藏量大。独特的地理位置与优越的自然环境，使古雷拥有得天独厚的天然深水良港优势，是全国少有的八大良港之一，可兴建泊位28个，可建设20万吨级的码头。继1972年建成漳浦县第一座贸易码头——下坲码头后，2015年先后建成或投建了杏仔（沙洲、红屿）陆岛交通码头、汕尾5000吨级建材综合码头、古雷5000吨级滚装码头、一德石花码头、南二号码头、海事专用码头、南九号码头等。

菜　屿

菜屿面积24.4万平方米，海岸线长2754米。位于浮头湾东南部。因产紫菜质优，故名。距大陆最近点约7.7千米。菜屿形如脚板，地势东高西低，最高点海拔61.7米。由花岗岩组成，地表岩石裸露，长杂草。东北、西南为岩石岸，余为沙质岸。东南端出海口的内鹰屿、外鹰屿、破船礁石呈鼎立状。周围风大浪高，底部地形复杂，历史上有多艘船只触礁沉没。岛上有渔民居住，岛民从事捕鱼，采集紫菜，种植甘薯、花生、蔬菜等。岛上建有码头一座，立有海岛特别保护区碑，以风力发电。菜屿与小菜屿、巴流岛、小巴岛、井安岛、沙州岛、红屿等几十个岛屿和礁岩组成菜屿列岛，总面积约32平方千米。菜屿列岛为典型的花岗岩地貌，列岛风景独特，有岛礁发育，渔业资源丰富，被列为菜屿列岛海珍品增殖区。2000年12月，漳浦县人民政府建立菜屿列岛自然保护区。

三、海湾沙滩

漳浦海岸线绵长，海湾众多，大小岛屿星罗棋布、气象万千，自然滨海风光、历史人文景观交相辉映，旅游精品叠彩纷呈，获"中国县域旅游品牌百强县""美丽中国生态旅游十佳示范县""中国最具特色文化休闲旅游胜地""全国百佳乡村旅游目的地""福建优秀旅游县"等称号。

前湖湾

前湖湾位于赤湖镇前湖村，海岸线长14.5千米，面积约58平方千米，90%为沙质岸，间有侵蚀性山地花岗岩组成的岬角。岸线及附近陆地大部分是沙质地，海滩逐渐淤积，只能供百吨以下船只停靠，属开阔型海湾。位于前湖湾的七星海，有七块大海石坐落于前湖湾海滩上，每到傍晚时分就会闪闪发光，远看就像七颗点缀在海滩上的星星。目前，当地充分利用前湖湾独特地理优势开发建设七星海国际滨海旅游度假区，建设商业会议中心、文化中心、旅游度假酒店、风情商业街、海滨广场、古森林博物馆、滨海浴场等旅游服务设施项目及度假区道路等基础设施。已完成游客接待中心、房车营地泡泡屋、临时餐厅、示范区景观、沙滩休闲区凉亭等建设，并开放接待游客。

翡翠湾

翡翠湾属大澳湾，位于六鳌镇大澳村东，南连浮头湾，北接将军澳。面积40平方千米，海岸线长9.2千米，为沙质岸与岬角相间结构。湾内底质泥沙，平均水深9米，最深16米以上。漳浦翡翠湾滨海度假区位于六鳌镇鳌西村，依托翡翠湾，是集滨海浴场、沙滩娱乐、沙雕艺术、冰雪娱乐、神兽观赏、风电奇观、海景酒店、特色餐饮服务为一体的滨海生态旅游休闲度假区。景区以"沙海文化+海岛度假"为主题，打造充满艺术气息、浪漫的、生态的、清新的、具有东南亚度假风情的滨海旅游度假中心，推出了冰雪世界、沙雕主题艺术园、萌宠动物园、香草世界、轮胎乐园等游览和互动体验项目。2015年9月，被国家旅游局评为国家AAAA级旅游景区。

龙美湾

龙美湾位于漳浦县六鳌半岛东海岸的崂岈山，这里的岩石经千万年的海蚀风化、风沙洗礼，由特殊的矿物质形成棕红色的纹理，在四通八达的沟壑间呈现绚丽多姿的图形，宛如毕加索抽象画的艺术杰作，是国内罕见的奇特景观，被中科院地质专家命名为"抽象画廊"。景区以自然艺术景观、娱乐休闲体验和商务休闲旅游为三大主题，将观光、休闲、娱乐、体验、度假等功能有机融合。2019年12月，漳浦县龙美湾旅游区被评定为国家AAA级旅游景区。

四、古雷港

厦门港古雷港区由古雷半岛古雷作业区和六鳌半岛六鳌作业区组成。主要为临港产业服务，以原油、石化产品运输为主，兼顾散货、杂货和集装箱运输。目前已建成泊位20个（其中万吨级以上泊位8个），年设计通过能力为货物2760.2万吨。厦门港古雷港区规划建设0.2万～30万吨级生产性泊位80个，总通过能力达2亿吨。现已建成生产性码头泊位18个，年吞吐能力3454万吨，实现液体、干散货、集装箱码头同步发展格局，具备承接大型炼化一体化项目需求。其中，30万吨级泊位1个（海腾）、15万吨级泊位一个（南8#）、10万吨级泊位1个（一德）。

五、生物资源

漳浦县地处南亚热带，属海洋性季风气候，气候温暖，地理条件优越，物产丰富，素有"金漳浦"之美称。水域生物资源种类繁多，有浮游植物、浮游动物、大型底栖生物、游泳生物等。

紫　菜

漳浦紫菜主要产区有六鳌镇、深土镇等，质量均属上乘。2021年，漳浦县紫菜产量7740吨，产值11.41亿元。漳浦紫菜先后获国家"绿色食品"使用权、漳州市名牌产品、福建省消费者满意产品、福建名牌产品等荣誉称号。

六鳌紫菜在宋代就被列为贡品；清代至民国期间，出口东南亚，甚受消费者喜爱。明代，六鳌一座岛屿因盛产紫菜而得名"菜屿"，有专人经营。六鳌镇几乎家家户户从事紫菜育苗、养殖、加工、编制养殖器材、产品包装、运输营销等一系列工作。

深土紫菜也久负盛名，植株健壮，色泽鲜艳光滑，质感丝滑柔嫩，口味甘甜香醇。深土镇的大店、近院、南境、深土4个行政村都有生产。深土紫菜已实现"产供销"一条龙，形成产业规模。2010年10月，漳浦县深土镇农产品产出协会注册"深土紫菜"地理标志商标并获得国家地理标志。

"六鳌紫菜"加工晾晒（邱志民　摄）

旧镇白鳗

白鳗是世界上最神秘的鱼类之一，营养价值非常高，被称为"水中软黄金"。每100克生鲜白鳗鱼含水分61.1克、蛋白质16.4克、脂质21.3克、糖类0.1克、灰分1.1克、矿物质95毫克、维生素230毫克，还含有钙、磷、铁、钠、钾等物质。旧镇白鳗肉质爽脆，含有丰富的蛋白质、维生素以及矿物质、不饱和脂肪酸DHA/EPA，能提供人类生长、维持生命所需的营养成分。旧镇白鳗中的锌、不饱和脂肪酸和维生素E的含量都很高，可防衰老和动脉硬化。2011年12月，旧镇白鳗获国家地理标志证明商标。

霞美牡蛎

漳浦县内三大海湾有6条溪流注入，滩涂咸淡适宜，营养物质丰富，利于牡蛎繁殖生长，所产"霞美牡蛎"质量特佳，历来远近闻名，鲜品销往中国香港、澳门市场，很受欢迎。霞美牡蛎肉体外观特征明显，褶裙有七裙，比其他海域出产的牡蛎多出二裙，色泽艳丽，肉肥爽滑，味道鲜美，富含蛋白质、脂肪、钙、磷、铁等营养成分，为牡蛎中的上品。2002年5月，霞美牡蛎获"福建省名牌产品"称号，2009年获福建省"农产品品牌产品"称号。

沙西红蟳

沙西红蟳肉味鲜美，营养价值极高，是传统滋补食品，具有壮腰补肾、消积健脾、养心安神之功效。漳浦县在20世纪80年代中期开始由单纯捕捞发展为捕养结合，将捕捞到的蟹苗养成大蟹，将有母蟹养成膏蟹，其中沙西镇较早将初授精的雌蟹，饲养成卵巢丰满的膏蟹，不仅个体由200克左右饲养长大到500克左右，而且产品价值增长十几倍。2014年6月，沙西红蟳荣获中国地理标志证明商标。

深土皱纹盘鲍

漳浦县深土镇出产的皱纹盘鲍鱼品质优良，是漳州皱纹盘鲍的重点产区。深土皱纹盘鲍贝壳低，螺旋部退化，螺层少。体螺层及壳口极大，其末端边缘具一列小孔。鳃一对，左侧鳃较小。无厣。壳表面深绿色，生长纹明显。壳内面银白色，有绿、紫、珍珠等彩色光泽。2014年6月，深土皱纹盘鲍鱼荣获中国地理标志证明商标。

佛昙河鲀

河鲀又名河豚，其肉洁白如霜，细嫩鲜美，富含DHA、EPA和人体必需且不能自行合成的八种"氨基酸"及多种微量元素，具有增强人体免疫力、补脑健脑、提高视力、抑制肿瘤等作用。佛昙河鲀养殖始于民国时期，河鲀体肥味美，营养丰富，声名在外。

六、历史人文

（一）遗迹遗存

赵家堡

赵家堡位于漳浦县湖西畲族乡硕高山下，系宋朝皇室后裔闽冲郡王赵若和的

赵家堡完璧楼（林杜鸿　摄）

第九世孙、进士赵范于明万历二十八年（1600年）始建，第十世孙赵义续建而成的一座仿宋朝建筑建造的城堡。

（详见《海上福建（上）》）

诒安堡

诒安堡俗称湖西城，位于漳浦县湖西畲族乡城内村，系康熙二十六年（1687年）由曾任广西按察使、湖南布政使和太常寺卿的黄性震为家族抵御寇患而捐资兴建，是一座全国罕见、保存完好的清代典型的闽南民居古城堡，与赵家堡、新城（蓝廷珍府第）统称为"湖西五里三城"。诒安堡平面为锁形，城墙周长1200米，城内有95座民宅和黄氏大小宗祠各一座。诒安堡是闽南一带珍贵的人文古迹，被载入《中国旅游名胜大辞典》。2001年，被国务院公布为第五批全国重点文物保护单位。

蓝廷珍府第

蓝廷珍府第又称"新城"，位于湖西畲族乡顶坛村新城自然村，是清康熙、雍正年间历任澎湖副将、南澳总兵、福建水师提督的蓝廷珍，于康熙末年间在家乡动工修建，雍正五年（1727年）落成的府第式城堡。府第建筑群呈纵向五落对称分布，沿中轴线依次为门厅、正堂、后堂、主楼与后厢。府第规模宏大，布局对称，构思巧妙，工艺手段多样，是闽南地区官家府第的杰作。府第内建造土楼，形成院城格局，在闽南民居中甚为罕见，是蓝廷珍府第独特之处。2013年，蓝廷珍府第被国务院公布为第七批全国重点文物保护单位。

锦江楼

锦江楼位于深土镇锦东村，是一座防盗防匪防地震的闽南沿海古民居土楼。楼分内、中、外三圈，三层内通廊式土圆楼。内圈楼于清乾隆五十六年（1791年）由江头村林生泽建，中圈楼及外圈护厝由其妻李灿于清嘉庆八年（1803年）续建，迄今200余年。全楼有房间120多间，鼎盛时期曾居住400多人。锦江楼以其多圈建筑而独具一格，电影故事片《欢乐英雄》《阴阳界》中的许多镜头曾在该楼拍摄。2006年，锦江楼被国务院公布为第六批全国重点文物保护单位。

黄道周讲学处

黄道周讲学处位于漳浦县绥安镇石斋村龙湖路，始建于明万历三十七年（1609年），称"东皋书舍"，为黄道周25岁从东山迁居漳浦，从事讲学著述的地方。崇祯十七年（1644年），其学生集资重建，改称"明诚堂"，又称"明诚书院"。黄道周殉国后，南明隆武帝旌表"文明书院"匾。讲学处正南朝向，占地1058平方米，主建筑沿中轴线依次为门厅、天井、庑廊、正堂，主建筑四周建围墙，天井中间摆一石盘，称"天方盘"，是黄道周手制演绎易经用的器具，并有相关论著《易象正》《三易洞玑》等，是中国易学的一处重要的史迹。2019年，经国务院公布为第八批全国重点文物保护单位。

漳浦文庙

漳浦文庙位于绥安镇龙湖大道东154号，南宋庆元年间始建，明洪武元年（1368年）知县张理重建，次年正月建成，之后成化、弘治、万历、崇祯间均做过维修增置，民国三十七年（1948年）进行了一次较大规模的维修。现仅存文庙大成殿，基本呈正方形，36根柱网布局规整，斗拱结构仿宋式，屋面为重檐歇山顶。2013年，重修文庙大成殿，在原址复建棂星门、大成门、文昌宫、道义门、明伦堂等建筑，2014年5月开工重建，建筑面积2500平方米。重修后的漳浦文庙，是福建省规格较高、规制完整的县级文庙之一。2006年，漳浦文庙大成殿被国务院公布为第六批全国重点文物保护单位。

六鳌古城

六鳌古城位于大鳌镇鳌西村，建成于明洪武二十年（1387年），为福建省四座海防古城之一，是明清东南沿海军事建筑的重要遗存和明清沿海抵御外侮的见证，体现了古代军事建筑、民间宗教、城市规划绿化特点，是一座富有观光、考察价值、历史悠久的古城。据史料记载，六鳌古城始建于元代，曾设立巡检司。明洪武二十年（1387年），江夏侯周德兴把它扩建成防盗城堡，设立千户所。

2001年，六鳌古城被福建省人民政府公布为第五批省级文物保护单位。

清泉岩摩崖石刻及造像

清泉岩位于大南坂镇下楼社区，闽南主要的山脉梁山北麓。宋代始建，明代重修、扩建。大殿中供奉元至元年间雕刻的释迦牟尼石雕像。有明、清时期摩崖石刻十余段，其中最为著名的有明万历元年（1573年）陈梧镌刻的《般若波罗密多心经》，清乾隆皇帝御书、蔡新镌刻的"觉岸"等。2005年5月，清泉岩摩崖石刻及造像经福建省人民政府公布为第六批省级文物保护单位。

海月岩摩崖石刻及造像

海月岩位于漳浦县沙西镇涂楼村，梁山南麓，背依巍峨的高山，俯瞰浩瀚的漳江海湾。岩寺始建年代不详，南宋咸淳年间（1265—1274）僧净光重兴，历有兴废。岩寺前石砌寺墙，上构屋檐，大石上刻"海月岩"三大字。海月岩周边保存了五处明清的摩崖石刻，其中功德泉为明万历间云南参议刘庭蕙草书七言律诗。又有梵文六字真言等摩崖，多数为明万历年间（1573—1620）仰楼和尚所作。海月岩摩崖石刻及造像于2005年经福建省人民政府公布为第六批省级文物保护单位。

（二）民居风情

石椅蓝氏种玉堂

石椅蓝氏种玉堂又名蓝氏大祖，位于赤岭畲族乡石椅村，明嘉靖二年（1523年）始建，清康熙三十四年（1695年）重修。西南朝向，建筑面积540平方米，由门厅、正堂及两边耳房组成；堂前有大埕，埕下排列七星潭，祠后为小石山及状同日月的两口水潭。2009年，石椅蓝氏种玉堂经福建省人民政府公布为第七批省级文物保护单位。

顶西蓝氏家宅

顶西蓝氏家宅位于赤岭乡赤岭村顶西自然村，据传为蓝理叔父于清康熙年间所建，坐东北朝西南，由池塘、大埕、门厅、前庑廊、中堂、后庑廊、后堂和左右厢房等组成，占地面积近5000平方米。面阔三间，抬梁式梁架，硬山顶。2013年，顶西蓝氏家宅经福建省人民政府公布为第八批省级文物保护单位。

后康陈氏种德堂

后康陈氏种德堂位于马坪镇后康村山前自然村，为印尼华侨陈玉宇、陈玉规在民国初年所建。种德堂坐西南朝东北，由门厅、天井、庑廊、正堂和左右厢房组成，建筑面积1500平方米，砖石木结构。广饰各种灰雕花卉、人物及动物造型，生动逼真，制作精美。2013年，陈氏种德堂经福建省人民政府公布为第八批省级文物保护单位。

过港王加禄故居

过港王加禄故居位于前亭镇过港村55号，建于清光绪二十三年（1897年），原为清王加禄所建私宅，现为过港王氏小宗祠堂，占地面积1200平方米，建筑面积887平方米。王加禄故居坐西向东，建筑由前埕、前厅、天井、过水廊房、主堂组成。王加禄，20岁漂洋过海到印尼谋生，成为著名实业家，是当时荷兰殖民者委派管理一个区域的华人首领，称"甲必丹"。2018年，王加禄故居经福建省人民政府公布为第九批省级文物保护单位。

海云家庙

海云家庙又称乌石大厅，位于旧镇镇浯江村后埔边自然村中。明正统十三年（1448年）始建，万历八年（1580年）重建。坐西向东，占地面积5000平方米，由门楼、前堂、后堂和前后天井及厢廊等组成。全座面阔五间，悬山顶，抬梁式木构架，木、石构件雕刻精美。2005年，海云家庙经福建省人民政府公布为第六批省级文物保护单位。

（三）非遗文化

截至2021年12月，漳浦县辖有县级以上非物质文化遗产代表性保护项目60

项，其中国家级项目1项、省级项目2项、市级项目11项、县级项目46项。

剪　纸

剪纸俗称铰花。漳浦剪纸源远流长，自唐宋以来就非常活跃。漳浦剪纸最初只是作为刺绣的底样，随着民间民俗活动的盛行和受北方贴"窗花"等中原文化的影响，漳浦剪纸开始应用于各种婚俗、祭祀活动。人们通过剪各种猪脚花、饼花、花鸟贴于礼品、祭品上，以寄托美好的心愿。漳浦剪纸以构图丰满匀称、线条连贯简练、细腻雅致著称，兼以阳剪为主、阴剪为辅的艺术风格，其"排剪"在羽毛、花瓣上的运用，丝丝入扣、栩栩如生，传统剪纸"孔雀牡丹""凤凰图"等作品都充分体现了漳浦剪纸纤巧细腻的特点。漳浦剪纸作品参加过市、省、北京美术馆及数十个国家展览，是漳浦乃至全省及全国开展对外文化交流、密切与港澳台侨联系的桥梁和纽带。1993年，漳浦县被国家文化部评为"中国民间艺术（剪纸）之乡"。1999年，漳浦县举办"福建漳浦剪纸艺术节"。2005年，漳浦剪纸被列为第一批省级非物质文化遗产保护项目；2008年，被列入国家级非物质文化遗产保护名录。2010年漳浦剪纸作为"中国剪纸"的子项，被联合国教科文组织认定为世界非物质文化遗产。

竹马戏

漳浦竹马戏始于唐代的"跑竹马"，是流行于漳浦县沿海地区的一种民间戏，至今已有1000多年的历史，是在当地民间歌谣、小调、南曲等说唱技艺的基础上，吸收融合了闽南木偶戏、梨园戏的一些音乐唱腔和表演动作而逐渐形成的。竹马戏开演时，先由四旦角各持一支小翠竹充当坐骑，到台前边舞边唱，称为"跑四美"或"打四美"。曲调以南曲为主，保留了一些民间小调，吸收了四平腔、京腔、昆曲等部分曲调。表演特点有以一旦一丑为主的"弄仔戏"等。目前全县有竹马戏传承人8人，已排演《跑四美》《唐二别妻》等传统剧目。2005年，竹马戏被列为第一批福建省非物质文化遗产保护项目。

大车鼓

漳浦大车鼓也称"车鼓弄""跳车鼓"。其中马坪镇的"大车鼓"表现的是"昭君出塞"的场面，由13人表演。昭君在车夫的推动下，怀抱琵琶、心情忧郁，依依不舍地徐徐而行。车鼓公和小丑等匈奴迎亲使者，一路上耍尽各种滑稽动作，想要逗笑昭君，但别乡离土之情使昭君愈加郁闷。"大车鼓"舞风格独特，舞姿优美，表演形式诙谐风趣，悲喜分明，动静交融，场面壮观，军旅色彩浓厚。1986年，漳浦县文化馆将大车鼓记录整理，拍录成的影像资料被载入《中国民族舞蹈集成·福建卷》。2008年，漳浦县大车鼓被列入第三批漳州市非物质文化遗产保护名录。

木偶戏

漳州布袋木偶戏的操纵是用手由下而上，以手掌作为偶人躯干，食指托头，拇指和其他三指分别撑着左右两臂。漳浦木偶戏脉承漳州木偶戏的艺术表演特点，均用指掌直接操纵偶像进行戏剧性的表演，使之活灵活现，栩栩如生，既能够体现人戏的唱、念、做、打的形式，以及喜、怒、哀、乐的感情，又能表演一些人戏难以体现的动作，具有技巧高超、造型精美等独特风格。2013年，漳州布袋木偶戏被列为第五批漳州市非物质文化遗产保护项目。

辇　艺

漳浦辇艺作为一种民间杂技，是当地民众为了纪念"天官、地官、水官"三界公的生日而举行的一种群众性的民间庙会活动，旨在祈求一整年的五谷丰登，风调雨顺，四年一度，分别在"寅、申、巳、亥"年举行。"辇"是一个形似轿子的无底长方体，用纸糊在竹骨上，8人抬；"艺"材料和"辇"相同，车上有童男童女，身着古式服装，扮相各异，喻状元和夫人。除此之外还有一个撑凉伞的人，在前面做总指挥。"辇""艺"不仅色彩丰富，形象逼真，生动活泼，而且舞步妙趣盎然，诙谐有趣，场面热闹，是一种群众喜闻乐见的民间游艺活动。2010年，漳州辇艺被列为第四批漳州市非物质文化遗产保护项目。

穿灯脚

"穿灯脚"又称"穿灯花"，是闽南地区最具特色的传统民间习俗之一，主要流传于漳浦县沿海各乡镇，是一项全县性的元宵节民俗活动。凡新娶进门的新娘、添丁的小媳妇必须穿红着绿，在婆婆或老妇人的陪同下，从大祖祠堂中的"灯棚"下穿过，在"祖公龛"前绕过，祈神明祖先保佑，求子祈福，迎祥纳吉。至半夜子时活动结束时，还要争抢灯翁，以图吉利。2013年，"穿灯脚"习俗被列为第五批漳州市非物质文化遗产保护项目。

（四）民俗信仰

开漳圣王巡安习俗

圣王巡安是漳浦古老的传统民俗及民间信仰活动，从农历正月十一起，历时一星期。"圣王巡安"从"开漳第一庙"威惠庙开始，巡视整个县城及临近村庄。"巡安"的第一个环节称为"巡城"。绣旗在前引导，4名身着戏装的童男抬一对宫灯先行，神像依次"巡城"。抬神队伍由鼓乐队簇拥，伴以锣鼓笙笛。所到之处，鞭炮争鸣，并摆设香案桌于各路口恭迎。凡当年的新婚或新生男儿之家，必恭请神像至家门首，置香案、供献金枣茶。礼拜毕，主人盛情请抬神者、鼓乐队手吃蜜金枣、乌龙茶等，以此纪念当年开漳将士创建漳州后，常年带兵在闽南各地巡察四境，保障人民安居乐业的恩德。"巡安"的第二个环节称为"鉴王"。巡城礼毕，神像集中排列于供桌前，笙歌鼓乐，香案高置，供桌蝉联，供品如山。各家各户又另备酒肉糕果献供礼拜。"巡安"的第三个环节称为"走王"。当祭拜献供盛典进行至高潮时，由村社中之耆老带领预先选定的数十个青壮男子，每6人编成一组，各组共擎一尊巨型木雕神像，列队待发。起点与终点各有两位礼炮手，专门司事放"三拜枪"（即三声连响的礼炮，由铁管制成，装火药燃放）。2017年，开漳圣王巡安习俗被列为第七批漳浦县非物质文化遗产保护项目。

赤岭三官大帝信俗

漳浦赤岭畲族乡蓝姓氏族在雨霁顶祀奉三官大帝。三官大帝俗称"三界公"，因为三官用司于三界，即天界、地界、水界，能为人赐福、赦罪、解厄。漳浦县是台胞的主要祖居地之一，部分蓝姓移民开发台湾，将家乡的香火带入台湾生根发展，三官大帝也成为闽台两地共有的神灵。天地水三官大帝的生日分别是农历正月、七月、十月的十五日，老百姓会在这几天到雨霁顶三官庙祭拜，尤以正月间文化活动最为丰富。漳浦当地还有一个合祭的日期，即在农历正月二十五日至二十七日之间选择一天，每三年一次，即农历干支纪年逢寅、申、巳、亥年举行。漳浦、龙海、芗城等地信徒前来参加祭祀活动，人数多时达四五万人，一般情况亦有三万人左右。这是超越赤岭畲族乡范围的大型民俗祭祀活动，除了祭拜形式外，还有舞龙、舞狮等文艺活动。

佛昙扒龙船

自唐代漳州刺史陈元光将军在佛昙镇设东行台起，佛昙人民为了纪念楚国大夫、伟大的爱国诗人屈原，每年端午节，皆组织祭奠爱国诗人屈原的活动并在鸿儒江举行龙舟竞渡。据载，1949年前曾有百舸争划的壮观场面；后因争吉时的船只过多，为避免事故，协商后改为异地分日举行，使原来百舸争划变为数十舟联赛。佛昙现在有龙船五十多艘，游船七十多艘。多数村为农历五月初五、初六竞渡，后许村、轧内村等少数村为初七竞渡。竞渡采取抽签形式分组进行，前三名获得由龙船指挥部颁发的锦旗、奖金等。

妈祖信俗

漳浦对妈祖的崇敬、信仰及奉祀活动，涵盖了全县的所有农村。全县妈祖庙共有36座，其中乌石天后宫妈祖的迎奉最为特殊，自农历二月十二日绥安的麦园埔社起，至十一月十一日霞美中社、江边社止，每月都有村社轮流迎奉，地区遍及绥安、旧镇、赤土、六鳌、深土、霞美等乡镇，尤以旧镇乌石地区32个村社在八月十二日迎奉最为热闹。

七、特色村镇

漳浦县有21个乡镇，历史底蕴丰厚，自然资源丰富，其中6个村镇被列入中国传统村落名录。

六鳌镇

六鳌镇地处漳浦东南沿海突出部，三面环海，位居厦门与汕头两个经济特区的中心地带，与中国台湾高雄港隔海相望。六鳌区位优势明显、自然资源丰富，水陆两运交通便捷，沿海大通道全线贯通直达，是福建省乡村旅游休闲集镇。

六鳌镇始建于元代，历史悠久，文化荟萃，代不乏人，古迹众多，全镇现有文化遗产21处，其中六鳌古城墙为省级重点文物保护单位。鳌西村于2019年被国家住建部等列入第五批中国传统村落名录。同时，六鳌镇被列入省级乡村振兴文化保护型特色乡镇创建名单，拥有国家AAAA级景区——翡翠湾旅游度假区，省级文物保护单位——六鳌古城，国家AAA级景区千年海蚀奇异景观——抽象画廊，福建省首个渔港综合体——六鳌一级渔港等旅游景点，基本形成"一山一湾一城一画"全域旅游发展格局，是福建省重要的渔业基地、漳州对台贸易的重要窗口，也是福建省乡镇级最大的地瓜、紫菜等特色农产品种养殖基地。六鳌紫菜和六鳌地瓜两大网红产品，与六鳌海带同时被列入全国乡村特色产品和能工巧匠名单。紫菜年产值超2亿元，地瓜年产值超1.2亿元。2021年，六鳌镇被评为福建省"全域生态旅游小镇"。

八、美食特产

漳浦县沿海美食特产种类繁多，各乡镇都有特色美食和名优特产，反映了漳浦的区域特点。

霞美蚵仔煎

蚵仔煎即海蛎煎的闽南语。漳浦霞美是"牡蛎之乡"，每家每户的渔民都会制蚵仔煎。新鲜蚝洗净后，加上蛋及适量的大蒜、芹菜、包菜，拌上地瓜粉，掺入少量的酱油、盐、味精等配料，经搅拌调匀，放入平底锅里，用猪油加热煎，铲成圆饼形状，待底层油滑皮酥，再翻过来煎至同样程度，即可装盘食用。吃蚵仔煎，可以沾适量的辣酱、蒜蓉，醋、萝卜片等佐料，食之酥脆清香，入口蚝汁鲜甜，回味无穷。2017年，霞美蚵仔煎制作技艺被列为第七批漳浦县非物质文化遗产保护项目。

旧镇翰林糕

旧镇翰林糕即旧镇绿豆糕，又称自然发绿豆糕，是一种广泛流行于民间的佐茶糕点，也常用于订婚、满月、庆生的伴礼。"翰林"二字得名于清雍正年间漳浦县旧镇一位叫张先跻的翰林。他待人热情，常常用自家做的绿豆糕款待客人。后来，绿豆糕进贡到皇宫里，皇太后品尝后胃口大开，赞叹不已，特别赐名"翰林糕"。

旧镇翰林糕主要成分为绿豆、白砂糖及少量的调和油，糕以陈年的绿豆为主要原料。制作的工序是把脱皮的绿豆反复清洗四十多遍，直到绿豆中的水清澈为止；再将绿豆放进蒸笼蒸至完全熟透，平铺晒干后压成粉末；将糖浆煮到一定火候，再将火熄灭，在糖浆逐渐搅拌的过程中，将其变为粉末状；最后将翻糖与植物油搅拌后再投入绿豆粉，搅拌均匀，放模具里压平成型。

2020年，旧镇翰林糕制作技艺被列入第八批漳州市非物质文化遗产代表性项目名录。

佛昙豆仁饼

佛昙豆仁饼又称绿豆饼，为当地流传至今的传统糕点，是中秋佳节等首选馈赠的礼品，也是当地初一、十五拜拜，订婚满岁等场合的必备品。2017年，佛昙豆仁饼制作技艺被列为第七批漳浦县非物质文化遗产保护项目。

清末至民国，佛昙生产豆仁饼的饼店有20多家，其中又以"双桃"最为出名，其产品在当代畅销我国的香港、台湾地区以及印尼、新加坡、马来西亚等地。佛昙双桃豆仁饼采用优质东北绿豆拌以优等面粉、白砂糖、饴糖、食用猪油，按传统方法精制而成。其特点是饼皮薄而多层，层层起酥，馅料质地细嫩，口感清凉，甜而不腻。佛昙是著名的侨乡，海外华侨回乡都以品尝"双桃豆仁饼"为一大乐事，回侨居地，必须买一些分赠朋友。因此，"双桃豆仁饼"便成为闽南地区及东南亚各国大众享用的传统名点和馈赠佳品。

（编纂：林雪芬　审稿：洪天德）

云 霄 县

一、综述

云霄县位于福建省南部沿海，依山面海，属丘陵、台地、低山结合地带。云霄县（含常山）面积为1119.67平方千米，其中，陆域面积1053.08平方千米，管理海域面积96.59平方千米，岛礁面积约0.69平方千米。有佳州岛等大小岛屿十余个，较大的海湾有漳江湾、东山湾。云霄县属典型的南亚热带海洋性季风气候区，年平均气温21.3℃，降雨量1730.6毫米，气候温和，四季如春。境内有丰富的野生动植物资源和水资源，地层蕴藏着丰富的花岗岩、高岭土、地下水及水晶、明矾、铅锌、金银等矿藏，位于陈岱镇八尺门的海水温泉为国内罕见。漳江出海口的红树林天然群落，繁育栖息150多种珍稀鸟类，为国家级红树林自然保护区和

风电渔村（周先丽 摄）

国际重要湿地。下设158个建制村、15个社区、12个作业区。全县通行闽南话（漳州音），极少数地区（主要分布在和平乡水晶坪一带）讲客家话。

云霄县是近代民主革命志士秋瑾出生地，闽南革命根据地，福建省著名台胞祖籍地和重要侨乡。云霄老区人民在中国共产党领导下，与红三团、红九团、独立营、闽南支队等工农革命武装，先后粉碎国民党军队的多次"围剿"，奇袭云霄城、坪坑伏击战、车仔圩战斗等威震闽南。

云霄县海洋经济快速发展。2021年，全县渔业总产值256699.4万元；水产品总产量达267854吨。目前云霄县渔业产业以水产养殖业为主，捕捞业为辅，且捕捞企业规模较小，2021年海洋捕捞、淡水捕捞产量分别是6473吨和981吨，分别占水产总养殖量的2.42%和0.37%；水产养殖主要是海水养殖，2021年全县海水养殖246258吨，淡水养殖14142吨，海水养殖占水产总养殖量的91.94%。

近年来，云霄县坚持把水产种业作为渔业先导性重要产业来抓，着力打造水产种业强县，为水产养殖的绿色发展提供坚实保障。水产种业年产值达15亿元，建成"葡萄牙牡蛎""菲律宾蛤仔""缢蛏"共3类水产种业"省级水产良种场"，全县已拥有贝类育苗场近百家，初步形成环东山湾贝类种业发展集群，占地面积约11000亩，育苗水体面积达110万平方米，年产鲍鱼、菲律宾蛤仔、美洲帘蛤、泥蚶、缢蛏等名优海产贝类苗种2000亿粒，提供5万个就业岗位，水产苗种外销率达90%以上。2021年全县水产加工总量48499吨，总额达11.9992亿元。以环东山湾为主轴，利用便利的陆上交通及海上码头基础设施，建成了涉及水产品加工、海洋药物、水产养殖饲料、核电、风电等一批临海工业，2021年年产值为19.2亿元。滨海旅游业主要依托金汤湾海水温泉度假酒店，发挥龙头带动作用，项目总规划面积达到1500亩，是集温泉养生、海水温泉鱼疗、休闲度假、水上活动等为一体的大型滨海养生度假项目。

二、漳江口红树林海岸带

漳江口红树林国家级自然保护区位于福建省云霄县境内，是以红树林、湿地

漳江口红树林海岸带（漳江口红树林国家级自然保护区管理局　供）

鸟类、优良水产种质资源为主要保护对象的湿地类型保护区，总面积2360公顷。自然保护区于1992年成立，1997年成为省级自然保护区，2003年6月晋升为国家级自然保护区。2008年2月被列入《国际重要湿地名录》。自然保护区以红树林湿地生态系统、濒危动植物物种，以及东南沿海种类繁多的水产资源为保护对象，不仅成为东亚水鸟迁徙途经的重要驿站，而且是造福人类环境、环环相扣、良性循环的生物链。保护区内主要树种有秋茄、木榄、白骨壤、桐花树、老鼠簕。保护区有鸟、兽和两栖爬行动物218种，鸟类15目38科154种，国家重点保护动物30种。

红树林是全球迁徙水鸟的重要停歇地，漳江口处于东亚—澳大利西亚候鸟迁徙路线上，在迁徙季节，大量迁徙的水鸟利用此处的海滩进行停歇补给，为下一程做好能量储备。红树林区多样的生态环境为鸟类栖息、觅食和繁殖提供了理想的环境。致密、幽静、少外界干扰的有林地是鸟类栖息和筑巢的理想场所。

三、海港分布

诏安湾

诏安湾为漳州市诏安县、东山县、云霄县共有，总面积152.66平方千米，最大水深10米，湾口宽7000米。云霄县隶属区自八尺门西侧至陈岱镇白礁村，处于诏安湾东北侧，岸线约5400米。湾向北竹港村、峰外村、岱东村分支流入形成一个小海湾，岸线约2468米，湾内有底播杂交蛤、吊养牡蛎。诏安湾东侧以八尺门西侧为起点。诏安湾两岸为泥质岸线，滩涂狭长、面积大，渔业十分丰富，湾两岸有养殖池上万亩，养殖品种有泥蚶、龙须菜、牡蛎、对虾及多种鱼类，养殖业发达。

青崎澳

青崎澳隶属云霄县列屿镇管辖，位于云霄县漳江出海口，离青崎村较近，故名青崎澳。青崎澳面积0.3平方千米，最大水深1.9米，湾口宽882.4米。澳内采石围垦虾池800亩，西北部为基岩，泥河质岸线，澳周边有青崎村、郊洋自然村及长洋自然村。澳的东南面为双屿及小双屿，因通洲造船厂建设使两个无居民岛屿与澳相连。青崎澳养殖业十分发达，海域上建有紫菜养殖基地、巴非蛤养殖基地、龙须菜养殖基地，盛产巴非蛤、牡蛎、龙须菜、紫菜等水产品。青崎澳因为处于漳江出海口，海水比重较低，因而海产品品质十分优良，口感上佳。获得国家地理标志商标产品有"竹塔泥蚶""东厦缢蛏""列屿巴非蛤"等，备受青睐。

后安港

后安港隶属云霄县列屿镇管辖，位于云霄县东南列屿镇后安村旁，故称后安港。后安港面积0.2平方千米，最大水深4.5米，湾口宽664.5米，南北两岸为基岩海岸，西面为条石砌成海堤，长约550米，南与拖尾澳相隔。20世纪70年代进行围垦造田，海域面积大大减少，正在建设的沿海大通道绕后安港北岸而过。港北面建有一座养殖场，进行鲍鱼苗育苗及刺参养殖，港内可以停靠渔船约50艘。

拖尾澳

拖尾澳隶属云霄县列屿镇管辖，因南北两岸向东部海洋伸入，故名拖尾澳，澳也因靠列屿镇人家村，俗称人家澳。拖尾澳面积0.7平方千米，最大水深2.3米，湾口宽1419.8米，为沙泥底质，南北两岸由基岩岸线组成，两面由条石砌成海堤。澳岸线周边分布人家村、宅后村、南山村、油车村4个渔村。拖尾澳养殖十分丰富，有底播巴非蛤、吊养牡蛎及筏式养殖紫菜、筏式养殖龙须菜等。澳的西北面有条石砌成海堤，围垦成一个大池，周边建有鲍鱼养殖场。拖尾澳也是船舶的天然港湾，可以停靠船舶上百艘。澳南岸刺仔尾是中国核电工业集团建议漳州核电项目的厂址。

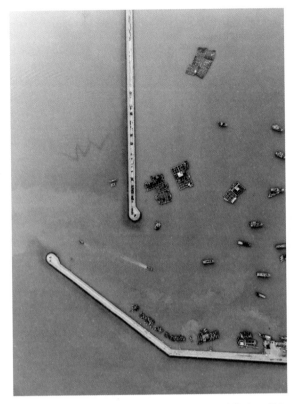

列屿山前村渔港（谢勤杰　摄）

列屿澳

　　列屿澳隶属云霄县列屿镇管辖，因近列屿镇政府所在地而得名。列屿澳由来仔尾湾、城外澳及山前澳组成，位于东山湾两侧，面积1.8平方千米，最大水深0.5米，湾口宽2374.9米，岸线为基岩海岸与砂泥质海岸相间，处于微侵蚀状态。澳岸线周边分布有山前村、城外村、城内村3个渔村，与东山县铜陵镇隔海相望。

四、生物资源

东厦锯缘青蟹

　　东厦锯缘青蟹产于云霄漳江与海水汇合处的漳江湾海区，历史可追溯至明代。东厦锯缘青蟹具有肉质清香、纤维细腻、膏体金黄、咸淡适中等特点，富含蛋白质和微量元素。尤以交配后性腺成熟的雌性蟹——民间俗称为"红蟳"者最为名贵，是产妇、老幼人群的高级滋补品。2007年2月，"东厦锯缘青蟹"获国家农业部"无公害农产品"称号。2012年1月，云霄水产开发中心注册"东厦锯缘青蟹"商标。同年同月，"东厦锯缘青蟹"经国家工商总局批准注册为地理标志证明商标。2013年12月，"东厦锯缘青蟹"获福建省著名商标。

竹塔泥蚶

竹塔泥蚶盛产于云霄漳江出海口竹塔一带，该区域光热充足，潮流畅通，水质咸淡适中。竹塔泥蚶肉质脆嫩，蚶血鲜红，肉味鲜美，营养丰富，保质期可长达15天，常食能开脾健胃、补血养颜，是馈赠亲朋的传统佳品。2013年12月，"竹塔泥蚶"获福建省著名商标。2015年6月，"竹塔泥蚶"获全国驰名商标。

东厦缢蛏

东厦缢蛏品种优良，味道鲜美，营养丰富，咸淡适中，既无咸腥味，又无淡水臭泥气，具有补阴、清热、除烦、解酒毒等功效。"东厦缢蛏"由云霄县农作物科学研究所申报注册商标，2012年11月7日，获国家地理标志证明商标。

五、历史人文

（一）文物胜迹

陈政墓

陈政（616—677），字一民，号素轩，河南光州人，是唐开国将军陈克耕之子，开漳将军陈元光之父。唐总章二年（669年），唐高宗诏令归德将军陈政任岭南行军总管，率中原府兵南来泉潮边界平乱。次年会援军屯戍闽南绥安县地，开屯建堡于云霄火田。他驻守的八年间，为漳州的建置和发展奠定文化基业。陈政劳瘁殉国后与夫人司空氏合葬于此，被尊为"开漳始祖"。坟依山势而建，坐西北朝东南，龟背砖式封堆，前立文武石像、享堂、石马羊狮和石望柱，享堂悬匾"开漳先哲""开漳元勋"，分别由彭冲、陈立夫题。陈政墓历宋代两次修缮，又于元初、清初两度被毁。1987年，按宋制复原，碑刻"唐开漳归德将军陈武烈墓"。1999年，增建碑林、石坊、御碑亭，并拓建将军山公园，现为全国重点文物保护单位。

威惠庙

明成化七年（1471年），明朝云霄航运名绅吴永绥从西林发资移神，于云城西门外创建威惠庙，供奉开漳圣王陈元光。弘治年间，其子吴道初喜捐缘田，延僧创设开漳圣王巡安民俗，延展了开漳圣王文化传播路径。庙坐西北朝东南，前后两进，中有天井，单檐歇山顶，抬梁式木石结构，占地1500平方米。历崇祯、道光重修，同治间遭太平军南方余部烧毁，光绪间维修。殿内外镌联多对，有"威震漳江南国兵戈化礼乐，惠云流水西门宫阙亘山河""辟草披荆历尽关津劳剑履，建邦启土肇基文物在云霄"等，彰显了开漳祖地崇高地位。题匾有"威灵惠民""慈晖普照""利济众生"等，为两岸名人所题。庙内存明代开漳圣王雕像，前辟威惠广场，为省级文物保护单位。现台湾有分庙逾380座，东南亚分庙20余座。每年开漳圣王诞辰，民众献供祭品并唱戏娱神。元宵节期间，开漳圣王巡安活动气氛浓烈，该活动为省级非物质文化遗产。

云霄燕翼宫

燕翼宫位于云陵镇王府社区，俗称王府，是开漳圣王在闽南唯一故居。建筑气势恢宏，抬梁单檐悬山式宫殿结构，占地925平方米。唐开耀元年（681年）夏，陈元光入粤平乱告捷，广州都督府、循州司马高琔为其请功。唐弘道元年（683年），诏陈元光晋秩正议大夫、岭南行军总管。次年，恩敕按规制营造府邸，到686年建成，陈元光喜吟《落成会咏》。此宫经清康熙间再次重修，改祀陈元光四代祖孙，镶匾"开漳祖庙"。2013年，被公布为省级文物保护单位。云霄燕翼宫已成为海内外开漳将士后裔寻根谒祖、交流联谊和传承开漳文化的涉侨涉台名人故居。

开漳故城——西林村

西林村素有"千年古村落，开漳故城地"之美誉，现为省级历史文化名村。西林村位于县城北郊漳江上游火田镇南部，漳江水从村南流过，古来水运发达，水陆交通便捷。陈元光自唐垂拱二年（686年）在这里始建州治，至开元四年（716年）迁址李澳川，西林作为漳州州治时达三十年之久。元代漳州总管同知陈君用为巩固海防从平和移驻西林，改建为三合土与块石混砌的城堡。古城以西林村为中心，由下楼至菜埔村濒江狭长地带，周围约8里，总面积1.5平方千米。村落残存古城残迹宽近1米，有城门瓮、壕沟、水门、军营山、演兵坛、点将台、炮台山、军营巷、府衙、粮仓等。

将军庙

将军庙原为开漳府兵下营驻地，位于云霄宝城路西开元寺左侧，为省级文物保护单位。唐嗣圣元年（684年）始建，初奉开漳归德将军陈政，后移祀陈元光香火为官庙。庙坐西北向东南，由圹埕、前厅与主殿组成，抬梁穿斗混合式梁架，占地6500平方米。宋代重修，元初被毁。1988年后，台湾南投、台北等多批宫庙信众组团到访，与南投陈府将军庙结友好庙。

火田军陂

军陂俗称圣王陂，位于火田镇漳江火田溪中游，是开漳将士屯垦时兴建的陂坝水渠。陈元光重视农田水利建设，带领军士于漳江上游修建拦河陂坝和水渠，引入江水资源自流灌溉，改旱稻地为水稻田，使地势较高的荒原旱野喜获灌溉。滚水坝为灰石结构，陂首溢流堰长120米，高4米，坝身利用地形修成斜向，以块石垒砌的石灰勾缝，平面呈Z字形。明渠经乞丐岭段，暗渠经陂仔山段，导引江水从火田通向七里铺洋，润泽良田千亩。渠岸存清咸丰"圣王坡"碑刻2通，村里陈政故居嵌碑载述历史。军陂是福建最早的水利工程，又是中原文化传播闽南的历史见证。火田军陂现为省级文物保护单位。

云山书院

云山书院位于云霄漳江西畔，俗称太史公庙、太师公庙，清光绪九年（1883年）始建于漳江西畔。书院坐西朝东，占地1300多平方米，建筑面积777平方米，为闽南楼阁式建筑、省级文物保护单位。殿堂神龛祀林偕春，二层扶云楼奉魁星塑像。林偕春信仰影响深远，闽南、粤东诸县，台湾南投、台中和东南亚，建有分庙上百座。1995年3月19日，台湾南投县林太师庙洪先生等五名监事到云山书院寻源，获得明确的史证。两岸神缘文化交往不断，联系密切，是云霄拓展中外与闽台民俗文化交流的重要窗口之一。云山书院现为省级文物保护单位。

天地会创立遗址

天地会创立遗址为省级文物保护单位，由东厦镇溪塘村高溪庙、高溪观音亭构成。高溪庙又称"灵王庙""灵著王庙"，始建于南宋，源自绍兴间诏赠陈元光"灵著王"封号。清初郑成功两度率军入云霄，曾亲临拜谒开漳圣王。1761年，反清秘密会党经秘密筹划，由万提喜和尚（法号云龙）郑开于此会集洪门兄弟创立天地会，秘密领导反清起义。天地会初期是民间互助抗暴组织，经卢茂、李阿闵发动两次漳南暴动，会徒播及全国各地，并在台湾彰化酝酿成林爽文起义。高溪观音亭为天地会传会遗址。洪门天地会是清代著名的秘密结社，原来以反清复明为宗旨。后出于隐蔽需要，各地分化成三合会、袍哥会、哥老会、小刀会、白扇会及致公堂等组织。

秋瑾故居

云霄秋瑾故居含紫阳书院、七先生祠两组建筑，占地1050平方米，建筑面积950平方米。紫阳书院由照壁、院埕、前厅、天井廊房和主堂组成，单檐悬山顶土木结构，明万历四十二年（1614年）始建，清乾隆三十八年（1773年）移建，历嘉庆、同治和光绪间重修，祀奉南宋朱熹暨高徒黄勉斋、陈北溪以及文昌帝君，曾见证漳南理学和义学勃兴。光绪四年（1878年）八月，秋嘉禾携眷属到任云霄厅同知，开始宦闽首站。次年十月十一日，长孙女秋瑾出生。后秋嘉禾调离云霄他任。光绪十五年五月，秋嘉禾再度来署理云霄厅事。孙女秋瑾再度随侍前来，在书院随学子读书习文、学诗写字，接受启蒙教育。2009年，秋瑾故居被列为第七批省级文物保护单位。2011年，秋瑾故居被列入《福建省涉台文物名录》。2014年，全国人大常委会原副委员长彭珮云为秋瑾故居题匾。秋瑾故居现已建成理学、廉政、秋瑾革命文化展区。

向东渠

向东渠是云霄、东山两县人民共同筑成的人工渠，人称"江南红旗渠"。该渠长达85.81千米。1960年，兴建八尺门海堤，截断东山、诏安湾狭长航道，实现东山半岛梦。1970年，筑高架引水渠经过堤岸，实现两县同饮漳江水。它是艰苦年代血铸长虹、汗洒丰碑的创业奇迹，又是中国水利史上的农业文化遗产。1974年，两县向东渠管理部门筹建峰头水库，用更高更大聚水容量使向东渠迎来"第二个春天"。向东渠建设展现了顾全大局的奉献精神。

（二）民俗信仰

陈元光信俗

唐代，朝廷派陈政、陈元光父子南下平乱屯戍，并为守疆而落籍开发军事移民，逐渐形成开漳文化。陈元光（657—711），字廷炬，号龙湖，河南光州人，出身颍川望族、开唐将军世家。陈元光13岁随父南征，21岁袭任左郎将，后立行台守戍四境，晋升朝议大夫、岭南行军总管。为巩固边陲和长治久安，陈元光上呈《请建漳州县表》。唐垂拱二年（686年），陈元光以云霄火田为治所置州县，受命为首任漳州刺史，主政20余年。陈元光采取剿抚并举、威惠并济策略，传播中原农耕技术、兴修水利、扶持农商，发展纺织、种茶、果蔬等产业，促进经济文化繁荣，完成从军屯到行政的转型，铸就了开漳文化。唐景云二年（711年），陈元光为抵御粤东流寇犯境殉国，终年55岁，后世封"开漳圣王"。漳台开漳圣王巡安民俗起源于云霄威惠庙。弘治年间，吴乾重修和舍田延僧供神，规范祭祀仪礼，创设开漳圣王巡安民俗，并树碑立约形成定制，延展开漳圣王信俗的传播路径。每年元宵节期间，漳台两地和东南亚开漳圣王宫庙都举行巡安活动，再现开漳先贤驰骋疆场的威武雄壮场景，表达民众犒劳开漳圣王厚德。仪式分鉴王、巡城和走王，每年有数万人分区域参与，形成漳台民众崇敬历史先贤与崇拜民间神祇融合互动的民俗文化。台湾及东南亚地区祭祀程序与云霄一脉相承，有巡境、桃神、净港、过火和花车巡游等祈福仪式。从1994年起，云霄威惠祖庙主神先后3次莅台巡安交流，同东南亚漳籍侨胞信众密切开展民俗会香与联谊互动。

林偕春信俗

林偕春（1537—1604），字孚元，号警庸，晚号云山居士。他自幼聪颖好学，明嘉靖四十四年（1565年）登进士，官至湖广布政司右参政。他一生忠于职守，廉洁奉公，有参与修纂《永乐大典》《实录》，严拒直指使勒索、选拔贤才、平息寇患、赈济灾民等惠政。林偕春被官方及文士尊为"太史"，但乡民习以"太师"称之。林偕春树德于乡、爱民如子、清正廉洁。民众感念林偕春功德，自发对其祭祀且奉为神灵，逐渐形成林偕春信俗，敬奉其为安邦护土、兼司文教之神享受庙祭。这是继开漳圣王信仰后，在云霄形成的又一民俗神，以此同陈元光将军形成开漳祖地上"一文一武"的民间名贤信俗。清光绪年间，地方官员力挺推崇，又使其信仰从民祀趋向官祀，助推了林偕春信俗的传播。中国的闽南各县、龙岩永定、台湾等地和新加坡、马来西亚、泰国等国都建庙雕像崇祀，馨香俎豆、备极尊隆。

三山神信俗

三山神信俗是闽南、粤东民间信仰对山川诸神崇拜的一种习俗，源自唐朝以前的广东潮州一带。云霄地处闽粤要冲、粤东边陲，自秦汉至唐初，长期隶属于岭南道，民俗文化类同于潮州、揭阳一带。唐初陈元光随父入闽平乱，征东岭表，曾冒雨登临潮州三山神庙拜谒三王，留下《祀潮州三山神题壁》三首。云霄县三山国王走溪民俗起源于元代末年，主要流布于福建南部、广东东部。随着明末清初闽粤籍民众移神渡海开台，三山国王信仰传播到台湾台南、云林、新竹等地，成为当地人民克服困难、战胜病魔的地方保护神，也成为闽、粤、台三地共祀的民俗神祇之一。三山国王神庙位于云霄县下河乡龙山之麓，始建于元末。每年正月初十至十五日，民众举办三山国王迎神赛会民俗活动。民众以这种特殊的祭祀形式，表达了他们祈请三山国王庇护万民康庄幸福的朴素愿望。两年一度的"走溪"（俗称跳溪）习俗，一直是元宵节最具看点的祭祀活动。

六、特色村镇

火田镇

火田镇位于云霄县东北部，镇域面积196平方千米，是云霄县地域面积最大的一个乡镇。火田镇境内自然风光秀丽，地热等资源丰富，有7000亩的古茶树群落和500亩的生态茶园；有火田青枣等8个国家地标；盛产荔枝、香蕉、枇杷等名、优、特水果，素有"水果之乡""闽南荔枝第一镇"的美誉；同时也是远近闻名的"温泉小镇"。

火田镇是漳州郡治的发祥地，历史文化底蕴深厚，是省级历史文化名镇，素有"开漳古镇"之美誉。著名景点有西林五通庙、西林张氏家庙、菜埔堡、火田军陂遗迹等。辖区内西林村、菜埔村被评为省级历史文化名村，溪口村、菜埔村被评为国家级传统村落，白石村被评为省级传统村落。火田镇于2016年被认定为第五批福建省历史文化名镇名村；2021年入选福建省2018—2020年度省级文明村镇社区名单。

阳下村

阳下村属云霄莆美镇。旧称"阳霞"，因村落位于臣岳（大臣山）之阳（南面），地处秀水环绕的平旷沃野，四时有霞光焕彩，所以取"名山之阳，丹霞呈祥"之本义。今人为图书写方便，取近音改名"阳下"。阳下村是省级传统村落、省级历史文化名村、省级特色景观旅游名镇名村。

阳下村有东西南北中五个社，分布着大大小小24间修葺一新的宗祠群，1000多年的开漳第一代方氏祖先昭德将军方子重祠，和700多年的方氏家庙孝思堂坐落于中央社，致爱堂、咸正堂、台南方氏祖厝、绍敬堂等相伴左右，形成了罕见而又壮观的宗祠群。

阳下村代代相承的礼俗，有多项已被列入国家级、省级、市级非物质文化遗产名录。例如，每年正月十三"开漳圣王巡安"祈福节俗中的"鉴王"办大碗、圣王"巡城和走王"等系列仪礼活动；每年五月初举办的荐鼓呼龙、拍蒲船、赛龙舟等端午节俗活动；每年三月十五的花朝节（当地俗称"牵出花园"）等，自古传袭，千秋不替。

西林村

西林村位于火田镇南部，主要种植蔬菜、龙眼、荔枝等农产品。2016年被福建省人民政府认定为第五批福建省历史文化名镇名村。

西林村传说源于土著"蛮獠"时期畲族的村落，居住着盘、蓝、雷氏的族众，村落名曰"青狮洞"。唐朝陈政、陈元光将军带领府军入闽，平定啸乱，收复了青狮洞。把青狮洞更名为西林，并选定为中营之地，将府兵安扎下来。唐垂拱二年（686年），陈元光奏准朝廷设置漳州。西林村是古漳州的郡治所在地，被后人誉为"开漳第一村"。

西林村是陈元光开漳府衙所在地，现有旧漳州府遗址、点将台、五通庙、慈济宫、上林圣宫、张氏家庙、明朝户部尚书牌坊等古迹。五通庙，又称广平尊王庙，唐开漳将士入漳后塑周亚像奉于庙中，元至元年间增祀"五方之神"五显帝，现存为清代建筑。张氏家庙，始建于明正德四年（1509年），清同治三年（1864年）重建，民国二十四年（1945年）重修。家庙系台湾西林张氏和张廖氏共有的祖庙。

菜埔村

菜埔村位于火田镇西南部、漳江上游小平原的中段，漳江绕村而过。2015年菜埔村入选福建省第一批省级传统村落；2016年被认定为第五批福建省历史文化名镇名村；2016年12月，被列入第四批中国传统村落名录。

唐垂拱二年（686年），陈元光建州治于西林后，遣府兵于火田溪与大溪（漳江上游西段河流）交汇的溪埔地，筑堤围堰，开垦屯田，种植蔬菜，故得地名菜埔。菜埔村为张姓聚居地，明崇祯年间，由乡贤张士良率族人筑菜埔堡雄踞于漳江之滨。

菜埔村留有明朝古迹菜埔堡、张士良故居、登仙宫、贞德垂芳坊、威惠庙等历史文化建筑，拥有张士良、张佐治等历史文化名人。菜埔堡，始建于明崇祯末年，平面近似椭圆，城周长约600米，占地面积2.5公顷。堡墙三合土夯筑，内侧辟走马道，广布瞭望窗。环堡设东、西、南、北四门，各门边角突出筑有角楼，兼备马面、谯楼的功用；各堡门内均置土地庙或城隍庙。堡内楼宅相望，街巷纵横错落；堡外则引漳江之水环绕成濠，宽达10米，以各门吊桥供进出。位于堡内横向大街南侧的张士良府第，坐西南朝东北，占地面积约900平方米。菜埔堡数百年来抵御过倭寇、太平军、民国粤军和日伪流寇等，是研究福建明清海防史的重要实物。

七、美食特产

（一）风味美食

将军山烧窑鸡

将军山烧窑鸡的传统做法是靠柴火烧红的薄瓦片、田土块将鸡焖熟烤制。烧烤后的烧窑鸡全鸡通体色泽金黄，滑嫩多汁，鲜香可口。中央电视台《远方的家·沿海行》第75期《开漳圣地云霄》以"品尝特色烧窑鸡"介绍了云霄这一特色美食。

云霄水面

云霄水面是最具云霄特色的面食。水面，顾名思义即是汤面。汤为经过长时间熬制的香醇浓厚的猪头骨、大骨汤。云霄自古水陆发达，明嘉靖年间，云霄港兴起，俗称"状元港"，商贾南北往来频繁，北方面粉大量进入云霄，至此水面初现雏形。迨至民国，云霄水面已声名远扬。云霄水面以面条筋道、汤头鲜美、价格亲民的特点，深受百姓喜爱。2014年7月，美食纪录片《舌尖上的云霄》对云霄水面的制作做了详细报道。

菜头粿

菜头粿，即萝卜糕，是闽南、潮汕地区的一种传统年糕。云霄县的菜头粿工艺精细，讲究萝卜与米浆的比例，蒸制后萝卜的清香更加浓郁，且较为松软。每逢年节，各家各户都有蒸制，平日也有不少面粿店制作出售。云霄菜头粿，色白微黄，气味鲜香。用猪油煎炸过后的菜头粿更是外酥里嫩，表皮呈金黄微焦，内馅洁白，味道清香而不甜腻，咀嚼之后，清甜的萝卜味还在嘴里回甘。随着生活物资日益丰富，菜头粿的做法及添加材料也愈发多样，除基本的萝卜及米浆外，也加入香菇、虾米、肉类等配料，另有一番风味。

水晶粿

水晶粿，又称水晶饺子、三角楼等，是云霄特有的一种民间小吃。云霄水晶粿历史悠久，民间有"好吃不过水晶粿"的俗语。制作水晶粿需选用上等地瓜粉做皮料，一般以新鲜采摘的竹笋、脆嫩多汁的白萝卜、晾晒过的新鲜虾米等为主料。将竹笋、白萝卜切碎后与虾米混合，拌以油葱、猪油、鱼露等调料，炒熟做成馅料。地瓜粉加水和成的面皮填入馅料，经蒸制后便可趁热食用。其形状独特，营养丰富，是老幼皆宜的一道可口美食。

肉　管

肉管是一道具有云霄特色的名吃，风味类似但不同于厦漳龙海一带的"炸五香"。云霄县城乡多数肉制熟食店均有出售。逢年过节，云霄百姓人家，家家户户都会制作，或宴客，或供神。制作肉管，先把豆腐皮略加浸湿，五花肉去皮切成小块，白萝卜去皮抽丝，适当加盐揉匀并挤出水分，配上地瓜粉、芹菜末、食盐、味精、砂糖、五香粉等，用水调成糊状馅料，将馅料放在豆腐皮上，裹成直径约3至4厘米的长条，用刀切去边上多余豆腐皮，将两头的豆腐皮往里折好封口，在豆腐皮边涂上少许馅料中的地瓜粉浆。放入油锅后以中火油炸，油炸过程中要经常翻动，待炸至金黄色即趁热切成若干小段，配上番茄汁或辣椒酱、酸萝卜片等，食之外酥内嫩、回味无穷。

（二）土特名产

云霄枇杷

云霄枇杷栽培历史悠久，据记载有700多年历史，集中产于云霄县，占全市50%，产量居全省第二位。有本地种红蜜（红肉长种、红肉圆种）、莆田白梨、甜枇杷、台湾种、早熟种、酸枇杷、软条白沙、解放钟、梅花霞和山枇杷等22个品种。云霄县产的红肉长种（又称长红）在3月下旬上市，比台湾种及广东、莆田等地品种早熟，被誉为"报春第一果"，即是云霄民间流传的"正月枇杷果子头"的意思。1976年云霄下坂村培育成功的"长红3号"，于1989年被省农业厅确定为重点推广的优良品种，至今仍是福建省枇杷三大主推良种之一。2011年"云霄枇杷"商标被国家工商总局评为中国驰名商标。

下河金枣

下河金枣果实皮薄柔嫩，圆润饱满，橙黄泛金，枣皮质如幼橘，色香味俱佳。金枣制品主要有咸、甜两大类。咸金枣制品贮存年份愈长，药用价值愈显著。其突出的功效为消食、理气、祛胀，是消化道手术患者术后祛胀、理气的良药。甜金枣则为喜庆时节上乘佳品，常见有蜜金枣、冰金枣。民国初，云霄"汤恒心药房"开始研制金枣制品，注重科学配方和加工工艺，开发出金枣饼、金枣锭、金枣丸等食品。金枣制品远销福州、厦门、漳州、泉州、金门等地。金枣制品参加民国二十四年（1935年）福建省国货展览会获二等奖，此后，还在厦门参展获奖。回国探亲的华侨也常携带下河金枣制品作为礼品。金枣酿成的金枣酒，具有补血、理气等功效，为孕妇产后上佳的滋补品。

云霄菠萝

云霄菠萝主要分布在火田、马铺、下河、和平等乡镇。一般于清明、大暑成熟的果实为正造果，产量、品质最高。火田镇高田村凤竹自然村所产"凤竹菠萝"以其肉脆、汁多、味香、食后无渣等特色最享盛名。2014年，火田镇高田村成立"云霄县菠萝协会"，以推广先进种植技术，探索引进适合当地种植的新品种，拓宽销售渠道，做大做强"凤竹菠萝"品牌。2016年，"火田菠萝"被核准为国家地理标志证明商标。

火田青枣

云霄属南亚热带海洋性季风气候，火田镇的地质构造主要为火山岩，土壤为灰泥沙土为主，土层深厚，环境条件十分适合青枣的生长；火田镇的水头村、火田村、莆中村、后埔村、圆峰村、佳园村等22个村（社区）均适宜种植青枣。1999年，火田镇引进种植青枣，因其速生，当年种植翌年即可收获且效益好的特点，种植面积逐年增加。主栽品种为翠蜜、贵妃枣，因其产量高，甜度口感佳，经济效益好，而得到迅速发展。2016年，"火田青枣"获得国家级地理标志证明商标。

（编纂：汤毓贤、张琳　审稿：吴鸿裕）

诏　安　县

一、综述

诏安地处台湾海峡西岸，极福建而临广东。海陆总面积1566.40平方千米，其中陆域面积1293.88平方千米，海域面积272.52平方千米。海岸线蜿蜒曲折，长88千米，域中河流总长度246.2千米，径流总量12.9亿立方米。具南亚热带海洋性季风气候特征，年平均降水量1519.6毫米。海洋资源丰富，捕捞海域面积1.8万平方千米，诸多港湾形成大片的浅海腹地，全县浅海水域面积10853公顷，其中可利用养殖面积4400公顷。潮间带滩涂总面积2733公顷，其中可供养殖面积2573公顷。渔港码头11个，其中赤石湾渔港为国家级中心渔港，田厝港为一级渔港。诏安港区为漳州市七大港区之一。2021年末，全县户籍人口68.40万人，常住人口56.07万人。

诏安于明朝嘉靖九年（1530年）置县，历代人文荟萃，文风炽盛，是中国书画艺术之乡、原中央苏区县、中国青梅之乡、中国民间文化艺术之乡、中国海峡硒都、中国天然氧吧、中国生态牡蛎之乡、中国八仙茶之乡和联合国老龄所积极老龄化专家委员会认证命名的"世界长寿乡"，也是福建著名的侨乡和重要台胞祖籍地。

诏安是海上丝绸之路的起点之一和中经水域，梅岭港在唐宋时期便辟为对外贸易商港，宋元时期，湾内的梅岭港既是泉州、广州通航海外的中继站，也是漳州府对外贸易的主要港口。如今遗存的与海上丝绸之路相关的遗址主要有宫口港、果老山摩崖石刻、悬钟所城墙及功覃闽粤坊等古迹。

诏安县海洋产业发达，为福建省海洋产业发展示范县。2021年，诏安县全年实现海洋生产总值151.69亿元，占全县地区生产总值的46.2%。诏安县具有全省规模最大的深水抗风浪牡蛎吊养基地和最大灯围捕捞基地，同时为全国重点对虾幼体培育基地，拥有省级良种场1家、市级良种场3家，年产苗种2655亿尾，其中宝智水产科技有限公司和东方利洋苗种繁育有限公司在行业内处于技术领先地位。水产加工业发达，2021年，诏安县水产品加工企业150家，其中规模工业企业20家。诏安金都海洋生物产业园是国家科技兴海产业示范基地，是建设海洋特色生物医药产业的高地，2022年园区规模以上工业总产值90.05亿元，工业增加值24.39亿元。

二、岛礁港湾

诏安湾

诏安湾位于诏安东南部，海域面积273平方千米，梅岭以半岛姿态伸入湾中，湾内有岛礁30个，在长88千米的岸线外，有四都、金星、梅岭、桥东等乡镇。诏安湾为海上丝绸之路商船靠泊的港湾，又属东南海疆防守要地，现存有梅岭港、

诏安湾

悬钟城、烟墩、码头和祥麟塔、关帝庙、天后宫、望洋台及一些碑刻，供后人凭吊。站在梅岭半岛海岬处，可见一条苍郁的木麻黄防风林带随沙线、岩岸逶迤而行，将这一方水土分成蓝、绿两种基本色块。诏安湾内天光与水色相互辉映，舟船逐浪，鸥鹭穿云，牧海棚架、浮筏在水上荡漾，诸岛屿遥浮烟波中；湾外村庄、田园、塘埭错落，宫口港、铁湖港、腊洲山、果老山、岭港山、凤山、渐山若隐若现。诏安湾乃传统渔区，如今成为我国重要的海洋科研、实业基地。近年来，先后设立城洲海岛科研试验基地，投建赤石湾国家中心渔港、田厝一级渔港等渔港。2012年，诏安金都海洋生物产业园被国家海洋局定为"国家科技兴海产业示范基地"。

宫口港

宫口港又名悬钟澳，位于梅岭镇西南部4.5千米，在诏安湾西南侧。因港口在宫口村而得名。又因宫口旧属悬钟城，故又称悬钟澳。港东为梅岭镇，西侧为桥东镇，北距甲洲村4千米，南临东海、南海交汇处。港湾蜿蜒曲折，南北纵深7千米，东西宽5千米，面积约35平方千米。宫口港因地层陷落、海水侵蚀而成，多花岗岩岸。海岸线长32千米，水域面积15平方千米。东溪、西溪、金师溪注入港内。有狮头山岛、虎礁群礁等岛礁13个。宫口头、内屿有导航灯标和避风锚地，是东海最南端的天然避风良港，是诏安湾至县内河的必经港口，宋元以来是漳州外贸口岸之一。

铁湖港

铁湖港位于桥东镇南部、闽粤两省水域交界点。铁湖港由地层陷落海水侵袭而成，丘陵花岗岩夹红壤基，西部岸基陡峭，东部沙坡地平缓，呈长方形，泥沙质底，面积约30平方千米。因地势险要，历来为兵家必争之地。清乾嘉时，曾作为朝廷策士试题。海湾内天光与水色辉映，舟船逐浪，鸥鹭穿云，头礁、大礁母、南铲礁浮于烟波中。铁湖港邻近铁湖岗，一港一岗，碧波翠树，相得益彰。

城洲岛

城洲岛位于梅岭镇东南部海域，乃国家级海洋公园，距陆地最近点3千米。全岛面积0.77平方千米。地势东北高，西南低，主峰海拔93.7米，有99个形如馒头的小山丘，有淡水供饮用，成片黑松、马尾松、相思树、木麻黄交错种植。岛周海域水深4至12米，泥沙质底。城洲港与云霄烈屿、漳浦古雷岛相通，昔时南来北往船只或为避风或为补给淡水，经常停靠在该岛的妈祖澳，澳上妈祖庙一度香火旺盛。明代戚继光军抗倭，曾在此架设炮台。岛上有天妃思源、神龟追亲以及海蚀蘑菇石、了丝泉等景。踏上高处，风从洋面吹来，碧水蓝天一望无际，心胸为之开阔。近年来，该岛以生态建设为主导，适度开发旅游、休闲度假区，努力打造生态旅游岛。

外　屿

外屿位于梅岭镇西南部8.9千米，在南门村南面1千米，东海和南海交汇处。附近多礁石，其面积最大，因其北面有内屿相对而得名。距陆地最近点0.37千米。呈长方形，海拔24米，东西长0.27千米，南北宽0.12千米，面积约0.0324平方千米。海岸线长0.68千米，由花岗岩组成，岩峰裸露，低洼处黄沙质土。有少量植被，无作物。属南亚热带海洋性季风气候，年均气温22.5℃，降水量1350毫米。春季有雾，年均15天。夏季有台风，年均5次。周围水深1.8米，泥沙质底。有野生紫菜，渔民常在此捕捞作业。屿上设导航灯桩。

内　屿

内屿位于梅岭镇西南部6.2千米，在赤石湾村西南1.5千米宫口港出入处。距陆地最近点0.9千米。因其南面外屿相对而得名。似海龟，又称神龟，为风景区。海拔16.7米，长0.17千米，宽0.09千米，面积约0.016平方千米。由花岗岩构成岩岸，海岸线长0.46千米，地表岩石裸露，黄沙质土壤，灌木、杂草丛生。属南亚热带海洋性季风气候，年均气温22.5℃。雨量充沛，年均降水量1350毫米。夏季凉爽，秋季多台风。流域水深2.5米，泥沙质底。附近养殖泥蚶、牡蛎，渔民在此

223

近海竖桁挂网捕鱼。

三、生物资源

大梧蚝

大梧蚝盛产于四都镇大梧村海滩一带，壳形变化大，呈长圆形或长三角形，左壳凹陷较深，鳞片排列紧密，利用壳顶固着在岩礁石块等坚硬的物体上生长，内壳为白色，内有宽大的韧带槽，闭壳肌痕大，外套膜边缘呈黑色。其肉质细嫩，爽滑肥美，味道鲜甜，营养丰富，高蛋白低脂肪，含有人体必需的8种氨基酸，此外，钙含量接近牛奶的一倍，铁含量为牛奶的21倍，碘含量高于牛奶和鸡蛋。

林头珠蚶

林头珠蚶产于四都镇林头村滩涂带。这里具有溪海汇合的独特水质，泥肥水优，潮间带生物量丰富，适宜贝类生长。林头珠蚶个体圆似大珍珠，外壳浅白色，薄而坚硬，瓦楞状的纵线多而细，内壁白色，肉质脆嫩，血水多，咸淡适宜，清甜可口，肉中不仅含有丰富的蛋白质、维生素和钾、镁、钙、铁、硒等微量元素，而且具有脂肪酸中的亚油酸、二十碳五烯酸（EPA）、二十二碳六烯酸（DHA）的含量比例较高的优质特性。珠蚶用开水冲烫数十秒即能食用，具有健脑补血、温中补胃，祛湿调气、清肺健脾等功效。

甲洲鸡母埭大虾

甲洲鸡母埭大虾盛产于桥东镇甲洲村鸡母埭海滩一带，自民国时期在县内外就享有盛名。其特征为体半透明、侧扁、腹部可弯曲，末端有尾扇，第二触角长，鞭状，腹肢是游泳肢，肉质松软，易消化，无腥味和骨刺。其肉味鲜美，富含蛋白质、脂肪、维生素A、维生素B1、维生素B2、烟酸、钙、磷、铁等成分。

悬钟埭乌鱼

悬钟埭乌鱼体延长，前部近圆筒形，后部侧扁；全身被圆鳞，眼大，眼睑发达。牙细小成绒毛状，生于上下颌的边缘。鳍条浅灰色，腹鳍基部有一黑色斑块。乌鱼肉质细嫩，味道鲜美，营养丰富，鱼肉含蛋白质22%，脂肪4%。冬至前的乌鱼，鱼体最为丰满，腹背皆腴，特别肥美，常被作为宾馆酒楼的海鲜佳肴。

仙塘红蟳

仙塘红蟳产于桥东镇仙塘村海滩，自民国时期在县内外就享有盛名。其品质特征为个体浑圆，外壳颜色比较鲜红，肉质清香，纤维细腻，膏体金黄，咸淡适中。仙塘红蟳高蛋白低脂肪，营养丰富，有滋补强身之功效，被誉为"海上人参"，深受消费者青睐。

四、历史人文

（一）文物胜迹

九侯禅寺

九侯禅寺位于诏安九侯山风景区内，始建于唐代，宋时重建，迄今已有1000多年历史，为省级文保单位。南宋五台山僧思齐（传为五台山第九代祖）重开九侯山门，法席大盛。元代得道高僧无碍驻锡九侯，传法布道，衣钵极盛。九侯山及九侯禅寺历代人文荟萃，南宋陈景肃等筑五儒书室于此读书讲学，朱熹、黄道周等相继登临谈禅论道，星云法师特赐墨宝题赠禅寺。九侯禅寺有"闽南第一古刹"之美誉，在闽南、潮汕、台湾和东南亚一带影响广泛。九侯禅寺坐北朝南，占地面积约607平方米。寺内保存有宋代的碑刻、石槽、古钟，还有宋代名儒朱熹题匾"西斋"、明代理学家黄道周题匾"洗心之藏"等文物。自前殿的望海楼远

九侯禅寺

眺，烟岚云树，庄舍田园，20里外的海湾历历在目。寺周的天开门、棋盘石、五儒书室等景点，被誉为九侯十八景。

长田歪嘴寨

歪嘴寨位于诏安县长田自然村，因建造时宅基地受限等原因，寨门偏移中心轴线，故此得名。歪嘴寨始建于明代永乐三年（1405年），距今已有600年的历史，为明代"中直义士"沈胄和清光绪武进士（朝廷内侍卫）沈瑞舟的故居，历经多次修缮，现主体建筑保存完好。该寨为土木结构，坐北朝南，建筑面积1038平方米，寨楼为二层，屋顶寨墙增高1.5米，平面方形后两角转圆，暗设防火泄水槽，外墙用三合土高筑，第二层及外墙增高部分均遍布枪眼射击孔，具有典型的防卫功能，是闽粤交界沿海地区典型的夯土楼寨建筑代表。这里曾是中央红色交通线中一个重要站点。2019年，歪嘴寨以"闽粤边区乌山游击队指挥部旧址"名义被列入第八批全国重点文物保护单位。

明代石牌坊群

石牌坊群位于旧城区，自县前街至东门中街700米路段，包含7座恢宏华丽的古牌坊。其建造时间先后依次为：夺锦坊、卿典坊、百岁坊、天宠重褒坊、父子进士坊、诰敕申恩坊、关帝坊。民国二十八年（1939年）七月，父子进士坊被日本飞机轰炸，附件稍有损毁；其余牌坊保存完好。牌坊皆仿木石结构，单檐歇山顶式加两坯，月梁3层。这些古牌坊融汇了建筑、雕刻、书法、诗词等多种艺术技巧，建造技艺高超，文化内涵丰富。最早者是建于明成化四年（1488年）的夺锦坊，为明代南诏首位中举的士子许潜及其儿子许判、孙子许选三人"世代登科"而立。最晚者是建于明天启五年（1625年）的关帝坊，系西门内关帝庙的庙坊。牌坊中较壮观的，为明嘉靖年间进士胡文、万历年进士胡士鳌父子所立的"父子进士"坊。石牌坊在通衢要道上存在数百年，既以树风声，又以耀观瞻，成为一种独特的人文景观。

明代"父子进士"牌坊

227

（二）民俗信仰

县城北关"走贡王"

诏安人崇拜唐开漳圣王陈元光、前锋将许天正和分营将马仁、李伯瑶、欧哲、张伯纪、沈世纪等，奉之为神，为其建庙，并举行庙会等祭祀活动，而庙会较具特色者，便是县城北关的"走贡王"。所谓"走贡王"，就是真君庙、护济宫所在的社众，分别将奉祀在庙宫内的神像抬舁出来，鼓吹具仪，各导其神，觐谒陈元光于南门的威惠王庙。随着县城人烟渐稠，建筑物增加，游行的仪驾要由北到南穿过县城，已然不易。因此，约在清代中叶，此活动的行走路线便发生了改变，迎神游街仅在北关绕境而行。端午节，北关社众照样诣庙宫请神，而后金鼓前导，兵器罗列，齐唱棹歌，由壮汉抬舁神像疾走，乡人于道旁设供焚香祭拜，游毕即各抬神像快跑入庙，未尝到南门觐谒陈圣王。这种风俗，除了"文革"期间中断一段时间，今仍仿行故事，而巡游的范围则有所扩大。

霞葛南陂"天穿节"

"天穿节"是留存于客属地区的一个传统节日，客家人以此纪念女娲补天拯救人类的功德，寄托对风调雨顺、农业丰收、生活安宁的期盼。节日在农历正月二十日，相传这一天为女娲圣诞。诏安客家人亦称天穿节为"天川节"，在霞葛镇南陂村，这种节庆遗俗被较完整地继承下来。是日一早，各家各户制作丰盛精美的素食供品，举行隆重的敬神活动，称"行大礼"，祭祀由家庭主妇主持。届时鞭炮连响数时，村民请出龙山岩的观音，举行许愿、游香活动。观音所到的各自然村，锣鼓喧天，鞭炮齐鸣。当日，还有演潮剧、木偶戏、布袋戏和舞麒麟、放电影、放烟花等节目。中午时分，各家摆席宴请亲朋好友。天穿日与雨水相近，为祈祷苍天保佑"雨水之日，屋无穿漏"，人们会仿女娲补"天穿"，对家里墙缝、钉眼抹上一点甜粄。这一天忌出门干活、担粪桶。

梅岭下河"祈安节"

诏安梅岭半岛历史上多灾多难，地方又属渔区，讨海人寄生死于波涛险恶之中，为求神灵保佑，乡人有过祈安节之俗。日期各年不一，系于农历十月临近时，由各村族主事者抽签择定。祈安节必有演剧，各村族轮流唱大戏。是日上午祭祖先，中午唱戏，傍晚于戏台下祭"圣公妈"（孤魂野鬼）。祈安节连演夜戏三天，宴客不断。祈安节还有"拜天公"的习俗。是年有大喜、大愿或走大船的人家，为祈平安，以全猪拜谢天公。

深桥溪南祭"会真祖"

该俗缘于清代的一起屠堡惨案。溪南原有一座建于明万历年间的城堡。清顺治初的一天，一小孩站堡门之上撒尿，淋到恰由此经过的海盗何匏头。后何匏头投靠郑成功部将黄廷、万礼，并借在诏安筹饷之机诬溪南堡民众"抗征粮赋"，率兵众攻陷城堡屠杀民众。雍正年间，在里人陈锦、陈守仁倡议下，重修被毁坏的城堡，并在死难乡亲掩埋处立碑"会真所"，以示"会聚真灵所在"之意，于是年农历九月二十八日隆重祭拜，请僧人做法事超度亡灵。后人将祭拜"会真所"称为做"祖公妈生"，竹编的红灯笼和罗帐书写"会真祖"。堡内长老协议溪南堡西门、坑美、北门、南门等社按年轮值，并化而成俗延续至今。

秀篆青龙山"扛五显帝"

诏安山区有客家人近15万，在这一带建有众多主祀五显帝的宫庵堂院。地方信众对五显帝的祭拜活动规模大、影响广。100多年来，村民传承着扛庵内主祀的五显帝回村祭拜的风俗，每年由轮值村通过在五显帝像前跌圣筊，确定中席、东一席、西一席3位主祭人，并推选比较有组织能力的人，组成"扛五显帝理事会"。择良辰吉日，设置五显帝坛。主祭人带领村中选出的新婚男子、壮汉组成的迎扛队伍，到青龙庵迎请五显帝，回来将神像安放于五显帝坛。吉时一到，村中三席主祭人穿长衫，戴毡帽，在司仪的指挥下，对五显帝顶礼跪拜，执事开读祝文。祭仪毕，鞭炮齐鸣，扛五显帝游村。当天中午，各家各户宴请亲朋好友，晚上则演戏酬神。次日，村人将五显帝扛送回青龙庵。外村亲戚带着供品回家，分享福分。

官陂吴坑"搭彩楼"

相传农历十一月十一日是靖天大帝的诞辰，为了庆贺神诞，由海峡两岸张、廖两姓宗亲举行热闹的庙会活动，共襄的"搭彩楼"的活动。官陂镇有座"靖天宫"，内祀靖天大帝刘备，其香火是去台张、廖两姓宗亲于清雍正年间由台湾带回。搭彩楼活动沿袭280多年，通常是12年当中搭一次大彩、一次小彩。大彩楼宽15米，高达23米，主楼五层，东西阁楼三层。整座楼不用一砖一瓦，仅用杉木搭起架子，外观用五彩斑斓的纸绸制成彩灯、彩扎、彩塑等加以装饰。其正面两只镇楼狮子，形态逼真，威风凛凛。柱子上10条长龙，远观如腾云驾雾。彩楼内安置绘画、剪纸、泥塑等精美艺术品，仅绘画就有数百幅。画作题材丰富，画中山水、人物生动传神。"大彩"庙会从农历十一月十一日至二十日，共举行10天。届时，远近乡邻汇集于此观光、朝拜，人山人海，甚是热闹。

五、特色村镇

山河村

山河村，又名山宝雷，位于西潭乡政府驻地东北部，直线距离4.4千米。聚落背山面田而建，呈圆形。村落总面积325亩，建村于清朝康熙二十六年（1687年），已有300多年的历史。

山河村与名山胜地九侯岩山脉连成一片，自然景色优美。村落方圆约8千米，依山傍水，坐北朝南。数百年来，该村人文历史积淀丰厚，是一个名闻遐迩的诏邑古村落。境内有震山祖祠、震山大寨、沈氏家庙、大夫第祠堂、叶太恭人祠、文山祖祠、友敬祠、"五马拖车"及保存完整的乾隆皇帝圣旨等文物古迹，其中保存较为完好的清代古建筑八座，形成一个有特色的文物保护群。

山河古村（沈子川　摄）

　　2012年，山河村被福建省人民政府批准为福建省历史文化名村，2014年入选第三批国家级传统古村落，2015年被列入国家旅游扶贫试点村，2017年入选"漳州市十佳最美古村落"，2020年入选福建省"乡村旅游村"。

　　湖内村

　　湖内村位于金星乡政府驻地西北部，距离7千米。东邻四都水库，西至西潭乡鲤鱼山脚，北接乌山与云霄县交界，南连河港山脚，属丘陵地带。聚落依山面田而建，呈鼎形。

　　村内有一条湖内溪穿越而过，溪水质清澈、生态良好，两侧大片农田分布。村内已发现的名木古树有20棵，包含樟树、桂花树、芒果树、龙眼树和榕树。内辖国家AAA级旅游胜地九侯山，此山既是名胜风景区，又是著名的佛教圣地，九峰并列，石佛飞仙，琼岗紫雾，玉泉垂虹，层峦叠翠，雄奇壮丽，古人曾称之为"闽南

231

第一峰"，景区内有一线天、天柱峰、飞来石、风动石、松涧泉等自然景观。

湖内村落建筑以土寨、土楼、祖祠、家庙为特色。民居多庭院式，土木结构。土寨、土楼的大门有长方形、拱形等，均用花岗岩石，楼内有古井、大埕、寨房。寨体呈长方形、方形或圆形。土寨以歪嘴寨最为闻名，土楼群主要有西泮龙蟠楼、延庆楼、南峰楼、茂林楼、宝树楼等。祖祠、家庙主要有义士祖祠、大夫家庙等，这些建筑精美大方，分布合理，具有典型的明清建筑风格和浓厚的人文气息。

湖内村2016年被批准为福建省第五批历史文化名村，2018年被评为第五批中国传统村落，2019年长田革命旧址歪嘴寨入选第八批全国重点文物保护单位。

六、美食特产

（一）特色美食

诏安猫仔粥

"猫仔粥"是诏安著名的传统粥点。其特点是米粒韧嫩、汤清而鲜、气味醇香、营养丰富。

（详见《海上福建（上）》）

诏安荷叶包

荷叶包又称和合包，是诏安著名的传统甜点，既可单独作为点心，也可加入结婚喜筵，取"百年和合"成为一道菜。荷叶包香软甜脆，别有风味。制作时，极讲究技术，皮半发酵，要求蒸熟松软柔韧，装入馅料不破裂；馅料猪脖子肉丁经盐渍煮熟，不油腻又适量带点咸味，冬瓜丁甜脆适度，加上炒熟的芝麻，食用时虽距离数步，亦能闻到香味。

诏安虾枣

诏安虾枣色泽金黄，清脆爽口，虾的味道完全融入其中，细腻鲜醇，是诏

诏安虾枣

安的一道特色名菜。虾枣选料讲究，鲜虾剥壳后要剔除洗净虾脊部的膏泥。稍加冷冻，从冰箱取出后加上适量的白猪肉和荸荠拍击至糊状，再加盐水搅拍。将虾丸投入未烧开的油锅中，慢慢加热，直炸至金枣一样的金黄色，所以称为虾枣。

诏安焙肉

诏安焙肉选用猪腿或者背脊的"五花肉"，切成薄片，铺在竹筛上，置于阴凉通风处晾干水分。在铁锅内抹上油，铺上草纸，纸上放适量的红糖，锅中架上铁丝编成的圆网。把肉片均匀地放在铁网上，用小一号的钢锅当锅盖盖上，烧热铁锅，将肉片焙熟。刚出锅的焙肉香气扑鼻，金黄酥嫩，切丝后浸入上等酱油，配上芫荽、蒜蓉等香料，以其佐饭，令人食欲大增。

（二）土特名产

诏安红星青梅

诏安是国家林业局命名的"中国青梅之乡"，自然条件非常适合果梅的生长。宋代梅洲乡，就因植梅得名。明清时，梅是县内主果之一。境内有本地实生选种的白粉梅、青竹梅优良品系，也有从外地引进的梨仔叶、乌叶、软枝大粒等十余个品种。从花期上分有早、中、晚熟三种类型。果梅种植以太平镇、红星乡为主，兼及建设、白洋、官陂等乡镇，县内较具规模的加工企业近20家。诏安已成为全国最大的果梅种植、加工基地，原料梅以富硒、高产、优质享誉国际市场。

红星乡是诏安青梅的主产地，其当家品种白粉梅以果大、肉厚、核小、酸度高、氨基态氮含量高而著称，且腌制过程中只需加适量食盐而不需添加任何添加剂，就可达到保质期12个月以上，被誉为"凉果之王"。诏安红星青梅于2012年获"国家地理标志证明商标"，2014年获"中国驰名商标"，此外还先后被定为"福建省名牌农产品""国家地理标志保护产品""国家质量证明商标"，通过国家原产地标记注册认证。

诏安八仙茶

诏安是茶乡，自然条件非常适合茶树的生长，种茶历史可溯至宋代，传统种植小叶乌龙、梅占等。1985年后，八仙茶广泛种植。2002年，全县茶园面积1380公顷，总产2522吨。之后，在巩固八仙茶当家品种的同时，引进良种铁观音、金观音、丹桂、白芽奇兰、凤凰茶和台湾金萱等良种。主产区太平、红星、白洋、建设等乡镇。有茶叶初制厂200多家，产品有半发酵乌龙茶、全发酵红茶及柚茶、橘茶等。

八仙茶是诏安选育的国家级茶树新品种，萌芽早，产量高，制乌龙茶香气高锐，茶味浓厚耐冲泡，回味甘爽持久，曾获中国新名茶奖、农业部优质茶奖等奖项。2008年八仙茶母本园被列入福建省第一批优异茶树种质资源保护。2012年诏安八仙茶获国家地理标志证明商标。

后港青壳荔枝

荔枝是诏安传统佳果，种植历史悠久，境内尚有树龄300年以上者。1949年，全县种植面积353公顷。之后，不断扩大种植，现今，全县荔枝种植面积15万公顷，以乌叶荔枝为主，还有兰竹、状元红、糯米糍、桂味、妃子笑等10多个品种。

后港青壳荔枝属乌叶良种，远在宋代便开始种植。乌叶荔枝树势高大，生长旺盛，荔果成熟期比普通荔枝约晚一个节气。果粒个大、饱满，重19~28克，皮深红色，色泽鲜艳，核小肉厚，肉质结晶度好，晶莹剔透，细嫩多汁，成熟后剥开果壳掉地不沾沙土，果香浓郁，清香甘甜而不腻，是荔枝中的上品。

诏安灰鹅

诏安有良好的鹅群放牧场所和充足的青绿饲料，县志记载自晚明民间就有养鹅的习惯。2002年起，县政府组织对灰鹅良种的提纯、复壮及高优饲料技术展开科研攻关，筛选出的诏安灰鹅良种，体形大、适应性强、耐粗饲、生长迅速的优良品性更加凸显，产蛋快，孵化率和成活率提高。2007年，灰鹅养殖标准化示范区获得国家标准委审批立项，历时3年，最终示范面积22平方千米。

通过推广优良牧草种植、建立免疫程序等措施推广标准化饲养、做到流程的科学化，从而提高了灰鹅的质量、产量。灰鹅肉质细嫩、胆固醇含量低，大的成鹅重可达8公斤，年产蛋量可达35枚，使养殖户实现增产增收。

（编纂：张玉燕　审稿：许渊彪）

东 山 县

一、综述

东山县位于福建省南部沿海，东临台湾海峡，与台湾岛隔海相望，是祖国大陆距台湾南部最近的县份；南濒南海，靠近广东省潮汕地区。全县四面环海，海岸线长162千米。全县由主岛和周边75个小岛礁组成，全县总面积248.87平方千米，主岛面积221.25平方千米，最高处苏峰山顶海拔274.3米。

东山县形似展翅蝴蝶，故称蝶岛。亚热带海洋性季风气候特征明显，春多细

东山虎崆皓月

雨，夏有台暴，秋吹凉风，冬多晴日，既无酷暑，也无严寒。水生野生动物850多种，水生野生植物90多种（海藻为多）。陆生野生动植物较少。2021年末，东山县常住人口22.08万人。

东山县有2个重要海湾。东山湾（也称铜山湾），位于东山岛与漳浦县的古雷半岛之间，水域面积189平方千米，底质多为泥沙或沙泥，属于东山县的海岸线长约30千米。诏安湾，位于东山岛与诏安县之间，属于东山县的海岸线长40千米，水域面积96.26平方千米，湾内滩广水浅，底质多为泥沙或沙泥。东山湾内港澳共9个，诏安湾内港澳共2个。

东山县由东山岛和周边75个岛屿组成，其中重要岛屿43个，一般岛礁32座。大多数岛屿礁岩产紫菜、赤菜、石花菜、羊栖菜等多种海藻，以及产牡蛎、珠螺、马蹄螺、锈凹螺、蝾螺、角螺、梭子螺、黑贻贝、扇贝、马戟等多种海螺。附近水域多有鲷、鳗、青鳞鱼、梭子鱼、跳跳鱼、石虎、丁香鱼、金鲷、大黄鱼、石斑鱼、龙虾等鱼类。多数岛屿生长相思树、木麻黄、湿地松、黑松、榕树、小叶桉、木棉、凤凰木等多种树木，常有鸟类栖息。

东山县自20世纪60年代起就有"东海绿洲"之美称。长期持续造林更新，绿化水平不断提高，山丘披林片，沙滩飘林带，田野布林网，公路罩林荫，处处郁郁葱葱。东山岛有诸多奇特自然景观。铜陵风动石在明代已被誉为"天下第一奇石"；东门屿被纳入中国四大名屿；龙虎狮象屿"四兽"构成海中动物园；7处月牙形海湾串成绵延30多千米的银滩；海底蕴藏千姿百态的珊瑚、海柳。如今的东山岛，蓝天碧海，黛屿银滩，绿林繁花，彩鸟锦帆，风光迷人。

二、龙虎狮象四屿

龙虎狮象四屿位于乌礁湾南部，距澳角村2～3海里，被誉为天然的"海上动物园"。虎屿，像一只卧虎，栩栩如生。龙屿，又称穿山，身段颀长起伏，龙首直伸入海；屿中有一洞，竹排可从洞中穿过，在洞内仰望天空，能见到蓝天一线，称"海上一线天"。狮屿，昂首吼叫，威风凛凛，前面有一块形如彩球的礁石，在浪中时大时小，构成"狮子戏球"景观。象屿，两耳下垂，长鼻探入海中，悠然自得，形态逼真。

三、海岸沙滩

东山岛共有九大海湾，分别是南门湾、屿南湾、马銮湾、金銮湾、乌礁湾、西埔湾、澳角湾、宫前湾和东山湾（北部湾）。南门湾位于铜陵古镇，海岸线长约3千米，这里不仅仅是看海的地方，其独特的人文气息赋予它更多特色风景。在文公祠前的天台，可俯瞰大海与小镇，认真聆听自然的声音。屿南湾处在铜陵镇的东南角，由于处于南屿的南边，便叫"屿南湾"，它的宽度不足一千米，迷你的海湾却是潜藏在众多风景名胜之间的独特"宝藏"。澳角湾形成于三面环海的澳角村，南北两个月牙形海湾分别是乌礁湾和澳角湾，呈X形美丽景象。宫前湾位于东山岛最南端的陈诚镇，湾长约3千米，是福建水师提督施琅率水师统一台湾的出师点之一。西埔湾位于东山县西南部，海堤长985米，是东山县最大的围垦工程，1978年3月动工，1983年6月全部竣工，围垦面积3.26万亩。东山湾（北部湾）地处东山北部，之前被八尺门海堤拦腰截断，2021年11月29日，海堤被成功拆除，东山湾、诏安湾实现海域贯通，恢复东山湾、诏安湾两大海湾的自然属性，提高海水的交互和海湾的自净能力。

马銮湾景区

马銮湾是东山开发程度最高的海湾。马銮湾景区位于铜陵镇西南处，北起南门屿，南至赤屿，西北以铜陵至西埔公路为界。海湾长2500米，水深2～3米，海滩宽80多米，为天然的海滨浴场，是国内26个国家级健康型海滨浴场之一。2005年，景区被评为首届闽西南最受欢迎自驾车旅游十佳品牌景区。2019年，马銮湾景区获"第十三届漳州市文明风景旅游区"称号。马銮湾海滨浴场于1985年8月开设。海水清澈，无污染、无暗礁；冬无巨浪，夏无狂涛。沙滩洁白细软，坡度平坦；沙滩后是海滨防护林带。这里是海上活动的首选之地，滩上可跑马、跑摩托车；水面可开展游泳、滑水、划艇、帆板、帆船等体育活动；也可垂钓、摸螺，并有东山古老的拉山网捕鱼作业。

金銮湾景区

金銮湾景区位于东山县东南部。海湾长5000米，外侧是沙质海滩，坡缓、沙细质软，内侧为防护林带，海面上无礁石无污染。景区内有县境最高山峰——苏峰山，海拔274.3米。每当天气变化，常有白云萦绕峰峦，称"苏柱擎天"。也可跟随当地渔民一起拉山网体验渔家生活，或者只是静静地站立于金紫荆广场欣赏美丽的海岛风情。金銮湾的日出，更是用语言难以表达的美丽。金銮湾海滨浴场

东山金銮湾（刘汉添　摄）

海滩长3000多米。海域宽阔，无暗礁，风浪小，海滩洁白，是开展帆板、帆船、沙滩排球等水上、沙上运动的好地方，多次举办或承办国际、国内大型赛事。国家帆船帆板训练基地设在金銮湾景区，每年均有大批运动员在此集训。

乌礁湾景区

乌礁湾的海域，超过马銮湾和金銮湾的总和，为东山最大的海湾。这里的沙滩，宽阔平坦，长达10千米。这里的海浪，前呼后拥，轰隆隆拍击海岸，震耳欲聋。乌礁湾背靠海滨防护林带，是优良的旅游性海湾。景区内大帽山海拔251米，为东山岛第二高山。山上有新石器时代文化遗址和贝壳化石遗址，有县境内最大的古墓——明代蔡方平父子墓；其南面山下有明代"宪断公海"石刻等。乌礁湾边的国家级海滨森林公园由赤山林场含大帽山和西山岩等组成。林区遍布木麻黄、湿地松、马尾松等森林，还有荔枝、龙眼、芒果、柑橘等果树。2002年12月，这里被国家林业局命名为国家森林公园，也称乌礁湾国家海滨森林公园。该公园南起大帽山，北至苏峰山，沿着乌礁湾及其腹地，绵延10多千米，其中林地646公顷，森林覆盖率84.6%。

东山乌礁湾（刘汉添　摄）

四、东山港

东山港东去澎湖98海里、高雄170海里；水路北上厦门77海里，南下汕头73海里、香港230海里。20世纪80年代后期开始，东山县委、县政府不断加强港口建设，发展港口经济。1992年，国务院批准东山港对外国籍船开放，东山口岸成为国家级一类口岸，全方位开放。东山口岸设置东山海关、出入境检验检疫局、港务局，涉外服务单位和港埠企业迅速建立齐全、发展壮大。东山港对外国籍船开放后，与日本、韩国、朝鲜、美国、新加坡、马来西亚、加拿大、俄罗斯、土耳其等20多个国家通航，由地方性港口建设成区域性港口，成为以对闽南、闽西、粤东等地区为主并辐射10多个省市的进出口货物集散地。港口的建设与开放经营，带动了地方海运业的发展。县内有国际船队、航运企业、海上打捞公司等。同时，也带动了临港工业长足发展，创建了硅砂场矿、漳州旗滨玻璃等矿业企业10多家；创建规模以上的食品加工、制造企业100多家，产品出口20多个国家并销往中国港澳地区。

东山县最大的优势是海洋，而优势核心在港口。在长达141千米的海岸线上，还建有大澳中心渔港，澳角、宫前一级渔港，冬古、岐下、前楼、古港、后林、大产等三级渔港，海洋渔业在全县国民经济中占据重要地位。

五、生物资源

东山县海域辽阔，海岸带和滩涂的类型齐全，10米深以内的浅海面积239950亩，滩涂14100亩，盐场港道、纳潮沟及围垦区可养殖的面积计25167亩，还有淡水池塘、水库、埭沟、山塘计6646亩，皆可供养殖。水生生物资源已鉴定的有644种，其中鱼类229种，软体动物198种，节肢动物66种，海藻91种，其他海产动物60种。鱼类按各种作业年产量的高低分为三大类：多获性种类，年产量6000～20000

吨，有玉筋鱼、蟹类、鲹类、带鱼、枪乌贼类、虾类、乌贼等；中获性种类，年产量800～3000吨，有鲷类、鲳类、鲱鲤、鲐、竹荚鱼、多鳞鱚、贝类、马面鲀、鲻鱼、白姑、马鲛、鳀鱼、鳗类、章鱼等；少获性种类，年产量50～600吨，有虾姑、鲣类、鲆、鲳类、蛇鲻、鲂、梅童、叫姑、鲀类、黄姑、石斑鱼、鳓鱼。此外，还有鲆鲽、黄鲫、鲨、大眼鲷、鲂鱼弗、眼镜鱼、鳐类、龙头鱼、小公鱼、海蜇、鲳、马鲛、海马、鲔等。藻类有紫菜、海带、龙须菜、羊栖菜、赤菜等。

六、人文古迹

大帽山贝丘遗址

大帽山贝丘遗址位于陈城乡大帽山东南侧海拔65米处，范围480平方米，由贝壳层组成。1986年10月，省考古队和县文物工作者发现该遗址，并在暴露的贝壳层里采集一批标本。主要有石锛、石斧、石球、砺石、素面泥质陶片、灰砂黑陶和红褐色绳纹泥质陶的罐口沿、圈足等残片，计140多件，还有鱼、山羊等动物遗骨。经广东省广州地理研究中心实验室碳十四同位素年龄测定，这些标本距今4030±100年，确定大帽山贝丘遗址属新石器末期文化遗址。

东山关帝庙

东山关帝庙又称武庙，祀奉三国时期名将关羽，位于今铜陵镇东，为东山最重要最有影响的庙宇。该庙始建于明洪武二十年（1387年），原称关王祠。正德三年（1508年）五月扩建。其后多次被毁，历次重修中，建筑物均有不同程度的添建。庙宇坐西向东、倚狮山，面海，气势雄伟。属抬梁式木构架、单檐歇山顶、传统对称型建筑，内有回廊厢房、丹墀龙陛、华表僧舍，其建筑中轴线正与隔海相望的文峰塔相对。庙门为牌楼式，称太子亭。亭上及整座庙宇屋顶均饰富有闽南地方艺术特色的彩瓷剪贴雕。正殿祀三国名将关羽神像，其上悬清咸丰皇帝御笔"万世人极"横匾，殿前有一方青石龙陛。庙内存有多方石碑刻、柱础、铜钟、香炉等珍贵文物。庙前有莲花池、古井，数对石狮中，有一对为明代所

东山关帝庙

雕。据考证，台湾最早的关帝庙，就是从东山关帝庙分灵的。东山关帝庙成为台湾众多关帝庙的祖庙，至今台湾同胞年年来此朝圣谒祖。1985年，福建省人民政府公布该庙为省级文物保护单位。1996年，东山关帝庙被国务院列为第四批全国重点文物保护单位。2023年，东山关帝庙被中共中央台办、国务院台办批准设立为海峡两岸交流基地。

铜山古城

铜山古城位于今铜陵镇。明洪武二十年（1387年），朱元璋为防御倭寇侵扰，派江夏侯周德兴来福建沿海布防，征调漳浦等地民工于当年八月十五中秋日奠基，建铜山城。古城环绕狮山，依山临海，城长571丈、高2.1丈。城基用条石干砌垒叠而成，城墙用黏土夹以碎石夯筑。城置四门，东门名"晨曦"，西门名"思美"，南门名"答阳"，北门名"拱极"。洪武二十一年建成时，开东门、西门和南门。嘉靖年间，先后开北门、筑东门月城、增建北门城楼。其后因迁界、风雨等原因，城墙屡遭毁坏，朝廷和民众又多次重修。1980年和1988年，省建设委员会和县人民政府两次拨款修复东门两段城墙，计600米，并于东门城上建一座城楼。

铜陵天后宫

铜陵天后宫原名龙吟宫（也称大宫），位于今铜陵镇打铁街滨海。明洪武二十四年（1391年）建，康熙年间改称天后宫，光绪二十五年（1899年）重修。天后宫占地1500多平方米，建筑面积400平方米，有大殿、左右侧室及走廊，为抬梁式木石结构建筑，单檐歇山顶，庙内有木棱柱、八角石柱、石雕柱。院中间架弯形石拱桥。内祀妈祖林默娘。庙宇今修缮完好。

宫前天后宫

宫前天后宫位于陈城乡宫前村内，始建于明代，时称妈祖庙。庙长12.6米、宽14.12米，由大殿、偏室、小天井及广场构成，祀妈祖林默娘。清康熙二十三年（1683年）农历六月十四日，福建水师提督施琅率水师从宫前湾（时称平海澳）出发统一台湾。后施琅奏请康熙帝，追封林默娘为"天后"（原为"天妃"），御赐木匾额，故改称天后宫。宫前天后宫2005年5月被定为省级重点文物保护单位。

西山岩山坪院

岩山坪院位于西埔镇西城山上，为县内最古老的佛教寺院。北宋时，由下英村的翁元和出资兴建，原名兴教寺。宋刺史吴省元曾在此读书，后被元兵焚毁。明崇祯八年（1635年），以原址改建为初来寺，后改山坪院。该院由前、中、后三堂构成，两旁设走廊，有小厢房14间，俗称"七包三"建筑。堂后建一楼。院内有宋代石刻和清代碑刻《重修山坪院》《紫云楼碑记》。民国二十九年（1940年）因政府破除迷信，该院被拆毁。1959年，改为赤山林场西山岩工区驻所。1988年，由华侨、台胞捐资及群众集资重修。中国佛教协会会长赵朴初曾为山坪院题写"西山岩"等字。该院周围有漱玉泉、望江岩、观日峰等景点及西城古城遗址。

东山戌台将士墓群

东山戌守台湾将士墓群俗称"演武亭万福公"，位于福建东山铜陵镇，埋葬着清朝二百余年间在台湾历次剿抚内乱、反击外侵中殉难的部分铜山（后更名东山）将士。墓群始建于明洪武年间。先前用来收葬东山岛先民无嗣或无主尸骨，并筑祠坛祭奠其亡灵。清康熙二十三年（1684年），施琅将军收复台湾后，部分戍台东山籍将士尸骨用"金斗瓮"装回家乡收埋于"演武亭万福公"，成为一处墓群。清道光二十七年（1847年），东山人为纪念出戍台澎的将士，特立"义勇祠"。此处墓群占地约240平方米，现存130多座墓碑，大部分墓碑上刻有姓名，有的墓碑上分别镌刻"八名同归""十九人遗失姓名"等字样。2002年，墓群被确认为县级文物保护单位；2009年，被确认为省级文物保护单位；2013年，被确认为国家级文物保护单位。

东山战斗烈士陵园

东山战斗烈士陵园址在西埔镇石坛村。建有一座纪念馆，馆内陈列战斗英雄石雕像、烈士英名录、史料图片和实物。1953年7月16日，国民党军1.3万人窜犯东山岛，岛上军民支援解放军，与国民党军激战36小时，打退国民党军，取得东山保卫战的胜利。为纪念在保卫战中牺牲的烈士，8月修建东山保卫战烈士陵园。该陵园坐南朝北，占地面积1.78万平方米。1963年，增建一座纪念碑，正面镌刻"东山战斗纪念碑"镏金大字，背后刻福州军区司令员叶飞题词"人民战士英灵雄镇海疆"镏金大字。1990年，陵园被确定为省级重点文物保护单位；1995年，被确定为福建省第一批爱国主义教育基地；2007年，被省政府命名为福建省国防教育基地；2009年，经国务院批准，被列为国家级重点烈士纪念建筑物保护单位。

七、特色村镇

铜陵镇

铜陵镇位于东山岛东北端，三面濒海，唯西部与康美镇毗邻，距县城所在地西埔12千米，省道双码线由镇西北部入境。铜陵镇是全县的经济、文化、旅游重镇，是福建省商业重镇和百强乡镇，是国家生态乡镇、全国重点镇、中国最美海洋休闲旅游名镇，也是一座有600多年历史的文化古城，并以关帝信仰、民间曲艺、雕刻工艺闻名中外。

（详见《海上福建（上）》）

磁窑村

磁窑村为东山县杏陈镇下辖村，位于东山岛西北部，与云霄、诏安一海之隔。磁窑村东邻后林村，西面隔海与云霄县白礁村相望，南邻高陈军用机场，北毗邻高速公路联络线互通口。

磁窑村历史悠久，宋代开基立祠，为全县首批开基村，以磁窑闻名。磁窑村宋代古窑遗址，是东山岛唯一古窑址，位于村西北面，磁窑后壁山和后劳山交叉的山坡上，坐北向南，以生产青釉瓷器为主。经专家实地勘察，窑址大量瓷片暴露于表层。有8座龙窑基址，每座长约30米，宽2米，并排依山势延伸。采集到的有罐、壶、钵、碗、盘、茶具、酒具等残瓷片，白胎，浅绿釉，纹饰有釉下刻划纹。据载，大木船把生产的瓷器运往厦门、福州、天津、上海等地，产品远销海内外。该窑址被列为县级文物保护单位。

古港村

古港村为东山樟塘镇下辖村，位于东山岛北面，坐东向西，东靠三山，西依一港，南与樟塘羊角山相连，北与礁美、列屿一带一水之隔。

古港村名胜古迹众多。古渡口，位于古港村西北，以前曾是东山岛通往内陆的主要港口。兴鼓寺，祀"开漳圣王"陈元光夫妇等，建于村后庵窟山下，坐东向西，何时兴建不详。1983年由乡亲、台、侨胞集资重建，2006年重塑神像金身。兴鼓寺为泥石结构，部分仿木结构，由前堤、照壁、主殿、偏殿、庭院、厢房组成，占地面积443平方米。主殿匾额"开漳圣王"，主殿、偏殿、庭院、厢房呈南北横向排列，主殿、庭院各开一山门。海月岩，是一座观音菩萨庙，也是一个古建筑群，同时也是一处闻名的风景名胜。它位于古港村北九路尾山南麓滨海外，坐东南向西北，由海月岩、观音庙、绣海亭三座建筑组成。

八、特色小吃

东山县有丰富的海产资源和各种不同作业捕捞的水产品，更有历代不断提升的制作艺术，地方小吃丰富多样，诸如蚵仔煎、金钱肉、舠仔粿、荷花包、烧腱灵、春卷、鱼圆、虾饼、咸虾姑、猫仔粥、地瓜粥、肖米，以及糕饼类小吃如软贡糖、酥糖、口酥等百多种。

金钱肉

金钱肉因其形如古代铜钱故而得名，其独特的风味却成为东山岛宴席上的首席菜。金钱肉选料精当，烹制讲究，选取新鲜去筋的猪前腿瘦肉和肥肉，将肉切成直径四五厘米的圆形，再加入酱油、白砂糖、五香粉等调料拌匀，放置四五个小时，让肉片充分入味。将充分吸收汤汁的瘦肉和肥肉相间串好，然后用去皮的甘蔗夹紧，再放置木炭炉上烤制，经过烤制，肉片的猪油包裹着肉片，再加上甘蔗的清甜味道，吃起来唇齿留油，满口香味。

土龙汤

土龙是厦漳沿海一带特有的海鲜，主要生长在滩涂和石头缝里，长得像鳝鱼。土龙不是"龙"也不是"蛇"，因喜食螃蟹，牙齿像豆子一样，故而得名"食蟹豆齿鳗"。如今本地野生的土龙非常稀少，是海中珍品，在当地有"海底人参"的美誉。当地渔民将土龙与药膳结合，刚出锅的土龙汤，香气四溢，汤头浓郁，在寒冷的冬天喝上一碗，非常滋补。

梅花箭

梅花箭是漳州的一道传统小吃。由糯米制成，形状类似平常见到的粿。放进油锅里炸制后再扔进白糖里一滚，香香糯糯的梅花箭就做好了。在天气冷的季节，吃上一块，香香甜甜非常满足。

荷花包

荷花包是一款外形有点像荷花的小吃，是东山当地人婚宴上的一道必备美食，也是东山岛的十大特色小吃之一。荷花包制作工序是先将面粉发酵好，做出荷花形状的面皮，面皮上锅蒸熟后，将事先炒好的馅料包进蒸好的荷花边的面皮袋子里，即可食用，味道香甜。荷花包的馅料比较特别，用猪肉丁加冬瓜糖、芝麻等翻炒，再加上橘子皮丁拌成馅。

猪屎螺

猪屎螺是东山岛上一种常见的海鲜，螺壳呈黄色带斑点，螺肉呈黑色带条纹，看起来有点像猪的粪便，所以东山人就将它称为猪屎螺，它的学名叫"瓜螺"。猪屎螺的名字听起来不雅观，但是不妨碍东山人对它的喜爱。当地人喜欢将猪屎螺处理干净后和排骨一起炖煮，味道非常鲜美。也有人喜欢将猪屎螺切片爆炒或做成酱汁菜，口感Q弹十足，十分美味。

（编纂：谢惠英、林彩平、黄克桐、李剑卿、陈锦生　审稿：陈春亮）

泉 州

综　述

千年古城　源远流长

泉州位于福建东南沿海，北承福州，南接厦门，东望宝岛台湾。古时有温陵、刺桐、清源、泉南等别称，早在旧石器时代就有人类生息繁衍。泉州作为宋元时期中国的世界海洋商贸中心，开创了泉州港四百年辉煌历史。泉州是福建省三大中心城市之一、国务院公布的首批24座中国历史文化名城之一、联合国教科文组织命名的世界多元文化展示中心和中国首个"东亚文化之都"。至2021年，泉州市辖鲤城、丰泽、洛江、泉港4个区，晋江、石狮、南安3个县级市，惠安、安溪、永春、德化、金门（待统一）5个县和泉州经济技术开发区、泉州台商投资区；常住人口885万人（不含金门县）；少数民族55个，以回族、土家族、苗族和畲族居多；方言以闽南话为主，通用语言为普通话。

美丽海湾　蓝色宝库

泉州依山面海，终年温暖湿润，雨量充沛，四季常青。山地、丘陵占土地总面积的五分之四，俗称"八山一水一分田"。海域面积11360平方千米，海岸线541千米，大小港湾14个，岛屿270个，可建万吨以上深水泊位123个。泉州港位于福建东南沿海，古称刺桐港，是中国古代"海上丝绸之路"的始发港之一。泉州湾、湄洲湾、深沪湾、围头湾等大小港湾几十个，其中肖厝港和斗尾港是世界不多、中国少有的天然良港。近岸海域海洋生物物种较丰富。2017年，共鉴定生物种类257种，浮游植物2门90种。拥有河口、海湾、岛屿、滨海湿地、红树林等浅海生态系统，湿地面积9.62万公顷。港口条件优越，已建渔港24个，泊位124个。货物港口共有泊位数89个，港口吞吐量11805万吨。年水路货运周转量达2320亿吨千米。2021年泉州市水产品产量105.09万吨。石化产业产值达3000亿元，占全省石化产值的72%，泉港、泉惠石化基地建成为国内先进石化产业基地。建设对台（金）客货运港口码头，推动对台直航口岸基础设施建设，开展泉台航线服务保障工作，为两岸海洋经济可持续发展创造良好环境。

海丝起点　梯航万国

泉州书写的海洋史诗，可追溯到闽越时代。南朝时泉州已有舟船可通广州，连接海外。唐初武德年间（618—626），就有伊斯兰教教徒、穆罕默德门徒三贤沙谒储和四贤到泉州传教。唐朝中后期，泉州已开始接待外国贡使。随着海外通商贸易的不断发展，泉州出现"船到城添外国人""涨海声中万国商"的盛况，与当时的广州、扬州、交州并称为中国四大对外贸易商港。唐朝，泉州就已成为中国古代"海上丝绸之路"的东方起点之一。五代时，泉州的海外交通得到进一步发展。北宋元祐二年（1087年），朝廷在泉州设置福建市舶司，因应日渐繁盛的海外贸易，确立了泉州重要对外贸易港的地位，泉州港自此进入快速发展期。至北宋后期，泉州的对外通商贸易已涉足31个国家和地区，仅次于广州。南宋时泉州与海外58个国家和地区有通商往来，与广州并驾齐驱。泉州港"风樯鳞集"，成为"夷夏杂处，权豪比居"的国际都市，进入空前繁荣的黄金时代。元朝，泉州港迎来鼎盛时期。泉州取代广州的位置，中国对外贸易的重心逐渐转移到泉州港。泉州与海外通商贸易的国家和地区达近百个，东至朝鲜、日本，南通南洋诸国，西达印度、巴基斯坦、阿拉伯和东非，成为"梯航万国"、舶商云集的东南巨镇。刺桐港作为"东方第一大港"，成为与埃及亚历山大港并驾齐驱的世界大港之一。泉州保存或发掘古代通过海路进行海外通商贸易和对外文化交流的大量历史记载、遗迹、遗物，成为"海上丝绸之路"东方起点城市之一的有力见证。

世遗泉州　文化之都

　　泉州丰富多元又独具特色的历史文化遗产，内容丰富，数量庞大，分布广泛。泉州历史上宗教文化极为繁荣，素有"泉南佛国""闽南蓬莱"之名，被誉为"宗教圣地""世界宗教博物馆"。有始建于唐代的福建省规模最大的佛教寺院开元寺，建于宋代的素有"南武当"之称的真武庙，世界仅存的摩尼光佛石造像，中国现存最早的伊斯兰教清净寺，现存最古老最完好的伊斯兰圣迹——灵山圣墓等。"闽中桥梁甲天下，泉州桥梁甲闽中"，据乾隆版《泉州府志》记载，泉州历代造桥总数为260座，宋元时期建造的有139座。洛阳桥是中国古代四大名桥之一，桥中有罕见纪年文物"月光菩萨"；安平桥号称"天下无桥长此桥"。泉州是全国唯一拥有联合国教科文组织全部三大类别"非遗"名录的城市，截至2021年，有世界级非物质文化遗产项目5项，国家级"非遗"项目36项，省级"非遗"项目128项。"南音"、"南戏"（提线木偶戏、梨园戏、高甲戏和打城戏）、"南少林武术"、"南建筑"和"南工艺"构成独具特色的泉州"五南"文化。南音和闽南民居营造技艺被列入联合国教科文组织"人类非物质文化遗产

泉州开元寺（吴寿民　摄）

南音演奏（吴寿民　摄）

名录"，泉州提线木偶被列入联合国保护非遗公约"优秀实践名册"等。全市有各级文物保护单位945处，其中国家级重点文物保护单位44处，省级文物保护单位104处。《世界遗产名录》之"泉州：宋元中国的世界海洋商贸中心"，凸显了泉州作为中国海洋文明重要代表性城市的国际地位。

品牌之城　海洋大市

改革开放以来，泉州走出一条"以市场化为制度基础、民营经济与外向型经济互相促进为最大特色、县域经济发达为突出亮点、品牌化为突出优势"的具有侨乡特色的经济建设路子，成为福建省乃至全国发展最快、最具活力的地区之一。泉州先后获批成为国家级金融服务实体经济综合改革试验区、国家民营经济综合配套改革试点城市、国家21世纪海上丝绸之路先行区，拥有"中国鞋都""中国纺织服装基地市""中国休闲服装名城""中国石雕之都""中国民间工艺品之都""中国树脂工艺之乡""中国建材之乡""中国乌龙茶之乡""中国藤铁工艺之乡""中国瓷都"等10多个国家级荣誉称号和"世界藤铁工艺之都""世界石雕之都""世界陶瓷之都"等多个世界级区域品牌。2021年，泉州市注册商标总量58.3万件，居全国地级市首位；拥有中国驰名商标159件、马德里商标国际注册1048件，上市企业109家，数量居全省首位、全国地级市前列；连续10年专利申请量、授权量居全省设区市首位。不断提升海洋科技创新能力，全市共有25个海洋科技项目列入省、市级科技示范专项，11个省级海洋经济创新发展区域示范项目顺利实施，海洋生物加工产业技术创新战略联盟企业成功对接技术引进和成果转化项目30多项。

爱拼敢赢　英才辈出

　　长期冒险出海，生死间的锤炼，铸就泉州人坚韧不拔、敢于拼搏的精神气质。"少年不打拼，老来无名声""三分本事七分胆""输人不输阵"等耳熟能详的俚语，是泉州人"爱拼敢赢，敢为天下先"人文性格的真实写照。泉州自古以来素有"海滨邹鲁"的美称，人才辈出，唐朝至清朝，共有文进士2378人，武进士193人；近代亦有许多为民主革命、民族振兴、文教发展作出重大贡献的人才。民族英雄郑成功，思想家李贽，政治家曾公亮、吕惠卿、张岳、李光地，军事家俞大猷、施琅，理学家蔡清，文学家欧阳詹、王慎中、司马文森、莫耶，艺术家何朝宗、张瑞图，科学家苏颂、丁拱辰、庄长恭、蔡镏生、李景昀、张文裕、谢希德、陈火旺、林俊德，华侨领袖李清泉、李光前、庄希泉，革命志士李子芳、董云阁、李南金、李刚、陈平山等，就是其中的佼佼者。

爱国爱乡　桑梓情深

　　泉州是著名侨乡。早在三国吴永安三年（260年），已有域内居者移居菲律宾。到19世纪中期，南洋华侨人数接近100万，而泉州籍人已不少于20万人。1950年至1966年，先后有20多万泉州人通过各种途径移居国外。1972年至2002年，泉州出国的新华侨、华人有50多万人。至今，在海外繁衍生息的泉州籍华侨华人有900多万人，90%居住在"海上丝绸之路"沿线，分布在130多个国家和地区。全市有归侨1.2万人、侨眷255多万人。泉州是台湾汉族同胞的主要祖籍地之一，是大陆陆地距离台湾最近的区域。根据民国十五年（1926年）中国台湾地区人口调查数据，台湾汉族同胞中44.8%约900万人祖籍泉州。历史上泉州人曾有三次迁移台湾的高潮，仅民国三十四年（1945年）前后泉州人赴台就有10万余人。泉台两地有共同的方言、相似的建筑风格、相同的戏曲艺术和民间信仰。台湾地名与泉州相同的有180多处。泉州一直是两岸经济往来最靠前的连接点，据记载，早在隋朝，泉州与台湾两地就有商贸往来。宋代，中央政府曾将澎湖划归泉州晋江县管辖；元代在澎湖设置巡检司，隶属泉州同安县。金门县历来都属泉州所辖。因泉州与台湾渊源关系的特殊性，泉州曾在两岸交往史上创下不少"第一"，如第一艘台轮停靠，第一次进行两岸小额贸易，第一个设置台轮停泊点，第一家台资企业上市等，曾被誉为两岸关系的"晴雨表"和"窗口"。全国性对台宣传基地、祖国大陆唯一的对台博物馆——中国闽台缘博物馆在泉州建成开馆。长期以来，旅外乡亲热心桑梓建设，一大批贡献巨大、成就杰出的乡贤硕彦，成为泉州与世界密切联系的桥梁和纽带，推动泉州经济社会发展。

滨海风物　享受"泉"福

泉州山海兼备，风光秀丽，现有国家A级旅游景区42处，国家级重点风景名胜区、国家森林公园各1处，国家地质公园2处，并建立多处乡村生态旅游工农业旅游示范点及水乡渔村。有号称"闽海蓬莱第一山"的清源山和"闽中屋脊"戴云山，崇武至秀涂的28.8千米海岸线被《中国国家地理》评为"中国八大最美海岸线"之一。晋江深沪湾海底古森林遗迹自然保护区是中国唯一、世界少有的浅海域大面积海底古森林遗址保护区。中外多种文化兼收并蓄的民俗风情体现出文化古城和著名侨乡的风俗特色，如闹元宵习俗是泉州古老传统民俗一次大集粹；石狮端午闽台对渡习俗是全国乃至世界独有的民俗活动；还有"惠安女"造型、"蟳埔女"习俗，"拍胸舞"、"火鼎公婆"、"泉州刣狮"、歌吹漫步、迎神祭祀等。泉州美食源远流长，风味独特的闽南菜流派是福建闽菜系的重要组成部分。泉州地方特色小吃达300多种，曾被全球网民评选为"最中国美食城市"，其中以海鲜和地方风味美食为主要特色，面线糊、牛肉羹、肉粽、土笋冻、润饼、花生汤、石花膏、贡糖、元宵圆、清源茶饼、源和堂蜜饯、安溪铁观音……泉州还有独具特色、技艺卓绝的工艺品，如泉州的木偶头、刻纸，惠安的石雕、木雕，永春的漆篮、纸织画，德化的瓷器等。

泉州作为21世纪海上丝绸之路先行区和福建省海洋经济大市，是福建海洋强省建设的重要阵地。未来，泉州将进一步关心海洋、认识海洋、经略海洋，因地制宜、突出重点，发展海洋健康食品、海洋药物与生物制品、海上牧场、滨海旅游等新业态，不断构建高质量现代海洋产业体系。

（编纂：陈雪娥、刘志家　审稿：许晓松）

丰 泽 区

一、综述

丰泽区位于泉州市中心城区，1997年6月建区，因辖区内有宋代建造的水利设施"丰泽斗门"而得名。丰泽区东与惠安县隔洛阳江相望，西与南安市毗邻，南与鲤城区和晋江市相邻，北与洛江区接壤，东南濒临台湾海峡泉州湾；全区疆域面积129.63平方千米，其中陆地面积105.84平方千米，海域及江域面积23.79平方千米，海岸线长21千米，属亚热带海洋性季风气候，地表水源属晋江水系和洛阳江水系。2021年末，全区辖东海、北峰、城东、华大、东湖、丰泽、泉秀、清源8个街道，常住人口72万人。

丰泽区境内金属矿产有矾钛磁铁矿、钼矿、铝土矿、钴矿等，非金属矿产有

晋江江畔

石材（花岗岩、辉绿岩）、高岭土、黏土、石英砂矿，还有地热、矿泉水等。

　　丰泽区拥有市级以上文物保护单位56处，南少林武术、南音、梨园戏等文化品牌闻名海内外；列入"泉州：宋元中国的世界海洋商贸中心"遗产点4处，有国家级非物质文化遗产保护项目"蟳埔女生活习俗"。国家级、省级人文自然景观星罗棋布，有清源山、灵山圣墓、南少林寺、真武庙、东湖公园、西湖公园、森林公园、海外交通史博物馆、华侨历史博物馆、闽台缘博物馆、蟳埔民俗风情园等景区景点。

　　丰泽区水路交通历史悠久，海上航运发达。宋元时，古刺桐港（包括今后渚港、法石港在内）成为国内乃至国际重要贸易港口。1997年建区后，后渚港、蟳埔港先后兴建5000吨级码头泊位2座、3500吨级码头泊位2个、3000吨级码头泊位2座及其他吨级码头、泊位。港口航线由东南泉州湾出海口经惠安县与晋江市、石狮市交界水域出到台湾海峡，与全国及全球各地港口相连。后渚港、内港与美国、俄罗斯、韩国、日本等100多个国家和地区有着船舶运输往来；有泉州至大连、天津、上海及香港、基隆等56条国内航线。

　　丰泽区海洋经济产业主要有海洋渔业、海洋交通运输业、滨海旅游业三个门类。海洋渔业以海洋捕捞业和养殖业为主，第二产业以海洋交通运输业以及粗放型水产加工制造业为主，滨海旅游为热点的第三产业比重正在逐步增加。境内海洋捕捞历史悠久，东海街道的蟳埔、金崎和城东街道的金屿、凤屿均为传统渔村。2020年，丰泽区水产总量1.32万吨，海水产品1.31万吨，海洋捕捞1.15万吨，淡水捕捞7吨；养殖面积427公顷，其中海水养殖面积400公顷，淡水养殖面积27公顷。

二、海礁海港

　　丰泽区东海街道蟳埔地处晋江入海口内，江面狭小，只在社区的东南江海交界处有一个叫"枪城"的小屿。此屿清康熙十九年（1680年）设置巡检司并驻有军队，称鹧鸪巡检司。蟳埔海域礁石分布广，有些还位于交通要道海域。低潮时

后渚码头（詹秋冰　摄）

露出水面，涨满潮时则淹没。在晋江入海口进入泉州湾南岸，蟳埔称"南沟"。沟中有"大占礁"等大小群礁十几个。

丰泽的后渚港位于泉州湾内洛阳江与晋江的交汇处，是海上丝绸之路的起点之一，港区距湾口约15千米，可供万吨级船舶在港池内掉头作业。通海航道有两处，大坠门航道和小坠门航道，分别供8000吨级以下船舶和万吨船舶通行。

三、生物资源

丰泽区海洋捕捞生物资源主要有海鳗、鳀鱼、蓝圆鲹、带鱼、马鲛鱼、鲳鱼、马面鲀、毛虾、对虾、鹰爪虾。水产养殖生物资源主要有鲟鱼、草鱼、鲢鱼、鲤鱼、鲫鱼、罗非鱼、鲈鱼、银鱼、蛏、牡蛎。2020年，丰泽区海水产品中，鱼类产值1.2亿元，虾蟹类产值1.37亿元，贝类产值1123万元。

云海渔歌（陈峻峰　摄）

海蛎（蚵仔）

"蚵仔"种养，在蟳埔已有数百年的历史。泉州湾晋江入海口滩涂地处咸淡水交汇处，蚵仔不腥不腻，颜色好看肉嫩带Q，是闽南著名"蚵仔煎"的首选"蚵仔"。"蚵仔"最佳季节为春冬两个季节。

紫　菜

20世纪60年代，蟳埔从晋江祥芝引进种植紫菜。蟳埔的紫菜种植于泉州湾蟳埔港、咸淡水交汇处，这里海上微生物丰富，紫菜钙和碘的含量高。

海　蛏

蟳埔人海生海长，在滩涂上种植海蛏，收益比种海蛎更丰厚。

文　蛤

蟳埔滩涂和沙滩资源丰富，适合种植文蛤，文蛤一年四季均为旺季，经济效益丰厚。

四、历史人文

（一）名胜古迹

清源山

清源山位于丰泽区清源街道北部。又称"北山""三台山""泉山""齐云山"，为清源山风景名胜区主景区，主峰海拔498米。自古以来，清源山就以三十六洞天、十八胜景闻名于世，其中尤以老君岩、千手岩、弥陀岩、碧霄岩、瑞像岩、虎乳泉、南台岩、清源洞、赐恩岩等为胜。清源山集闽越文化、中原文化和海洋文化于一体，以石雕、石刻建筑最为著称，现存完好的宋元时期道教、佛教大型石雕共7处9尊，历代摩崖石刻约450方，元、明、清三代花岗岩仿木结构佛像石室3处，寺庙宫观19座，以及近代高僧弘一法师舍利塔等，其中老君造像系全国最大的、雕刻年代最早、艺术价值最高的道教石雕。景区有国家文物保护单位3处、省级文物保护单位5处、市级文物保护单位8处，是国家重点风景名胜区、国家AAAAA级旅游景区，被列入首批中国国家自然与文化双遗产预备名录。

伊斯兰教圣墓

伊斯兰教圣墓位于泉州城东门外的灵山，是泉州伊斯兰教的重要史迹，现存国内最古老、最完好的伊斯兰教圣迹——灵山圣墓。相传是7世纪来到泉州的两位伊斯兰教圣徒的墓地。墓前方有一天然"风动石"，是福建省三个风动石之一。景区成为研究泉州海外交通史及伊斯兰教传播史的重要实物资料，为全国重点文物保护单位。

江口码头

江口码头位于泉州古城东南的晋江北岸，是连接古城的水陆转运节点，为泉州城郊的重要内港法石港的遗存，反映了内港码头的功能构成和使用方式。现保

今日文兴古渡

存有文兴码头和美山码头及一处宋代古船遗址。

东湖公园

东湖公园位于泉州市丰泽区东湖街,是号称"鲤鱼城"之鲤珠所在地,又是古泉州十大胜景之一"星湖荷香"遗址。公园内有"星湖荷香""祈风阁""七星拱月""东湖鲤泉""刺桐瑞珠""荷花飘香"等10多处景观,以及儿童乐园、动物园、游泳池、游船码头等现代观赏娱乐设施,是文体休憩综合性城市公园。

泉州少林寺

泉州少林寺又名镇国东禅寺,亦称南少林寺,位于清源山东麓,唐代嵩山少林寺"十三棍僧"之一的智空法师入闽所建,历经三兴三废,1992年重修,现有大雄宝殿、天王殿、演武堂、五观堂、山门、步行道、双护龙、方丈室、香积厨、僧舍等建筑,现存遗址有山门、洗脚池、金刚池、刮狗池、羊寮;遗物有石柱、石槽、石侏儒、石板凳及大石碑坊米芾书"万山第一"石刻和一块可敲出五音的天然岩石。

真武庙

真武庙位于丰泽区东海街道法石社区,供玄天上帝,又称真武大帝,始建于宋,明、清重修,是全国重点保护文物。现存建筑保留明清风格,包括山门、四角亭、真武殿及明代"吞海"石刻一方。据旧志载,此处宋时为郡守"望祭海神之所",是泉州海外交通的重要史迹。

青莲寺

青莲寺位于丰泽区浔美社区安吉路中段,依山临海,周边11棵参天古榕环抱,自然风光独特。青莲寺始建于宋大中祥符四年(1011年),初名观音寺。南宋绍兴元年(1131年)改名为普济观音禅寺。清康熙三十八年(1699年),更名为美山青莲寺并延续至今。历经修扩,有大悲殿、如来殿、山门、界墙、停车场等和僧舍、客堂、五观堂等生活配套设施,加上古榕、石雕小品的衬托,使青莲寺这座古寺颇具韵味。

蟳埔顺济宫

顺济宫位于丰泽区东海街道蟳埔社区，始建于明万历年间（1573—1620），历代有重修。主祀妈祖，配祀观音，是泉州著名祭祀妈祖庙宇，为省级文物保护单位。

（二）博物馆

中国闽台缘博物馆

中国闽台缘博物馆位于泉州市区西北侧，2006年5月开馆，占地23332平方米，展厅总面积7355平方米。中国闽台缘博物馆是反映祖国大陆（主要是福建）与台湾历史关系的国家级专题博物馆。博物馆采用"天圆地方"的设计理念，运用闽台两地传统建筑"出砖入石"的特色工艺，突出海峡两岸人文精神与地域特色。

泉州海外交通史博物馆

泉州海外交通史博物馆位于丰泽区东湖街，国家一级博物馆，由新、旧两个馆组成，建筑面积1.73万平方米，陈列面积1.1万平方米。博物馆反映古代航海交通历史，它以中世纪刺桐港即泉州港的历史为轴心，再现中国古代海洋文化。重要文物有古代宗教石刻、泉州湾宋代海船等。

（三）特色建筑

蟳埔蚵壳厝建筑群

建筑群位于丰泽区东海街道蟳埔社区，利用蚵壳作为建筑装饰材料，形成与周边其他传统民居不同的建筑风格。该建筑群对于研究、展示东海蟳埔一带独特的建筑用材具有一定意义。

北峰陈碧峰故居

陈碧峰故居位于丰泽区北峰街道北峰社区248号，建于民国，是旅缅华侨陈碧峰之故居。建筑内装饰有精美的石雕、木雕与砖雕，屋内石柱与下落墙堵上留有"文化大革命"时期毛主席语录，屋面悬山顶、燕尾脊，为市级文物保护单位。

南埔古大厝

古大厝位于丰泽区华大街道南埔社区，建于清代，是清末武魁魏捷玉（昭美）的故居。古大厝为闽南官式大厝（俗称"皇宫起"），保存较为完好，门楣上挂有一块书有"武魁"牌匾，主体建筑为硬山顶，燕尾脊，红墙红筒瓦，主厝雕梁画栋，真金油漆，浮雕堆塑，富丽堂皇。

凤山急公尚义坊

尚义坊位于丰泽区东湖街道凤山社区西北处，建于清康熙年间，为三间四柱三重檐歇山顶牌楼式建筑，全用花岗岩砌筑。系李光地为其八世祖李森行善赈灾的功德而建，坊上额匾刻的"急公尚义"四字为清康熙帝的御笔。坊上栏板刻有李光地记文。坊雕工精细，结构谨秀，具有较高的艺术价值，为省级文物保护单位。

（四）碑记石雕

清源山摩崖石刻

石刻位于清源山各处，年代自唐至现代。形式有题字、题诗、题句、题匾、题联和纪事，分别刻于摩崖、石碑、石匾和石柱上，内容广泛丰富；书体篆、隶、楷、行、草齐全，字径有的大达4米多，具有极高的文物与艺术价值，为省级文物保护单位。

清源山宋元石造像群

石造像群位于清源山上，包含老君岩、赐恩岩、瑞像岩、弥陀岩、碧霄岩三佛像5处石造像，为全国重点文物保护单位。老君岩造像位于清源山右峰南麓的罗山、武山之间，由一大整块高5.63米、宽8.01米、厚6.85米的天然花岗岩石雕琢而成，为中国现存最高大的老子石刻造像，堪称宋代石雕艺术的代表作之一。赐恩岩位于清源山左峰五台山西南山腰，因唐代进士许稷受到德宗皇帝恩赐而得名，系北宋元祐年间（1086—1094）依地表天然巨石雕刻成观音像；瑞像岩位于清源山天柱峰北侧，北宋元祐二年（1087年）依崖壁雕琢成释迦瑞像；原有石木结构殿宇，几经兴废后，明成化十九年（1483年）重修，改建为仿木构四角攒尖顶石室。弥陀岩位于清源山右峰擎珠峰下，宋代依巨岩崖壁间雕凿，元至正二十四年（1364年）重加雕琢刷金，并建石室予以保护，以后历代均有重修刷金。碧霄岩分上下碧霄，造像在下碧霄，为藏传佛教风格三世佛，系元世祖至元二十九年（1292年）依天然岩壁雕琢而成，至正二十七年（1367年）重修。石窟高3米，宽5米，深0.7米，3尊佛像并排坐于窟中仰覆莲座上，是中国目前现存最早、保存最完整、地处最东南的藏传佛教三世佛造像。

浔美万正色惠乡碑

该碑位于丰泽区城东街道浔美社区美山古地庙护厝塌寿内，康熙二十三年（1684年）立，碑文正文为阴刻楷书，碑额题"提督福建全省军务官保万公惠乡碑记"篆书。该碑为表彰福建陆路提督万正色于康熙十九年收复福建沿海岛屿之后上疏复界惠泽家乡之功德，为市级文保单位。

五、民俗风情

蟳埔女习俗

蟳埔女习俗是泉州市的传统民俗。蟳埔女主要分布在丰泽区东海街道蟳埔、金崎、后埔、东梅等社区，与惠安女、湄洲女并称为福建三大渔女，又称鹧鸪姨、蟳埔阿姨。蟳埔女习俗，包括生产、生活习俗和民间信仰，别具一格，凸显海洋文化的艺术特征。2008年6月7日，蟳埔女习俗被列入第二批国家级非物质文化遗产名录。

蟳埔女习俗（吴寿民 摄）

蟳埔女服饰俗称"大裾衫，阔腿裤"。上衣为布纽扣的斜襟掩胸右衽衣，其肩、臂、胸、腰的尺度力求与身体相协调，既显示出柔和的曲线，又不失女性苗条与丰满；裤子为阔腿裤，挑担行走轻松自如，便于劳作。蟳埔女头饰俗称"簪花围"，将秀发盘于脑后，梳成圆髻，然后再穿上一支"骨髻"，另用鲜花的花苞或花蕾串成花环，再以发髻为圆心，圈戴在脑后，整个头上所戴鲜花姹紫嫣红，花团锦簇，也被称为"流动花园"。蟳埔女的骨笄头饰乃古代"骨针安发"之遗风，系全国独有的"活化石"。蟳埔女的耳饰别具一格，成为不同年龄辈分的区分。蟳埔女婚俗最具特色的莫过于"半夜出嫁"的婚俗，其婚嫁趣闻，构成闽南沿海一大民俗奇观。蟳埔女的生活习俗还有喜庆、过年及挂红等习俗，皆颇具特色。

蟳埔女居住的蚝壳厝具有抗风防水、冬暖夏凉、墙体坚固特点，极适宜海边多风潮湿气候环境，除了实用性以外，更具美观效果，形成闽南渔村颇具特色的自然景观。蟳埔人信仰海上女神妈祖，每年农历三月初九妈祖生日和九月二十三妈祖忌日，男女老少组成浩浩荡荡的"巡香"队伍，抬着妈祖神像，进行虔诚的祭祀活动。

贴船联习俗

蟳埔为传统渔村，"贴船联"反映渔民对船的美好寄望，每当新船"出龙"（试航）或是新春佳节，渔民都要把船洗净，油漆一新，并在各个重要部位贴船联，以祈求平安顺利。

六、美食特产

丰泽区美食特产丰富，代表性美食有面线糊、蚵仔煎、元宵丸、鱼仔粥、石花膏、润饼、土豆糖、食珍糕、猪血汤、槟榔芋泥等，主要特产有"福建老字号"武夷清源茶饼。

面线糊

以虾、蚵、蛏、淡菜等味美质鲜的海产品熬汤，与面线煮成糊。在食用时可加入鸭肠、猪血、猪大肠、醋肉等，并以葱花、胡椒粉调味，面线糊味道鲜美，清甜爽滑，是泉州的著名特色小吃。

蚵仔煎

即海蛎煎，是以加水后的番薯粉浆包裹海蛎、鸡蛋、葱、香菜等食材所煎成的饼状物，食用时配上甜辣酱和翠绿的芫荽，色、香、味俱全，十分可口。

鱼仔粥

先将猪骨汤烧沸，然后放进蒸熟的糯米烧煮片刻，再放入五花肉、香菇、冬菜、赤鱼，起锅后加上嫩姜丝，撒上炸葱花、芹菜末、蒜泥、胡椒粉、白酒，即可食用，鱼仔粥营养丰富、烹煮简易，深受泉州百姓喜爱。

石花膏

石花膏有上百年历史，用石花草熬制或石花粉煮成，成品像果冻透亮清澈，食用时可加入蜜水，具有解暑、祛热功效，是夏季解暑良品。

七、特色村镇

蟳埔民俗文化村

该村位于泉州湾内晋江出海口的鹧鸪山下，属丰泽区东海街道蟳埔社区，面积2.3平方千米，居民有1687户、6155人。蟳埔社区历史悠久，民风古朴。蟳埔社区的男人历来从事外海捕捞作业或远洋运输；妇女却常年从事内海养殖和鱼虾捕捉，挑担穿行于集市贩卖鲜活水产，操持家务，教育子女和照顾老人。她们居住在蚵壳厝内，敬奉着妈祖女神和大普神庙，身着独特的服饰，头戴"簪花围"。蟳埔社区有大小寺庙十余座，包括顺济宫、宁海宫、富美宫、王爷宫等。每年农历正月二十九妈祖生日时，蟳埔社区均举行妈祖巡香活动，男女老少盛装打扮，家家户户设香炉供桌迎接，人人手擎一把香紧跟妈祖像后巡行，场面壮观热闹。

（编纂：卢承志　审稿：李美泽）

泉 港 区

一、综述

泉港位于闽东南沿海湄洲湾沿岸，历史上属惠安县北部，过去称为"惠北""头北"。2000年4月，经国务院批准，设立泉港区，为县级建制，同年12月正式挂牌。2021年，泉港区下辖7个镇（街道），101个村（居），户籍人口420513人，共有汉族、回族、畲族、蒙古族、黎族等34个民族。

泉港自古有沿海百姓以制盐为业，且"煎盐之获利，倍于农耕"，故历代多有民众以业盐获取"盐利"。现山腰盐场面积11平方千米，年产销日晒盐10万吨，是福建省两大国有盐场之一和原盐重点生产、出口基地，产品畅销全国六省一市及日本和东南亚各国。山腰盐场日晒盐以"细、白、纯、干"著称，

沙格码头作业区

原细盐质量达到国家一级标准。

泉港三面环海，海岸线曲折，长达57.9千米，海域面积119平方千米，是东南沿海渔乡，主要经济鱼类有白带鱼、鳗鱼、黄花鱼、马鲛鱼、鲳鱼、鱿鱼、对虾、梭子蟹等，主要渔场有泉州湾渔场、湄洲湾渔场、乌丘渔场、崇武渔场，以及海域外侧的南浅渔场、北浅渔场、麻头深渔场等。有肖厝、沙格等深水良港，肖厝港更是"世界不多、中国少有"的天然良港。泉港航运发达，自唐代始就与"南藩"通贸。肖厝、沙格、峰尾等地先民凭借过人航海经验和水密隔舱福船制造技术，"通商贾，辇货于境外，几遍天下"。工艺精湛的雕花床、被誉为"福建绸"的苎麻布、山腰日晒盐等从泉港出发，畅销多地。

凭借丰富的海洋资源，泉港正进一步形成港口兴、渔业优、盐业强的发展局面，续写"中国海港文化之乡""中国水密隔舱福船文化之乡""中国海盐文化之乡"的繁荣文化图景。

二、惠屿岛

惠屿岛是泉州市唯一的海岛行政村，泉港辖区内唯一的有居民海岛。位于南埔镇东北部，与莆田市秀屿区隔海相望，保持原汁原味的海岛气息。以渔村风貌、海上渔排、生态岛屿为景观资源本底，以渔村民俗为文化核心，将生态养殖和民俗风情相结合，实现旅游创新开发，构建泉州地标性形象旅游岛、福建省乡村旅游示范点、海西生态文明示范区、全国休闲渔业示范基地，使之成为融渔村观光、岛屿游憩、渔家体验、生态休闲于一体的"印象之岛""生态之岛""漫游之岛""幸福之岛"。主要景点有晋富宫、神井甘泉、仙洞、德政碑、圣蛙石、名人石刻、观景公路、听涛亭、南尾山、灯塔、村史馆等。在海上可观看万吨级原油码头、大小油轮、渔排网箱、日出日落等。2006年，惠屿获评泉州市十佳魅力乡村。2015年，惠屿休闲渔村入选泉州市休闲农业示范点，被列入泉州市魅力乡村精品线路。2021年，惠屿获评省级"金牌旅游村"。

惠屿岛

三、五里海沙

　　五里海沙是连接峰尾港与后龙港之间的一处天然沙滩，因沙滩长度足有五里而得名，是泉港众多海岸线中最美丽的一处，素有"泉港北戴河"之称。它东起峰尾码头，北至后龙港口，其间经诚峰、郭厝、柳厝、后龙等村边界，形似半圆弧形。这里的海浪轻缓，海风柔和，视野开阔，是观海的第一选择。此处沙滩宽30余米，沿海水至岸边可分成三块区域，砂砾越往岸上越粗糙，而靠近海水和近岸边的沙子则分外洁净细腻。从此处远眺，东屿岛和惠屿岛隐现天边，炼油厂码头油罐闪耀着粼粼银光，峰尾码头的渔船和村落恍然如画，后龙镇地界则是一片丘陵起伏、层林叠翠的悠然美景。同时，此处也是牡蛎、蛏、紫菜等海产品的养殖场。潮退之后，整整齐齐的养殖田铺展于眼前，也不失为独特景致。

四、天然良港

泉港的港湾地处海峡西岸繁荣带中部，湄洲湾内澳突出部，犹如"龙口含珠"，堪称是境内的半壁江山，得天独厚，有岸线57.9千米，肖厝天然良港占据湄洲湾诸多优越条件，港区后部陆地宽敞，大片红土低丘台地，适宜城市和港口建设用地。

肖厝港

肖厝港位于湄洲湾西岸，海湾深入内地18千米，三面为山丘环抱，湾区面积达516平方千米，深水岸线21.4千米，是中国三大天然深水港湾之一。该港区肖厝、鲤鱼尾作业区深水岸线长达10千米，可建万吨级以上泊位24个。肖厝港以石化基地为主，同时承担装卸杂货、煤炭、粮食、铁矿沙、工业盐等。目前港区由肖厝、鲤鱼尾两个作业区及峰尾作业点组成。近年来，肖厝港按照"大港口、大物流"的目标规划，加快配套设施建设，提升口岸整体运作能力。依托功能齐全的深水泊位群和

肖厝良港

四通八达的交通网络等港口物流优势，这里成为"一带一路"沿线国家和地区大宗货物集散地和物流中转中心之一，也是福建省重要的对外贸易口岸之一。

峰尾港

峰尾港位于峰尾镇东北突出部，总称峰尾澳，明代设巡检司，诚峰村的姑妈宫澳为其主要港口。1973年建有突岸式简易码头，泊位长30米，环港防波堤200多米，原为三级渔港。2015年被农业部确定为一级渔港。整个港区作为肖厝港的组成部分之一，纳入肖厝港的一体化管理。

山腰港

山腰港位于山腰街道的南部，由白石港和菜堂港组成。这里曾经是惠安县吞吐量最大的港口之一，港区范围在盐场沿岸2千米，岸线长2.18千米。山腰港主航道是"石眠床"至辋川港，其间设置4个码头：东海码头，大潮时可停泊200吨以下货船，500吨以下驳船；南海码头，停泊船舶与东海码头相似；西海码头，可停靠500吨以下货船，1000吨以下驳船可随潮水进出；下江码头，可停靠300吨位货船及500吨位驳船。

五、生物资源

（一）植物

紫 菜

泉港沿海具有紫菜生产养殖的良好天然条件，如峰尾圭峰塔外的黑礁因盛产的紫菜呈黑褐色而得名。2010年，金维他（福建）食品有限公司引进国际先进技术设备，利用头水紫菜，研发名牌产品"金维他（乐宜）22°紫菜王"系列产品，被国家标准化管理委员会认定为"无公害农产品"，被评为福建省名牌产品。到2015年，全区紫菜养殖面积达4335亩，产量达17640吨。

海带养殖

海　带

海带是泉港区海水养殖的一个强项。2012年，海带养殖面积达186.67公顷，产值达2500万元，辐射和带动邻近的后龙镇峰前、上西、后垅，峰尾镇的诚峰、诚平和南埔镇的肖厝、惠屿、柯厝等村的100多个海带养殖户，成为泉州市最大的海带养殖基地。"鑫盛"牌海带结曾获得"中国99昆明世博会"金奖、2000年福建省"农业精品展销会"金奖、2001年福建省"名特优新产品"金奖、福建省"无公害产品"和"泉州市知名商标"等荣誉和称号。

（二）动　物

惠屿鲍鱼

1990年，南埔惠屿村从福建东山和辽宁大连引进鲍鱼养殖技术，成立境内首个海水养殖专业合作社。经20多年养殖实践和技术创新，"惠屿鲍鱼"成为泉港名产，获省颁"无公害农产品产地"认定证书。2014年，惠屿养殖鲍鱼5000多万粒，成为泉港区最大的海水养殖鲍鱼基地。

花　鲈

花鲈俗称"鲈鱼""七星鲈"，味道鲜美，历来作为宴席的名贵佳肴。南埔镇肖厝村、惠屿村地处湄洲湾内澳，具有得天独厚的地理条件，海域的饵料资源丰富，适宜人工养殖鲈鱼。泉港养殖的鲈鱼肉质洁白细嫩，广受欢迎。2015年，养殖花鲈年产量达7670吨。2021年，共投放鲈鱼鱼苗55.6万尾。

石斑鱼

石斑鱼体中长，侧扁，肉质油滑，味道鲜美，营养丰富。泉港区的石斑鱼养殖技术由南埔镇的肖宗耀、肖美如、肖剑阳、肖琦山和肖志良等人自1984年从福建漳州的东山、诏安和漳浦引进，现以肖厝海水网箱养殖为主。

六、历史人文

（一）遗迹遗存

东岳庙

东岳庙位于峰尾镇诚峰村南门外，坐北朝南，占地668平方米。始建于宋嘉定十三年（1220年）。清顺治十八年（1661年），峰尾居民奉诏内迁，庙毁。1978年后陆续重修，历时15年。东岳庙由南向北依次为山门、戏台、两廊、大殿，木砖石结构。正殿主祀正顺尊王，爵号"正顺灵惠显翊忠侯王"，民间称之"本官爷"。东侧奉祀文昌帝君。殿廊东西耳门加筑重檐歇山式屋盖，无楹桷支撑。南面就是戏台和阁楼。庙开左右小三椽结构的山门，门拱贡埭（亦名南塘），匾题"威镇南塘"即缘起此故。大殿内外立有木、石大柱38根，楹联、匾额数十副（方）。2001年12月，东岳庙被公布为区级文物保护单位；2013年，被公布为省级重点文物保护单位。

永全社

永全社又名"社亭""观音妈宫",位于峰尾半岛东部临海崖岸上,为峰尾区域古城"七社"之首。永全社原址在旧城顶,南宋庆元年间(1195—1200)始建,俗称"社亭"。又说永全社上有一亭翼然故名。明洪武三十一年(1397年),社亭迁至古城东内拓建,更名为"永全社"。清顺治十八年(1661年),移民内迁,永全社遭烧毁,社主之神像随迁至仙游赖店,至今该地仍存永全社遗址。光绪二十六年(1900年),举人刘瑞凤倡议并首捐2500银圆重修,这才重新恢复为五大殿。现今,永全社仍保存一方清乾隆二十五年(1760年)"修理永全井记"石碑,一尊陈仙姑古雕小塑像,一对清代柱础等文物。中殿主祀观世音菩萨,左右殿奉祀天上圣母林默娘和顺天圣母陈靖姑,偏殿配祀关夫子、赵公明、红面相公等。永全社坐东北朝西南,占地面积220平方米,系重檐歇山式屋顶,砖石木结构。2001年,被泉港区政府公布为重点文物保护单位。

圭峰塔

圭峰塔位于峰尾镇诚平村塔仔澳上,坐西朝东,遥望台湾海峡,是闽南乃至福建最重要的海岸航标灯塔遗迹之一,也是泉港海洋文明的象征。圭峰塔始建于元代,明崇祯三年(1630年)倒塌。清嘉庆三年(1798年),由里人陈良元等倡议并重建。1998年塔身修葺一新。塔为石构方形,四角重檐楼阁式,共三层,葫芦刹石塔。塔高6米,底座实心,用块石砌成。上二层逐层收分。门楣上楷书阴刻"圭峰塔"三字为额。塔刹顶端有卯榫相嵌的活动装置,是指引船舶出港入澳的航标;塔座所临峭壁上有"观澜"古石刻。2001年,圭峰塔被公布为区级文物保护单位。

蚁山商周时代文化遗址

遗址位于涂岭镇芦朴村东北400多米处的蚁山顶上南北坡,贝壳堆积,分布范围东西长约80米,南北宽约50米。1984年调查,1987年发掘。之后陆续采集到的重要文物大部分为陶器,分为粗砂陶、细砂陶和泥质陶三种。品种有罐、尊、釜、钵、杯等。磨制石器有石锛2件。蚁山遗址属于新石器时代晚期,年代在距今

4300年至3000年左右。从其少量青铜时代器物特点看，蚁山遗址已经开始向青铜时代过渡。2005年夏，福建省博物院会同泉州市文物部门对濒危的蚁山遗址进行抢救性考古挖掘，在蚁山南坡、西坡采集到石础、钻孔石斧、石锛、纺轮等新石器时代生产工具。2001年12月，被公布为区级文物保护单位。

槐山古窑址

该址位于泉港区界山镇槐山村北400米处的银厝尾和500米处的上庄山仔头的坡地上，是泉港至今发现最早的古窑，建于唐至五代间。暴露古窑址5处，各窑址相距在数十米至二百多米之间。1976年经调查，分别定名为银厝尾一窑、二窑，山仔头一窑、二窑及三窑（主要为前二窑），统称槐山窑址。据传，这一带曾有99处古窑址，后多被开荒为田，唯银厝尾窑保存较好。1984年11月，省博物馆考古部对银厝尾古窑址进行正式发掘，清理出窑基，发掘出罐、壶、盆、碟、碗及窑具等数十件，而以四系罐为最多。20世纪七八十年代，槐山的制瓷工人从两米之深的制瓷原料土层中挖掘出古船板。槐山古窑址是当时的肖厝港为古代"东方第一大港"主要组成部分的佐证。2001年12月，被公布为区级文物保护单位。

峰尾古城

峰尾古城位于泉港区峰尾镇诚锋村。明洪武二十年（1387年），明太祖令江夏侯周德兴经略闽省海防，设卫置所，以备防御倭寇侵扰。周德兴把原设置于沙格的巡检司迁移至峰尾，营造峰尾城。峰尾向为海防要地。它北障沙格，南拒黄崎，与兴化府之吉口、湄洲诸岛互为犄角。峰尾城"控制大海，其巡警守备各画地为界"。古城原在石狗尾至东楼之高阜处，俗称"旧城"。明嘉靖四十四年（1565年），修筑新城，移于凑集之地。筑造大环场面，"广而倍之"，兼容民居，重建的大环城周围300多丈，城墙洞3丈，高4丈。峰尾的商家大兴海上贸易，曾有"小上海"之誉，历经抗战、内战后，新旧峰尾城均荡然无存。

土坑村红砖古厝群

古厝群位于后龙镇土坑村，宋元时已有刘氏族人居住。明代靖难之变后，兴化（今莆田）的贵族刘宗孔携眷渡海到湄洲湾南岸避难，见此处峰峦相映，曲水停蓄，遂命名为"涂山"，欣然居之。刘氏一族在这荒原野地开拓创业，至此下传的明清两朝代代皆有入朝为官者。这些才俊荣归故里后，皆建造显赫的府第。从明永乐至清乾隆年间，土坑村中共建有40多座的古大厝，聚集成一处宏伟壮观的古民居群。古厝群拥有600多年历史，兼具莆田与闽南地方特色。在古厝群中间，有一条百米长的青石古街。当年刘氏族人在此经商，商行、当铺、金银店遍布，使这里形成繁华的港市。古大厝现存27座，排列齐整有序，布局精巧，壮观辉煌，是见证了"海上丝绸之路"往昔繁华的土坑村港市遗址。2019年，土坑古建筑群被公布为第八批全国重点文物保护单位。

烽火台

泉港今域明代以来，在海陆要冲之地的汛澳、城池、关隘、险寨等筑有烽火台多座，用于守望报警，相互呼应，防御倭患。龟石山烟墩建于清顺治十八年（1661年），位于南埔镇寮仔村西北的龟石山上，面向东南可远眺村落和大海。九峰山烟墩建于清康熙八年（1669年），与元明两朝军事要地陈同关、陈同寨互成犄角。山的东面是一片丘陵地带，远望山色苍翠，烟墩的东南面可眺望碧波大海。今天只存留墩台，墩台呈椭圆形，依山势垒砌石块。东南面有烽火台，呈四边形，用条石筑砌。肖厝烟墩建于明朝嘉靖年间（1522—1566），位于南埔镇肖厝村的烟墩山上，东北面向湄洲湾。2001年，烽火台被列为第一批区级文物保护单位。

沙格灵慈宫

灵慈宫位于沙格村，始建于元至元年间（1264—1294），初名"圣母庙"。清嘉庆十四年（1809年）及光绪年间大修，添置殿内外的几对石柱，并改称灵慈宫。主祀海神妈祖。1986年春起至1987年10月由华侨集资重修，后又陆续小规模修整。宫坐北朝南，总面积504平方米。1993年10月福建省文化厅和省考古博物馆曾向灵慈宫借"海天元后"匾及筊杯、霞帔、大螺壳、大铜锣等5大件镇宫之宝赴台湾参加妈祖民俗文物展览。灵慈宫是研究泉州古代海外交通史暨闽台关系、妈祖文化、华侨史的重要史迹。1996年，被公布为第四批省级文物保护单位。

（二）民俗信仰

抢"七星灯"习俗

抢"七星灯"为泉港元宵期间的独特民间习俗。"七星灯"原名"姑仔灯"，为农村七月普度产物。其灯绑在一根长一丈多的竹竿上，竹竿顶端糊有纸仙鹤，脚下挂有六角灯罩，每角挂一盏主灯，谓之"魁灯"。灯笼用细竹编成，古典枣形，外糊棉纸，灯东侧彩绘"两童子戏骑麒麟"图，西侧交叉"天赐麟儿"红字，外表涂桐油，点燃后明亮夺目。连同纸仙鹤共七盏灯，得名"七星灯"。相传清代有位外地人，孤身流落到泉港一带，经他抚摩过的小儿能祛病消灾。多年后，村民在中元节挂孤仔灯祭奠以寄怀念，也借此祈求人丁兴旺和科第发达。闽南语"灯"与"丁"同音，在传统文化中"灯火"又寓意生命延续、添丁进财。抢"七星灯"在山腰、前黄、峰尾一带十分盛行，抢灯形式不一，抢到后各村习俗不同。2007年1月，抢"七星灯"习俗被列入市级非物质文化遗产代表性项目名录。

龙凤宫信俗

龙凤宫信俗起于前黄镇凤山村坝头龙凤宫，该宫主祀开闽王王审知和妈祖林默娘，附祀陈靖姑、钱四娘、镇殿太保公等。因坝头称开闽王为"龙"，妈祖为"凤"，因而取名"龙凤宫"。诸神进宫后，坝头龙凤宫信俗开始兴起。每年农历正月十二起，举行"扛唐公"巡安活动。农历三月廿三日妈祖诞辰，廿一日开始举行"扛妈祖"出游活动。元宵夜，举办灯展、灯会，乡民到宫中"穿灯脚""祈妈祖花"，新人围莲花灯下吹"孩儿图"，热闹非凡。龙凤宫信俗随乡人迁徙，远播中国台湾及新加坡等地，具有较高的文化、历史、民俗价值，其保护弘扬对两岸文化交流具有重要意义。2015年12月，龙凤宫信俗入选第四批泉港区非物质文化遗产代表性项目名录。

圣公陪妈祖信俗

圣公陪妈祖信俗源于峰尾镇郭厝村，郭厝村地处峰尾、后龙、山腰三镇交汇地带，为回族村。该信俗因郭厝回族群众在莲山宫同敬奉妈祖和广泽尊王而产生，迄今已传承400多年。郭氏后代称其先祖郭忠福"圣公"，明永乐年间建圣公宫。清康熙、乾隆年间，随着郭厝回族村民汉化，村中长辈向妈祖祈请，将广泽尊王金身请进莲山宫，与妈祖同殿供奉，"圣公陪妈祖"信俗成为俗语，在闽台和东南亚广为流传。圣公陪妈祖信俗是回汉民族信俗的典型代表，体现回汉民族的和谐共进精神，具有较高的文化、历史、民俗价值。2015年12月，圣公陪妈祖信俗入选泉港区非物质文化遗产代表性项目名录。

姑妈信俗

姑妈信俗始于明嘉靖年间，因峰尾等沿海各地民众对海国女神——刘益娘信仰，建义烈庙而产生。姑妈信俗主要是每年的农历十一月十七日姑妈刘益娘生日前一天下午开始。姑妈刘益娘生日前后都要请莆仙剧团助兴演戏，热闹非凡。《泉港文化遗产》载："姑妈"刘益娘（1499—1518），原名大娘，又名乙娘，民间相传她生前贞信自守、乐于助人，经常通宵达旦站立在海边，观察天时"风势"，一旦有台风危情便点火为号，引导船舶平安返航。死后则"羽化升天""婆心济世"。由于她一生为沿海渔船民排忧解困、消灾御难，义举善行令沿海民众感恩戴德，故被人们尊称为"海峡第二女神""海国女神"而受世代敬奉。每年农历十一月十七是义烈娘娘的生日，海内外信众纷纷来到峰尾义烈庙庆贺神诞，并焚香许愿。村中到处张灯结彩，连日载歌载舞，搭台演戏，形成一年一度隆重的义烈庙会。

七、特产美食

（一）风味美食

浮粿

浮粿是泉港特色油炸食品之一，因炸熟时会浮游在油锅上，故名"浮粿"。浮粿即炸即食、立等可取，广受欢迎，不但在泉港大街小巷有不少浮粿小吃店，而且在惠安、泉州等地也有很多的泉港浮粿店。趁热随各自口味蘸酱油、醋、辣等食用，香软可口、齿颊留香，广受民众喜爱。2016年，泉港浮粿制作技艺入选第五批泉州市非物质文化遗产代表性项目名录。

涂岭卤猪脚

涂岭卤猪脚为泉港当地民众宴请亲友和款待宾客的招牌菜。涂岭卤猪脚色泽鲜艳，味甘汁醇，精肉柔软，不失肉质，肥肉油而不腻，入口即溶。猪脚性平，味甘咸，具有补虚弱填肾精等功效。2011年起，涂岭镇每年举小一届涂岭猪脚美食文化节，打造涂岭猪脚美食品牌。2016年，涂岭卤猪脚制作技艺入选第五批泉州市非物质文化遗产代表性项目名录；2017年，获评福建省首批优秀创意旅游产品。

樟脚豆皮

用白豆或黄豆磨浆制成豆皮（涂岭地区叫豆油），是山区农家喜庆节日餐桌上的家常菜。豆皮营养价值高，可油炸、煮汤、煮面、炒菜等。制作豆皮的小工艺、小作坊在涂岭樟脚陆厝自然村已传承三四代。樟脚豆皮形薄如蝉翼，散发出阵阵大豆的清香，是用大豆磨浆烧煮后，凝结晾干而成的豆制品。颜色呈棕色，厚实皱纹多，吃起来较甜较嫩，味道也好。

海棠窝

海棠窝以其形似海棠花而得名，在泉港的"头北话"里"棠"与"龙"谐音，故称其为"海龙窝"。早时在惠北地区（今泉港区）流传一句俚语：山腰浮粿，奎壁头蚝饼，肖厝海棠窝。意指肖厝油炸的海棠窝最好吃。海棠窝亦称海隆蚵，用精麦粉兑水拌匀成稠糊浆。把麦糊浆用小勺舀入"海隆蚵"器具内，先舀半器，放进少许砂糖（或掺炒熟的花生仁、芝麻、蜜饯），再用麦糊浆盖满，放进油锅热炸，待粉糊凝结与器壁分开不相沾时，翻动器具把果食倒入油锅，炸至赤金黄色便可捞出。刚出锅的海棠窝外酥香内软甜，色、香、味俱佳，老少皆宜，备受青睐。

鳗鱼浮

鳗鱼浮属油炸类食品，是泉港传统的风味小吃，也是婚丧喜庆中常见的一道菜肴。制作方法主要有三个环节：一是切鳗割，选用新鲜的大鳗鱼，沿鱼身的中脊两面切开，去掉鱼头和内脏等，仅取两面鱼肉。顺沿肉中的细骨，斜切成长菱形条块鱼肉；二是腌渍和调浆；三是油炸。泉港地区近年来在传统做法基础上，改良配料，形成"觉清香鳗浮"品牌，产品通过QS食品认证，获得泉港特色十佳美食称号，外销福州、厦门和泉州等地区。

金桃油酥饼

金桃油酥饼是泉港传统名小吃，历经南埔镇沙格村王金桃一家三代人的传承和改进，至今已有近百年历史。金桃油酥饼为纯手工制作，技艺精细，原料上乘，色泽金黄，酥层清晰，油而不腻，香酥可口，是深受泉港人喜爱的茶点。制作工序主要有四道，即和面制皮，馅料和好，面皮、酥、馅合成，下锅油炸。

（二）土特产品

涂岭红茶

涂岭地区采制红茶历史悠久，茶园分布于黄田村、寨后村、陈田村等。涂岭红茶以汤色黄中透亮，茶水韵香味足，入口润喉舒胃而著名，常饮有生津提神、强身健体之功效。茶叶一年可采摘制作5次，分别为清明节前"头春茶"、立夏后的"二春"、农历六月的"六月白"、农历八月的"秋春"和农历十月的"小阳春"，又以"头春茶"品质为最优。其中，后山茶场生产的"雨石涂岭红"独具干炒红茶特色，叶芽肥壮，汤色明亮，滋味浓厚微涩，2011年来蝉联两届全国名优茶评比一等奖，"涂岭红"红茶制作技艺被泉州市政府列为泉州市第四批非物质文化遗产保护名录。

山腰日晒盐

山腰日晒盐纯净如雪，以细、白、纯、干而著称，与其严密的操作流程和讲究制作工艺有很大关系。盐工们在长期生产实践中不断总结和创新，归纳出纳潮、制卤、结晶、旋盐四个主要制作工艺和操作规程。山腰日晒盐产品繁多，主要有洗涤盐、加碘盐、天然优质细白盐和滩晒精盐等，优质细白盐以质量达到国家一级标准而闻名，是闽盐的拳头产品，除满足上海、浙江、湖南、湖北、江西、广东、广西和福建市场需求外，还畅销到新加坡、菲律宾、马来西亚、日本和中国香港等国家和地区。

上西海带结

1998年，后龙镇上西村利用丰富的海带资源，创建泉州市泉港区鑫盛海藻有限公司，采用"公司+农户+基地"的模式，把海带深加工成为海带丝、海带卷、海带结等，提高海带附加值。鑫盛牌盐清海带结是即食海带系列产品之一，通过刷洗、盐渍、冷藏、切片、打结五道制作工序，把海带卷、海带片制作为形似蝴蝶的海带结。经过精细加工的海带结被誉为海洋绿色蔬菜，是含碘量最高的食物之一，富含海藻多糖等10多种陆上生物所没有的稀有成分，具有天然保健作用。鑫盛牌海带结曾获得1999年昆明世博会金奖、2000年福建省农业精品展销会金奖、2001年福建省"名特优新产品"金奖、福建省"无公害产品"和"泉州市知名商标"等荣誉和称号。

八、特色村镇

诚峰村

诚峰村位于湄洲湾南岸峰尾半岛中心区域，东南沿海突出部。诚峰村拥有天然良港峰尾澳（也称姑妈澳），现已建成国家一级渔港，是一个海洋渔业劳务并举，独具产业特色的渔业大村。

诚峰村曾是一个集海洋捕捞、码头航运和海上贸易于一体的重要港口，历史上有着"小上海"之誉，被称为闽南四大渔业重镇之一。除却象征渔业和贸易繁盛的"小上海"称谓，诚峰村亦有深厚历史文化底蕴。既有延续历史传承的峰尾古城内的古街、古民居、祠堂、庙堂、书院、戏台、石坊、古井、阁亭、观海楼、南洋楼等文化积淀，还拥有区级文保单位2家，市级文保单位1家，省级文保单位1家，有泉港区唯一一座大环城古民居建筑。诚峰村拥有渔港码头、中架礁、海沙滩、生态林区、五里海沙等独具渔乡风情的自然景观，还有大埭溪漫步栈道、观海阁文化长廊、姑妈广场、黄氏"水密隔舱"福船造船技艺、峰尾渔网具制作技艺等渔贾文化气息浓厚的景点和民间技艺。

诚峰村先后获福建省"最美乡村"，泉州市"文明村"、泉州市"民主法治示范村"、第五批中国传统村落和福建省第六批历史文化名村、福建省旅游特色村、"福建省乡村振兴实绩突出村"等称号。

诚平村

诚平村位于湄洲湾南岸峰尾半岛东北部，北面隔湄洲湾与莆田市秀屿区一衣带水，东面和惠安县净峰半岛以及斗尾石化港区隔海相望，西北面和西南面分别与同处峰尾半岛的诚峰村、前亭村和峥嵘村毗邻。诚平村下辖13个村民小组，常住人口9316人，全村有刘、林、黄、陈、李、卢、涂、肖、冯、王等10多个姓氏聚居。刘、林、黄三姓占全村人口的90%强。

诚平村有文字记载的历史始于宋代。宋、元时辖于惠北忠恕乡德音里；明、清相沿，属惠北八都厚林铺；民国时期为圭峰乡诚朴保。新中国成立后改为诚朴乡，1958年成立诚鹏大队，隶属于超先人民公社峰尾管区；1984年成立诚平村至今。现辖于泉州市泉港区峰尾镇。

诚平村的历史源远流长。村落里的传统建筑集中修建于清朝及民国，古建筑群功能丰富，种类繁多，村中有卢氏祖祠、洪氏洪厝宫、国安宫、三王府、慈云堂、一诚堂、忠孝堂、淮奋堂、校正堂、诚德堂、肃在堂、廷明堂、峰香堂、乌沙门总兵府、林氏宗祠及城外尾厝、东郊馆等宫观及各氏祖祠。诚平村的村落传统建筑都仍保存完好，且传统建筑集中连片，传统民居富有特色，建筑质量良好，原住居民仍正常生活于此，厚重的历史与烟火日常自然和谐，保持了传统区浓厚的活态性。

土坑村

土坑村位于泉港区后龙镇中部，东邻后墘村，南接福炼生活区，西连东山

海商聚落——土坑古民居（陈荣玉　摄）

村，北隔油港路与后田村相连，土地总面积1.6平方千米。

土坑村境内有第八批国家重点文物保护单位土坑古建筑群；境内有木棉树、大榕树等自然景观。古建筑群是土坑一张靓丽的文化名片。现存的土坑古建筑大多为清中期修建，历经风霜但不减风姿，吸引着专家学者和旅游爱好者。古大厝多为穿斗式结构、硬山式或卷棚屋顶，飞燕戗尾屋脊高翘，出砖入石墙体。土坑村还有不少庙宇宫观、特色民俗、红色遗址。如土坑村的北面岩山的山腰部有古刹大圣寺，始建于南宋，奉祀海神妈祖和司马圣王，以其龙柱等石雕艺术闻名遐迩。土坑还有颇具特色的地方戏剧土坑戏、北管乐曲、大钵文艺、小鼓队、拍胸舞、妆架、花担以及春节期间的打正鼓、闹元宵等。此外，北海区工委驻地旧址就位于土坑村古大厝中"百万大厝"。

2003年，土坑村被列为福建省历史文化名村。2014年，土坑村获"中国历史文化名村"和"中国传统村落"称号。2017年，获"福建省乡村旅游特色村"称号；2018年，获"福建省美丽乡村"称号。2019年，土坑古建筑群被公布为第八批全国重点文物保护单位。

（编纂：王馨萍　审稿：林进辉）

石 狮 市

一、综述

石狮市位于福建省东南部沿海，东濒台湾海峡，土地面积188.02平方千米，行政管辖毗邻海域面积968平方千米。隋代，永宁岑兜一带有先民从事海盐生产，凤里庵一带人烟稠密，人们常相约庵前石雕狮子处碰头聚会，"石狮"因之而得名。现辖2个街道7个镇128个行政村（社区）。2021年末户籍人口36.59万人，常住人口80.04万人。

石狮北、东、南三面临海，海岸线长且曲折，全长64千米，湿地面积6838.31公顷。近年，港航基础设施建设不断推进，形成石湖、祥芝、东埔、锦尚、梅林"四港一码头"的港口布局。2021年港口完成货物吞吐量4722.72万吨，集装箱吞吐量155.45万标箱。外贸航线稳步发展，锦尚作业区获国务院批准对外开放，石湖港主动与"丝路海运"对接，在巩固菲律宾、中国香港、中国台湾（高雄）航线的同时，增开日本、越泰航线和厦门—石湖外贸内支线。港后物流配套设施日益完善，石湖港保税物流中心（B型）正式封关运营，航运中心启动建设，港后"堆场"加速向"市场"转型，完成外贸出口440亿元。

石狮市海洋经济快速发展。沿海共有5个渔业镇、20个重点渔村，渔业户数1.38万户，渔业人口5.27万人，从业人员2.99万人。石狮市壮大远洋捕捞力量，构建"一条鱼、一条产业链、一个品牌"的水产品精深加工发展模式。完善海洋食品园区集中供热、研发服务平台等基础功能建设，引进水产精深加工、海洋生物医药、冷链物流、科技研发、电商服务等企业。2021年，水产品总产量39.46万吨，拥有水产品加工企业91家，水产品加工业实现规上产值81亿元，医药制造业实现规上产值1.9亿元。

石狮海岸线曲折蜿蜒，岸、湾、潮、礁等自然景观兼备，海丝历史遗迹遍布，海丝文化、对渡文化、狮文化、城隍文化、灯谜文化和华侨文化等，形成闽台对渡文化节暨蚶江海上泼水节和永宁古卫城暨城隍文化节、祥芝渔民文化节等节庆活动。2020年，宝盖山风景区、永宁古卫城获评国家AAA级旅游景区。2021年，宝盖山景区获评国家AAAAA级旅游景区；石狮狮阵入选国家级非物质文化遗产名录。

石狮市是中国纺织服装生产基地和服装跨国采购基地，先后荣获"中国休闲服装名城""全国纺织模范产业集群"和"中国服装产业示范集群"等荣誉称号。截至2021年，石狮市拥有3600多家纺织服装及配套行业企业，从业人员超16万人；印染产能达45亿米，占全国布类染整产量6%左右、服装面料染整产量10%左右；鞋服配饰、五金配件产量占全国50%以上；规上纺织服装企业308家，2021年实现产值789.8亿元、增长16.4%，占规上工业产值54.3%；限上纺织服装企业515家，年交易额超千亿元。

二、海洋之心——大山屿（白鹭岛）

石狮共有岛礁31个。大山屿（白鹭岛）位于古浮北面不足1千米的海域中，东西长500余米，南北宽70余米，高18米，面积约0.5平方千米。该岛为东西走向，岛屿的形状长得像颗心并如山峰耸立海中，犹如一颗被茂密的木麻黄包裹着的海洋之心。由于山体形成天然屏障，岛南侧也是船舶避风的良港。从卫星云图上看，大山屿如一只正在小憩的鳄鱼，故也被称为鳄鱼岛。在古浮当地村民眼中，大山屿如同一条潜龙守护着古浮内湾，村民们便将其取名为藏龙岛。岛上植被丰富，处于原生态状态的木麻黄林生长良好。得天独厚的原生态环境和周边海域湿地滩涂为白鹭提供了充足的食物，使得大山屿成为白鹭生存的天堂，拥有白鹭逾万只，且每年的数目还在不断增加。除了白鹭，还有苍鹭、池鹭等多种福建省重点保护动物，及褐翅鸦鹃、宗背伯劳等其他鸟类种群。岩

大山屿（石狮市文化体育和旅游局　供）

鹭、褐翅鸦鹃为国家二级保护动物，目前整个福建省内的数量不超过百只。远眺大山屿能看到无数白色的小精灵在海面上下翻飞、嬉戏觅食，形成一道靓丽和谐的大自然风景线。

三、海岸明珠

石狮十里黄金海岸滨海休闲度假区

度假区位于石狮永宁镇，黄金海岸三面临海，西北依宝盖山，有金沙、碧海、岛国、礁岩、古永宁卫等自然、人文景观。东至长岭头屿，北至锦尚镇深埕工业区北侧，西至梅林村避风坞，南至梅林村梅林码头，总面积8.3平方千米。涵盖中骏黄金海岸、观音山地质公园、红塔湾海岸公园、军事公园、梅林码头（石狮国际游艇汇）等多个旅游项目。度假区交通便利，气候宜人，度假产品突显，旅游接待设施配套齐全，滨海休闲度假产品品质在国内处于领先地位，是福建省的重点滨海旅游区，泉州十八大景点之一。十里黄金海岸度假区于2020年获评泉州市旅游度假区。

红塔湾

红塔湾位于石狮市永宁镇沙堤村，距离黄金海岸约1.5千米。绚丽的沉积岩层、奇妙的海蚀地貌、罕见的龟裂奇石、众多的垂钓岛屿、洁净的海水沙滩，构成红塔湾美丽图景，置身其中，令人心旷神怡。红塔湾是福建省少有的浅水滩，是天然避暑胜地，适宜开展海水浴、日光浴、沙浴等各种休闲和水上运动，这里海水清澈见底，沙质细软。海边的风大，可放风筝。烧烤也是游客们喜欢的项目之一。

古浮湾

古浮湾是天然避风港，明朝时古浮就有700多条木船，周边村庄需要坐船或者出海捕鱼、做生意的都需要从古浮湾出发。古浮湾是个迷人的"月牙形"海湾，在这里可以逛老厝、品海鲜，顺着临海栈道看海听涛，体会别具特色的渔村休闲

古浮湾广场（颜华杰　摄）

慢生活。这里也是白鹭的天堂，拥有白鹭逾万只，是石狮观鸟、拍鸟的"网红打卡点"。

石湖港

石湖港位于石湖与蚶江访古考察旅游区，兴建于1998年，1999年正式投入使用。石湖港是泉州港内贸集装箱枢纽港，东南亚地区最大的石材交易市场，重点发展集装箱运输，巩固沿海内贸集装箱地位，逐步拓展近洋外贸航线，打造区域性现代商贸物流中心。

锦尚港

锦尚港拥有泉州港唯一的10万吨煤炭专用泊位，服务于腹地经济社会所需干散货及件杂货运输，适度布局集装箱运输。新建4号1.5万吨级通用泊位1个（结构按3.5万吨级预留）及配套生产、装卸设施，设计年吞吐能力为115万吨。2号泊位为5000吨级通用泊位，结构按3.5万吨级预留，现提升码头规模为2万吨级泊位，年设计吞吐量提升为120万吨。

梅林港

梅林港三面临海，陆地自东南延伸至海中，形成避风良港。以"半月沉江"的美称，列入"永宁十八景"之一。有诗赞曰："梅林桂魄两朦胧，钓罢归来月正中。疑是嫦娥厌拘束，半腾沧海半腾空。"港区水深6.5米至10.5米之间，现有泊位5000吨级、3000吨级、500吨级各1个，为国家二类口岸和福建省政府批准的对台贸易试验点。梅林港水缓浪低，水质清澈，水域宽广，又有码头依托，适合引进"游艇会"海上运动项目，建设游艇帆船体验中心、海上运动竞赛培训中心、游艇俱乐部以及帆板、摩托艇、滑水等近海运动项目。

祥芝中心渔港

祥芝中心渔港为全国五大渔港、福建省最大渔港、全国首批文明渔港，祥芝渔港经济区为福建省首批建设的8个渔港经济区之一。祥芝中心渔港现有码头泊位22个，码头岸线1140米，防波堤888米，陆域面积12公顷，掩护水域总面积达到

祥芝中心渔港建设（石狮市祥芝镇　供）

73.23公顷，可容纳1000艘渔船停靠，全港装卸能力达每年34.48万吨。祥芝镇有渔船628艘，重点监管渔船占石狮的78%，占泉州的52%。

四、生物资源

古浮紫菜

古浮村紫菜种植已有着半个多世纪的历史，是全国最早开展紫菜人工养殖的实验基地。1963年，水产部在祥芝古浮大队投资23万元，建立全国第一个紫菜养殖试验场。古浮紫菜也是石狮首枚"国家地理标志"商标，养殖面积约1千亩，产量约300吨，总产值约3000万。因古浮湾是淡咸水交融的海湾，海水品质好，古浮紫菜具有菜质光滑细腻、风味独特、营养价值丰富、纯天然等诸多特点。

牡　蛎

牡蛎养殖历来占据石狮海水养殖的"半壁江山"。2009年，国家贝类产业技术体系福建综合实验站联合市水技站在深沪湾的梅林、港边海域建立"葡萄牙牡蛎高效健康养殖技术"核心示范区,开展葡萄牙牡蛎速长品系和金黄壳色速长品系养殖、葡萄牙牡蛎单体养殖等示范。与传统牡蛎养殖相比,葡萄牙牡蛎生长周期短、个体大、外形美观,市面价格也更高。2010年,牡蛎养殖区域主要分布在深沪湾浅海养殖区,从永宁镇梅林村至西岑村海区。

西施舌

泉州湾的蚶江、古浮一带浅海滩涂有一种世上稀有的海蚌,称为"西施舌"。"西施舌"肉质脆嫩,味极甘,含蛋白质、脂肪、无机盐以及谷氨酸和人体必需的氨基酸、维生素,具有补阳、滋阴、清热、润肺、愈合伤口等功能。

五、历史人文

(一)名胜古迹

石狮城隍庙

石狮城隍庙位于石狮市凤里街道城隍街,源于永宁城隍,明万历十二年(1584年)兴建庙宇,仍称"忠祐侯"。清乾隆四十三年(1778年)、同治元年(1862年)、光绪二十八年(1902年)、民国二十二年(1933年)数次重修。1990年,海内外信众捐资重修。城隍庙两进五开间,正殿奉祀城隍,陪祀为广泽尊王、观音等,边殿附祀七大巡。庙中保存着清代"万年炉"和历次重修碑记,正门悬挂"城隍庙"匾额是清代书法家郑板桥的手迹。2009年11月,被福建省政府公布为第七批省级文物保护单位。

永宁城隍庙

永宁城隍庙位于石狮市永宁南门与小东门之间,所奉城隍被敕封为"忠佑侯",始建于明洪武二十年(1387年),清道光二十三年(1843年)扩建,清光绪和民国年间均有修缮,1992年再次重修。庙宇由门楼、前殿、戏台、拜亭、主殿、左右厢房组成。庙内尚有道光年间重修碑记、碑序各一方，门楼外有民国年间崖刻一处，门楼前的"雷厉风行"石刻，书法端庄大气，骨架厚重。主殿面阔五间，进深三间。建筑结构严整，庙中保存精美的石雕、砖雕、木雕被誉为"三绝"。1996年9月，被福建省政府公布为第四批省级文物保护单位。

永宁古卫城

永宁古称"水澳"，为深沪湾重要的船舶停靠点。这里是拱卫深沪湾至泉州湾海域的军事据点，战略地位极为重要。南宋乾道八年（1172年），为防御海寇入侵，朝廷在此建立水寨，取名"永宁"，寓意"永葆安宁"。

（详见《海上福建（上）》）

永宁古街

永宁古街是具有600年历史的明清古街，从永宁镇慈航庙直落西门外，长约1千米，两侧保留着明清时期风格的古商铺和老建筑。这里商铺林立，多达200间，老街每十多间店面，自成一个单元，中间隔道小巷。店面多数为两层，二楼前留段小砖埕，邻店之间可互相走动。店门原是由一扇扇活动的门板并连而成。早上开张时卸下，晚上关店时安上，单留个边门可供人出入。老街路面，原为石头铺成，被几代人的脚掌磨得非常光溜。20世纪80年代，大小不一的街面石换成四方石。后来，又被盖上一层水泥。2013年，永宁古街被评为中国历史文化名街。

八卦街

石狮城中保留着一片完整的老街区，是指城隍街、糖房街、大仑街、新街仔、马脚桥新兴街、建兴街、民生街等，亦称旧区"八卦街"。八卦街正是其核心商业区，是石狮历史上最早的中心街道。八卦街起源于千年古刹凤里庵所在地观音亭街，随着商业的发展繁荣，街区逐步往东南方向扩展，至清初粗具规模，形成了"九街十一巷"的构架。老街以两层楼房为多，水泥、木板结构，"五脚架"二楼出拱临窗，立面粗细线条凸现，形成花边。三楼顶弯形的小牌面，有的镶嵌着"龙凤朝牡丹"，两旁花纹图案，水泥柱形栏杆。个别楼顶还建有圆柱小凉亭，一派欧式风格。老街区商贸旺盛，各色店铺琳琅满目人来人往，川流不息。老街区的古迹有凤里庵、城隍庙、都爷馆、钟楼、南北何大厝等，有着深厚的历史积淀。

万寿塔

万寿塔又称关锁塔、姑嫂塔，是一座仿木楼阁式石塔，由僧人介殊建造于泉州海洋贸易鼎盛的南宋绍兴年间（1131—1162），位于石狮市宝盖山国家AAAA级景区核心区、宝盖山制高点。其"望夫成石"的传说承载了泉州民众对海洋贸易的历史记忆。

（详见《海上福建（上）》）

六胜塔

六胜塔位于石狮市蚶江镇石湖北端金钗山上，是一座仿木楼阁式石塔，由僧人祖慧、宗什和施主薛公素募资建造，始建于宋政和年间（1111—1118）。六胜

六胜塔（石狮市文化体育和旅游局　供）

塔是石湖港的重要历史遗存，是商舶由泉州湾主航道驶向内河港口的地标，其建造体现了宋元时期泉州多元社会结构对海洋贸易的贡献。

（详见《海上福建（上）》）

洛伽寺

洛伽寺坐落在石狮黄金海岸东畔的宫屿岛，面积近2公顷。放眼洛伽寺，崇楼峻阁、琳宇成片、轩轾错落、金碧辉煌，以海天为背景，意境开阔。浮屿上面建筑有圆通宝殿、天王殿、钟鼓楼、藏经阁、念佛堂、僧舍、离堂等。天王殿面积110平方米，佛像庄严、空间宽敞。寺宇颇具规模，是闽南石狮黄金海岸著名的宗教旅游胜地。每年都有数十万人次闽南各地的信众前来烧香祈福，还有来自中国香港、中国台湾，以及东南亚各国的信众、侨亲组团前来敬仰，更有全国宗教界和各界人士前来参访。洛伽寺注重发挥佛教文化在对外文化交流和对外联谊中的积极意义，现已成为一座联系海内外爱国人士文化桥梁、一个展现石狮侨乡现代文明风貌的窗口。

金相院

金相院位于灵秀镇灵秀山麓，始建于隋代，原名栖真寺，曾改名海潮庵，五代后梁开平二年（908年），僧如默重建。历宋至元，寺毁于兵灾。明永乐五年（1407年），容卿蔡致政出资重修，嘉靖年间再毁，崇祯八年（1635年）重修，易名"空相寺"。清末民初邻近各村捐资重修，聘请高僧转博和尚为住持。民国二十四年（1935年）整修大雄宝殿、功德院，改建海潮庵、仙公楼，新建天王殿、钟楼、空门、宋和尚塔、金鱼池、花圃等，时人号其为"万金"，故改名"金相院"。

虎岫宫

虎岫宫原名真武宫，始建于唐贞观年间（627—649），位于宝盖山文化及宗教旅游区，背靠虎岫岩山，西边是虎头山，东边是双髻山。南宋绍兴二十五年（1155年）增建"真圣石龛"，护以石亭。明洪武二十四年（1391年）改称虎岫寺。嘉靖年间（1522—1566），住持云静法师募款修葺，并3次云游京师，故嘉靖皇帝敕封该寺为"虎岫禅寺"。清代重修，规模宏大，建有十几座殿堂，山岩秀丽，景色清幽，为泉南四大名刹之一。该寺周围还有观音堂、供奉孔子和魁星君的文昌祠、供奉阎罗王的森罗殿以及供奉准生娘娘的祁嗣妈堂等。虎岫寺里的摩崖石刻是石狮市政府首批公开的文物保护单位。其中"虎啸"二字是全国佛教协会主席赵朴初所书。

（二）民居风情

华山村古民居

石狮保存较为完整的红砖古厝群，灵秀镇华山古民居体现了闽南传统建筑的艺术精华，记录着先辈们勤劳创业、爱拼敢赢的励志人生。华山古民居项目规划面积37.3公顷，保护修缮总面积14000平方米，总投资2.5亿元。华山古民居建筑与山林、田园、花海等景观完美融合，展现出一幅有景有色的乡村生态景观。在这里，可以参与华山古厝闽南民谣分享会、耕在华山农耕文化认植认养、游古厝·寻家风亲子活动、华山传统泥塑手工制作等富有体验性的兴趣活动，品尝风味独特的闽南传统小吃。2019年，华山村被评为国家级"中国传统古村落"。

玉湖王氏民居

王氏民居位于石狮市湖滨街道玉湖东巷90号，为旅菲华侨王起沃的旧居。始建于清光绪二十六年（1900年）至宣统二年（1910年），坐西北朝东南，建筑面积716.5平方米，由回向、私塾、石埕、门厅、天井、榉头、两侧风楼、大厅、后轩、护厝及小姐楼、四倒水亭等组成。建筑规制两进五开间，建筑材料以砖木为主，结构为中轴对称庭院式，梁柱采用抬梁、穿斗式混合构架，屋面为砖砌燕尾脊、双坡筒瓦屋面，铺瓦压七露三，屋脊饰有精美花草走兽灰塑，脊中间嵌补红色花砖，整个建筑采用硬山顶燕尾脊双坡屋面，外部墙体采用传统封壁砖与石板结合相砌，是砖木混合结构的闽南式传统民居。其建筑装饰技艺精湛、建筑装饰种类多样，融石雕、木雕、砖雕、灰塑、剪瓷雕等装饰于一体，利用地方石材、红砖材料，运用多种雕刻手法，雕刻细腻、工艺精美充分展现了闽南地区传统建筑装饰技艺中精美繁复、细致的风格特点，体现闽南地区传统民居特定做法及审美追求。故居大门两侧墙体镌刻的家训石刻，表现出"读书积德"和"唯善为宝"的内涵，实际是体现闽南人传承"耕读传家""以德为邻"的传统美德，以及乐善好施、关爱桑梓的人文情怀。

景胜别墅

景胜别墅位于石狮市宝盖镇龙穴村龙穴三区9号，由菲律宾华侨高祖景创建于1946年。别墅占地面积1565平方米，为面阔五开间、四周带回廊、中西合璧式的四层楼房结构，采用砖、石、木、水泥混合砌筑。砖石外墙、水泥梁板、房内木隔扇等木作、廊内泥塑、门窗石雕纹饰等工艺极为精致；亭台楼阁、门楼采用钢筋混凝土仿木结构，做工精细；泥塑、石雕、砖雕、木雕、剪瓷堆砌等技艺精湛，造型美观、工艺精湛、混合中西建筑手法，保存较好，具有较强的艺术感染力，是石狮华侨建筑的标志性建筑之一。

六也亭（番仔楼）

石狮市永宁镇的后杆柄村，有一座名为"六也亭"大洋楼，也称杨家大楼，因内设房间过百，俗称"九十九间"。这座由菲律宾富商杨邦梭所建的豪宅，是民国时期闽南华侨建筑的典范，在石狮乃至泉州都颇负盛名，六也亭建于民国十八年（1929年），竣工于民国二十二年（1933年），历时5年。当时物资匮乏，钢筋水泥等建材在闽南还十分罕见，六也亭的设计图纸及所用建材皆从菲律宾运送而来。六也亭的外墙为高雅的白色，装饰花纹洋气十足，偌大的窗户采用透明花玻璃镶嵌，牌匾上刻着天使图案的浮雕，连楼梯也是雕花镂空的华丽螺旋式楼梯，处处展现出一种独特的异域风情。但这座洋楼的布局却是地地道道的闽南古大厝，依然有大厅、小厅、偏房、后轩、后房、厢房和下落等，是标准的"七间张、十榉头式两落大厝"款样。建成后，中西合璧的六也亭颇为新颖别致，又因其规模庞大气势磅礴，因而闻名乡里。

六、民俗信仰

端午闽台对渡习俗

蚶江镇海上泼水节源于清代，其时蚶江与台湾鹿港对渡，每年端午节，海峡两岸民众身穿盛装，在海上竞舟泼水，人们用各种戽斗、勺、桶盛满海水，相互追逐倾泼，场面十分热闹，人们视此水为"吉祥水""幸福水"，让海水洗掉晦气，以图吉祥、幸福、兴旺。除泼水外还举行"放王船"、龙舟竞渡、海上捉鸭、攻炮城、灯谜竞猜等传统民俗活动。2011年，端午闽台对渡习俗被国务院公布为第三批国家级非物质文化遗产名录。

石狮狮阵

泉州刣狮源自宋明时期的军事阵法和武艺演练，演化成为"宋江阵"后又融入传统舞狮，包括阵法操演、武术演练、弄狮盘打三大部分，成为中华武术体系中"他人无、我独有"的大型集体综合武术操演形式。石狮市卢厝村、沙美村、东园村的狮镇武术传承已有300余年历史。2007年，狮阵武术被列入第二批福建省级非物质文化遗产名录；卢厝村、沙美村的狮阵武术馆先后被认定为"泉州市级非物质文化遗产传习所"。2021年，国务院公布第五批国家级非物质文化遗产代表性项目名录，以石狮狮阵为代表的泉州刣狮榜上有名。

龟湖大普

七月又称"鬼月"，人们往往要祭祀、普度无主的孤魂野鬼，于是有了普度这一习俗。石狮普度最具特色者莫过于"龟湖大普"，即龟湖周边12个自然村轮流值普，头尾13年轮1次，俗称"龟湖十三乡大普"。以前，从寺庙卜取信杯，俗称"卜龟头"，卜得龟头者，即由该自然村当值承办当年大普度。后常因卜龟头（旧时认为卜得龟头者沾大福气）而引起争吵甚至械斗，改由各村轮流当值做大普，一般在七月中下旬举行。当值的自然村举行盛大普度仪式，用彩旗鼓乐迎回普度公，供奉在本村的神庙中，竖招魂幡、贴榜文以及摆设"大士爷"坛等。当日有傀儡戏、布袋戏、梨园戏或高甲戏表演。家家户户备供品敬普度公，筵碗特大，有的甚至用小号斗篮做装盛，有的筵碗叠高至对面不见人。当晚各家各户大摆筵席，多则几十桌，少则几桌。由于全村办桌，有的亲友再带来朋友甚至朋友的朋友，所以走错、认错时有发生。来者是客，主家均热情邀请入席。其时各处乞丐闻风涌来，主家不论贫富，均要大度施舍。故闽南谚语有"出名龟湖大普"。20世纪90年代后政府禁止大办普度，普度之风有所收敛。

扎鳌山

扎鳌山为永宁古卫城中秋节的习俗之一。农历八月初，大户人家便忙开，或自己动手或雇请能工巧匠，在家门口或店前扎起"鳌山"（假山景）。"鳌山"架子有的用黏土塑造，有的则用竹篾制作。上面扎姿势各异的人物，如打水的、推磨的或划船的。也有扎戏曲故事的，如陈三五娘、八仙过海等。有扎人物的，内部安装机关，旋动起来活灵活现，煞是好看。中秋夜，月光如昼，满街满城，灯火通明，红男绿女，摩肩接踵，或游览观赏，或驻足品评，别有一番情趣。正如曲子所唱："笙歌管乐不夜天，一派升平气象。"如今扎鳌山手艺已失传，这一习俗难以继续传承。

永宁陷城洗街

农历四月二十三、二十四日，是永宁陷城洗街风俗日，是为铭记永宁城遭倭寇攻陷、血洗永宁街的惨事。相传，明朝嘉靖年间倭寇经常骚扰中国东南沿海。永宁古卫城为泉州重要门户，倭寇三番五次攻而不下。后倭寇用重金收买一个城门守官，并订下协议，开城门后，凡是城门守官的族亲只要以面对壁，倭寇就不杀他。那一年的农历四月二十日，永宁卫城沦陷。倭寇一进城，烧杀奸淫，无恶不作。城里军民被杀死无数，剩下老弱妇孺都逃匿到水关沟中避难。倭寇洗劫永宁城后，来到水关沟，无辜百姓均成刀下冤魂，尸体塞满水关沟。农历四月二十三、二十四日，狂风大作，连下整整两天大暴雨，满城雨水汇入水关沟中，鲜红的水顺着沟道流入大海，才把血迹冲洗掉。从此，农历四月二十三、二十四日各家各户必备纸马草人、丰盛供品，在自家门前祭奠阵亡将士和遇难乡亲。通常在陷城日，往往风雨交加，阴霾漫天，仿佛上苍也为这惨痛乡难悲泣。如这两天无雨，乡民便要挑水洗街，以不忘洗仇雪耻之志。20世纪90年代后，不再挑水洗街，但祭祀习俗仍保留下来。

十月初一祭海神

闽南沿海大多信仰海上女神——妈祖娘，但在石狮永宁镇沙堤村，祭祀男性海神——碧魂爷，故自成一种特殊风俗。每年农历十月初一，沙堤村家家户户都要蒸制薯粉粿，祭祀碧魂爷，也称海头公，并请道士举行祭海仪式，祈求海上平安、渔业丰收，随后进行牵水正（状）超度落水亡魂。祭祀完毕，当日各户将奉敬的薯粉粿分赠给邻村亲戚朋友。祭祀全程不能演戏，道士不得收钱，只能收取祭海神的薯粉粿。

做"海醮"

沿海各渔村，每隔若干年都要做一次"海醮"，以犒敬海中孤魂野鬼，仪式十分隆重。事先应择定黄道吉日，再邀请有经验的糊纸师傅，制成一只大纸帆船，船的前面应配备一堆柴米油盐、碗筷碟勺、纸衣纸袍、金银纸。此船俗称"王爷船"，应放在做"海醮"的宫庙或道观中，旁边立置一尊形象高大、青面獠牙的"王爷"。然后邀请道士来设道坛，出榜呼请各路神明及众"好兄弟"到时齐来受飨。做"海醮"一般为3天，届时要演戏酬神，家家户户要"犒兵"，又要备筵设敬，热闹非凡。"王爷船"出巡之日，沿途各家各户都要在门外排设香案顶礼膜拜。此时更有腰扎红独裙的赤膊"神僮"登在王爷船前的木轿上，双手执剑持斧，或手甩刺球，口念咒语，往自己脊背砍刺，如执护板者遮挡不及，"僮子"则落得浑身鲜血淋漓。有时出现"倒僮"或穿"钎刀"场面，气氛十分阴森恐怖，因此在做"海醮"送"王爷船"时，均要让小孩回避，避免被吓昏，酿成意外之灾（迷信者均称是灵魂被王爷掠走）。中华人民共和国成立后破除迷信，做"海醮"仪俗被废除，但至2010年，沿海做水普的习俗还是保留着。

敬奉"好兄弟"

渔船出海打捞时，若起网取鱼捞到大鱼骨、大兽骨，特别是人的骨头，不能丢弃，要放在船中一角，待返航回港后供奉在海边的神庙中。如果网起尸体，必须运回妥为安葬，传统风俗认为这是该船的"彩气"，以后会大发利市。这样长年累月，海边宫庙便积了不少骸骨，统称为"好兄弟"，要择吉日以埋葬或焚化。每月初一、十五两天，以及逢年过节，渔家均用五味碗供奉"好兄弟"，并焚烧银服给"好兄弟"。每若干年必须做一次"海醮"，超度这些"好兄弟"，以求航海平安。

三王爷崇拜

奉祀池、朱、李三王爷的代表性庙宇是祥芝斗美宫，斗美宫三王爷长期以来被石狮沿海民众视为航海保护神、地方保护神，很受民众崇拜。泉州地区有70余处斗美宫三王爷的分灵宫庙，一些奉祀王爷神的宫庙也到斗美宫"开光""请王"。祥芝斗美宫三王爷信仰则通过"放王船"等闽南习俗活动传入台湾。1987年以来，台湾有十多座宫庙来祥芝斗美宫寻根认祖，接上神缘。从1988年至今，每年均有台胞组团前来谒祖参香。同时，祥芝是早期石狮人出国往南洋的起点之一，清代中后期，祥芝人纷纷前往马来西亚、新加坡、菲律宾等地谋生。为祈求渡海平安，获得一种心灵上的安慰，出洋前，乡人均要到自己所崇拜的神灵面前祈祷，并随身佩带"香火包"，甚至携带家乡的地方保护神神像，一起漂洋过海。斗美宫三王爷信仰便随着侨民的足迹而远播到南洋群岛，最著名的有马来西亚晋江会馆所敬奉的斗美宫三王爷。

七、特色村镇

蚶江镇

蚶江镇历史悠久，文化旅游资源丰富，文物古迹众多，海滨风光旖旎，拥有泉州列入《世界遗产名录》遗产点石湖码头、六胜塔。宋元时期，蚶江就是"东方第一大港"——刺桐（泉州）的门户，海上丝绸之路的起点之一；蚶江端午闽台对渡文化习俗延续数百年，成为维系海峡两岸人民的精神纽带，被国务院公布为第三批国家级非物质文化遗产。蚶江镇荣获"中国民间文化艺术之乡（灯谜）""中国裤业名镇""中国淘宝镇""福建省文明乡镇"等荣誉称号，成功入选全国第二批特色小镇。

（详见《海上福建（上）》）

古浮村

古浮村位于石狮市祥芝镇北侧沿海突出部，是一个典型的沿海渔村，东邻祥芝国家中心渔港，海边就是美丽的古浮湾，是泉州湾入海口咸淡水交界的地方，也是一个天然的避风港。这里海产资源丰富，尤其"古浮紫菜"更是成功注册地理标志证明商标，花蛤养殖、渔业捕捞同样声名在外。村里保留了诸如松柏居等不少闽南古厝、闽南混合南洋风格的特色民居，以及龙海寺等地方宗教寺庙建筑。通过对原古浮大排档进行改造提升，开展村间环境"家园清洁"行动，在古浮古街沿线两侧因地制宜打造"微景观"，如今的古浮湾慢生活体验区已日益成型。"一岛一寺一白鹭，一湾一鲜一紫菜"，交通便捷、人文积淀、生态美丽的古浮村，已成为石狮乡村旅游的新名片。2021年，古浮村入选第四批省级传统村落、获评泉州市乡村记忆文化示范村。

卢厝村

卢厝村位于石狮市锦尚镇，是石狮市第一个建立地下党支部的老区革命基点村。自明代起，卢厝村为保家护村，抵抗倭寇及盗贼侵扰，聘请拳师传授技艺，建起卢厝狮阵，并传承至今。1932年初夏，卢厝村菲侨卢斌郎受党组织指派返回故乡，创办卢江小学，建立石狮市第一个党的基层组织——中共卢厝支部，卢斌郎任支部书记。党组织以狮阵为掩护，组建农会和武装赤卫队、儿童团、文艺演出队，传播革命思想，培养村里进步青年向党组织靠拢。随后，星星之火，在石狮燎原。

在300余年里，卢厝狮阵以个人师徒授受、举办培训班集体传承等方式延续至今，依然保留宋明时期的兵阵战法，气势恢宏的阵容，尽显勇猛坚毅的武林风范和集体齐勇的精神文化。2008年，卢厝狮阵被福建省政府列入非遗文化名录；2021年，国务院公布第五批国家级非物质文化遗产代表性项目名录，以石狮狮阵为代表的泉州刣狮榜上有名；2021年，卢厝村获评泉州市乡村记忆文化示范村。

八、美食特产

（一）风味美食

石狮的美食，集闽南"舌尖文化"之大成，不仅颇富地域特色，也赋予珍肴文化内涵。它是这座城市延续乡愁、彰显文化的重要载体。

塘头甜粿

塘头甜粿以质地软嫩、气味芳香、清甜可口而名扬海内外。相传，塘头甜粿是明朝年间由塘头村王义兴第一个做出来带出国的，所以常称"义兴甜粿"。塘头甜粿以吃法灵活而备受青睐，朋友相聚，切片切块以佐清茶一杯或啤酒一瓶，快活赛神仙；若蘸蛋文火或煎或炸，入口酥脆、香甜酥脆。塘头甜粿还以保鲜期长著称，常温下个把月不霉不硬，贮于油中更是经久不变，成为馈赠亲朋挚友的上佳礼品。2010年，塘头甜粿制作技艺被列入第二批石狮市非物质文化遗产名录。

阿潭水煎包

阿潭水煎包已有近百年的历史。民国时，阿潭的父亲以做包子为主。新中国成立后，阿潭子承父业来到永宁供销社经营包子铺。他选用上等面粉，精选新鲜猪肉，加上十多种调料，采用独特制作工艺，在烹饪过程中，融煮、蒸、煎于一体。刚出锅的水煎包，兼得水煮、汽蒸、油煎三妙，一面焦脆，三面软嫩，内陷分咸肉跟半甜咸肉两种，味道鲜美极致，食者赞不绝口。阿潭水煎包制作技艺于

2014年被列入第三批石狮市非物质文化遗产名录。阿潭水煎包先后入选首批闽南文化生态保护区展示点、首届石狮二十佳特色伴手礼。

鸟踏牛肉粳

鸟踏牛肉粳主要用上等牛肉和番薯粉做成，一碗碗红里透明的牛肉粳，令人垂涎三尺。若食用时加些水姜丝、蒜蓉，便增色不少、味道更佳。此道佳肴引起人们注意时，由叫"鸟踏"的师傅掌勺，久而久之，人们便将牛肉粳与他的名字联系在一起，后来繁衍出"观音亭牛肉粳""馆顶牛肉粳""许记牛肉粳""永宁牛肉粳"等牌子，如今更是以"石狮牛肉粳"走南闯北，走出福建，走向全国。

玉湖豆腐

石狮市玉湖社区素有泉南"豆腐之乡"的美称。玉湖豆腐历史悠久，闻名遐迩，独具特色，畅销泉南城乡各地，久盛不衰。玉湖豆腐以生产北豆腐为特色，北豆腐以盐卤点制，硬度大、韧性强、含水量低，但蛋白质含量高，宜煎、炸、卤制等，主要产品有：老豆腐、冲浆豆腐、内酯豆腐、厚千张、小素鸡、油片、大油豆腐、素心片、炸老豆腐、玉湖豆干、百姓豆腐、豆千咸、玉湖豆浆、玉湖豆花等。

上元圆

宋代以来，闽南就有"元宵煮浮圆子"的风俗。元宵节又称上元节，而吃上元圆（圆子）寓意团圆甜美，上元圆是福建、全国乃至海外华人节庆活动中必备的传统美食。石狮沿海林氏上元圆制作已经有百余年历史，创始人林昭烧出生于1890年，挑着担子跟随民间演出戏班售卖上元圆，由于独特的工艺，其制作的上元圆甜滑润爽，嫩而不黏，令人回味无穷，成为戏迷观众一份甜蜜的追捧。民国三十七年（1948年）创立了"阿婶婆"汤圆品牌。2020年，阿婶婆上元圆荣获中国（石狮）进出口食品订购会最佳伴手礼奖，2021年获得首届中华老字号（福建）博览会最具影响力品牌，成为闽南美食小吃中的一个响亮的品牌。

（二）工艺品

古船模型

"福船"又称福建船，是中国三大古船型之一，历史上素有"海舟以福建为上"的说法。在近千年的发展过程中，"福船"还被选作朝廷外交使节乘坐的官船，在明朝中叶以后，更因为倭乱的原因，被改造成了各式的战船。以蔡国栋、蔡立新、邱国丕等为代表的石狮古船模制作传承人们，通过精湛的手工制作，真实还原了古船的结构，具有很强的实用参考价值；而船上各部位的雕饰工艺，充分体现了民间工艺水平，具有浓厚的海洋文化艺术魅力。其制作技艺，有较为特别的设计、严格的取料要求和繁复的技艺，跟实际造船工艺一样，工序、环节一样不能少。船体基本完工后还要安装船目，这道工序俗称"安龙目"。安龙目要选吉日才能进行，开工前要备三牲、燃放鞭炮，敬奉神明，宴请宾客，以图吉利。

面人（妆糕人）

石狮面制作人以传统大米粉、糯米粉、调色素、蜡油等为原料，通过水浸、微蒸后，配制成为五颜六色的具有良好塑造力的糯米团，以搓、捏、团、挑、揉、压、按、擦、拔等多种捏塑手法，再借助小刀、剪刀等工具，塑成各类栩栩如生的人物。面人源于中原的"捏面人"，是以粮食为主要创作原料的民间传统艺术。"捏面人"始于对天地神鬼的崇拜，是百姓传统节庆期间祭祀神明的一种祭品，同时又是增添节庆欢乐气氛的一种传统手工艺制品，为旅游者所喜爱。

（编纂：林荣荣、林金奖　审稿：王祖德）

晋 江 市

一、综述

晋江市地处福建省东南沿海，东濒台湾海峡，南与金门隔海相望。唐开元六年（718年），析南安县东南部置县，因地处晋江下游而得名，历来是泉州首邑。截至2022年底晋江辖13个镇、6个街道；户籍人口124.91万人，常住人口207.6万人。陆域面积649平方千米，海域面积957平方千米，海岸线曲折蜿蜒长约121千米。有岛礁93个，沿海岛屿有35个，岸线长14.98千米。可养殖浅海滩涂面积1849公顷，主要鱼类近百种，盛产甲壳类10多种、贝类30多种以及多种经济海藻类。湿地面积18750.2公顷，占土地总面积的25.64%。优势矿产巴厝白、内厝白花岗石于1998年被评为"中国名特石材品种"。

晋江素有"声华文物、雄称海内""泉南佛国""海滨邹鲁"之美誉，自古人杰地灵，出过10位文武状元、16位宰相，施琅、曾公亮、欧阳詹、张瑞图等著名历史人物均出自晋江。有125处市级以上文物保护单位，获评全国文明城市，中原文化、海洋文化、闽南文化、华侨文化、宗教文化等多元文化相互交融、相映生辉。"十户人家九户侨"是晋江最大的特色之一。祖籍晋江的侨胞和港澳台同胞300多万人，是本土人口的3倍，加上百万外来人员，故有"海内外500万晋江人"之说。晋江与台湾一衣带水，是海峡两岸交流合作的"桥头堡"；祖籍晋江的台湾同胞100多万人。两岸通婚频繁，仅"两岸通婚第一村"的晋江围头村，就有150名姑娘先后嫁到台湾岛、金门岛等地，"围头新娘"已成为两岸一家亲的代名词；安海的千年古刹龙山寺是全国重点寺院之一，又是台湾450多座龙山寺的祖庭；台湾的众多地名、镇村名称与晋江相同；晋江不少产业都有台湾乡亲的渊源，比如晋江第一家制伞厂起源于台湾。晋江与金门一直保持着民间经商贸易往来，特别是两岸小额贸易十分频繁。

晋江沿海港湾多，水陆交通便利。唐代，晋江入海口的泉州港就是中国对外贸易的四大港口之一。宋元时期，泉州港更加鼎盛，号称"东方第一大港"，是"海上丝绸之路"的起点之一，海外交通贸易直达东西大洋彼岸。为适应海外交通贸易进出口物资的集散转运，晋江在两宋时期共造石桥90座，而以"大下无桥长此桥"闻名的安平桥（俗称五里桥）为最，因而赢得"闽中桥梁甲天下"之称。至2021年底，拥有泉州港围头、深沪2个港口航运作业区，晋江陆地港已成为国内唯一汇集国际陆港、保税物流、国际快件、跨境电商四大通关平台的多式联运国际陆港，与厦门港等周边11个外贸码头以及晋江、厦门、福州、深圳、广州、武汉、郑州等7个空港实现了直通。

改革开放以来，晋江大力发展民营经济，习近平同志多次到晋江调研，总结提出"晋江经验"，成为晋江乃至泉州经济社会发展的战略指引和制胜法宝。2001年，晋江被列为福建省中等城市，是福建省综合改革试验区、加快闽东南开放开发、建设海峡西岸经济区的前沿区域。经济实力连续二十五年保持福建县域首位，县域经济基本竞争力位列全国第四位。拥有中国驰名商标46枚，荣获"中国鞋都""世界茄克之都""中国纺织产业基地""全国食品工业强县""中国伞都""中国包装印刷基地"等15项"国字号"区域产业品牌。上市企业50家，数量居全国县域前列。

二、塘东沙堤

塘东沙堤位于金井镇塘东村（也称"沙线"），是一座由大海和风堆成的沙岸，长1700多米，宽300～500米，高度4～7米，是自古有名的安平商港的出入口处。作为亚洲唯一的触角状沙堤，塘东沙堤的风光美得令人心花怒放。在潮汐和风力共同作用下的触角沙堤，犹如玉带从村庄伸向大海。央视曾在此拍摄纪录片，是央视《打卡最美海岸线》系列直播第三站。

（详见《海上福建（上）》）

三、海岸海湾

晋江三面沿江临海，海域广阔，海岸线蜿蜒曲折，大陆海岸线长121千米，港湾众多。岛礁多而紧靠大陆，浅水域广阔，10米等深线以内浅海面积116.9平方千米。可供开发的浅海滩1.152万公顷，滩涂0.692万公顷，加上每年入海泥沙的不断供给，晋江的滩涂资源丰富，开发利用前景广阔。晋江临海特有的岸、湾、潮、滩、礁等丰富的自然景观以及晋南的施琅纪念馆、镇海宫、南天寺、西资岩寺等人文景观，依托沿海大通道整合串联形成一镇一特色的晋南滨海旅游带。

深沪湾

深沪湾东临台湾海峡，南与金门岛隔海相望，海湾呈肾状。湾口介于深沪角和永宁咀之间，向东敞开，直通台湾海峡。湾口约4.5千米，海湾面积约68平方千米，湾内无岛礁。深沪湾的水文条件受黑潮北支潮控制，平均潮差3.61米，潮流为涨潮流向东北，落潮流向西南，湾内为往复流。

围头湾

围头湾在泉州港南端，又称"围头澳"，介于围头角、安海港和金门岛之间。东起围头，西至澳头，南濒台湾海峡。海湾呈开敞型，面积140平方千米，水深4～20米，最深达30米以上。湾内岛屿众多，主要有大嶝、小嶝诸岛。南与金门水域相衔接。潮流为涨潮流向西北，落潮流向东南。围头澳在最外，正临大海，

围头湾

西南与金门岛隔海相望，是沿海南来北往船只必经之地。

安海湾

安海湾位于晋江所辖海域最南端，围头澳西北侧，西与南安市石井镇、水头镇相邻。海湾面积约13.13平方千米，湾口宽度仅0.8千米，湾中较宽处东西近1.9千米，南北长9千米，是一狭长半封闭型小海湾，海湾内水深不等，大部分水深在5米以下，低平潮时仅南部尚存3.3平方千米的水域。安海湾口小腹大，港内淤积严重，低平潮时滩涂面积8.23平方千米，潮流为涨潮顺水道进湾内，落潮相反，系顺水道的往复流。

四、生物资源

晋江境域植被类为南亚热带季雨林，天然植被已不多，人工植被占优势。野生动物现存很少，水生生物资源丰富、种类繁多，海洋捕捞的主要渔获种类有100多种，经济价值较高的有带鱼、鲨鱼、海鳗、鲳、鲷、毛虾、梭子蟹、鱿鱼、乌贼等；浅海滩涂和陆上工厂化养殖的主要贝藻类有牡蛎、缢蛏、花蛤、鲍鱼、紫菜、海带、江蓠等；淡水鱼类有青鱼、草鱼、鲢鱼、鳙鱼、鲤鱼、鲫鱼、罗非鱼、胡子鲶、鲈鱼等20多种；海珍品有大黄鱼、石斑鱼、西施舌、鲍鱼、海参、日本对虾、青蟹等10多种。湿地中的高等动物约有420种，其中水禽70种，约占晋江市鸟类总种数的48%。在1998年野生动物资源调查中发现了世界性的珍稀濒危物种——黑嘴鸥；还曾在晋江东石的围头澳内海面上，发现大量成群结队的鸬鹚、中杓鹬、骨顶鸡、赤颈鸭、苍鹭、绿鹭等计10种1735只。

紫　菜

20世纪80年代起，随着紫菜精深加工业的迅速发展，紫菜养殖成为晋江养殖户的主要的稳定的收入来源之一，围头湾可养滩涂全为紫菜养殖区。2000年起，紫菜养殖推向浅海，发展"浮水养殖"，也推广坛紫菜新品系"申福一号"。紫菜喷苗时间均比以往提前1个月左右。

牡　蛎

晋江养殖品种多为褶牡蛎（珠蚝）、僧帽牡蛎。1997年起，引入太平洋牡蛎三倍体养殖，该种不育，生长快，个体大。养殖方式由滩涂石株养殖改为滩涂吊养。随后此法逐渐弃用，又改为浅海吊养，既有效开发利用浅海资源，又极大地提高产量，也使春夏秋季皆可附苗，常年生产、收获。1997年6月，台商林金台筹建晋江市海山养殖有限公司，并在东石镇石菌海区发展垂下式（蛎串一端扎紧在海面的台架上让其自然下垂）吊养牡蛎，经营时间短暂。吊养牡蛎遍布围头湾、深沪湾。

鲍　鱼

1996年，金井镇围头村一养殖户发展水泥池工厂化鲍鱼养殖，投喂江蓠、海带等新鲜海藻，随着养殖技术提高和价格上升，效益显现。随后，围头村、南江村、洋下村、溜江村投资建设众多集约化鲍鱼养殖场。养殖品种有九孔鲍、皱纹盘鲍、杂色鲍、红鲍及杂交繁育的杂交鲍等。

对　虾

1992年，金井镇南江村的谢青阳利用水质良好和本地船只捕获大量对虾、亲虾的优势，成立晋江市顺发水产有限公司，发展对虾育苗生产，随后带动村民投资对虾育苗产业发展，形成南江对虾育苗专业村，育苗能力强大，全村年可育无节幼体1000亿尾以上、仔虾50亿尾以上，供应全国沿海各地二次育苗和养殖。1993年起，养殖品种逐步淘汰中国对虾、长毛对虾，改养日本对虾、斑节对虾、刀额新对虾。2000年，引进南美白对虾并迅速推广。

五、历史人文

（一）名山胜迹

紫帽山

紫帽山因常有紫云覆顶而得名，位于晋江市紫帽镇，距泉州城区3千米左右，主峰紫帽山海拔500余米。唐时，山上有金粟洞，元德真人居此修真。至今山上尚存宋、明、清石刻18方。又因山上花木茂盛，清幽恬静，自古有"紫帽凌霄"之誉，为泉州十景之一。自唐以来，即是著名的旅游风景胜地。紫帽山葱茏紫翠10余里，层峦叠嶂十二峰。十二峰中左右二峰最雄峻，左峰山坳处有金粟洞崇真观，唐元德真人郑文叔隐居处。今道观又作佛寺，香火颇旺；右峰之巅有凌霄塔。山中有何乔远、何炯等名人墓葬和吴云静蜕骨瘗处。紫帽山钟灵毓秀，层峦耸翠，是历代诗人名士卜居的旅游胜地，唐末诗人徐寅、北宋道家白玉蟾、元代诗人龚丙、明代理学家陈紫峰、清朝诸葛璐都留下有关于紫帽山的诗词佳作。

罗裳山

泉州民间简称罗裳山为"罗山"，位于青阳和安海之间，为晋江市内第五高山，传说即因为罗隐曾寓此而得名，与清源山、紫帽山、朋山并称为泉州四大名山。东有玉髻峰，下有"画马石"，又有"龙湫六井"等胜景。据说六井泉脉相通，汲一井则五井之水皆动，也是极为罕见的自然景观。

灵源山

灵源山位于灵源街道，海拔305米，是泉南一座名山，山上有泉南最享盛名的寺庙之一灵源寺和众多古人留题的摩崖石刻。灵源山的松涛涧响，幽岩怪石，吸引方外之士来此修持，历代还有不少儒生住山结庐读书。灵源山间，古人留题的摩崖石刻十分丰富。除题字石刻之外，灵源山天然怪石亦多奇趣。诸般名色的怪石，皆惟妙惟肖，引人入胜。

（二）遗址遗存

磁灶窑址

磁灶窑址位于晋江市磁灶镇，为第六批国家级文物保护单位，包含金交椅山窑址、土尾庵窑址、蜘蛛山窑址、童子山窑址。金交椅山窑址位于磁灶镇钱坡山，该窑场创烧于五代（10世纪），废烧于元末（14世纪中），为宋元时期福建最重要的外销瓷窑址之一。该窑炉遗迹为典型的闽南龙窑，是集中、系统反映古代陶瓷生产、外销完整过程的难得历史遗迹，具有很高学术研究、科学展示和保护价值。土尾庵窑址、蜘蛛山窑址、童子山窑址皆位于磁灶镇岭畔村。童子山窑址在土尾庵窑对岸的梅溪北岸。主要产品有瓷碗、盏、匙及建材等；釉色有黄、绿、青、青黄、青绿、青灰、黑和酱色等；装饰技法有划花、印花、堆花和绘花等；纹饰有龙纹、缠枝花纹、莲瓣纹、牡丹花纹等。

深沪庵山沙丘遗址

该址是福建省首次发现的新石器时代晚期至商周时期的沙丘类型遗址。通过考古发掘，发现两期新石器晚期文化遗存，出土大量的陶片、陶釜、陶罐等石制品，玉环、玉璜、玉玦等玉器，青铜钩、青铜铸、青铜残件等青铜器，青釉、白釉和黑釉瓷碗残片，此外，尚有少量板瓦、筒瓦和个别瓦当、残砖等。该遗址的发现填补了晋江市新石器至商周时代考古的历史空白，丰富了福建省乃至我国东南沿海地区新石器时代晚期考古学的内涵，为南岛语族的最终源头与中国东南沿海的史前文化密切相关提供佐证。

福全所城墙遗址

城墙为明洪武二十年（1387年），江夏侯周德兴为防倭寇而建，与永宁、崇武、金门、厦门诸城齐名。"城周六百五十丈，基广一丈三尺，高二丈一尺，窝铺十有六，为门四，建楼其上。"永乐十五年（1417年），都指挥谷祥增高城垣四尺，并筑东、西、北三个月城。正统八年（1443年），都指挥刘亮、千户蒋勇增筑四门敌楼，其城墙在明代抗倭战争中发挥过重大作用。清康熙十六年（1677年），总督觉罗满保、巡抚陈宾重修。后于1937年、1985年城石两次被拆为军事工事。现存长约2000米、宽5米的夯土城基遗址及南北水关各一个。

深沪湾海底古森林遗迹

该遗址坐落在素有"崎海金狮"之称的晋南名镇——晋江市深沪镇，以保护距今7500多年的海底古森林、距今9000年至25000年历史的古牡蛎礁遗迹及周边海岸带典型地质地貌为主要内容的国家级海洋自然保护区内。对研究2万年前的古地理、古植物、古气候及海陆变迁等具有十分重要的价值。

"八二三"炮战遗址——毓秀楼

毓秀楼位于晋江市最南端的围头村，是20世纪30年代一位吴姓华侨修建的小洋楼，该华侨出国后，由族人居住。1958年"八二三"炮战时，这座钢筋水泥建筑成为海军某连的连部。炮战中，毓秀楼弹痕斑斑。战斗过后，围头人在清理废墟、建设新村的同时，留下这座楼，作为战争年代的历史见证。

（三）建筑奇观

安平桥

安平桥俗称"五里桥"，位于安海镇鸿塔社区，横跨南安水头与晋江安海的海湾上，是第一批国家级文物保护单位，也为世界文化遗产。宋绍兴八年（1138年），僧祖派建桥未就，绍兴二十二年（1152年）郡守赵令衿续成，明永乐年间（1403—1424）重修。

（详见《海上福建（上）》）

西资岩寺

西资岩寺又名"大石佛寺"。唐代凿佛建寺，宋绍兴年间、明天顺年间重修，清乾隆三十年（1765年）重建，民国三十四年（1935年）塘东华侨蔡本油重

晋江安平桥

建为水泥仿木建筑。寺依山而建，建筑面积约500平方米，坐北向南，面阔五间，进深七间，抬梁、穿斗式木构架，重檐歇山顶。东面有双层护厝，寺旁建无能祠、崇真殿、观音亭。该寺是集儒、释、道于一处的宗教场所。

草庵

草庵位于晋江市华表山南麓，是中国唯一的摩尼光佛、摩尼教寺庙遗存，也是世界现存唯一摩尼教寺庙遗址。草庵始建于宋绍兴年间，初为草筑故名。元顺帝至元五年（1339年）改为石构歇山式建筑。寺内有元代摩尼光佛摩崖造像，造像左右上方有元代摩崖石刻二通。清代草庵衍为佛教活动场所。民国时期弘一法师三次驻锡于此，并留有重兴草庵记和楹联等墨宝。20世纪70年代出土刻画有"明教会"三字的宋代黑釉碗。草庵是中国研究世界宗教史和农民起义活动以及中国与波斯古代海上交通极为珍贵的实物依据。

草庵摩尼光佛

晋江丁氏宗祠

该祠由明永乐年间丁氏四世祖丁善营建，占地面积近1400平方米，建筑面积约650平方米，坐北向南，位于陈埭镇岸兜村，为全国重点文物保护单位，是研究泉州海上交通及古代阿拉伯人入籍中华的重要实物证据。

（详见《海上福建（上）》）

施琅宅、祠

施琅统一台湾，因功封靖海侯。靖海侯府建于清康熙二十六年（1687年），硬山顶，穿斗式木结构，砖石面墙，出砖入石墙面，五开间三进带东西厢房。规制恢宏，用材讲究。该府现辟为晋江市施琅纪念馆。施琅祠即施氏大宗祠，建于明崇祯十三年（1640年），清顺治十八年（1661年）迁界时毁，清康熙二十六年（1687年）重建。祠占地面积约1500平方米，坐北向南，由门、正厅、后堂及厢房组成，前设院埕。正厅面阔五间，进深二间。正厅及后堂前有石铺天井。主体建筑与厢房之间有火巷。祠内存清康熙二十八年（1689年）施琅撰衙口施氏大宗祠记事碑，有施世伦的"天下第一清官"匾额及施琅石雕像一尊。

吴鲁故居

吴鲁（1845—1912），字肃堂，号且园，钱头村人，教育家，爱国诗人。清光绪十六年（1890年）殿试第一，后官至吉林提学使，诰授资政大夫。八国联军入侵时积极主战，后作百哀诗156首以纪国耻。旧居建筑面积约1450平方米，坐西北向东南，由并列三座建筑组成，中为状元第，左为客厅，右为书房。每座均进深二间，面阔五间，穿斗式木构架，硬山顶。三建筑之间有隔火巷，前有石埕。

五店市传统街区

街区位于老城区青阳的核心区，旅游区占地面积126亩，遍布着宗祠、寺庙、民居、商铺等多样性建筑130幢，其中保留了明清至民国时期的传统风貌建筑81

栋，有蔡氏家庙、浼然别墅、朝北大厝等，是晋江首个国家AAAA级旅游景区，也是海峡两岸交流基地、中国电影拍摄基地、中国摄影创作基地、国家旅游休闲街区、省级文化产业示范基地、省级现代服务业集聚示范区，是闽南地区成片开发、规模最大的红砖古厝建筑群。

灵源禅寺

灵源禅寺位于晋江市灵源街道，是国家AAA级旅游景区，主峰为灵源山，因山有灵泉，故称灵源山，山中有以灵应著称的千年古刹——灵源禅寺。灵源寺始建于隋开皇九年（589年），西域高僧一粒沙将灵源寺改建为灵源庵。明永乐七年（1409年），筑寺庭围墙，已粗具规模，又经历代僧众保护修葺，千年古刹灵源寺现已成为泉南最享盛名的禅林之一。现供奉有三世尊佛、观音、文殊菩萨、普贤菩萨、地藏菩萨、关帝君、大圣等神像。灵源山历代还有不少儒生结庐读书，如唐代首开八闽科第的欧阳詹就曾居此山读书三载，明代的王慎中、陈让、张瑞图等名士也都留下咏灵源山的诗篇，至今为人们传颂。

六、特色村镇

安海镇

安海镇位于晋江市西南部，地处"闽南金三角"厦门、泉州、漳州的腹地，背依丘陵，前临海港，面对金门宝岛。宋开宝年间，唐名臣安金藏的后裔安连济徙居湾海，易湾为安，始称安海。安海南宋建炎四年（1130年）建镇，是著名的文化古镇、经济强镇和商贸重镇。

（详见《海上福建（上）》）

围头村

围头村位于福建省东南沿海围头半岛突出部，区位优势独特，东临台湾海峡，西依围头湾，北靠泉州，南与大金门岛相距仅5.2海里，围头海角与月亮湾是大陆距离台中和大金门岛最近的地方。围头历史悠久，英雄人物辈出，两岸情结独特，旅游资源丰富。2019年，围头村被列入第五批中国传统村落名录；2020年，入选第二批全国乡村旅游重点村名单。

（详见《海上福建（上）》）

梧林社区

梧林位于晋江市新塘街道，西北靠石鼓山，东南临梧垵溪。该地古称"狮头埕"，后又称"五篮"。传说，有石狮祥芝赤湖山兜蔡氏，于狮头埕搭棚养鸭。一日，蔡氏欲将鸭群赶往他处喂养，遇连夜大风暴雨，鸭群不走，蔡氏只好把家中仅存的五篮稻谷取出喂之，认为鸭群不走之地定是风水宝地，即决定于此定居，以五篮为名，雅称"梧林"。又传，该地原为梧桐成林之地，后有蔡氏于此建居，村因此得名梧林。

梧林古村落古民居

梧林传统村落形成于明洪武年间，发展于清代，兴盛于清末民初，现存闽南红砖古大厝42处、西式洋楼6处、番仔楼22处，至今保存完好，是典型而完备的闽南传统村落、闽南侨乡文化的突出代表，是海外华侨家国情怀的例证，有"华侨建筑博物馆"的雅称。2014年，梧林社区被评为闽南生态文化保护区晋江展示点；2016年，被评为"中国传统村落"。

塘东村

塘东村位于晋江市金井镇，东连陆、西临海，倚山望洋，景色秀丽，隔海距金门岛15千米，北距金井镇4.5千米。相传，该地古有一大池塘，南宋理宗景定元年（1260年），开基始祖蔡氏名我东迁于该地池塘之东建居，后池塘之东繁衍拓展成村落，故名"塘东"，雅称"锦东"。

塘东村与金门岛隔海相望，有着塘东沙地——亚洲唯一天然触角沙堤这一网红点。每每沙堤日落，渔船归来，其景美不胜收。700多年村史的塘东村，完好地保留着传统闽南古大厝、南洋番仔楼、中西建筑风格相融合的古洋楼等共140余幢，其中，东蔡家庙、进士第、旅菲侨领蔡本油故居等，扬名海内外。2014年，塘东村被评为"中国传统村落"；2015年，塘东村入围央视纪录片《记住乡愁》第二季；2017年，塘东村获"福建省特色乡村旅游特色村"称号；2020年，塘东村入选世界遗产大会宣传图册——《走进中国传统村落》。

七、特色民俗

安海水上掠（捉）鸭

水上掠鸭是流传于安平古镇的端午节水上竞技活动。相传，由郑成功操练水师的史俗演变而来，考验的是参与者的体力、毅力和技巧，至今已有300多年的历史。活动方式把一根六七米长的圆竹竿，固定在桥墩上，露出外面六七米长，竹竿离水面大约3米高，上面抹上一层油，末端挂着一个笼子，里面装着一只鸭子。选手们只要顺着竹竿打开笼子，鸭子落水，那么这只鸭子就是"战利品"了。参赛者在这活动中竞技呈勇，使人们沉醉在节庆的欢乐海洋之中，把端午日的庆祝活动推向高潮。如今安海水上掠鸭活动依旧较为完整地保存古代民间原汁原味的端午风貌。

安海"唆啰嗹"习俗

"唆啰嗹"又称"采莲"，是以古越文化妆扮唱念的表演形式，直接源于古代泉州"驱疫傩"及唐、宋宫廷采莲舞，以祝愿"风息涛平"，驱邪消灾，祈望航行"履险为夷"、海运亨通、海贸繁盛。因反复吟唱"唆啰嗹"，故称"唆啰嗹""梭罗莲""嗦啰嗹"等，是安海的传统民俗。活动者数十人成群，前有装扮滑稽的"痦铺兵"鸣锣开导，接着是手擎彩旗的采莲队，紧跟着几个涂脂抹粉的"花婆"手提花篮，后面4人抬着1具木雕龙头。采莲队伍一路喝着"唆啰嗹"乐曲，游街串巷，逢有店铺放鞭炮摆供桌迎接，即口喊吉利语，入内舞旗"掸尘"，主人礼施红包，花婆更回送以鲜花，以示吉祥。安海"唆啰嗹"习俗现列为国家非物质文化遗产之一。

晋江深沪褒歌

深沪褒歌是一种福建省闽南地区的传统民间小曲。渔民们在出航或归航的水程上，为驱散航程的寂寞和孤单，同航而相邻的船只便会互邀褒歌，以此来营造一些轻松气氛，消除劳累。渔民们在生产劳动中以大自然和人的情感为内容创造的民间小调，主要包括劳动歌（如出船号子、拉网捕鱼号子）、生活歌（如渔民生活苦歌、游戏歌）、情歌（如恋歌、别歌）和"相褒歌"（即渔民们互相说笑逗趣的歌，内容较粗俗，却也率真直白）。褒歌的歌词大多是七言四句，或是五言四句式，一二四句押韵。有上下句构成对应式的、一板二眼的《褒歌调》，也有起承转合式的、一板一眼的《十二生肖调》。大多是一人领唱，众人和唱的形式。此外，还有一种俗称"开嘴管"的曲调。

晋江狮阵

晋江狮阵以安海狮阵、灵源大浯塘武狮阵和磁灶三吴一元师祖青狮阵为代表，分别创立于明朝永乐十二年（1414年）、清康熙年间及乾隆年间，最长的传承时间已达600多年。狮阵的功用主要是为了强身健体和抵御匪寇，保家卫国。狮阵表演是民间依照旧时官兵操练健身以抵御匪寇入侵的习惯而创造的群众传统体育运动，每一狮阵仅有一只由两名队员操作的"雄狮"，因其凶猛矫健而为狮阵的象征。又因狮阵是由多种器械、拳术套路、军阵等综合形式的队员之间、队员与狮格斗的运动，所以又称"武狮"，民间泛称"别狮""弄狮"。狮阵使用的器械由明清兵器的龙、虎旗、官刀、藤牌、剔刀、钩镰、长枪、铁鞭、双创、双铜、柳公拐和日常生活中随手可得的扁担、锄头、雨伞、三叉耙、斧头组成。演练时由排兵布阵公路、单项兵器套路和多项兵器格斗套路构成规模庞大、气势雄伟的场面。

八、美食特产

（一）风味美食

拳头母

拳头母为晋江深沪的特色美食，因其形态似拳头得名。传说拳头母本称"筋头母"，以猪瘦肉和猪肉筋制成。但因闽南语发音近似"拳头母"后便"改名换姓"流传下来。夹起切成小块的拳头母，蘸点酱醋后放入口中，肉香绕齿，嚼劲十足。

马加羹

马加羹为晋江深沪的特产，是由马鲛鱼、地瓜粉等制作而成的一道羹汤。喝一口汤，勾芡过的汤底，顺滑爽口；再咬一口鱼羹，鱼香绕齿。

牛肉羹

牛肉羹为晋江地道的特色美食，选用牛肉为主要原料，纯手工制作。一颗颗暗红的牛肉羹，入口筋道爽口，一点都不腥，汤汁鲜美，滋补养颜，香而不腻，属于正宗闽菜。

深沪虾仁干

深沪虾仁干是深沪镇的特产。虾干，即虾晒成的干制品。虾干营养价值很高，检测发现，每百克虾肉含蛋白质20.6克，还含有脂肪、灰分和钙、磷、铁、维生素及核黄素等成分，肌体亦含原肌球蛋白和副肌球蛋白。

深沪鱼丸

深沪鱼丸是晋江的传统名点。其形状有圆球形、块状或鱼形。它具有色泽雪白晶亮、下锅膨胀力强、质地柔软、入口鲜美细腻等特点，系选用鳗鱼、马鲛鱼等上等鱼肉剁碎捣烂，与地瓜粉一起搅和制成。深沪鱼丸是晋江的传统名点。

安海土笋冻

安海土笋冻是经选料清洗、剪尾碾压、煮汤磨白、冷却结冻等工艺制作而成。产品色泽灰白相间，晶莹透亮，质地清脆，富有弹性，味道甘洌鲜美，是全国农产品地理标志产品。

（详见《海上福建（上）》）

深沪土豆仁汤

深沪土豆仁汤是晋江深沪镇的特产。闽南盛产花生（当地称土豆），花生不仅是一种高营养食品，而且是一味药用价值较高的保健良药。中医认为，花生有悦脾和胃、润肺化痰、滋养调气、清咽止疟之功效。

龙湖肉粕

猪肉粕，源于清乾隆厨艺秘籍孤本《调鼎集》。清咸丰五年（1855年），陈店村人施修笼从浙江把制作技艺带回村，并开设铺坊，成为晋江龙湖猪肉粕制作的创始人。龙湖肉粕制作不同于其他现代工艺，至今仍使用小叶桉树柴火熬炸。如此不仅可以细腻地控制油温，还能更好地释放猪肉的香味，且能使铁元素等营养物质不易流失。龙湖肉粕是晋江的美食小吃，绿色环保食品，入选泉州市级伴手礼，具有美食文化价值，不但深受本地消费者喜爱，还销往中国台港澳地区以及东南亚一带，曾获"泉州风味小吃""福建名小吃"等称号。

（二）土特产品

潘山木雕

东石镇潘山村有"木雕之乡"的美誉。清道光年间李克茶创办李家班，经世代传承成为木偶世家，现今已传承六代，其中第三代传承人李荣宗，俗称"潘径宗"，其子李伯芬是国家首批非物质文化遗产项目传承人。潘山木雕在中国台湾乃至东南亚仍占有相当大的市场份额，其庙宇木雕被列为第四批福建省非物质文化遗产。

（编纂：林荣国　审稿：蔡斯坤）

南　安　市

一、综述

南安市位于福建省东南沿海，南与金门县隔海相望。全市土地总面积2036.24平方千米，海域面积11.76平方千米，海岸线32.8千米。2021年，户籍人口1665976人，流动人口267016人。

南安历史悠久，人杰地灵，历史上曾一度是闽南的政治、经济和文化中心，素有"海滨邹鲁"之称，境内丰州金鸡古港曾是古代"海上丝绸之路"的起点之一。唐代开八闽文化之先声的欧阳詹，明代杰出的思想家李贽，民族英雄郑成功，一代名将叶飞，知名爱国华侨李光前、黄仲咸，祖籍地都在南安。

南安人具有爱拼敢赢的精神、重商善贾的传统、开放兼容的特性。南安为福建著名侨乡，华侨人数居全省首位。南安籍华人华侨分布在世界五大洲，而以东南亚各国为多。根据2006年重点侨情调查汇总数据显示，南安华侨华人156万余人，其中华侨30万人。南安籍海外侨胞和港澳台同胞热心支持、积极参与家乡经济建设和社会公益事业建设，截至2019年，侨捐总额达30多亿元；李光前捐建的光前学村闻名全国。南安与台湾一水之隔，目前在台的南安籍的后裔有近百万人，高雄田寮乡和屏东南州乡的南安村、彰化市和宜兰苏沃镇的南安里都是南安早期移民不忘祖籍地的见证。

南安市矿产资源丰富，查明有资源储量的矿产15个矿种。花岗岩储量约30亿立方米。花岗岩矿是石井镇具有较大潜在经济价值的优势矿产，较大矿床为石井溪东大型花岗石矿。海洋经济主要由港口产业、港后经济腹地相关产业、滨海旅游产业、物流领域相关产业、海洋养殖及水产品产业等部分构成。2021年，南安市加快港口建设速度，石井作业区全年完成货物吞吐量1000多万吨，全市全年进出口总额约200亿元。临海智慧"芯谷"项目，芯谷园区计划总投资超1000亿元，累计完成投资超420亿元，龙头企业三安光电2021年完成产值40亿元，创税约1.5亿元。投资10.4亿元打造南安市成功文化园，规划面积约185.15公顷；建设五里桥畔休闲慢道景观项目，总投资4.5亿元，推动滨海旅游产业化。

南安市坚持实体立市，拥有民营企业3万多家，规上工业企业突破1000家，产值突破3200亿元，产值超亿元企业达到517家，形成石材陶瓷、水暖厨卫、机械装备、电子信息、日用轻工等五大产业集群。2021年石材陶瓷、日用轻工业双双跨入千亿元行列，"石博天下、水暖万家，机筑世界、日用惠民，智领未来、芯动全球"的六大产业名片越来越响亮。拥有国家级专精特新"小巨人"企业10家、科技小巨人企业127家，数量均居福建省县级市前列，南安位居中国县域工业百强第11位、赛迪"百强县"第21位、全国投资潜力百强县市第9位、全国科技创新百强县市第28位。

二、岛礁港湾

南安市所辖海岛均为无居民海岛，呈西北—东南向沿直线分布于金门县与东石镇之间的围头湾海域，共有11个海岛。海岛离岸较近，近陆距离介于1.63～7.21千米。大佰屿位于石井与金门之间海域的十几个小岛，以大佰岛为主岛，面积最大，距金门仅2.8海里，系花岗岩岛屿。沿岛洁白的细砂沙滩与奇形怪状的礁石组成海石景观，潮落时裸露的礁石相连组成一幅天然的美景。有沙滩、岩石、树林、多种海洋生物，可以开展游乐、度假、休闲、游泳、游艇、垂钓等多种活动。

南安市石井捕捞海域可分成3个作业区，分别是沿岸小型作业区，0～20米等深线海域，面积约7.2万公顷；近海机帆船作业区，20～80米等深线范围内海域，包括闽中渔场、闽南渔场至台湾浅滩渔场等，或转移至浙粤等省外渔场；外海作业区，位于水深80米以上至大陆坡边缘的深海，其地形陡峭，变化急剧，未形成常年作业区。石井镇已建渔港为三级渔港。

三、生物资源

紫　菜

紫菜是南安市海水养殖的传统大宗品种。1972年开始试养，养殖地主要集中于围头湾中潮区滩涂，以维尼纶网帘或条帘作附着基，小台架养殖。台架为长方形，宽2米，四角置脚，离地0.4米，用锚绳系于石、木桩上。9月至10月把苗种附在帘上。养成期间经常检查、冲洗、防病敌害、调节水层。11月至翌年4月收割，紫菜养殖一般收割5次。南安紫菜养殖面积超过1万亩，年产量550吨以上，每年可为当地农民增收220多万元。

牡　蛎

牡蛎闽南称蠔，是福建的四大贝类（牡蛎、蛏、蚶、蛤）之一，也是南安海洋经济的重要组成部分。南安牡蛎养殖地主要在围头湾营前——淘江一带中、低潮区，以及石井湾的一部分，有条石养殖和棚架养殖两种养殖方法。

白海豚

中华白海豚常见于中国东南部沿海，属于国家一级保护动物，素有“美人鱼”和“水上大熊猫”之称。南安石井海域经常出现成群结队的中华白海豚追逐嬉戏的现象，被本地人当成吉祥幸运、一帆风顺的象征。

四、历史人文

（一）名山胜迹

九日山

九日山位于南安市丰州镇，是古代海上丝绸之路东端的起点之一，全国重点文物保护单位，素以“山中无石不刻字”著称。九日山摩崖题刻位于九日山上。

九日山上的东、西、北三台，自晋代以来历代均有石刻。现仅存北宋至清代摩崖石刻78处（段、方），其中最著名的属宋代祈风石刻。祈风石刻，记载从北宋崇宁三年（1104年）至南宋咸淳二年（1266年），泉州郡守或提举市舶使率领僚属、商贾等为航海船只举行祈风典礼，祭祀海神通远王及登临览胜的情形。宋代祈风石刻是研究宋代泉州港海外交通贸易的珍贵史料，堪称中国古代海上丝绸之路的历史见证。山麓有闽南千年开山古刹延福寺、昭惠祖庙。历代文人墨客竞相登临，卒有题咏，联合国教科文组织先后多次莅临考察并勒石纪念。2021年，九日山作为"泉州：宋元中国的世界海洋贸易中心"的重要组成部分，列入《世界遗产名录》。

九日山摩崖题刻

灵应寺

灵应寺又名灵应岩、紫帽岩，位于南安市东北部洪梅镇境内的玳瑁山山腰，是闽南著名古寺之一。灵应寺原名为"紫帽岩"，创建于唐末天祐元年（904年）。相传后唐年间有个神童叫李文愈，幼时孝行，家贫有志，童真弃俗，坐化于岩后茄吊滕中，后人将他塑造成像，祀奉为灵应祖师。旁立石碑《唐神僧灵应祖师现化记》记载：李文愈祖师（俗称灵应寺李公祖师）系"三真人六祖师"之一。师字文愈，诞生于唐代仁宅李家，幼有孝行，家贫有志，博超群伦，福而有德，常现神爱事迹昭闻，如渡溪飞笠、立石朝天、播竹苗地等，坐化于山中"茄藤"。乡人就其肉身塑像，祀于紫帽岩中，尊为李公祖师。弘一法师曾于民国三十年（1941年）驻锡灵应寺，期间，他题写了"千年古刹"挂匾和"净地何须扫，空门不用关"等佳联。

凤山寺

凤山寺原名郭山庙，又名将军庙、威镇庙，供奉郭圣王，位于南安市诗山镇西北角凤山麓，建于五代后晋天福初年（936—947）。郭圣王，俗名郭忠福，诗山郭山人，生于后晋天福三年（923年）二月廿二日。传说郭忠福长工出身，7岁丧父，牧羊为生，奉母甚孝，乡邻称为郭孝子。郭忠福后来坐化，乡民立庙奉其为神明，四时祈卜吉凶于神，以将军礼祀之，故郭山庙又称将军庙。南宋高宗绍兴年间（1131—1162），敕封神灵为"威镇广泽侯"，并赐庙额"威镇庙"，廊大其制，庙宇粗具规模。到了宋宁宗嘉定十六年（1223年），乡邻增修庙宇，使之殿寝、廊庑、门庭、层阶齐全。直至宋理宗开庆初年（1259年），加封"威武英烈广泽尊王"，并赐建寺宇以祀。因郭山地形类凤盘舞，从此改名为"凤山寺"。此后三百年，风荡雨淋，栋宇虽有修茸，但寺貌未作扩建翻新。

郑成功陵园

陵园位于南安市水头镇康店自然村覆船山西麓。清康熙元年（1662年）郑成功病逝，葬于台南洲仔尾。清康熙三十八年，御赐郑成功及其子郑经的灵柩葬于南安郑氏祖茔。墓坐东朝西，为多室家族合葬的砖圹墓，外观为三合土拌糖水灰构筑。墓碑用花岗岩雕砌成"山"字形，墓缘碑座均由精雕的花岗岩石砌成。墓碑阴刻"明石井乐斋郑公、淑慎郭氏、乔梓五世孙、六世孙、七世孙茔域"。郑成功系乐斋的六世孙。墓埕两侧矗立二根八角形华表，顶端各雕有蹲踞的石狮一只。1961年，福建省人民委员会公布其为第一批省级文物保护单位。1982年，国务院公布其为第二批全国重点文物保护单位。

延平郡王祠

该祠位于石井东南侧鳌峰山麓，清康熙三十八年（1699年）诏令迁郑成功灵柩归葬南安祖墓，并建祠祀之。民国十六年（1927年）重修，1949年毁于国民党飞机轰炸。1987年，南安县人民政府重修。祠坐南朝北，沿中轴线自北而南依次为照墙、山门、大殿。殿面阔进深各三间，抬梁式木结构，硬山顶，两旁各有庑廊。殿中前梁悬有"三世五爵"匾额一方。后梁悬民国二年（1913年）福建提督许世英题"威风雄烈"匾。墙柱镌历朝题赞楹联，中有康熙皇帝诏赐郑成功父子迁葬时所撰联一对，文曰："诸王无寸土，两岛屯师，敢向东南争半壁；四镇多二心，一隅抗志，方知海外有孤忠。"1996年，福建省人民政府公布为第四批省级文物保护单位。

（二）故居民宅

蔡氏古民居建筑群

蔡氏古民居建筑群被誉为"闽南建筑大观园"，是闽南皇宫起大厝的典范，系旅菲华侨蔡启昌及其子蔡资深于清同治六年（1867年）至宣统三年（1911年）期间兴建，位于南安市官桥镇漳里村漳州寨自然村。目前保存较为完整的单体

南安蔡氏古民居

建筑有宅第20座，书房1座，当铺1座，宗祠1座，总建筑面积约1.63万平方米，总占地面积3万多平方米，形成规模宏大、布局严整、雕饰精美、内涵丰富的建筑群。

（详见《海上福建（上）》）

南安中宪第

南安中宪第，又称"九十九间"，位于福建省泉州市南安市石井镇延平东路12号。南安石井郑运锦往台湾经商致富后，于清雍正六年（1728年）开始兴建，历经祖孙三代完工。因其子郑汝成由贡监生授司马加五级诰封中宪大夫，故称"中宪第"。南安中宪第坐南朝北，占地面积7780平方米，现存建筑面积4350平方米。整座建筑由主厝、后落、东护厝等十几个部分组成。主体建筑四进，中轴线自北向南依次为门厅、大厅、中厅、后厅。第一进大门凹寿式，面阔五间，进深三柱；第二进面阔五间，进深五柱；第三进面阔五间，进深八柱；第四进面阔十三间，进深五柱。南安中宪第规模宏大，布局井然有序，平面富于变化，繁而不杂，构筑富丽堂皇，木雕以精致见长。南安中宪第为重要的涉台文物，是研究闽台关系史和闽台古建筑的宝贵实物资料，也是促进海峡两岸交流的重要平台。2013年，被公布为第七批全国重点文物保护单位。

南安林氏民居

南安林氏民居，也称为林路厝，位于南安市省新镇满山红村；清光绪年间，由南安籍华侨建筑家林路在家乡兴建。该建筑宏伟古大厝群，南安俗语"有林路富，无林路厝"，说的就是它。南安林氏民居坐北朝南，是宗祠、正屋、叠楼、书房自西向东并列的建筑群，占地面积约6000平方米，现存建筑面积约3600平方米，通长110多米。南安林氏民居的空间设计引入了南洋实用的设计理念，使得建筑空间更宜居，其建筑规模宏大，布局合理，设计和雕刻艺术是中国清代闽南地区华侨建筑的优秀代表作，具有突出的价值，是中外建筑艺术交流难得的实物资料。2013年，南安林氏民居被中华人民共和国国务院公布为第七批全国重点文物保护单位。

坂埔古厝

坂埔古厝又名良山洪氏民居建筑群，位于南安市英都镇良山村坂埔自然村。坂埔古厝由洪光乘、洪开泰父子所建，始建于清乾隆年间，现存建筑仍以村民居住为主，部分建筑做宗祠祭祀用，总建筑面积5515平方米。良山洪氏民居作为典型的闽南地区传统村落建筑，其建筑类型风格多样，建造艺术具有代表性。自其兴建至今，见证了洪氏一族两百年间的奋斗与发展；作为著名侨乡，也是连接海外华侨的重要纽带，具有重要的历史、艺术及科学价值。2017年，获评"福建省传统村落"。2019年，获评"福建省历史文化名村"，同年还被核定为第八批全国重点文物保护单位。

观山李氏民居

观山李氏民居建成于清中、后期至民国，其中保存较为完整的有石碣大厝、顶新厝、中新厝等10座建筑。功藏厝、番仔楼、成器厝等3座为第八批全国重点文物保护单位。李氏民居建筑多为单进二落带双边护厝或两进三落带双边护厝，抬梁式或穿斗式木构架，硬山顶，燕尾脊。其中最具特色为番仔楼，又称"池塘湖番仔楼"，由著名爱国华侨李功藏于清光绪二十五年（1899年）建造，建筑面积528平方米，建筑坐西北向东南，分为上、下二层，整体建筑外墙线条硬朗、南洋风格浓厚，内部装饰为闽南风格，是中西结合的典范。2018年，观山李氏民居被福建省人民政府公布为第九批省级文物保护单位；2019年10月，被列入第八批全国重点文物保护单位名单。

五、民俗风情

南安英都拔拔灯

南安英都拔拔灯源于南宋纤夫"拔船"，定型于明万历年间，它以游灯为主题，是一种综合民间信仰、岁时节令、民间音乐、民间舞蹈等多种文化表现形式

南安英都拔拔灯（洪宗洲　摄）

的综合民俗娱乐活动。2008年，灯会（肥东洋蛇灯）经中华人民共和国国务院批准列入第二批国家级非物质文化遗产名录。

（详见《海上福建（上）》）

九日山祈风仪典

始建于唐咸通（867年）年间的九日山灵乐祠，至宋代，其主神被朝廷敕封为通远王，赐额昭惠庙。由于北方连年战乱，海上丝绸之路从泉州崛起，泉州郡守每年都要在昭惠庙举行祈风盛典，以通远王为海神祈求出入泉州港的番舶一路顺风。元祐二年（1087年）泉州正式设市舶司。宋廷规定，凡是设立市舶司的地方政府都要为番舶顺利往返举行祈风仪典，昭惠庙的祈风仪典成为国家级典祀。参加祈风仪典的对象是泉州郡守、提举市舶司、泉州通判、统军、南安县令以及下属官员、地方士绅、海舶商人。有择日建坛，鸣鼓开始，道士宣诵经文，主祭焚香、上供，宣读祝文等一套程序。至清，泉州港地位逐渐衰落，通远王的海神地位被妈祖取代，祈风盛典随之消失。1998年，有关部门举办一场昭惠庙仿古祈风表演，再现宋代祈风盛典。2005年，九日山昭惠庙复建，确定每年春四月十一日、冬九月廿九日举办祈风活动，并制订祈风仪典程序。

郑成功信俗

郑成功信俗是闽南、台湾民众尊崇怀念民族英雄郑成功的一种习俗。300多年来，郑成功逐渐被奉为神明奉祀至今。台湾同胞尊之为"开台圣王""成功祖""开山祖""开山尊"。福建南平尊之为"国姓爷"，故乡南安石井尊之为"国姓公""护国天尊"。闽台郑成功信俗的内容有祭典、请神、晋香与会得、巡境、"三月三"敬祖、闽南传统"中秋博饼"等习俗。闽台两地相关郑成功的庙堂有登记的有236家，台湾就有300多座主祀郑成功的分灵庙，每年进香朝拜者

郑成功信俗

几十万人次，在台湾南部信众尤其广泛。

桃源傅氏大宗元宵灯会

桃源傅氏大宗元宵灯会包括挂灯、送灯、观灯（赏灯）、点灯、游灯等。桃源傅氏大宗元宵灯会历史悠久，内容丰富，自唐代举办后，周边城乡纷纷也效仿傅氏大宗的习俗，于元宵期间举办元宵灯会，其中以泉州古城区为盛。该习俗始于唐僖宗年间（873—888）。据《丰州志·人物篇·傅实》记载："……时值黄巢起义，军陷福建……僖宗召见，授实威武军节度招讨使建州都押衙，赐实一帧李世民御像以示荣宠。实择桃源建唐王宫供奉之。且沿用长安习俗，年年元宵点灯闹街，以（与）民同乐。"往后相沿成俗，流播于泉州府一带，开福建民间元宵点灯之先河。

广泽尊王信俗

广泽尊王信俗

　　广泽尊王，俗名郭忠福，生于后唐同光元年（923年），自幼聪颖过人，侍母至孝，时人称之为"郭孝子"。16岁坐化于山上大树藤萝上，乡人感其孝德，在其坐化处建庙祀之，是为"凤山寺"，并奉其为神明，尊曰"郭圣王"，皇帝亦敕封其为"威镇忠应孚惠威武英烈广泽尊王"，广泽尊王信俗便由此而来。

　　（详见《海上福建（上）》）

六、特色村镇

丰州镇

　　丰州镇有史前遗址、南安古城、金鸡古港、古墓葬、古建筑、石刻、近现代史迹等。经第三次全国文物普查登记不可移动文物就有68处，其中，九日山摩崖石刻列入全国重点文物保护单位、海上丝绸之路申遗主要项目；莲花峰石刻、陀罗尼经幢、丰州古墓群、燕山黄氏家庙等4处列入省级文物保护单位；姜公辅墓、傅居献墓、答剌真墓、溪丰师姑墓、韩偓墓、甘棠井、丰州书院、南邑城隍庙、武荣慈济宫、金溪摩崖石刻等10处列入市级文物保护单位。此外，丰州还有见证泉州海上丝绸之路海洋贸易繁盛的九日山祈风仪典，以及影响深远的朱子文化。

英都镇

英都镇位于南安市西部，距市区22千米，与安溪县毗邻，面积85.67平方千米，总人口5万多人，海外侨胞和港澳台同胞6万多人，是中国水暖（阀门）基地镇、福建省百强乡镇、知名乡镇和卫生乡镇。英都土壤肥沃，雨量充沛，水源丰富，农业基础扎实，被誉为南安的"粮仓"，美称"金英"。英都镇历史悠久，文化积淀丰厚。境内名胜古迹等人文景观内涵丰富，各具特色，主要有：闽南古刹云从古室、宝湖岩、古竹岩、狮子岩、溪益馆（洪承畴读书处）、洪承畴故居、洪氏家庙建筑群等文物景点，每年吸引许多海内外游客前来参观游览。英都居住着近6万洪氏族人，另有3万多人旅居东南亚各国及港澳台等地区，是南安著名侨乡之一。

漳州寮村

漳州寮村属于南安市官桥镇漳里村下辖的一个自然村，村落中有清南洋归侨蔡启昌及其子蔡资深（1839—1911）于清同治年间始建的多院落式聚落——蔡氏古民居建筑群，又名"大厝群"。建筑群规模宏大、布局严整、雕饰精美、内涵丰富，是泉州宫式大厝建筑（俗称"皇宫起"）的典型代表。这组聚落建筑群不仅集中表现了闽南红砖聚落成熟的建筑、雕刻、文化艺术，而且反映了印度佛教、伊斯兰教、南洋文化、西方文化在建筑、装饰等方面的交融，几乎全部采用红砖、红瓦、红地面，形成了与中国其他传统民居截然不同的浓烈、鲜明的色彩主题。

七、特产美食

石亭绿茶

石亭绿茶是一种炒青型绿茶，产于丰州九日山莲花峰石亭寺，已有1600多年历史，最初仅由僧家种植，产量很少。石亭绿茶具有三个特点：一是出产期为全省最早，《福建茶事》有"石亭首春名茶"的说法；二是气味浓厚，甘甜润喉，有提神醒目功效；三是茶叶具有"色泽银灰带绿，汤色清澈碧绿，叶底明翠嫩绿"的"三绿"和香气因季节变化而有"绿豆香、杏仁香、兰花香"的"三香"。2002年，九日山石亭绿茶获得国家绿色食品认证。2003年至2005年，石亭茶在国际茶文化节上获得"茶王大赛金奖"和"三星级中际茶王"称号。2008年，福建省技术监督局颁发石亭绿茶食品生产许可证，省农业厅和泉州市人民政府划定"福建省茶树优异种植资源（九日山）保护区"。

洪濑鸡爪

洪濑鸡爪产于洪濑镇，是闽南人对洪濑卤味的统称。洪濑鸡爪并不仅仅只有卤鸡爪，还陆续开发有卤鸡尖、卤猪耳、卤鸭舌、卤鸭脖、卤笋、卤鸭肠、卤鹅翅等十多种现做卤味，还涌现出多家以卤味为主的公司和多个正宗的知名品牌如贻庆、红毛、红珠、绝卤、联统、裕丰、黑果、红全周等，其中不少产品获得"中华名小吃"等美誉。洪濑鸡爪在选材上要求很高，鸡爪须个个白嫩，没有一点点黑茧子，加入几十种天然中草药材卤制。卤好的鸡爪质地饱满，色泽金黄，香味浓郁，吃起来口感滑韧、有嚼劲、醇香入骨。

英都麻糍

麻糍内软韧，外香甜，食起满口冰香。麻糍又以南安英都出产最为出名，其原料为上好糯米、猪油、芝麻、花生仁、冰糖等。麻糍成品色泽鲜白，滑韧透明，香甜可口，食后耐饿，有着甜、滑的口感，且软韧、微冰。

官桥烧肉粽

南安官桥烧肉粽以咸粽著称，米粽中包有卤肉、香菇、虾仁、蛋黄等，稳火锅中烧，取出调以蒜酱，喷香适口。摊点以洪濑、官桥、溪美制作为佳。烧肉粽以香菇、虾米、鸡蛋、芋头粒、栗子、猪肉（或鸡肉）、糯米等为原料。制作时先把糯米浸后晾干，拌上卤汤、葱头油，放在锅里炒得又干又松，再与红烧猪肉、生栗子搅拌均匀，用竹叶包好煮烂。肉粽要趁热食用，吃时配上沙茶酱、蒜蓉、红辣酱等调料，更是美味可口。

诗山卤面

旧时坊间就流传有"阔嘴卤面、玉湖粕丸、三友肉粽、粘枝葱油粿"的顺口溜。诗山卤面向来历史悠久，深受海外华侨的喜爱。诗山卤面色泽金黄，配料丰富，有鱿鱼丝、香菇、蚝干、鲜虾、瘦肉羹等。这些不仅丰富了整碗面的味道，而且让食客有种天下美食集一身的感觉。面做好后加上一抹葱头油，瞬间香味四溢。面汤又浓又甜，面条劲道，吃起来十分鲜美、有嚼劲。

（编纂：林雪铌　审稿：黄一郎）

惠　安　县

一、综述

　　惠安县地处福建省东南沿海突出部，介于泉州湾与湄洲湾之间，东濒台湾海峡，距台湾岛仅97海里，是大陆离台湾中部最近的地区之一。宋太平兴国六年（981年），析晋江县东乡16里置惠安县，取"以惠安民"之义称惠安。全县行政区域总面积791.25平方千米，海域面积1833平方千米，海岸线长214千米。至2021年5月，惠安常住人口78.14万人（不含台商投资区）。

　　惠安是泉州"东亚文化之都"的重要组成部分，海洋文化底蕴深厚，素有"海滨邹鲁"美誉，仅国家级重点文物保护单位和国家级"非遗"项目就有8处（个），自宋至清有举人421人、进士183人。中华人民共和国成立初至2019年，惠安籍中国科学院院士6人，享受国务院特殊津贴专家67人。

　　惠安县是福建省著名侨乡，2019年祖籍惠安的华侨华人达85万多人，归侨侨眷侨属37.08多万人，旅居港澳同胞近8.2万人。广大惠安籍华侨身在异国他乡、心系桑梓，1979年至2010年捐资家乡公益事业达5亿多元以上。惠安也是台湾汉族同胞的主要祖籍地之一，2019年惠安籍台胞有90多万人，在基隆等部分聚居地分别以大陆原迁徙地青山、大岞、净南等3个村庄命名，见证着祖国大陆和台湾无法割离的骨肉亲缘。惠安是"巾帼不让须眉"的英雄土地，先后涌现了"八女跨海征荒岛""万女锁蛟龙""抗风击浪建渔港""荒滩变绿洲""海防第一哨""残奥夺三金"等一大批勤劳勇敢、爱拼敢赢、无私奉献的巾帼英雄事迹，孕育出绽放时代光芒的"惠女精神"。尤其是20世纪五六十年代，涌现出数万惠安女手扛肩挑战天斗地兴建大型水利工程——惠女水库、惠女干渠、惠女灌区的可歌可泣的英雄史诗，使惠安"赤地变青山，从缺粮的地瓜县变成富足的米粮川"。

惠安水产资源极为丰富，素有"全国渔业强县"之称，水生生物达369种，水产珍品当数崇武大黄鱼、鲨鱼、鳍鱼、马鲛鱼、带鱼、桂花鱼、对虾以及崇武鱼卷等。惠安有10～40米等深线海域面积1044平方千米，潮间带滩涂面积78.06平方千米。养殖业借此得以快速发展；海洋矿产资源丰富，海沙、花岗岩、高岭土等滨海非金属矿产总储量达1.16亿吨以上。沿海潮汐能蕴藏量1.59亿千瓦时，装机容量可达166万千瓦时，年发电量可达5200万千瓦时。海域广阔，形成众多天然良港。有诸多著名的地方土特产，人称"天然维生素王"的余甘，以及荔枝、龙眼、红茶、乌龙茶远销日本、东南亚各国和中国港澳地区。惠安是福建省"旅游品牌县"和旅游资源大县。古城、滨海、雕艺、惠女、生态是惠安独具特色的旅游景观，拥有崇武古城、青山宫、施琅墓等国家级重点文物保护单位3处，省级文物保护单位8处，县级文物保护单位103处。

惠安历史上是农业大县，改革开放后走"工业立县"的振兴之路，传统的石材石雕、建筑装饰、食品饮料、鞋服箱包等产业历久弥新，新兴的船舶修造、石油化工、旅游服务、高新技术等产业方兴未艾。惠安1985年被国务院列为闽南三角地区经济开发县之一，先后获评"世界石雕之都""中国石雕之都""中国民间艺术（雕刻）之乡""国家级生态县""全国文明县城""全国文明城市提名城市（县级）""亚洲旅游业金旅奖·最具特色魅力旅游目的地""最美中国·民俗（民族）风情目的地城市"等称号。2021年，实现地区生产总值1135.43亿元，人均国内生产总值突破2万美元，位居全国前列，达到初等发达国家水平，位列县域经济综合实力全国中小城市"百强"。

二、海岛明珠

惠安的岛屿礁石，如一串串璀璨的海上明珠。其中，岛屿54个，礁石510余块。已命名的较大的岛屿礁石有80个，其中，面积大于1万平方米的有14个，大于10万平方米的有4个。知名度较高的有鲤鱼岛、黄干岛、大竹岛、剑屿、青屿等。

鲤鱼岛

在惠安辋川镇东边的海面上，有一座美丽的小岛，旧时称作"竿屿"，因形似一只活泼可爱的"小鲤鱼"扑腾在一望无际的海面上，又被叫作鲤鱼岛。

2005年，因泉州外走马埭围垦工程的修建，一条数米宽的海堤连通了鲤鱼岛，从此揭开了鲤鱼岛神秘的面纱。入岛拾级而上，路石青苔斑斑，两旁古木参天，曲径通幽。行至半山腰，有座依山而建的县级文物保护单位"灵惠庙"，敬奉的是唐玄宗时名将张巡。庙旁，是有名的"鲤鱼眼"石壁，石崖陡峭，高十余丈，十分险峻。庙东山坡有一块墓碑，镌着"义冢"二字。当地百姓当年抵御倭寇时，牺牲于海上的18具无名将士的尸骨，合葬于此，因姓名籍贯皆无从考究，故称为"义冢"。

小岞半岛

在惠安最东的地方，有个小岞半岛，在半岛东端，耸立着许多酷似风车的"庞然大物"，于是就有了另一个雅俗共赏的称呼——风车岛。这里的风车，指的是每根高88米、半径40米的大型风能发电机。风车岛有蜿蜒的海岸线、金色的沙滩、秀美的渔村，礁石林立，风情独具。风车岛旁边有个前内渔港，数百艘渔船常年在这里装卸、休整、避风，也能让游客大饱眼福，亲身感受海边渔民们的辛勤劳动和幸福收获。夕阳西下，落霞满天，渔舟唱归，正是行家"抢鲜"好时机，也吸引了很多"吃货"慕名而来。那繁忙热闹的场景，是渔民丰收喜悦最真实的写照。风车岛以独特的惠女风情、迷人的滨海风光、本真的生活方式、淳朴的民风、齐全的设施、贴心的服务，让无数的游客和艺术家及艺术爱好者为之倾心，流连忘返。

大竹岛

大竹岛位于惠安东端、湄洲湾内，距大陆2.5千米，呈鹅蛋形，面积0.47平方

大竹岛（李芸生　摄）

千米，全岛绿化好，淡水丰富，2004年建有陆岛交通码头。大竹岛是座巾帼英雄岛，"八女垦荒"的故事在全国广为流传。1958年，净峰镇杜厝村女民兵周亚西等8名惠安女驾舟上岛开荒垦殖，住洞穴，开垦农田，挖掘水井，种植果树和粮食，养禽畜，前后长达15年。1960年10月29日《人民日报》第三版头条以《八女跨海征服荒岛》为题予以报道，并发表《敢于胜利》专题评论，宣传"八女垦荒"英勇事迹，赞扬"为有牺牲多壮志，敢教日月换新天"的战天斗地精神。

黄干岛

　　黄干岛位于惠安东端、湄洲湾南岸的东周半岛东面海域中，距大陆1千米，形似烘干的黄瓜，面积0.55平方千米，为大陆岛，由变质岩组成，地表土层较厚，西侧植被覆盖率较高，以木麻黄、相思树为主，东侧植被较少，海岸为陡峭的基岩滩岸。岛上现有养殖场1家，主要吊养牡蛎和海带。

三、海湾沙滩

惠安海岸线曲折绵长，长达214千米，分布着大大小小47个沙滩，其中长度2千米以上的有7个，较为著名的有青山湾、西沙湾、大港湾、惠女湾、半月湾、月亮湾等。

崇武海岸

崇武海岸位于惠安县东南沿海，是一处集滨海风光、历史文化、雕刻艺术、民俗风情于一体的特色海岸。长达32.3千米的海岸线上，分布着总长16.8千米的12个"妩媚动人"的金沙海滩和形态各异的岩石礁屿。金沙碧水的"半月沉湾"和"西沙银蛇"的天然海滨浴场，惟妙惟肖的"神龟戏水"，绚丽多彩的贝壳，孤岩兀立的"峰后险石"，以及那神奇的岞山八景，使人如临仙境。沙滩上漫步的婀娜惠女——黄斗笠、花头巾、银腰带、短上衣、宽裤筒，配上精巧艳丽的头饰，与蓝天白云碧海金沙，构成一幅动人心弦的美丽风景。更有雄峙东南的崇武古城、巧夺天工的石雕工艺博览园、奇思妙想的"大地艺术"岩雕群、全国七座国际标准航标灯塔之一的崇武灯塔、中国东海南海气象分界碑、"天下第一奇庙"的解放军烈士庙等人文景观。

青山湾

青山湾是崇武海岸的重要组成部分，因邻近国家级重点文物保护单位青山宫而得名。青山湾位于山霞镇南侧、泉州沿海大通道边，东临崇武镇，西接张坂镇，海陆交通十分便捷，地理位置优越，是福建省最负盛名的海湾之一，素有"八闽第一金滩"美誉，是福建省重点滨海旅游胜地，也是省帆船训练基地。其所在村下坑村系"中国美丽休闲乡村""福建省最美休闲乡村"。青山湾度假区面积约37公顷，其中沙滩面积约7.3公顷，金色沙滩延绵十里，宽厚平坦，沙质细腻，海面开阔，是休闲度假的好地方。青山湾有闻名遐迩的三个"十里"：十里金沙，十里玉练，十里绿堤。十里沙滩呈半月湾形，像一弯新月栖息在这里，洁白的浪花衬着蓝蓝的天、蓝蓝的海，一朵接一朵，一浪逐一浪，像一条变化无常的"十里玉练"，戴在妩媚少女的身上。岸边那苍翠的木麻黄防护林带宛如一道坚固的绿色长城，就是人们所说的"十里绿堤"了。

西沙湾

西沙湾位于惠安县崇武镇西华村，南向台湾海峡，毗邻崇武古城风景区和西华渔港及崇武码头，是崇武镇最长的沙滩，长约3千米，面积3.86平方千米，沙滩后有五星级酒店西沙湾假日酒店、"天下第一奇庙"——解放军烈士庙和防护林带。西沙湾四季如春，冬暖夏凉，阳光明媚，天蓝云白，风平浪静，沙质细腻，水质洁净，沙坡平缓，海底无暗礁，是天然的海滨浴场和休闲好去处。

惠女湾

惠女湾位于净峰镇和小岞镇，湄洲湾南岸，东临台湾海峡，背靠省级森林公园赤湖林场七里湖工业区和著名的小岞林场及惠女家园，全长11千米，核心区长8

惠女湾（康荣彬　摄）

千米，有古泥炭层公园，离净峰镇政府、名胜风景区净峰寺和省级文物保护单位弘一法师旧居仅2千米，紧邻杜厝渔港，是规划建设中的度假胜地，是夏日逐浪听涛拾贝乘凉的休闲好去处。

大港湾

大港湾是惠安重要的水产养殖基地，是泉州市唯一的国家级台湾农民创业园的惠台农业合作海水养殖区。大港湾位于惠安县东部，北邻湄洲湾，南邻泉州湾，为崇武半岛和小岞半岛所环绕，海湾呈"C"字形，湾口朝东，口宽约4.4千米，面积约66.67平方千米，其中滩涂面积13.37平方千米，浅海面积53.3平方千米。湾内风平浪静，水深基本在10米等深线内，水质清净，盐度适中，浮游生物丰富，无鱼类天敌，冬无严寒，夏无酷暑，一年四季都适宜水产养殖生产。主要养殖品种有海带、紫菜等藻类和牡蛎、鲍鱼、花蛤等贝壳类及青蟹、对虾等甲壳类海洋生物。西面环湾有连绵数千米的未开发沙滩和300公顷防护林可供发展休闲渔业。

四、天然良港

惠安沿海港湾密布，有大小海港11个，海湾47处。海港自北向南排列，依次为辋川港、斗尾港、小岞港、港墘港、大岞港、崇武港、坂头港、秀涂港、獭窟港、白奇港、洛阳港。小岞港、港墘港、大岞港、獭窟港为渔港，斗尾港、崇武港、秀涂港为工商业港口，坂头港、洛阳港近年因航道淤积，已基本作废。

斗尾港区

斗尾港位于湄洲湾南岸泉州市惠安县净峰镇东周半岛的端部，东临台湾海峡，自然岸线长76千米，深水岸线长7.7千米，水深15～30米，最深40米，30万吨级船舶可直达斗尾港。斗尾港1990年初被交通部规划为全国四大中转港之一，斗尾作业区形成干、液、散、杂综合通过能力9750万吨。2003年底，启动福建联合石化30万吨原油码头及100万立方米油库区建设项目。2006年4月，青兰山30万吨原油码头正式动工，2007年8月竣工投产。2007年，中国中化集团公司投建的500万吨/年重油深加工项目选址于泉惠石化园区。项目配套码头选址于斗尾青兰山岸线的东南侧，包括两个5万吨泊位、1个3万吨泊位和1个1万吨泊位，为1200万吨/年高酸油炼化项目的前期工程。

2006年，泉州船厂修船项目在斗尾港开工造船，占地面积110万平方米，用海265.9万平方米，使用岸线3千米。2007年8月，第一艘万吨级油轮"泰山荣誉"号在斗尾港下水，与第二艘"泰山精神"号同时出口交付新加坡。

崇武港区

崇武港区位于惠安县东南沿海突出部。崇武港区从东埭至青山湾，自然岸线约35千米，被《中国国家地理》杂志评为全国"最美八大海岸"之一，规划为渔业港口岸线和石材港口岸线。小岞前峰至大岞港属渔业港口岸线，海洋区域功能划为水产养殖区，内有小岞渔港、大岞渔港等。该港区属国家二类口岸，以杂货为主业区。1974年国务院确立崇武港为对台湾船舶开放港，1987年1月兴建千吨级对台贸易码头1座，1989年11月27日竣工交付使用，成为祖国大陆第一批四个对台贸易港口之一。2001年10月，开工建设大岞国家一级渔港泊位，2003年9月完工，综合通过货运量12万吨。崇武闽台贸易码头改扩建工程于2010年10月28日开工，建设规模为2个5000吨级泊位（其中1个泊位按万吨级预留）及相应配套设施，设计年吞吐量60万吨。

五、生物资源

海　带

海带是惠安海水养殖中的一个强项。20世纪50年代，惠安从辽宁大连引入海带苗种，并在惠北地区建立海带养殖场。1965年开始推广养殖夏苗。2012年，海带养殖面积达2800亩，年产值达2500万元，并辐射和带动邻近一百多个海带养殖户，成为泉州市最大的海带养殖基地。2020年，海带养殖面积63公顷，产量1476吨。

木麻黄

木麻黄以生命力顽强、适应力强著称。惠安沿海地区长期风沙肆虐，百姓深受其苦。为彻底解决这一难题，中华人民共和国成立后，惠安县人民政府苦人民之所苦，带领广大惠安人民，大力引进试种木麻黄，以之防风、固沙、护田，并大获成功，在沿海一带牢牢筑起一道延绵近百里、近万亩的厚实的绿色屏障，将历史上的"风沙地"变成"米粮川"。

"蓝眼泪"

"蓝眼泪"是指一些海域在特定环境条件下，发光甲藻夜光藻或发光浮游动物海荧大量繁殖，夜晚它们随着波浪扰动等刺激而发出蓝色荧光的自然现象。之所以称其为"蓝眼泪"，是由于这类蓝色荧光会随着岸边的海浪此起彼伏，就像大海流出的眼泪。"蓝眼泪"出现的周期不稳定，常出现于每年4月到7月。近年来，惠安县净峰惠女湾频繁出现"蓝眼泪"的身影，每到夏季"蓝眼泪"就常常在月光下随波逐浪，翩翩起舞。

带鱼

惠安的带鱼产自闽浙和台湾海峡的深海中，得益于自然地理条件赋予的优质"基因"，鱼质油肥细腻，鲜美香甜，口感软韧，滋味不同寻常，堪称带鱼中的极品。过去渔民一年四季都采用传统的"延绳钓"技术捕捞带鱼，用钓钩把鱼一条一条地钓上来，所以个体齐整无损，坚硬又不脱鳞，体表青蓝晶亮，银光闪闪，堪称极品中的极品。2020年，惠安县带鱼产量9353吨。

蟹

蟹类是惠安的大宗海产品之一，以梭子蟹、锯缘青蟹为主，沿海各镇均有养殖。2020年，惠安梭子蟹产量6249吨，青蟹产量1288吨。东桥镇西湖村海水综合养殖场等养殖企业和产品被省海洋与渔业局认定为"无公害水（农）产品产地""无公害水产品"。

鲍　鱼

鲍鱼是惠安的主要海水养殖产品之一，主要养殖品种是九孔鲍鱼、日本黑鲍、西氏鲍（美国红鲍）、皱纹盘鲍及杂交育成的新品种。2003年，鲍鱼海区挂养分别在崇武、净峰、东岭、小岞、山霞等村镇10米等深线外进行1000亩推广试验，并获成功。崇武镇前坂村养殖场、东山养殖场、山霞镇绿海公司2006年被确认为泉州市"1333"水产品特色养殖基地；山霞镇青山湾养殖场、绿海公司及其产品2006年12月被省海洋与渔业局认定为"无公害农产品产地""无公害农产品"。2020年，惠安县鲍鱼养殖面积203公顷，产量1295吨。

牡　蛎

惠安以盛产牡蛎而闻名，所产牡蛎蚵翅比其他地方的多一翼，吃起来特别鲜嫩肥饴，很多当地著名的风味小吃，如蚵仔煎、蚵仔汤、蚵仔炸、蚵仔羹、蚵仔面线、粉炸蚵酥等，都以其为原料。据《福建通志》记载：惠安传统养殖牡蛎始于北宋年间，民国时期已普遍发展。20世纪80年代，开始引进推广养殖联合体吊养牡蛎新技术，开发低潮区下缘的滩涂，发展棚栏式吊养牡蛎，成活率、养殖面积、产量大幅提高。2020年，惠安县牡蛎养殖面积1531公顷，产量91464吨。

六、历史人文

（一）遗迹遗存

崇武古城

崇武古城始建于明洪武二十年（1387年），系江夏侯周德兴经略海防时为防御倭患所建。其城池有崇武、莲城、东山、獭窟、辋川和县城等六城。1988年，

惠安崇武古城（王式能　摄）

崇武古城被列为第三批全国重点文物保护单位，是国内唯一保持完整的石结构城堡。

（详见《海上福建（上）》）

净峰寺

千年古刹净峰寺始建于唐咸通二年（861年），是一座佛、道、儒三教并存的闽南名寺。净峰寺由观音殿、仙公祠、文昌祠、三宝殿一字排列组成，侧旁有弘一大师旧居、海月楼、醒园、弘一大师纪念馆等建筑，其内二十八景交相辉映，令人流连忘返。明代右都御史、太子少保张岳曾在此读书。光绪三十年（1904年），举人张春祺倡议为纪念张岳而改名净峰寺。民国二十四年（1935年），弘一大师（李叔同）到寺挂锡著述弘法半年，在此完成律宗多部经典著作，后因故离去，临行前留下《将去净峰留题》志别诗："我到为植种，我行花未开。岂无佳色在，留待后人来。"2001年，净峰寺弘一法师旧居被公布为第五批省级文物保护单位。

青山宫

青山宫位于惠安县山霞镇青山村北500米处的青山南麓，始建于北宋太平兴国年间（976—984），明清间数次重修。青山宫坐北朝南，面积656平方米。中轴线上自南而北依次为山门、两廊、前殿、后殿。东侧有文昌祠，西侧有英烈祠。前殿面阔、进深各五间，后殿面阔五间，进深四间，两殿皆为抬梁穿斗式混合木构架，硬山屋顶。前殿以屋顶双坡急泻闻名。现宫内尚存有明洪武十六年（1383年）和成化十七年（1481年）重修碑记两方。宫祀唐五代闽将张悃，其先后被封"灵惠侯"、赐额"诚应"，"灵安王"、赐额"敕封灵安王庙"，为全球"青山王信仰"始祖庙。2013年，青山宫被列为第七批全国重点文物保护单位。

安固亭

安固亭原为古道凉亭，旧名"垵固亭"，位于惠安县涂寨镇岩峰村，建于北宋端拱年间（988—989），清光绪年间维修扩建。亭坐北朝南，面阔三间，进深三间，由16根粗大的方形石柱架成。金檐柱间的四角以石斜梁相连，有栌斗。左侧石梁有"端拱酉月二十日庚申时题"的题记，是凸显惠安县作为"石雕之乡""建筑之乡"悠久历史文化的难得遗迹，也是泉州地区现存最悠久的罕见的宋代千年古亭之一。1996年，安固亭被列为第四批省级文物保护单位。

惠安暴动旧址

旧址由惠安县山霞镇后洋村、东桥镇屿头村、飞凤寺和屿头山土地庙组成。1930年9月，经中共福建省委决定，在中共泉州特委、惠安县委的直接领导下，惠安人民进行了一场大规模的武装暴动。惠安暴动曾一度形成北起枫亭交界、南至驿坂纵贯30华里的游击武装"赤色区"。暴动的浪潮震撼了泉属七县和莆、仙地区。它对惠安人民革命斗争的开展，产生了深远的影响。惠安暴动是土地革命战争时期福建省革命斗争的重大事件之一，是泉属地区开展的第一次广泛的群众性的武装斗争，在福建革命斗争史上写下了光辉的一页。2009年，惠安暴动旧址被列为第七批省级文物保护单位。

科山寺

科山寺又名科峰寺，其规模宏伟，布局规整，尼众较多，是惠安最知名的千年古刹，是惠安最主要的佛教活动场所之一和惠安县佛教协会办公地。址在惠安县城西郊的科山顶峰，始建于北宋元祐年间，占地面积超过3万余平方米，为首批县级文物保护单位。科山是惠安的"文山"，因宋初邑人卢瞻于此读书，而后登科入仕。南宋嘉熙年间，知县郑清子凿"登科山"三个字于摩崖上，遂改名科山，寓意"登科入仕"。寺庙中有"春台""云路""山高水长"等历代摩崖石刻二十多处。

大中寺

大中寺原名云峰寺，位于惠安县螺城镇梅山村云峰山西部，是惠安有历史记载的最早寺庙。大中寺"寺小景奇"。有一奇石位于佛寺与道观间，远观酷似站立着的观音造像，俗称观音石。另有三棵"奇树"，一为观音石头上的"四季榕"，二为千年茶树，三为深山蜜柚。大中寺简朴古雅，翼然耸立于一方巨崖之下。崖间古榕纵横，草木丰茂，曲径通幽，可静听天籁，极目八方。云峰高耸，登临峰顶，"一览众山小"。南观洛阳江入海，东眺崇武、小岞诸港，四处山海相连，一片生机盎然。

辋川桥

辋川桥位于惠安县辋川镇辋川街西侧狮子山下，横跨菱溪与林辋溪入海口交汇处，濒临辋川港海运码头，东侧有妈祖庙、辋川旧街，西侧为民居。明成化二十一年（1485年），惠安知县张桓创建此桥。昔时辋川桥是辋川通往惠北、枫亭、仙游一带的交通要道，直至民国二十二年（1933年）才被新建的跨海公路桥取代。该桥为石构梁桥，东西走向，现长120余米，墩系大方块石叠砌而成，墩高15米。辋川桥历经五百年沧桑，几经兴废。1984年，辋川桥被列为首批县级文物保护单位。

（二）民居风情

惠安刘氏民居

刘氏民居位于惠安县螺城镇中山北路，为明万历年间历任御史、按察使的刘望海故居，建于明代万历年间，是惠安现存最古老的民居之一，由四座结构相同面积相近、同为三进五开间的大厝组成，俗称"四马拖车"。用地面积4000多平方米，各座房屋都是抬梁结构硬山屋顶，被誉为"南建筑中现存最古老的民居群"。内壁为"竿菅壁"，是用芦苇秆抹灰筑成，有吸湿气调冷暖防震荡的功效，建筑样式奇特，颇具研究价值。2005年，惠安刘氏民居被列为第六批省级文物保护单位。

李氏宗祠

李氏宗祠亦称"李恺、李慎乡贤祠"，俗称"北门李厝"，位于螺城镇中山北路团结巷。李恺、李慎兄弟先后于明嘉靖十一年（1532年）及廿九年（1550年）中举，李恺官至湖广按察使，李慎官至吏部郎中，两兄弟以廉洁公忠、经文经武见称。后因"见朝政日非，遂先后解绶，退隐居家"。嘉靖三十七年（1558年），倭寇围攻惠安城。李恺、李慎兄弟组织义军于城中应战，并亲自参战，合力抗击倭寇，保护全城百姓，功勋卓著。"邑人感其德，为建保障亭，立《全城功德碑》，以彰之。"二李卒后，后人将"保障亭"改建为李恺、李慎乡贤祠。该宗祠始建于明嘉靖时，坐西朝东，占地面积200平方米；厅堂内悬挂着朱熹笔迹的"清白贤相"等匾额，街头有"科第联芳"牌坊。1992年，李氏宗祠被列为惠安县文物保护单位。

（三）非遗文化

南　音

南音也称"弦管""泉州南音"，为闽南地区的传统音乐，联合国教科文组织人类非物质文化遗产代表作名录内容之一。南音有"中国音乐史上的活化石"之称，发源于福建泉州，用闽南语演唱，是历史悠久的汉族音乐。

（详见《海上福建（上）》）

惠安石雕

晋代衣冠南渡，中原文明和石雕技艺传入惠安。现存年代最早的惠安石雕，是唐末五代时闽王王审知兄长王潮墓前石雕。元代之前惠安境内的石雕作品，主要以石人像、石兽等圆雕为主。宋元时期，惠安石雕工艺已十分发达，兴建了我国第一座梁式海港大桥——洛阳桥，是世界海湾建桥史上的伟大创举。建于明洪武二十年（1387年）的惠安崇武古城，是国内现存最完整的石砌古城。至明末清初，惠安石雕技艺更趋成熟，艺术风格开始从粗犷流畅转向精雕细琢，成为南派石雕艺术的代表。惠安石雕开创了向国内外传播的新局面，其经典工程有北京十大建设、集美陈嘉庚鳌园、毛主席纪念堂、华盛顿美国黑人民权领袖马丁·路德·金的雕像等。2003年，中国工艺美术协会授予惠安县"中国雕艺之都"荣誉称号；2006年，"惠安石雕"入选首批国家级非物质文化遗产保护名录，惠安被文化部授予"中国民间雕刻艺术（石雕）之乡"称号；2011年，"惠安石雕"被国家工商总局核准注册为地理标志证明商标；2015年，世界手工艺理事会授予惠安县"世界石雕之都"牌匾。

惠安传统建筑营造技艺

该技艺起源于唐五代时期。因闽王王审知之嫔妃黄厥系惠安后边村人，因而特许其按皇宫的规制和外形在家乡大兴土木，从此，"皇宫起"便成为当地建房兴宅的模仿样式，至而向外传播，影响了泉州、漳州、厦门等闽南地区以及中国港澳台地区和东南亚等地区。至宋元时代，惠安传统建筑营造技艺已基本成熟；明清时期，步入巅峰；清末民国，名师鹊起，精品迭出；中华人民共和国成立后，惠安传统建筑迎来发展良机，异彩焕发。2011年，惠安被中国建筑业协会授予"中国建筑之乡"称号。其主要营造技术是木作技术、建筑雕刻、装潢技术。建筑雕刻包括传统石雕和传统木雕。石雕一般包括房屋建筑的墙石、门槛、窗框等。建筑木雕图案极为丰富多彩，加工方法有浮雕和透雕等种类，线条要求盘曲有力，繁而不乱，疏密得体，刀口富有力度感。营造法式分为规制布局、大木构架、屋顶形式、墙体砌筑、木石雕刻和油漆彩绘六道严格工序。代表性建筑有泉州开元寺、台北龙山寺、泉港东岳庙、惠安县孔庙、山霞青山宫、峰崎何氏宗祠、崇武灵安尊王宫、崇武天后宫、獭窟妈祖宫、西峰后宫、螺城刘望海故居、居仁提督衙、崇武武功大夫第等。2008年，"闽南传统民居营造技艺"以传统技艺入选国家级非物质文化遗产名录。

惠安木雕

惠安木雕源于中原文化的雕梁画栋，又吸收异域宗教雕刻内涵，融合于闽南民俗习惯，形成闽南木雕风格。惠安木雕依木材质地分为硬质木雕与软质木雕两大类。从技术分工包括木活、旋活、镂活、凿活、铲活、锉活、磨活、上色、烫蜡、漆活等。从雕刻技法分，有混雕、剔地雕、线雕、透空雕、贴雕等。从应用及装饰的范围分，有建筑雕刻、家具雕刻、陈设工艺品雕刻三大类。从装饰题材选择上又可分为纹样图案和寓意图案。工艺流程则需经过凿粗坯、掘细坯、修光、打磨、刻毛发纹饰、着色上光、配置底座等七道工序。惠安木雕是集建筑雕刻、宗教雕刻、家具雕刻、工艺品雕刻为主导的传统木雕技艺。艺术风格粗犷、古朴、淳厚，线条流畅，刚直简洁。人物造型凝重、端庄，具有明显的中原雕艺痕迹，又具有南方文化细腻繁杂的工艺成分，与传统的北方建筑雕刻呈现不同的审美意向，是南派雕刻艺术的典型代表，其经典作品富含闽南文化。代表作有：南宋重建泉州开元寺大雄宝殿屋顶24尊"飞天乐女"雕刻；清末峰尾东岳庙，全木结构蜘蛛结网藻井并雕镂各种图案；清末民国重修的台北龙山寺，厦门南普陀寺、泉州开元寺等名刹；当代惠安木雕名家的木雕艺术品。2007年，惠安木雕被列入福建省第二批省级非物质文化遗产名录。

惠安南派布袋戏

惠安布袋戏历史久远，200年前东园的"运头智"戏班，是惠安最早的布袋戏班，曾饮誉厦门，名噪闽南。百余年来，惠安布袋戏以涂寨为中心辐射全县，蓬勃发展，演出非常活跃，高峰时全县有布袋戏戏班六十多台，涌现出涂寨宣妙村叶炎生等众多高手。昔年布袋戏常演的传统剧目有《包公案》《施公案》《三国》等。21世纪初，惠安县南派掌中木偶戏《邱二娘》《惠安女抗倭》先后获得第二届、第四届金狮奖全国木偶皮影剧比赛银奖和优秀剧目奖。2007年，惠安南派布袋戏经福建省人民政府批准被列入福建省第二批省级非物质文化遗产名录。

（四）民俗信仰

惠安女服饰

惠安女服饰是流传于惠安县东沿海的崇武、小岞和净峰、山霞等四个乡镇渔家女的一种独特的妇女服饰，是一项被列入国家首批非物质文化遗产保护名录的国家民族民间保护工程，是福建省对外宣传的"三大名片"之一。它源于百越文化，又融汇了中原文化和海洋文化的精华，经过一千多年的演变和传承而顽强地保留下来，具有款式奇异、装饰独特、色彩协调、纹饰艳丽的基本特征。

（详见《海上福建（上）》）

惠女服饰（王式能　摄）

上元节祀"棕蓑娘"

传说"棕蓑娘"心灵手巧，擅长制作用棕片作原材料的蓑衣。她做工精细，八方闻名。民间崇拜她，称为"女红"宗师，将其尊为神，希望棕蓑娘赐给女孩子巧手，让她们有一手好手艺。活动在夜晚进行。一群女孩子自带小椅子在屋外大埕或旷地圈坐。她们事先各自制作一只一寸长红绣鞋，以粗铁线当人脚固定好鞋跟。各自备办三五碗小菜和金箔，放置圈中。活动开始，上香呼请"棕蓑娘"灵鉴。接着，齐诵《棕蓑娘》歌谣，反复数遍。再经卜杯许可后吃小菜。边吃小菜边念："吃芋肴庚布，吃柑肴做衫……"吃完小菜，把绣鞋和着金箔一起燃烧。待绣鞋烧成灰烬，再用金箔将鞋灰包好，拿到厕所，塞在墙壁的石缝中。第二天早上，各人取出自己的鞋灰来看，如果鞋灰是白色的，则认为预示此人心灵手巧，善做女红活，是个做细活的人；如果鞋灰是黑色的，则认为预示此人笨手笨脚，是做粗活的人。《棕蓑娘》歌谣，反映了旧时惠安妇女庚布、纺纱线、织苎、刺鞋、补裘等劳作的场面。而烧"棕蓑娘"习俗，则反映女孩子生活的乐趣，反映女孩子希望自己奋发向上、能学好手艺的美好愿望。

端午节辋川赛龙舟

惠安民间素有插菖蒲、挂艾叶、洒雄黄酒、戴香袋、熏杀蚊蝇、裹角黍（即粽子）、煎麦饼、结彩带、系长命缕、祀祖先、赛龙舟等风俗活动。城关各铺分别举行"采莲"，扛"龙头"，到各家各户唱"唆啰嗹"《龙船歌》，讨赏封。沿海地区还举行龙舟比赛。端午节，辋川港两岸人山人海，辋川城内三村——标美、大潘、后任的三艘龙舟龙头高昂，龙尾招摇，旗幡抖擞，锣鼓喧天。龙舟上的健儿们头裹彩带，袒胸赤膊，神采飞扬，一字排列于桥西宽阔的港面上，各守航线，逆水而进。铳枪鸣发，一声令下，桨翼翻动，吭唷不断，三艘龙舟，脱弦齐发，飞梭穿箭。一时锣鼓声、鞭炮声、欢呼声、击楫声汇成一片，不绝于耳。

灵安尊王信俗

灵安尊王即青山王，原名张悃，五代闽将，屯兵于山霞防御海寇，殁后葬于惠安螺山之阳。惠安置县，迁其墓建县衙，有"未有惠安，先有青山"之说，张悃被称为惠安境主。北宋太平兴国年间（976—984），在其扎寨之地建庙；建炎中（1127—1130），朝廷封其为惠侯，赐额"诚应"，故庙称为青山诚应庙。南宋景炎元年（1276年），晋封灵安王，并于农历十月廿三，让有司到庙祭奠。清代中后期，邑人移居台湾，亦在台湾建庙供奉青山王，先后建有13所。东南业各地的惠安籍华侨，也在其聚居地建青山王庙，先后共建155所。近年来，海外侨胞及台湾、香港的同胞纷纷组团前来青山宫进香，并捐资修缮祖宫。每年农历十月廿三，均有海内外香客万余人，祭祀进香。

邱二娘信俗

钲脚妈宫（钲，即彩纸糊扎的用以超度亡魂的纸轿）奉祀的是清代咸丰年间林俊农民军的首领之一邱二娘。邱二娘（1833—1855），原惠安县后龙镇（现属泉港区）前亭村人。出身贫苦家庭，幼小时卖给同乡峰尾村刘家为童养媳。太平天国兴时，其表哥林杯参加太平军被派回福建活动，邱二娘深受教育和影响，毅然加入农民军。林杯死后，二娘继为首领，经常转战于惠仙晋三县边界地区，给清统治者以沉重打击。清咸丰四年（1854年），农民军围攻惠安县城失败，邱二娘为叛徒出卖被捕，第二年在泉州南教场受剐刑英勇就义。百姓为纪念她，在她就义附近的南教场花园头建庙奉祀，称"钲脚妈"。每年农历六月廿四即其受难日致祭，也有改在全境普度的前一天（农历七月廿二）祭祀的。届时，各地信女，云集庙周，拈香叩拜，亦供奉小纸衣服、纸弓鞋、纸轿，堆积如山。

廿七大人

1949年9月17日，为保护遭受国民党军飞机空袭的霞西村民生命财产安全，有24名解放军战士壮烈牺牲。1958年6月，崇武霞西村民曾成火与村民在海滩边盖一间小房子，用"皇金"（陶缸）收殓了这些烈士遗骸，时称"廿四大人宫"。

1982年，霞西村在兴建霞西港时，又发现3具解放军烈士遗骸，村民同样用"皇金"殓骨，与先前24具烈士遗骨放一起，并制作27尊解放军塑像供人瞻仰。后人把安放烈士牌位、遗骨，主祀27位烈士英魂的场所称为"廿七大人（廿七君）宫"，又称"解放军烈士庙"。每逢清明、中秋、春节，霞西及周围几个村的村民，就自发备办菜肴、果品、香烛，给烈士上香、守岁。1993年，崇武古城人曾恨鸠资择址于崇武西沙滩上寮公宫之侧，建造一座庙宇主祀27位烈士，称为"解放军庙"，世人誉为"天下第一奇庙"，为全国唯一敬奉解放军烈士的庙宇。

七、特色村镇

崇武镇

崇武镇地处福建省东南沿海突出部，属半岛化形状，三面临海，与台湾隔海相望。经过改革开放40多年的建设与发展，崇武城镇面貌日新月异，从一个海岬边陲小镇发展成为海峡西岸一颗璀璨的明珠。崇武被评为"全国十佳文化古镇""全国文明村镇""国家卫生镇""中国绿色名镇""中国优秀乡镇"。

（详见《海上福建（上）》）

大岞村

大岞村位于"中国魅力乡土民风名镇"崇武镇东端，离崇武古城景区仅800米，交通极为便捷。大岞村是海峡西岸乡村休闲民俗游的一颗璀璨明珠，2015年被评为"福建省最美休闲乡村""福建最美乡村""泉州市十佳魅力乡村"，2016年被农业农村部授牌为"中国美丽乡村""中国乡村旅游模范村"。

"崇武自古游人多，未到大岞不敢说"，来崇武者必游大岞。大岞村依山傍海，自然景观突出，秀甲一方，民俗底蕴深厚，举世无双，滨海特色、渔业特色、惠女民俗特色、历史文化特色突出。大岞的生态环境十分优美，新旧"岞山八景"，一景胜过一景；大岞的民俗十分独特，是福建知名的惠安女民俗村，国家级非遗文化"惠安女服饰"主要展示地，农业农村部首届"全国百个乡村休闲旅游精品景点"惠女风情园所在地，福建省十大旅游品牌"惠女风情游"目的地；大岞的渔业资源丰饶，渔业景观丰富，是崇武国家中心渔港所在地。

下坑村

下坑村位于惠安县山霞镇，毗邻"中国魅力乡土民俗名镇"崇武镇，背靠青山宫，是"全国八大最美海岸"崇武海岸和建设中的崇武国家海洋公园的重要组成部分。下坑村距泉州市区、惠安县城仅15千米左右，离国家AAAA级风景区崇武古城景区仅3千米。下坑村近年被评为"中国美丽休闲乡村""福建省最美休闲乡村"。

下坑村有"奇、美、全、多、深、好"等特点。"奇"指风俗奇。下坑村是名闻中外的惠安女的主要集聚村和惠女服饰展示地之一，也是福建十大旅游品牌惠女风情游的主要目的地之一。

"美"是景色美。青山湾是全国八大最美海岸线崇武海岸线中两个最美海湾之一，被誉为"八闽第一金滩""福建澎湖湾"，风光迷人，景色秀美，"青山八景"秀甲一方。

"全"是指休闲旅游服务设施齐全。

"三多"是指：游客多，年接待游客量100多万人次，堪称泉州乡村休闲旅游第一强村；休闲美食多，有100多种，光是特色小吃，就有十几种；休闲活动项目多，海、陆休闲体验项目有8类60多种。

"深"是底蕴深。下坑村是革命老区村，历史上出过1位进士3位举人，有五百年古塔、百年古寺、百年古榕，还有南音表演家艺术家上过中央电视台，应邀出国表演交流。

"好"是指风貌好。下坑村民风淳朴，邻里和谐，诚信经营、童叟无欺的良俗公序和商业道德蔚然成风，是远近闻名的"文明村"。

八、美食特产

（一）惠安美食

惠安依山傍海，半城青山半城碧水。俗云：靠山吃山，靠海吃海，惠安自然也不能免"俗"。这就造就了惠安的"吃"文化，必然是独特的"山海经"文化，可以说：一半是山地，一半是海洋；一半是地瓜（甘薯），一半是海鲜。惠安美食五彩缤纷，变化多端，内涵丰富，足以令你垂涎欲滴、口不择"食"。

崇武鱼卷

崇武鱼卷是产自惠安崇武的一道闽南特色食物，也是深受当地群众和游客喜爱的伴手礼、泉州十大名小吃之一。其主要原料为主当地盛产的优质鱼，以马鲛、鳗、鲨等为佳。鱼卷食法多种多样，煎、炒、炸、蒸、煮皆可，入口柔润清脆，咀嚼时齿颊留香，不见鱼肉，不含腥味，有一种特有的清鲜滋味，堪称"山海融合"的典范。崇武鱼卷先后获商务部"中华老字号"称号和"中华名小吃""中国名优产品""福建名小吃""海峡西岸青年最喜爱的泉州品牌""泉州十大名小吃""泉州十佳美食"等荣誉称号。

喜宴图腾——擀薯粉

在惠安，除县城外的其他乡镇，凡有喜宴，菜品丰富的流水席之前总有一道食材、做法完全一致的主食"擀薯粉"。这是一个独特而有趣的文化现象。"旧年果腹不愿谈，今日倒成席上餐"，时至今日，"擀薯粉"已成为诸多惠安人怀旧的化身。吃在嘴里，口感爽滑、滋味鲜香。薯粉团的弹，炒花生的香，杂菜汤的鲜，每一口，都让舌尖味蕾有着层次丰富的体验与辨别。

美味"烂九哥"

丝丁鱼是一种野生的海鱼，形态梭长，通体软绵，体内只有一条软脊骨，肉质柔软，味道极其鲜美。惠安人则叫它"烂九哥"或"纳哥"。惠安的崇武、小岞、净峰几个渔港常有大量新鲜的丝丁鱼出产，趁热吃最是享受，外酥里嫩、咸淡相宜，让人满口鲜香。

豆腐炕

流行于惠安、泉港一带的豆腐炖汤，当地人称"豆腐炕"。其烹制主料就是普通的豆腐，切成规格不一的中、大块状，辅以有本地虾丸、鲜蛤蜊、生蚝、猪油渣、高丽菜等。烹制手法也不复杂，把主、辅食材（高丽菜待快出锅时再加入）一并入锅加水烹煮至熟，再中火炖十分钟，再加盐调试，不加味精鸡精，以求原汁原味。此品亦菜亦汤，下饭仅此一道足矣。

（二）土特名产

惠安余甘

余甘果又名牛甘果、油甘果，因其吃起来"先苦后甜"得名。惠安余甘栽培历史悠久，品种二十多个，种植面积3万亩，年产量6万吨以上，均居福建全省第一位、全国前列。惠安余甘品质优良，尤以紫山南田所产"田船余甘"为佳。闽南谚语"甘回味甜，越吃越少年"，可以见出余甘果的营养价值。1987年，惠安余甘被认定为全国"名、特、优果品"；1993年，被林业部评为"名、特、优

余甘

果品"；2019年、2020年，先后注册农产品地理标志、国家地理标志证明商标；2021年，入选第一批全国"名、特、优"新农产品名录。

龙眼干

古云"北人参，南桂圆"，可见桂圆（龙眼）之滋补功效。惠安龙眼（桂圆）栽培、烘焙历史悠久，黄塘镇虎窟村至今尚有明、清时期种植的龙眼树。惠安地处亚热带地区，洛阳江北，闽江以南，尤适福眼、东壁、乌龙岭等滋补、烘焙型品种龙眼（俗称"北炮"）栽培。惠安龙眼品质优良，肉厚汁甜少渣，富含丰富的维生素、蛋白质、钙、磷、铁等营养成分，利于生津润喉、增补体质，既可鲜食，尤适烘焙成干，所产滋补型龙眼干远近闻名，远销全国各地和东南亚地区。

墨鱼干

惠安崇武镇、小岞镇、净峰镇所产原生态墨鱼干，品质优良，素以鲜香无盐、体形完整、光亮洁净、颜色红润，肉质平展宽厚、干燥有韧力著称。墨鱼干是海洋中软体动物鲜墨鱼加工而成的干制品，又称"螟蜅鲞"，俗称"乌贼粑"。墨鱼浑身是宝。墨鱼骨，中药上称之为"乌贼骨"或"海螵蛸"，可治疗胃酸过多，是止血、收敛常用中药。墨鱼含有丰富的蛋白质、脂肪、无机盐、碳水化合物等多种物质，加上它滋味鲜美，是人们喜爱的佳肴，远在唐代就有食用墨鱼的记载。

地瓜酒

惠安盛产地瓜，民间发明了土法酿制地瓜酒，简单实用，十分盛行，但都酿制供自家饮用，或赠送亲朋，或宴席饮用，不用于市场销售。现在，地瓜酒逐渐工厂化产销。

酱　油

惠安县是泉州市主要酱油产地，惠安酱油酿造技艺是泉州市非物质文化遗产，具有代表性的"尧记"酱油品牌等，在调味品市场上深受欢迎。

（编纂：林清泉、余淑玲、吴茹萍　审稿：陈春祥）

附：泉州台商投资区

一、综述

泉州台商投资区位于泉州市中心城区东部，泉州环湾城市核心区域，定位为"两岸融合发展主阵地、高新产业发展主阵地"，是全国著名侨乡和台湾汉族同胞主要祖籍地之一。辖区面积220平方千米，常住人口33.8万人，辖洛阳镇、东园镇、张坂镇、百崎回族乡4个乡镇，共78个行政村。2010年3月，泉州台商投资区党工委、管委会正式挂牌成立，实行"区政合一"的管理体制。

泉州台商投资区依山傍水，沿江拥湖，拥有江岸线20.8千米、海岸线30.5千米，有被誉为"全国八大最美的海岸线"之一的崇武至秀涂海岸带、"福建十大美丽海岛"之一的大坠岛、被称为"海上森林"的533.33公顷红树林，有湖面面积达357公顷、沿湖岸线达26千米、被誉为泉州的"城市之眼"的百崎湖，建成全国首座以"海丝"为主题的大型艺术公园及占地面积近333.33公顷的海丝生态公园。

泉州台商投资区以"唐雕、宋桥、元港、明回"享誉海内外，是全国著名的"雕刻之乡"，石雕艺术与木雕工艺源远流长，享誉海内外。有"海内第一桥"之称的我国现存年代最早跨海梁式大石桥洛阳桥，有古泉州重要港口的秀涂港，有百崎回族郭仲远墓、留公陂、昭惠庙、义波祠、云盖寺、秀峰岩摩崖石刻、陈三坝古水利工程等43处县级以上文物保护单位。世界十大民歌之一《康定情歌》的采集者和改编者吴文季，被称为"中国木雕第一人"的工艺大师黄泉福等文化名人，均出自泉州台商投资区。下辖4个乡镇均有独特的区域文化和特色，洛阳镇拥有洛阳桥、洛阳古街等文化史迹；东园镇是著名的侨乡，侨胞遍布世界各地；

张坂镇是著名的木雕之乡，雕刻工艺源远流长、闻名世界，拥有雕艺一条街、雕艺大师馆等，张坂上塘雕艺街为"福建旅游特色街区"；百崎回族乡是全省19个少数民族乡中唯一一个回族乡。

泉州台商投资区是全国著名侨乡和台湾汉族同胞主要祖籍地之一，洛阳镇、东园镇、张坂镇、百崎回族乡均为重点侨乡。2020年，旅居在外的泉州台商投资区籍华侨华人23.9万人，归侨侨眷属1.22多万人，华侨华人分布在22个国家和地区。旅居港澳同胞1.83万多人，港澳眷属1.5万多人。泉州台商投资区与台湾仅一水之隔，张坂獭窟距梧栖港（即台中）97海里。明清及民国时期，獭窟、秀涂、洛阳为对台贸易主要港口，对台航运商贸繁盛，往来密切，张坂、东园、百崎、洛阳均有民众迁往台湾拓基创业。长期以来广大华侨、港澳台同胞积极支援家乡建设，投资兴办实业，捐资公益事业。

泉州台商投资区是福建省政府派出机构，为国家级台商投资区、国家经济技术开发区、国家高新技术产业开发区、国家自主创新示范区，2019年、2020年连续两年入选"中国经济营商环境十大创新示范区"。2021年，全区有5项主要经济指标增速位居全市前三，实现地区生产总值355.7亿元，固定资产投资超150亿元，一般公共预算收入16.7亿元，一般公共预算总收入25.06亿元。

二、海岛明珠

浮山岛

浮山岛，又名獭窟岛，位于泉州台商投资区张坂镇东南端，在泉州湾出海口北岸，与台湾海峡一水之隔，陆域面积仅1.01平方千米，有"区区獭窟三丘地"之称，岸线长度7.08千米，是悬挂在"中国最美八大海岸线"之秀涂至崇武海岸线上的一块獭形"链坠"。明嘉靖《惠安县志》记载："獭窟澳城形如獭，故名。"清代隆庆万历年间，雅称獭江，成为流传至今的别称。獭窟岛随潮落潮涨而时连时隔、若即若离，犹如浮动于海中的仙山——浮山，因此岛上于唐代建有浮山寺。该岛1949年9月易名为浮山岛。1970年"七一围垦"工程在海岛南北两端建起跨海连陆的"八"字形千米大堤，使得"千年孤岛连大陆，十里海峡变通途"，成为半岛。浮山岛地理位置优越，唐宋以来是泉州著名的渔村和东南海上交通要津，因作为大陆与台湾对渡的主要渡口和民间海上商贸的物流中心而扬名海峡两岸。

岛上坐拥不涸泉、玉柱峰、惊雷峡、仙人迹、崩云浪、涌日波、七星沙等自然景点与浮山寺、文祠、妈祖宫、王爷宫等人文胜迹，近岛周围还有大磐石、赤石礁、青鸟屿等。浮山岛位于泉州湾口咸淡水融合区，是南来北往海洋生物产卵、索饵的栖息场所，渔产多样，生鲜丰富，以黄瓜鱼、红斑、红膏蟳最为珍贵。

大坠岛

大坠岛属泉州台商投资区张坂镇，距张坂玉前村南海岸2.3千米，地处泉州湾入海口中央位置，面积60.89公顷，呈东西走向，长1350米，宽880米，大坠岛形

大坠岛

似青蛙大腿，方言"腿"与"坠"谐音，故得名。2013年，大坠岛入选"福建省十大美丽海岛"。大坠岛扼守泉州湾出海口，以前是军事守备的前沿阵地，常年有解放军、民兵在此安营扎寨，岛上遗留有废弃的军事坑道和碉堡。大坠岛附属岛屿马头岛，位于大坠岛东南侧，总面积约16公顷，原与大坠岛有海水相隔，后建设道路、堤岸等将两岛相连，目前岛上有1处码头、1个灯塔及废弃碉堡。

三、生物资源

泉州湾洛阳江河口红树林自然保护区

　　泉州湾洛阳江河口红树林湿地是省级自然保护区，红树林面积约420公顷，是福建省目前最大面积的人工红树林。2003年9月24日，福建省人民政府批准建立泉州湾河口湿地省级自然保护区，将泉州湾洛阳江河口红树林区划为自然保护

泉州湾洛阳江河口红树林湿地（吴寿民　摄）

区核心区加以严格保护。2003年泉州湾洛阳江河口红树林被确立为市级科普教育基地，2004年升格为省级科普教育基地。保护区周边生态环境良好，每年吸引着大量的候鸟在此栖息、觅食、越冬和繁殖，生物多样性丰富，天气好的情况下，可观测到数千只各种品类的鸟。珍稀动物有中华鲟、中华海豚等国家一级保护物种，以及琼豚、文昌鱼、黄嘴白鹭等二级保护动物24种。泉州湾洛阳江河口红树林与洛阳古桥，实现了人文景观与生态景观的完美结合，用"落霞与孤鹜齐飞，秋水共长天一色"来形容洛阳江口红树林四周的美景再恰当不过。

四、历史人文

洛阳桥

洛阳桥又称万安桥，位于泉州洛阳江入海口古万安渡上，是国家级重点文物保护单位，与北京卢沟桥、河北赵州桥、广东广济桥并称为我国古代四大名桥，

洛阳桥

是世界上尚存最大的海港梁式古石桥，以"海内第一桥"闻名中外。

（详见《海上福建（上）》）

洛阳古街

在洛阳古桥的北岸，洛阳古街贯穿洛阳古镇。洛阳古街，又称"三里街"，西起洛阳桥头昭惠庙，东连324国道。古街分布有昭惠庙、张氏大夫第、吴氏宗祠、义波祠、古井禅寺碑刻等县级文物保护单位，以及许氏宗祠、吴文季故居等文物保护点。古街还遍布着清末民初以来建造的汉式大厝和洋式临街骑楼，上为住房、下为店面的格局犹在。

昭惠庙

昭惠庙始建于唐朝初期，又名镇海庵、海神庙。宋皇祐五年（1053年），蔡襄筹建洛阳桥时，扩建镇海庵为寺，并迎南安九日山海神通远王祀于此。宋淳祐元年（1241年），赐额"昭惠庙"，庙神封福祐帝君。明代以来历4次大修。因蚁蛀虫蚀严重，2013年再修。庙坐北朝南，占地面积400多平方米。中轴线上自南而北依次为山门、过亭、大殿。山门设中门和左右偏门，单檐歇门式屋顶，庙额"昭惠庙"三字为清光绪状元吴鲁墨宝。大殿面阔五间，进深三间，抬梁穿斗式混合木构架，硬山屋顶。庙门外右侧有明制的《邑侯复所宁公洛阳生祠碑记》一方，又有"洛阳士民公立"于乾隆十七年（1752年）的《特授文林郎知惠安县事邹讳应龙捐俸重修洛阳桥》碑一方。1984年，昭惠庙被公布为第一批县级文物保护单位。

大夫第

张氏大夫第建于清道光二年（1822年），面积约400平方米，系清中宪大夫张斐斋（字步璋）所建，故称"大夫第"。大夫第坐北朝南，由门厅、两厢和大厅组成。大厅面阔五间，进深四间，抬梁结构，硬山屋顶。前有石埕，并筑围墙，埕前左、右竖有旗杆石夹板两对。大夫第内尚存有清代石雕柱础，工艺精致，为典型的闽南古民居。大厅悬挂"文魁"等牌匾。1948年、2001年，分别按原貌修茸；2002年，被公布为第八批县级文物保护单位。

秀涂港史迹

秀涂港位于泉州湾北岸，处于洛阳江与晋江的交汇处，是古代泉州海外交通的重要港口之一，拥有265年设置海关关卡的史实记载。自宋元以来便是泉州海上丝绸之路必经之地，是商船停泊、中转或避风锚地，洋船洋人由此入港贸易，宋人元人于此出海谋生；清初，郑成功收复台湾时，于港区屯兵操练；民国时期，对外贸易兴起，秀涂港繁荣一时，成为全国105个港口之一；1953年后，驶入泉州湾的外轮均在此港中转。现存有望远楼、英驻秀涂港商务领事馆（办事处）旧址、中华民国厦门（泉州）海关秀涂分关（卡）旧址、秀江报关行遗址、去思碑等史迹，为县级文物保护单位。

五、雕刻工艺

泉州台商投资区雕刻艺术历史悠久，源远流长，技艺超群，拥有石雕、木雕、木偶头雕刻、漆线雕、灰雕、砖雕等产业，石雕、木雕尤为突出，其工艺精湛绝伦，闻名遐迩。

洛阳影雕

洛阳影雕是在传统石雕针黑白工艺的基础上创新发展起来的独特石雕工艺技法，它以质地优良、经过磨光、厚度为1.2厘米（也可根据需要加厚）的青石板为材料，利用磨光青石能显示黑白，以针细工具琢凿能显示白点的特性，运用调节凿点粗细疏密的技艺，区分黑白的不同层次，从而在石板上表现各种照片、图画，因其雕刻逼真故名为影雕。洛阳影雕始于清末惠安石雕大师李周，经过民国时期数千个工匠们的实践，至20世纪60年代，惠安石雕厂（厂址在洛阳，惠安第一家石雕企业）蒋友才等艺匠在美术界知名人士蒋清奇的指导下加以发展，并把这一工艺定名为影雕。至70年代，刘碧兰、张聪明等这一辈进厂师从王清标、吴炎兴等老师傅，经过刻苦钻研，予以创新提高。青出于蓝而胜于蓝，技术达到炉火纯青。惠安石雕厂先后接待过李先念、乔石、丁关根、迟浩田、王汉斌等领导同志和72个国家的使节团，留下了"天下一绝""民族之光""艺术之花""巧夺天工"等题词。

张坂木雕

张坂素有"中国雕艺之乡"的美称，其中张坂木雕技艺取材广泛，雕刻手法繁复多样，工艺精湛绝伦。张坂木雕形成于唐五代时期，融合了中原地区的传统文化和闽越地区的特色文化，风格独树一帜。唐朝泉州开元寺建寺时，所用的木雕艺人大部分都来自张坂；到宋元时期，张坂木雕达到鼎盛，并随着海上丝绸之路漂洋过海，传播到东南亚各地；明清时期，张坂的木雕达到了辉煌时期，整体趋于成熟。韩国和日本的许多神像风格，也都受到了张坂雕艺的影响。中华人民共和国成立后，北京人民大会堂等全国著名建筑及全国主要名胜古迹，都留下众多张坂雕艺珍品。

传统的张坂木雕随着社会的发展不断进步转型，现在已经形成了一个具有宗教佛具、现代家具、园林建筑、室内装饰装潢、旅游工艺品五大系列200多个品种，集艺术观赏、珍藏、实用价值为一体的传统工艺品市场。2013年泉州台商投资区张坂雕艺协会成立，2018年张坂木雕被评为地理标志商标；上塘雕艺街先后获评"福建省旅游特色街区""泉州市文化产业示范基地"等，雕艺已成为当地经济发展的支柱产业和文化旅游品牌。

漆线雕

漆线雕是以漆线为装饰的塑像艺术，风格独特，地方色彩浓郁，流行于闽南一带。漆线雕制作是佛雕艺人将炉丹或沥粉和上大漆、桐油等充分搅拌均匀，用铁锤反复舂打，直至其成为富有柔韧和弹性的漆线土，然后搓成细如毫发的漆线，以堆、雕、盘、绕等粘贴工艺，雕出龙凤、祥云、草花等纹饰，待阴干后安上金箔，使佛像、神像更加庄严，供信众膜拜。

张坂漆线雕在继承佛雕漆线雕的基础上，不断吸收其他工艺美术雕塑的长处，设计新颖，种类齐全，是泉州地区最大的漆线雕制作基地，目前已有弘昇、缘艺轩、博贤、紫云轩等近百家漆线雕工艺厂，有省级非遗传承人1人，市级非遗传承人2人。

六、特色村镇

百崎回族乡

百崎回族乡位于泉州台商投资区南部沿海，泉州湾北部，洛阳江入海处。1990年独立建制百崎回族乡，是福建省19个少数民族乡中唯一的回族乡，也是泉州市唯一的少数民族乡，有"侨乡明珠、民族古镇"誉称。百崎回族乡留有鲜明民族风情、风物遗存，主要名胜有接官亭、百崎郭氏家庙、"郑和堤"等。

接官亭，原名桥尾亭，位于泉州台商投资区百崎回族乡白奇村西北500米处，是一座纯花岗岩结构的古老四角凉亭，始建于明永乐年间，清乾隆、光绪间重修。

郭氏家庙，世称"宣慰府"，位于泉州台商投资区百崎回族乡，1992年被公布为县级文物保护单位，2018年入选省级文物保护单位。郭氏家庙依山面海，构筑典丽、崇宏壮观，凸显明代建筑风格。全座长37.6米，宽17.6米，屋脊高达9米，为皇宫式木石结构。距围墙六十余步之西南隅，迄今尚存"午门"遗迹，门前两侧竖立雕有云月图案之花岗岩石礅。宗祠砖埕围墙之西侧水沟涵口处置有一盘形"分水石"，寓意宗支派衍，脉旺流长，且寄望远支族裔溯本追源，万水朝宗。

张坂玉埕村

玉埕村隶属于张坂镇，依山傍海，境内有通港公路和县道贯村通过，并与沿海大通道连通。传闻在元代至正九年（1349年），骆氏村民从东园云头迁此，在东园云头的祖厝有"玉里传芳"的门匾，故名玉埕。玉埕行政村有埕边、井头2个自然村，区域面积约6平方千米。玉埕村晒盐历史由来已久，1000多年前就以盐为业，曾为埕边盐场，是省、市重点盐场之一，埕边盐以色白、粒细、质干、颗粒均匀等而闻名遐迩，产品更是远销中国香港地区和菲律宾、日本等国家，深受国际市场的欢迎。

张坂崧山村

崧山村位于泉州台商投资区东北部，地处张坂、螺阳、涂寨三镇交界，是张坂镇西北部最高丘陵山区行政村，下辖庄内、洋厝、大坪3个自然村。全村现有耕地面积40多公顷、山地面积433多公顷，森林覆盖率90%。境内有西竺寺庙、古道场、美峰水库等人文景观；洋厝自然村茂林山有5公顷多的天然油杉林，山上有东西塔、大坪官湖林场古道场遗址。崧山民间世代流传着一首谚语：洋厝好林草，庄内好水口，大坪好山头。寓意崧山物华天宝，人杰地灵。明清两朝，崧山村计有文武进士三人，文武举人九人，贡生九人，太学生十多个，在朝为官者数十人，人文鼎盛，科第蝉联。崧山孙氏不仅在古代出现过孙观、孙兰陔、孙胤武、孙炎龙等名宦名将，近现代还涌现了抗日烈士孙庆珍、抗战志士孙易彬、爱国儒医孙崧樵等抗战英雄。

张坂后边村

后边村古称锦田，拥有后边村、西埔街2个自然村，后边村自唐代以来一直是黄氏村民聚居地，初名黄田，五代时期，闽帝王延钧于龙启二年（934年）驾幸黄田，拜谒母后之家庙祖茔，诏赐黄田为"锦田"。至明代倭患，居民往别处搬迁。清代康熙年间"海禁"，沿海居民内迁，唯余后山边几座民房，称后边，遂以为地名沿用至今。后边村是闽王王审知爱妃黄厥（民间称"臭头皇后"）的故里，是闽南房屋"皇宫起"的起源地。迄今留有太子亭遗址，沿途现存有"通帝座""便是山""又是岭"及"钟馗附鹿驱鬼"等五代时期的摩崖石刻。

七、特色美食

獭窟鱼签

獭窟鱼签是泉州台商投资区特有的鱼制品，与崇武鱼卷、深沪水丸一样，是泉州的著名小吃，是赠送亲朋好友的佳品。

獭窟鱼签制作工艺历史悠久，旧时獭窟岛岛民以海资食，以渔为生，又因交通不便，海产品丰收时只能加工成咸鱼或鱼干，特别是临近年关，渔民陆续从海上归来准备过年，鱼虾没有卖掉或吃完，极易腐坏，为便于保存，就制成鱼签、鱼饼。鱼签以鳗鱼和当地称作"狗母鱼"等鲜杂鱼为原料，弃掉头尾和内脏，洗净后将纯鱼肉用刀剁碎成泥浆状，现多采用机器碾磨。然后以一斤纯鱼肉配约半斤地瓜粉和适当的食盐、味精，掺水搅拌均匀，碾到一定厚度，再装到垫纱布有漏洞的铝盘上，放入锅中蒸熟晾干，再切成薄片放于竹筛里或石板上晒干，便成为鱼签。若用椭圆形器械捶成圆饼状，则成为鱼饼。鱼签经过包装可保存一年，渔民出海捕鱼时，可作为干粮带到船上。鱼签、鱼饼，可以干吃、煮汤，特别是油炸之后，香脆鲜美，畅销海内外。

"糊涠"——百崎回族独特的"油香"

"油香"是伊斯兰传统食品，逢年过节，红白大事，祭祀祖先，家家回民都要煎炸"油香"以表示尊祖继俗，除了自己食用以外，还作为礼品相互赠送。"糊涠"则是由"油香"演化而来，这种清真食品起源于百崎回族，最终成为闽南地区回民的一种特色食品。"油香"原本只用面粉做成，味道单调。后来百崎回民制作"油香"时在面粉中包进了掺糖的花生碎末，改造做成"糊涠"。随着时间的迁移，"糊涠"越做越精细，越来越讲究，整个制作过程可分为馅料制作、外皮制作、包制成形和油炸成品四道工序。"糊涠"不但外形美观，剔透玲珑，而且香甜浓烈，酥脆可口，很快被闽南地区的回民所接受，后来又在邻近的汉族同胞中广为传开了，最终成为闽南地区的一种特色食品，体现了回汉民族的融洽。

（编纂：陈丽萍　审稿：许振兴、许诗旭）

莆　田

综 述

历史长河悠远绵长

　　莆田境域北连省会福州，南接名城泉州，西依戴云山脉，东南濒临台湾海峡，有文字可考的历史有1400多年。早在新石器时代，在莆田城郊和壶公山麓，以及园庄溪尾山等地就有人类活动的踪迹。莆田人是闽越族一支。汉代始，中原人入居莆田，西晋末和唐末、五代，中原人大量迁入，与闽越族人同化，莆田人

湄洲岛夜景

口剧增。从宋代算起，莆田建城已有1000多年的历史。南宋末，称为兴安州。明代改兴化路为兴化府。从宋至清，莆田城都为军、路、府治，或称兴化、兴安，或称莆田。明初，莆田城扩建城墙，由土筑、砖砌改为石砌，故又称石兴化。现管辖仙游县和荔城、城厢、涵江、秀屿4个区及湄洲岛旅游经济区、湄洲湾北岸经济开发区，设8个街道、40个镇、6个乡，有167个社区、808个村。2021年末常住人口322万人，其中城镇常住人口204.47万人，有汉、回、畬、壮、苗等33个民族。

海洋环境资源优越

莆田市枕山带海，山陬海澨，地理环境优越，气候宜人。陆海岸线由北至南，由兴化湾、平海湾和湄洲湾3个海湾相连接而成。拥有大小岛屿158个，面积70.99平方千米，海岛岸线总长262千米。莆田有优越的海洋环境、气候条件以及海湾、海岛、河口等较为齐全的生态系统，是多种鱼、虾、贝、藻的产卵场、索饵场和繁殖区，著名的"通应子鱼"、日本鳗丽、长毛对虾、中国鲎、中华绒螯蟹、"哆头蛏"、"江口蚮"、花蛤、"南日鲍"、褶牡蛎、"江瑶柱"、"乌菜索"、红毛菜等水产品的原产地。海洋资源丰富，已鉴定的动植物资源有769

木兰溪南北洋段

种，海洋鱼类257种。拟大须鲸和中华白海豚是湄洲湾现存的福建特有、世界珍稀的鲸类资源。兴化湾水鸟资源丰富，是一个非常重要的海鸟越冬地和迁徙过境觅食地。2018年12月，莆田市成为福建省唯一入围国家森林公园的城市。全市森林覆盖率达60.05%，木材蓄积量1098万立方米。习近平总书记在福建工作期间，亲自推动木兰溪流域治理，木兰溪成为全国第一条全流域系统治理的河流。优质农产品比比皆是，常太镇被农业部授予"中国枇杷第一乡"的称号。境内的"早钟六号""解放钟"枇杷、兴化桂圆、晚熟龙眼、"陈紫"荔枝、度尾无籽蜜柚、"霞溪本"、"厝后本"橄榄等水果，品质在全国乃至世界都一枝独秀。仙游龙华薏米和"绿冠"牌姬松茸获"福建名牌农产品"称号；书峰青黛被天津、上海等多家制药厂定为青黛原料药生产基地；大济松花皮蛋和红心咸蛋被评为省优、部优产品。

渔业发展向海而兴

南北朝时，莆田港为重要渔港，被载入史册。宋代，境内子鱼、紫菜、蛎房等水产品闻名朝廷。《明季北略》载，福建钓带渔船八九月北上浙江渔场捕鱼，正月归来。明代，莆田海洋捕捞船还南下广东汕头一带海域捕鱼。清初，莆田遭海禁，但涵江的江瑶柱却远近闻名。民国时期，渔民在乱中求生，进行海上作业。1965年，全国紫菜人工养殖在境内试验获得成功，并在埭头箸杯岛等地建立育苗室。1994年，全市渔业产值12亿元，首次超过种植业产值，居大农业五业首位。1996年至2000年，莆田市突破养殖方式，发展石斑鱼、大黄鱼等名优品种的海区网箱养殖。至2008年，省、市两级水产行业龙头企业增至16家。"南日鲍"地理标志产品保护获国家质检总局批准。浅海浮筏式网箱养鲍、龙须菜养殖规模居全国第一。鲍鱼、龙须菜、鳗鱼养殖技术、花蛤育苗技术，居全省乃至全国同行业先进水平。2011年12月，中国渔业协会授予莆田市"中国花蛤之乡"称号。2021年，平海一级渔港入选农业部第一批国家级海洋捕捞渔获物定点上岸渔港名单。是年，全市水产品总产量达101.54万吨，渔业总产值134.35亿元。全市海洋生产总值770亿元以上，约占全市地区生产总值的26.7%。

港口发展势头迅猛

莆田是海上丝绸之路过往商舶番客的重要贸易口岸。南北朝梁、陈时期，秀屿港和莆口港已有海运，仙游度尾出现三爿商店。唐代有白湖、秀屿、江口等口岸。宋代，白湖、宁海、枫亭、江口、吉了五港是内外船舶聚集的地方。邑人陈应功发明"晒盐法"。元代白湖荒废，宁海港逐渐繁荣。明代推行"坎晒法"，允许私人晒盐。秀屿作为吞吐口岸已粗具规模。清末，三江口港成为莆仙两县最大港口。1979年，秀屿港区、三江口开始外贸运输业务，秀屿港区建设第一座3000吨级盐业码头。1999年，国务院批准莆田秀屿港口岸对外开放。2017年，国务院同意福建秀屿港口岸更名为莆田港口岸并扩大对外开放。2018年，莆田港口岸东吴港区扩大开放通过国家验收并正式对外国籍船舶开放。2019年12月，罗屿港口首次成功靠泊30万吨级矿石船舶，创莆田口岸以及湄洲湾史上最大单船通航纪录，标志莆田港（口岸）正式跻身国际超大型港口行列。口岸罗屿港区实现东南沿海港口铁矿石对台航运首航。莆田口岸莆头作业区首次开通"莆田—金门—台北—台中—高雄—莆田"海上集装箱对台直航航班。2021年，建成运营罗屿40万吨码头，为福建第1个、全国第6个40万吨码头，并实现40万吨船舶1月1艘常态化靠泊。全市沿海港口完成货物吞吐量5012.1万吨。串联陆海资源，实现与世界43个国家和地区的50多个港口通航。

滨海旅游山海兼得

莆田海岸呈海蚀地貌，滨海风光优美、独特。妈祖圣地湄洲岛、海上明珠南日岛是理想的旅游度假观光胜地。境内风光旖旎，奇山秀水星罗棋布。在仙游，有"福建三绝"之一的幽洞名瀑九鲤湖，曲溪怪洞的"小武夷"麦斜岩，山灵水秀、峭壁千仞的菜溪岩，云际危楼、神奇险峻的天马山，最美村落为石苍乡济川村。在莆田，有雄伟磅礴的壶公山，山奇岩怪的九华山，千年古刹广化寺为福建"四大禅林"之一。湄洲岛妈祖文化旅游区是国家AAAAA级旅游景区。莆田市以妈祖文化为桥梁，积极开展对台交流交往，实现湄洲岛与金门、马祖海上旅游直航，成为继福州、泉州、厦门之后第四个往来金马的旅游口岸。湄洲湾北岸结合贤良港天后祖祠、莆禧古城、紫霄洞景区（南普陀山）景区，打造"美丽海滨·妈祖圣地"黄金旅游路线，以妈祖文化作为媒介，加强与其他国家和地区的人文交流。2019年，南日海钓基地被授予"全国游钓基地"称号，连续多年成功举办海峡两岸海钓（矶钓）邀请赛。2021年，全市共接待入境游客3.41万人次，接待国内旅游人数2187.76万人次，旅游总收入157.1亿元。

菜溪岩

文献名邦人文昌盛

"莆田地狭而人物盛"，曾哺育出2345名进士、12名状元、14名宰相，有过"一家九刺史""一门五学士""一科二状元""魁亚占双标""兄弟两宰相""父子兄弟同朝为官"等科甲佳话。莆田籍人物中，在二十四史中立传的有98人，著作被《四库全书》收录的有38种650卷。历史上出现蔡襄、蔡京、陈谠3位大书法家。莆仙以"诗书为八闽之甲"称誉。唐末，莆人徐寅有诗217首被收进《全唐诗》。宋朝，莆仙有11位词人作品被收入《全宋词》。王迈、方信儒、刘克庄等著名爱国诗人和词人，成为南宋词坛上执牛耳的人物。宋代郑樵所著的《通志》是一部百科全书的巨著，名臣蔡襄撰写的《荔枝谱》为现存世界上最早的一部果树栽培学专著。境内民众在长期的经济开发中，融合中原的文化传统，车鼓、十音八乐、舞龙、舞狮、弄九鲤、游灯等文化形式与莆仙群众文化习俗有机结合，在唐代后期就形成了独具一格的"百戏"，历代流传不衰。莆仙戏有传统剧本800余本，被誉为宋元南戏的"活化石"。境内文物古迹星罗棋布，现存各级文保单位595处，其中全国重点文物保护单位12处，省级文物保护单位62处。国家级历史文化名村1处、省级历史文化名镇3处、省级历史文化名村5处、中国传统村落3处、省级传统村落12处，省级历史文化街区2处。工艺美术历史悠久，文化积淀丰厚，包括木雕、石雕、玉雕、铜雕、漆器、编织品、金银首饰、古典家具八大类共2000多种，是福建省工艺美术重点产区，属国家工艺美术产业特色区域之一，是世界上佛具和木雕神像的最大生产基地，木雕和古典工艺家具产量、产值及出口额均居全国首位，同时也是福建省最大、全国第三的珠宝首饰集散地，培育了四大国家级品牌——中国木雕之城、中国古典工艺家具之都、中国珠宝玉石首饰特色产业基地、中国银饰之乡。大国工匠郑春辉为吉尼斯世界纪录、大型木雕作品《清明上河图》的创造者，于2019年荣获"大国工匠2019年度人物"。

民俗风物别具一格

这块肥沃的土地，有着独特的莆仙方言和习俗。莆田壶公山、九华山在秦汉时已有陈、胡两位隐者；西汉时有何氏九兄弟从临川（今江西抚州）入莆并在仙游九鲤湖羽化升天的传说。东汉末年，张道陵的弟子赵升曾到莆田江口和仙游城南的圣泉，施惠于民，当地民众立庙奉祀这位赵真人。南朝郑露献南山的湖山书堂为佛宇（今广化寺前身），是佛教正式传到莆田的标志。莆田民间信仰源远流长，尤其是宋代产生的妈祖信仰，以及明代林兆恩创立的三一教信仰，对莆仙人民的生产和日常生活都产生了深刻而广泛的影响，形成了独具特色的妈祖文化和"三一教"信仰。海祭妈祖、妈祖出游巡安、妈祖回娘家等妈祖信俗，每年妈祖诞辰日（农历三月廿三）和羽化升天日（九月初九）都要隆重举行。2009年，妈祖信俗被联合国教科文组织列入人类非物质文化遗产代表作名录。民俗节庆独具特色，仙游县有枫亭元宵游灯、东宅庙会习俗，及麟山宫皂隶舞、黄氏面塑工艺、枫亭水阁等非遗传承；城厢区有送王船、东海镇金沙宫上元祈福习俗，及东汾五帝庙皂隶舞、东海西厝木偶戏等传承；湄洲湾北岸区有元宵百戏灯节、端午天中祈福、吉了寨端午赛龙舟、中秋追月、渔船点眼等习俗。莆田兴化菜属于中国八大菜系之一的闽菜系。莆田风味小吃有菜谱可查的有100多种。妈祖宴菜是继天津"狗不理"包子后第二个获得国家专利的菜肴，获得台湾"中华美食展"最高奖项——特别奖。莆仙人民富有反抗民族压迫和外来入侵的精神，在节令习俗中春节贴"白额联"，正月初四"做大岁"，以及持续一个月的闹元宵等，都是莆田人民"自觉武装自己，奋起抗倭，并勇于支援戚继光抗倭"的体现。那些历史上为反抗民族压迫而壮烈牺牲的英雄人物如陈文龙、陈瓒、林兰友等，均被尊奉为保境安民的神灵，受到永久的纪念。

作为海洋大市的莆田，将登高望远乘势而上，齐心协力推进港口设施专业化、临港产业集聚化、临海能源规模化、海上养殖现代化，构建港产城一体化联动发展的新格局。

（编纂：鲍文芳　审稿：陈国华、林清华、杨永新）

仙 游 县

一、综述

仙游县位于福建省东南沿海中部，总面积1851.5平方千米。东南濒临湄洲湾，海岸线长8.8千米。全县海洋国土资源面积4.6平方千米。年平均气温22℃，全年降水量1227.4毫米。

仙游境内水产资源丰富，品种众多。据宋《仙溪志》载：水族有子鱼、乌鱼、章鱼、蛎房、蛤、螃蟹、鳖等，并特别记载："子鱼"出自太平港，大者长满尺，蔡君谟（襄）以子鱼为天下珍馐。1984年，据渔业资源调查，境内有淡水鱼类65种，其中《福建鱼类志》记载的有63种。海洋种类多数是沿岸性次级经济鱼类，甲壳类有日本对虾、长毛对虾、斑节对虾、蟳、蟹；软体动物有缢蛏、牡蛎、花蛤、泥蚶、文蛤、蛤蜊、蚬、鸭嘴蛤等。

淡水水生经济动物资源也较丰富，主要有爬行类的鳖，龟甲壳类的虾、蟹，两栖类的虎纹蝗，胶足类的田螺，瓣鳃类的蚬子等。1972年后，引进的新品种有尼罗罗非鱼、三角帆鲜蚌、莫桑比克罗非鱼、蟾胡子鲶、红罗非鱼、草胡子鲶、牛蛙以及台湾"永强1号"雄性罗非鱼等。

鱼虾类有鲤鱼、鲫鱼、泥鳅、土鲶、鳍鱼、乌鱼、鲈鱼、乌耳鳗、芦鳗、香鱼、溪鲴、溪水虾、中华红绒毛蟹等。贝壳类有田螺、石螺、仙螺、河蚌、沙蛤等。

二、名山胜迹

九鲤飞瀑

九鲤湖位于仙游东北部，距县城25千米，是国家AAAA级旅游区、国家级水利风景区、省级风景名胜区、省十大生态旅游精品项目，入选"莆田市十大城市名片"。相传汉武帝时，安徽庐江何氏九兄弟在此炼丹济世，乘鲤升仙而得名。景区内达到省级标准的自然景观有42处，以九鲤飞瀑、冰川峡谷、千年祈梦、摩崖石刻四奇著称，尤以飞瀑为最，有"鲤湖飞瀑天下奇"之美誉，明代著名地理学家徐霞客把九鲤湖和武夷山、玉华洞并称为"福建三绝"，并赞曰："即匡庐

九鲤湖瀑布

三叠，雁荡龙湫，各以一长擅胜，未若此山微体皆具也。"九鲤湖最引人入胜的是九漈飞瀑，总落差432米，每漈各具特色，其中瀑布漈落差高达百米，尤为壮观。

菜溪幽壑

菜溪位于仙游县菜溪乡菜溪村，为省级风景名胜区，入选"发现海西之美十佳景点""新莆田二十四景"。景区系花岗岩地质地貌，以山清水秀、石奇岩俊、谷深洞幽、雷轰瀑布而著称，尤以奇特岩石为著，心动石被誉为"八闽第一奇石"。宋代状元郑侨诗赞："百景千姿观不尽，八闽圣地菜溪先。"菜溪岩森林植被保护完好，境内有中国南方最大的天然红豆杉自然保护区，还有黄山松、方竹园等自然保护区。

麦斜云岫

麦斜岩位于仙游东北部，景区面积为6平方千米，毗邻九鲤湖，山势巍峨，怪洞藏幽，奇石成趣，引人入胜，有元世祖忽必烈手书"樵谷山"石刻，有宋史学家郑樵夜观星象的"占星石"，宋代著名理学家林光朝称之为"小武夷山"。景区主要以燕山晚期晶洞钾长花岗岩构成的山体为主，遍布各种奇形怪状的石头

麦斜岩

和岩洞，如"大象饮水""神龟保口""悟空石""鲤鱼朝天""梅花洞""仙人洞""蛇舌洞""玉泉洞"等。麦斜岩更奇特的是绝顶云居峰的日出和佛光。巨大的光环分内外两层，外一层色彩斑斓，轮廓清晰；内一层较为模糊，中间酷似佛影，时间可延续1个小时多。云层如同屏幕，日光从背后射来，射影就映在屏幕上。一旦云雾升起，日光隐去，佛光就自然消失。如果太阳这时冲破云层，佛光就会重新出现。这一奇景需在雨夜初晴的清晨、空气湿度较大时才可能出现。麦斜岩也是莆田市第一批爱国主义教育基地和共青团福建省委青少年德育教育基地。1930年，邓子恢同志在这里组建工农红军一〇八团。

三、民俗节庆

枫亭元宵游灯习俗

枫亭是仙游县文化发祥地之一，丰厚的历史文化积淀，催生了枫亭元宵游灯的民俗文化奇葩。枫亭元宵游灯始于宋代，兴盛于明代；改革开放以后，枫亭元

枫亭元宵游灯

宵游灯习俗成为当地文化活动中一道亮丽的风景线。枫亭元宵游灯习俗在东南沿海及东南亚地区广泛流行。2008年，该习俗入选第二批国家级非物质文化遗产名录。

（详见《海上福建（上）》）

麟山宫皂隶舞

麟山宫皂隶舞始于清道光十九年（1839年），主要活动区域在枫亭镇北部。它是民间舞蹈中的一种古老的表演艺术，其表演形式全国少有，具有节奏鲜明干练、动作威武刚烈的特点，在菩萨出游时营造庄严肃穆的威赫气势，令人望而生畏。每年的元宵节等重大节日，境内举行游神和庆典活动，麟山宫皂隶舞作为迎神接驾仗仪。其表演共17人，其中旗牌官1人，穿长衫，戴高帽，舞令旗，传口令，负责指挥；皂隶4人，穿缁衣，着草鞋，扎红布巾，头戴平顶将军帽，每人插一幅一尺长的金色纸花，戴面具，分别装扮成黑、红、绿、蓝面皂隶，各执一块皂隶板；伴奏4人，2人敲大鼓，2人吹唢呐（长5尺的低音唢呐）；另有8人，头戴竹制高冠，手持水火棍，穿古代士兵服，分列两侧，名为"八班"。表演程序由"请牌""开道""收牌"三个部分组成。庙会期间，由东宅庙组织元宵游灯、神像巡游和祭祀活动。2009年，仙游县枫亭镇麟山宫皂隶舞入选第三批省级非物质文化遗产。

东宅庙会

东宅庙会是农历正月十六举行的元宵游灯活动。境内主庙由东宅的6个村庄举办，每户一串10盏，每个村庄连成一组灯队，参加游灯人员通常达千余人之众。灯队由头灯、牌匾导引，乐队穿插其中，游灯队伍遍游东宅村的主村道，全程约5千米。过境各村信众夹道焚香，以乐队迓迎，并点燃焰火，燃放鞭炮，迎送过境。各分灵庙宇游灯活动在本地同时举行。农历正月十八、五月初一，"东宅庙会"还会举行神像巡游活动，由信众抬着神轿、神像鸣锣开道，牌匾、彩旗、旗牌、乐队等组成浩浩荡荡的出游队伍，自主庙起游，巡遍东宅、下社、山头、溪南、溪北等村，行程约10千米。所经宫庙摆设香案，以乐队迎送，过境村庄信众列道恭迎，燃焰火、放鞭炮、烧贡银，并为神像挂荳乐捐，一路观者如云，热闹非凡。2013年，东宅庙会入选第四批市级非物质文化遗产名录。

仙游黄氏面塑工艺

面塑工艺流传于枫亭斗北东林村、东鼎村、荷珠村双溪一带，其中以第四代传承人黄桂荣的面塑技艺为主要代表，工艺奇特、造型生动，人物、鸟类工艺闻名四方。宋代，民间在祭祀妈祖时，常用面塑制作花鸟人物，如八仙过海、十二生肖，以及鸟类、鱼类等为之进贡供品。故自宋代起，民间就有面塑技艺习俗。黄桂荣从小就爱好画画，由祖辈传承的面塑技艺成为他一生中最爱的艺术，历经坎坷，黄氏面塑技艺受到社会的欣赏。2000年，黄桂荣受邀赴马来西亚表演，面塑技艺拍摄成影视作品；2006年受邀请到香港创作面塑财神爷、福禄寿、四大天王、西游记人物、渔翁、关云长、嫦娥和鸟类，受到群众欢迎。《兴化报》《湄洲日报》均作了专题报道。2013年5月，黄氏面塑入选第四批市级非物质文化遗产名录。

枫亭水阁

枫亭水阁亦称枫亭水架，是一种水上民俗巡游表演形式，为国内罕见，是集力学、杂技、戏剧、音乐、美术于一体的综合造型艺术，以"奇、险、巧"为特点，是中国"抬阁"文化重要组成部分之一。枫亭水阁是仙游县枫亭镇明山宫、集英亭等6个宫，依次在农历闰六月十五至十九观音升辰期间举行的一项民俗活动。它造型独特，以童男童女饰扮观音、妈祖、八仙等传统历史及神话人物，在船上造型定格，沿着太平港道规定路线巡游表演，其中以霞街社区明山宫水阁为杰出代表。清代《连江里志·上卷》载："宣和末，蔡攸以灯事色乐游枫亭，置画舫于江上，使教坊女弟妆扮故事以侑酒。"2018年，枫亭水阁入选莆田市第六批非物质文化遗产名录；2019年入选省级非物质文化遗产名录。

四、特色村镇

枫亭镇

枫亭镇位于海峡西岸中部沿海，东南面临湄洲湾，海岸线5千米，海湾曲线16.5千米。枫亭是宋代书法家蔡襄的家乡。枫亭人文荟萃，孕育出蔡襄、蔡京、蔡卞等历史名人，自宋到清，登进士第的达127人，任知县以上的112人。现存有天中万寿塔、蔡襄陵园、蔡京墓、林兰友祠等古迹16处，是名副其实的历史文化名镇。

（详见《海上福建（上）》）

济川村

济川村，古称漈坑，位于仙游县石苍乡东北部，距乡政府驻地16千米，是一个具有2000多年历史的古村落。

济川村旅游资源丰富，主要有八大景区：东有日出明珠石鼓岩，西有文笔如缘笔架山，南有天坑飞瀑将军城，北有奇观禹文三级浪，东南有高龙溪流生态区，西南有金钟高峡出平湖，东北有十八中营屏山寨，西北有云顶峰前保福寺，大大小小景点达100余处。

济川村历史悠久，文化底蕴深厚，村内遍布不同历史时期的文物。唐宋以来，先贤林愈、林迪、林二才、李先著、林清伟等先后登进士第。南宋乾道五年（1169年），儒生郑侨应民间谶语"漈坑卿监无人识，云顶峰前出状元"而兴，殿试状元及第。此外，没有确切文字记载的举人、贡生、秀才不计其数。高考制度恢复以来，济川村清华"三连冠"、父子"双清华"、"父清华、子北大"、"兄清华、弟北大"等美谈不断涌现。

2014年，济川村被评为"中国历史文化名村""中国传统村落"；2015年被评为"首批福建省最美休闲乡村"；2019年被国家林业和草原局评为"国家森林乡村"；2020年被福建省林业局评为"福建省森林村庄"荣誉称号；被福建省六部门定为省级乡村治理示范村；被福建省文化和旅游厅评为"金牌旅游村"；经中国最美村镇评选活动组委会评选，获2020年"中国最美村镇"治理有效成就奖。

五、美食特产

缸焖羊肉

缸焖羊肉又称干焖羊肉，是仙游县驰名的风味名菜。成品皮肉完好、晶莹透亮、熟而不烂、软而不韧、脆嫩香醇，营养丰富。将之切块用蒜泥、酱油、糖醋、香菜蘸食，口感更佳。2016年仙游首届美食文化节，缸焖羊肉获得"仙游十大名菜"的称号。2018年，傅氏干焖羊肉制作技艺被列入莆田市非物质文化遗产代表性项目。

卤套肠

卤套肠又称套串小肠，是仙游县传统特色小吃之一，久负盛名。猪小肠原是一种很不起眼的食材，经过巧厨加工，精心烹饪，使之成为一道油红通透、香酥味美、嚼来油而不腻，堪称肉食一绝的佳肴。既可用于干炒、铁板、白切现吃，也可做卤味拼盘。2016年仙游首届美食文化节，卤套肠获得"仙游二十大名小吃"的称号。

鸡 卷

鸡卷又名鸡勇，是仙游县著名的、色香味俱全的传统美食。在仙游民间，逢年过节、寿庆婚宴都少不了它。成品色泽金黄，酥脆香甜、清爽可口。2016年仙游首届美食文化节，鸡卷获得"仙游二十大名小吃"的称号。

扁 食

扁食又称扁肉、馄饨。成品皮薄如纸，馅心脆嫩，汤清葱绿，鲜香扑鼻。尤其是由著名的美食家余锦来创新制作的"来古扁食"，留传至今已100多年，深得海内外食客的青睐。2013年"来古扁食"被福建省闽菜推广委员会授予"福建特色名小吃"称号；2016年仙游首届美食文化节，扁食获得"仙游二十大名小吃"的称号。

兴化桂圆

桂圆（俗名龙眼，又称龙目）是仙游传统名果，果形美、肉厚、质脆、味甜、果核墨黑。龙眼加工成干品后，俗称桂圆干。仙游莆田所产的桂圆干统称"兴化桂圆"，又称"仙游溪货"。兴化桂圆干以其品质优良而驰名国内外，曾北上京都作贡品，销往江淮，南渡重洋远销东南亚各国，有"兴化桂圆甲天下"之美誉。兴化桂圆曾被评为福建省"名牌产品"。

度尾文旦柚

度尾文旦柚又称无籽蜜柚，是仙游具有地方特色的名贵佳果，果肉分为粉红和乳白两种颜色。清道光十三年（1833年），仙游县度尾镇潭边村后庭组举人吴登青和莆仙戏班一个名旦合作试种新品种蜜柚，新柚树结出的果实大，形似大秤砣，色泽青黄，产量较高，果肉细软，具有清香爽口、汁多肉嫩、无籽无渣、芳香扑鼻等特点，堪称柚中佳品。吴举人与名旦二人视其为奇珍异果，并取名为"文旦柚"，其寓意为"文"举人与名"旦"共同培育出的佳柚，名字雅致含蓄。当时由于该柚子产量极少，多作珍品馈赠亲朋好友、贵宾和地方官员，乃至被作为贡品上贡朝廷。2002年，度尾文旦柚获"福建省名牌产品"称号和国家原产地保护认证注册；2004年，被中国绿色食品发展中心认定为绿色食品A级产品，被省政府授予"福建省名牌产品"称号。

书峰枇杷

枇杷是仙游县新兴水果品种，枇杷果实一般呈卵形或长椭圆形，成熟期一般在2—5月。1978年起，枇杷在仙游得到发展。1992年后，仙游推行山地综合开发，枇杷产业开始全面发展，引进解放钟、早钟6号、长红、香钟11号等新优质良种。这些良种枇杷具有果大、皮薄、核小、肉厚、甜度高、酸度低、产量高等优点，枇杷果实除鲜食外，还可以加工成罐头、果酒、果汁、果酱、果冻、果膏等产品，深受消费者欢迎。2002年，书峰枇杷获国家绿色食品标志使用权和原产地标记注册；2003年，获"福建省名牌产品"称号；2005年，获"中国名优品牌"称号。

龙华薏米

仙游县生产的薏米历史悠久，明代贵为朝廷贡品。据传明朝正德皇帝品尝后，赞不绝口。仙游西南部盆地龙华镇所产薏米更是远近闻名，龙华镇的地势、海拔、日照、降雨量、气温等自然条件，均有利于薏米优质、高产栽培，薏米粒果腹沟深，粒圆，精制薏米外观颜色鲜艳，不含杂质，净度高。其中龙华"四金"（金溪、金沙、金建、金山四个村）独特的小气候，培育出的薏米品质十分独特。仙游金沙薏米含固形物多，营养丰富，煮熟时色清，不烂碎，粒富弹性，风味独特，清香宜人，口感极佳。2001年，仙游金沙薏米注册"金沙薏米"商标。2005年，获"福建名牌农产品"称号。

书峰青黛

仙游县书峰乡独特的生态环境，适宜种植福建地道中药材马蓝。宋朝后期，仙游书峰已栽培马蓝，加工中草药建青黛，至今已有800多年历史。福建青黛，含靛蓝高达

枇杷

5.5%（中国药典标准2%），品质居全国同类产品前列，为福建名牌中药材。书峰乡生产的建青黛，经医药部门鉴定，符合国家卫生部颁发的药典规定，由医药部门监制包销。仙游靛染厂建立"建青黛"CAP药材基地，被天津、上海等多家制药厂定为青黛原料药生产基地。

姬松茸

姬松茸（巴西菇）属于珍稀食用菌，是适宜中高气候栽培的食用菌品种。其主要以干牛粪、稻草、芦苇等作为培养料，其生物学特性似蘑菇。1993年，仙游县从省农科院引进姬松茸菌种，栽培试验，取得成功后在全县推广，得到发展，形成规模。仙游姬松茸产品各项理化和感观指标均优于其他地区同类产品，卫生指标优于国家标准。2005年，全县姬松茸年产量1000吨，占全国总产量70%，出口量占全国总量80%，在日本市场上占有率60%。仙游已形成全国姬松茸生产的基地和销售中心。2001年，"绿冠"牌姬松茸被评为"福建省名牌产品"。

古典工艺家具

莆仙的工艺家具以木材为主要原料，经过设计、选材、锯木、开料、打坯、

古典工艺家具

雕花（包括拉花、锣花）、修光、打磨、油漆等工序制作完成。境内古典工艺家具分为民间家具和宫廷家具两大类。民间家具为民用的传统工艺家具，造型简朴，经济实用，富有强烈的乡土气息和鲜明的地方色彩。宫廷家具选料考究，工艺精致，造型精美，雕饰华丽，形态庞大。

2005年开始，由仙游县人民政府牵头，每年在北京、上海、大连、广州等大中城市举办2～3场大型的古典工艺家具展，打造"仙作"古典家具品牌。2007年，仙游县被中国工艺美术学会授予"中国古典家具之都"的称号。2008年，仙游县木雕工艺产品占全国各大城市市场份额的60％以上，成为全国最大的木雕生产基地和三大红木古典家具主产地之一。

仙游漆木碗

仙游漆木碗是民间传统工艺的瑰宝。工人们精心研制传统漆器技艺，开发出60多种花色品种，深受客商青睐。

（详见《海上福建（上）》）

（编纂：陈开枝　审稿：陈志斌）

荔 城 区

一、综述

荔城区原属莆田县，为2002年莆田市部分行政区划调整中设立的新区。位于莆田市中心地带，陆地面积269.66平方千米，海域面积61.39平方千米，辖西天尾、新度、黄石、北高4个镇和镇海、拱辰2个街道，130个村（居）委会。海洋岸线总长度51.4千米，无居民海岛17个。

荔城区文化底蕴深厚，人文景观丰富。被誉为莆田景观"三绝"的壶公山、木兰溪、古谯楼都位于境内，还有南少林、梅妃故里、三清殿等众多古迹。荔城是莆田史上兴化军、兴化府及莆田县的治所，历来是政治文化中心。如今的区政府所在地——县巷，就是昔日"文献名邦""海滨邹鲁"牌坊所立之处。荔城自古就有"地瘦栽松柏，家贫子读书"的传统，境内出过黄公度、陈文龙、林环、吴叔告等4位状元，涌现"一门两太师""兄弟九刺史"等科甲盛况，孕育出黄滔、刘克庄等文学家，有被朱熹称为"始终全德"的名相陈俊卿，被康熙树为清官楷模的彭鹏等。现代有革命家陈国柱、文学家郭风。当代有被誉为"太空材料之母"的半导体科学家林兰英，中科院院士、空间技术专家闵桂荣，中国工程院院士、桥梁设计大师林元培等。

荔城区逐溪而居，面海而兴。莆田的母亲河木兰溪在荔城区与涵江区交界的三江口处汇入兴化湾，江海交汇，为荔城打开无限的发展空间。荔城区沿海有黄石、北高两个镇，皆处兴化湾南岸，临港滩涂广阔。因兴化湾有木兰溪、萩芦溪等河水注入，海域内溶解氧含量及饱和度高，营养盐水平中等，水质状况良好，海洋生物物种丰富，具有优越的资源优势。根据厦门海洋环境监测中心站组织开展的调查，秋季海域所获的42种鱼类中，暖水性鱼类有21种，无冷温性种和冷水性种类。春季渔业资源调查所获的18种鱼类中，暖水性鱼类有11种，无冷温性种和冷水性种类。根据厦门大学2019年10月和2020年3月至4月的鸟类观测初步成果，共记录水鸟6目10科59种。荔城区除了拥有后海围垦的一部分外，还有一个万亩以上的澄峰围垦。它位于兴化湾西侧，自荔城区北高镇汀江村至北高镇美澜村。2006年澄峰围垦合龙，围垦面积680公顷，是福建省采用BOT方式兴建的第一个围垦工程。

二、主要岛屿

龙头山

龙头山位于黄石镇东山村南东侧海域中，距大陆最近点0.09千米。因状似龙头，故名。长轴近南北走向，蛋形。面积0.31公顷，岸线长度207米，最高点海拔13米。龙头山为大陆岛，由花岗岩组成。地表岩石裸露，土层薄，植被仅见零星杂草，海岸为陡峭的基岩岸。退潮时西部沙脊与陆连。

草　屿

草屿位于北高镇汀江村以东淤泥滩上，扼涵江港水道咽喉，南距大陆最近点约0.45千米。草屿略呈香蕉形，呈南北走向，南北长约220米，东西宽约100米，面积4.64公顷，岸线长度534米，最高点海拔21.4米。因屿上草木四季常青，名青屿，因重名，1985年改为今名。为大陆岛，由花岗岩组成，地表植被一般发育，主要为杂草。基岩海岸。除南部为卵石沙滩外，余均为泥滩地。岛上地势低平，有淡水源。岛四周被滩涂围绕，风景优美，拥有丰富的海产资源。在草屿岛与陆地之间，依靠一条宽2米左右、长600多米的小路连接。每当退潮时，总有许多慕名而来的游客从此出发踏上海中央的草屿岛。

鸡公山

鸡公山位于北高镇汀江村东侧，距大陆最近点约0.58千米。因有巨石如公鸡，故名。鸡公山略呈三角形，面积1.39公顷，岸线长度433米，最高点海拔32.1米。鸡公山为大陆岛，由花岗岩组成。地表基岩裸露，间有红壤土，植被稀少，顶部有部分杂草但平缓，海岸为陡峭的基岩滩岸。周围为淤泥滩。

菜　屿

菜屿位于兴化湾西部，北高镇高洋村北东侧，距大陆最近点约0.65千米。菜屿略如海龟，俗称金龟屿，曾长青菜，故名。菜屿呈长方形，长轴为东西走向，东西长约160米，南北宽约70米，面积0.915公顷，岸线长度375米。顶部较平缓，中部最高点海拔17.3米。菜屿为大陆岛，由花岗岩组成。植被发育中等，大多数为杂草。基岩滩岸，四周为淤泥滩地。

三、名山胜迹

壶公山

壶公山，海拔710.5米，屹立于荔城区南部，兴化平原西侧，与木兰溪并称"壶山兰水"，是莆田的象征性自然实体。"壶山致雨"是莆田二十四景之一。

壶公山虽不太高，但突于兴化平原之上，显得格外雄伟。壶公山是个天然的晴雨表、气象台。由于该山濒临海湾且山势突兀，春夏季节，海洋暖湿气流受其阻隔，晚间气温下降形成云团雾气笼罩山头。如果早晨云消雾散，壶公山轮廓清晰，则是晴天之兆；如果早晨云穿雾绕，而且越积越多，积雨云中的小水珠就会

化为雨点下落。这就是独具特色的气象景观"壶山致雨"。古代没有天气预报，先民仰望壶公山预卜一日阴晴，往往十拿九稳。

"方壶久伏海中洲"，宋诗人柯应东的诗句道出了壶公山的沧桑巨变。该山原来只是海中的一个小岛，一亿多年前的造山运动使它逐渐隆起，成为巍峨壮观的大山。3000多年前，壶公山下的兴化平原还是一片大海。20世纪50年代地质工作者在壶公山麓海拔5米多找到成片贝壳层，粘有海蛎壳的花岗岩、海积泥，以及古船板。由此推测，古代的木兰溪入海口当在壶公山北的木兰陂一带。

壶公山正对郡治，为郡治主山。唐贞元中，沙门法通居虎邱岩；中和年间建中和院；唐僧黄涅槃隐灵云岩。宋太平兴国二年（977年）建栖云寺。宋庆历二年（1042年）置白云院。宋朱熹曰："莆人物之盛，皆兹山之秀所钟也。"宋末，丞相陆秀夫护二帝宿白云院一夕。明时山上有18院36庵，清乾隆仅白云、中和再建，余俱无存。现有白云寺、栖云寺、灵云寺、名山宫、郑露墓、陈文龙与陈瓒侄叔衣冠墓、朱继祚墓、吴英墓等；还有蟹井、真净岩、桃花洞、蘸月池、虎立岩、盘陀石、法流泉、睡壁峰、碧溪湾等景观。

九华山

九华山在荔城西北，海拔741米，与南面的壶公山遥遥相望，同为兴化平原之

九华山鸟瞰

侧的名山。九华山因有九座小山攒簇如九朵莲花，常年长青挂绿，相倚并发，峰峦秀挺如瓣，倒景绥溪，濯莲滴荷，故雅称"九华叠翠"。

据传，古有姓陈的仙人居九华，故九华山古称"陈岩山"。登高远望，荔城及兴化平原历历在目，风景如画。山巅有石洞，名"仙公洞"。据载，唐会昌时（841—846），有名僧惠能来莆，曾在洞中修真。现洞中奉"七宝如来"。洞后有一石穴，深近一米，内有泉水涌出，大雨不溢、大旱不涸，水清而甜。传说它是汉代的"陈仙淘金井"。穴旁有"石茶灶""石棋盘"，传为仙人聚泡茶、下棋之处。还有桃花坞、燕子洞、罗汉石及山后的苦竹院皆为九华胜迹。

山上有琉璃院，院旁有一巨石，上刻"仙篆石"三字，石上粘有蠔壳。镌刻宋方翥诗："何人登眺睨绝顶，一树一石探幽奇。虫文鸟篆不可识，如读岣嵝神禹碑。累累蠔山着石面，非此所有能无疑？细看大石深孔窍，舟人探篙迹犹遗。乃知此山千载前，汹涌尚作海渺茫。蛟龙鱼鳖占窟穴，不省造化能密移。"此诗对研究地壳变迁具有一定的研究价值。

东岩山

"东山晓旭"是清代林尧英标定"莆田二十四景"的首景。东山是东岩山的简称，原名乌石山，因其山势如麒麟，又名麟山。该山位于莆田市区北部，胜利路北段西侧，海拔69米。山不在高，有仙则名。东岩山的文化积淀相当丰厚，早在新石器时代就有人类活动的踪迹。东岩山上有麟山祖祠、东山妈祖宫、报恩东岩教寺。

麟山祖祠旧称宗孔堂，俗称三教祠，奉祀三教创始人林兆恩。他曾在这里聚徒讲学，倡"道释归儒，儒归孔子"的"三教合一"学说，世称"三教先生"。林兆恩门徒遍天下，且代代相传。1988年重建，设有林龙江先生纪念馆。祠后有东晋古樟一株，胸围13.8米。东山妈祖宫是新中国成立初从莆田城区中心的文峰宫迁来，民间俗称东山文峰宫。宫内有两尊宋代木雕妈祖，具有较高的文物价值。1997年巡台的湄洲妈祖曾在此驻跸，因此这个妈祖宫又被称作妈祖行宫。宫前有古刻"溪山第一"。

报恩寺建于宋淳化元年（990年），几经兴废。寺后有宋绍圣年间（1094—1097）建的一座三层、空心、八角形的宋代石塔，虚檐危顶，形极奇古。基座浮雕36只狮子，形态各异、栩栩如生；守卫塔门的金刚力士的雕塑，线条粗犷、造型古朴。游人驻足塔上，"茫茫翘首青天外，不尽风光眼底收"。

相传唐代高僧妙应禅师曾留下"乌石山前，官职绵绵"的谶语。南宋大文豪刘克庄住在山下，写有《乌石山》诗，回忆童稚时期在山上游玩的诸多乐趣。

四、宫庙古韵

三清殿

莆田三清殿，坐落于荔城区梅园路东段北侧，是福建省现存最大的古代道教建筑，被专家誉为江南古建奇葩。三清殿是唐贞观二年（628年）创建的道教建筑遗址的主体建筑物，宋、元、清分别称天庆观、玄妙观、元妙观。三清殿于宋大中祥符八年（1015年）重建，重檐歇山构式。明崇祯十三年（1640年）再次募缘重修。主殿保存宋代建筑风格，与福州华林寺、浙江宁波镇国寺建筑风格相同，被誉为江南三大古建筑奇葩；现存建筑面积583平方米。日本大佛寺建筑群中许多结构就是仿照三清殿和华林寺建造的。殿左侧的东厢院内有著名碑刻数十块，其中最为宝贵的是宋徽宗赵佶手书的瘦金体《神霄玉清万寿宫碑》、宋孝宗的《赐少保陈俊卿札碑》、陈俊卿的谢恩表文和宋绍兴八年（1138年）方昭书的《兴化军祥应庙记碑》，还有王禹偁、苏东坡、文天祥、文徵明、岳正、周瑛、朱继祚等历代名人的题刻。1983年9月后，市博物馆设于此。1995年，三清殿被列为全国重点保护文物。

文峰宫

文峰天后宫与湄洲祖庙齐名，是妈祖信仰的重要庙宇，位于镇海街道文献路东段。凡是前往湄洲祖庙瞻拜祭祀妈祖，或海内外妈祖神位回娘家，一定要先在文峰宫祭祀或驻驾，再从文峰宫起驾往湄洲岛妈祖山湄洲祖庙，以示正式和隆重。文峰宫于元代至正十四年（1354年）创立，明万历年间、清乾隆年间先后重修和扩建。民国十八年（1929年），国民政府批准改天后宫称"林孝女祠"加以保护。三代祠原建筑完整保存，梁架斗拱雕刻精美，木作工艺古色古香，具有地方时代特色。宫墙上镌有"文峰宫天后宫"字样。还有一座梳妆楼，以及清代的妈祖銮驾底座、金绣龙袍、银圭等文物。更为珍贵的是一册木版印的百枝签诗，为中朝两国文化交流的实物见证；还有两件石牌，一为清嘉庆八年（1803年）的敕封《天后圣母三代列圣殿宇肇建碑记》，一为清嘉庆二十三年（1818年）十二月立的《天后宫三代祠碑记》。文峰天后宫是莆田市妈祖信仰的三大庙之一，既是明清两代官府祭拜妈祖的主要庙宇，也是海峡两岸妈祖信众谒祖进香的主宫庙之一。1993年6月，莆田市人民政府公布"文峰宫三代祠""梳妆楼"为市第二批文物保护单位。

兴化府城隍庙

城隍庙位于镇海街道梅园路，创建于宋太平兴国年间，旧址在城内西北。明洪武三年（1370年），知府盖天麟移建于橄榄巷。明初，兴化府城隍庙只粗具规模，仅"设坛而祭"。为纪念南宋邑人陈文龙、陈瓒英勇抗元的功绩，在城隍庙东侧建二忠祠。弘治至嘉靖年间，先后兴建正殿、两庑和大门，并塑神像等；后再建寝殿、东西两廊和照墙等。万历年间，又砌甬道和修月台，并重修正殿。清代，亦有重修。民国期间，保持原状。20世纪80年代后期，大殿和后殿进行重修，并辟为陈文龙、陈瓒纪念馆。庙内现存的石碑、石刻有明弘治七年（1494年）重修城隍庙碑记，明万历年间二忠祠的"节义文章""昭忠"和《重修二忠祠碑》等。兴化府城隍庙是福建省级文物保护单位，是福建保存得最完整的明代古城隍庙之一，是爱国主义教育与传统文化教育的重要基地。

浦口宫

据《莆田县志·大事记》载，浦口宫创建于唐至德元年（756年），占地面积约1500平方米，位于宁海桥南岸木兰溪畔的江东村。这里也是梅妃故里，浦口宫供奉梅妃塑像。后经宋翰林院学士吴孟慈等人重修，明万历年间和清康熙、乾隆年间多次扩建修葺，至今完整地保持明清宫宇重雕风格，一切按帝王后妃的礼节建造。浦口宫是纪念性古建筑，它是研究唐代历史名人梅妃及唐明皇的实物资料，也是研究明清闽东南建筑艺术、雕刻艺术和莆仙戏起源的实物依据。宫内尚存清嘉庆《重修浦口宫记》等石碑。梅妃故里于1997年被中国文物学会、中国旅游协会、中国博物馆学会、中国风景名胜协会评定为全国300个著名风景名胜旅游景区之一，收入《中国三百个著名旅游大观》一书。2001年，浦口宫被列为第五批省级文物保护单位。

南少林寺

南少林寺

南少林寺位于西天尾镇林山村，海拔600米。地处崇山峻岭之中，四面有九座山峰环抱，状如九朵莲花簇拥，中为平原，故此山有"九莲山"之称。宋代建有林泉院。清顺治三年（1646年）陆圻、郑郏在山上建亭子，名"红花亭"，脊梁上有其题款。20世纪90年代，省考古队发掘出林泉院遗址。林泉院现辟为旅游新景区，建有由福厦公路通达南少林寺的11.6千米的盘山水泥公路，并在南少林路与福厦公路交接处的洞湖口建有导游石牌坊。牌坊由赵朴初题额"南少林"。南少林寺在遗址上进行重建，已建成大雄宝殿、天王殿、钟鼓楼、牌坊、山门、僧舍、停车场、护寺河等，成为海内外游人寻幽览胜的好去处。

五、遗迹遗址

宁海桥

宁海桥位于木兰溪入海口与涵黄公路交会处，越溪傍海，气势如虹，是福建省梁墩跨度最大、石梁最巨的石梁古桥。宁海桥横跨木兰溪南北岸，北岸古为宁海镇，桥以镇名；南岸为桥兜村，故此桥又称桥兜桥。建桥之前，此处称为宁海渡，又称浦口。木兰溪在这里东奔入海，江海交流，风高浪险，摆渡极为困难。宁海桥建于元代元统二年（1334年）。自元至清，三百多年间六建六圮。每年端午节在桥上观日出，蔚为奇观，故有"宁海初日"之誉。

（详见《海上福建（上）》）

镇海堤

镇海堤位于黄石镇，蜿蜒横卧在兴化湾南岸木兰溪入海口，全长6千米，建于唐元和年间（806—820），全部为石砌。镇海堤是莆田市创建时间最早、历史最久、受益最多、长度最长、工程最艰巨的海堤，保护南洋平原20多万亩良田和几十万人口。镇海堤存，则南洋平原一年三熟，水乡渔米；镇海堤亡，则南洋平原蒲草丛生，泽国水乡，其意义和地位可见一斑。在镇海堤周边有不少文物古迹、旅游景点，其中比较突出著名的有莆田二十四景的谷城梅雪、天马晴岚、宁海初日和白塘秋月，以及梅妃故里、林墩抗倭古战场、李宏墓、周如磐墓、朱慧虚墓等，还可眺望兴化湾的东角塔。1981年，镇海堤被莆田县人民政府列为第一批重点文物保护单位；2001年，被列为福建省重点文物保护单位；2004年，被列为莆田市爱国主义教育基地。2006年，被批准为全国重点文物保护单位。

古谯楼

古谯楼是莆田的地标性古建筑，也是福建省仅存完整的一座鼓楼，也是国内现存最完整的鼓楼之一，莆田人常把它当作"兴化府"的象征。该楼位于镇海街道文献路，现为福建省重点文物保护单位。楼为宋太平兴国八年（983年）知军段鹏创建，初为兴化军的子城门和门楼。宋绍兴六年（1136年）焚毁，同年重建，并置更鼓刻漏于楼上，故名谯楼，民间俗称鼓楼。明嘉靖四十一年（1562年）倭寇入城，鼓楼被焚毁。隆庆五年（1571年）复建，分守阴武卿匾书"壶兰雄镇"。清康熙三十一年（1692年）复被火灾所焚，至康熙五十六年（1717年）重建。整座楼坐北朝南，通体三层，高25米，城台边长约50米，宽15米，底层石基台高5米，中开门洞，南面两端突出5.3米，建筑面积1087平方米。整座楼在平面上呈凹字形，称为双阙。1989年10月，莆田县博物馆设于此，馆藏文物2623件、字画2647件。

大宗伯第

大宗伯第位于镇海街道庙前路，系明礼部尚书陈经邦的府第，建于明万历二十年（1592年）。因明礼部尚书别称大宗伯，故府第名"大宗伯第"。府第按照明代一品官等级建造，坐西面东，共有五进，每进九开间，采用抬梁式"百廿间大厝"，现存有完整无损的大厅，正堂三进大厅及两旁护厝。楣上有"大宗伯第"四个黑体大字，笔力遒劲，沉稳厚重，是明隆庆二年（1568年）戊辰科状元罗万化所书，具有较高的书法艺术价值。厅正中的横匾"启沃亲臣"四个字，是明代宰辅叶向高所书。大宗伯第为省级重点文物保护单位。

塔仔塔

塔仔塔是莆田古代沿海五座航标塔之一，位于兴化湾赤屿上，建于明万历十三年（1585年），历经1604年八级大地震而不坏，至今仍然发挥着导航指津的功能，是古代航标建筑的一个奇迹。塔仔塔是引导船只出入三江口的古代航标。由于该塔的存在，当地人习惯上把赤屿叫作塔仔屿。塔仔塔是明代慈善家、宗教改革家林兆恩命其弟子陈绅和林玉峰主持建筑、朱有开捐资并督造的。该塔为市级文物保护单位。塔为石构仿楼阁式，五级方形。各层外壁辟有佛龛，内供佛像。塔建于基岩上，其周围原有的赤土已被风雨潮汐冲刷殆尽，塔仍耸然屹立在海天之间。

六、特色村镇

北高镇

北高镇位于莆田东南部沿海丘陵地带，辖区面积71.53平方千米，人口12.38万人。境内有持久山、岐山、昆仑山、神山等，山脉最高峰是五侯山。冲沁村和美澜村海岸线风光明媚，冲沁晚烟、美澜夕照为莆田沿海十景中两处著名景点。这

北高镇美兰金龟屿

里还有黑大臣庙、仙女洞、玉皇庙、五峰寺、古佛寺等景点。

荔城区北高镇从事黄金珠宝行业历史悠久，技艺精湛，素有"金匠之乡"称号，2014年被授予"中国黄金珠宝首饰之乡"称号。改革开放以来，北高人凭借老祖宗传下来的黄金加工手艺走南闯北，用一把小锤子、一个铁墩子，打通一条"黄金大道"。珠宝品牌六桂福、华昌、六六福、鸳鸯金楼、爱恋、宝缘等，已成为国内知名品牌，还有大批北高人作为全国各大珠宝品牌所倚重的代理商、加盟商，活跃在全国各地市场。据不完全统计，北高镇在全国各地有2万多家黄金珠宝销售门店，5万多从事黄金珠宝产业人员，年销售额达2000亿元以上，占全国珠宝销售总额的三分之一，形成遍布全国的市场销售网络。

2017年，北高黄金珠宝小镇被列入福建省第二批特色小镇名单。北高黄金珠宝产业园是黄金珠宝特色小镇的核心区。

莆田工艺美术城

莆田工艺美术城于2006年开业，位于沈海高速公路莆田市区出口处，占地面积30.67公顷，总建筑面积47万平方米，由展示中心、展销区、公共服务配套设施等组成，展销区内拥有商业旺铺30多万平方米，分为木雕区、玉雕区、石雕区、金银珠宝中心，已有上千家企业入驻。

"莆田工艺甲天下，精品尽在工艺城。"作为目前全国规模最大、配套最齐全的全国性工艺品专业市场，莆田工艺美术城汇聚来自全国各地的工艺大师、名家名品，汇集巨大的信息流、技术流、商品流和人才流，已逐渐成为一个立足莆田、辐射海西、面向全国的大型工艺品市场和旅游观光、休闲购物中心。工艺美术城已有的展销区各有特色：木雕展销区集聚了全国各地及台湾、东南亚等地的精品，已成为全世界最大的檀香、沉香交易基地；宝玉石展销区内，玉雕就地加工生产，黄金珠宝按批发价销售。作为中国（莆田）海峡工艺品博览会、"艺鼎杯"中国木雕现场创作大赛等系列重大活动的主会场，莆田工艺美术城亦是国家AAAA级旅游景区、福建省版权产业基地、福建省文化产业示范基地。

七、特产美食

古荔枝宋家香

莆田俗称"荔城"，种植荔枝兴于唐而盛于宋。古荔枝"宋家香"植于唐天宝年间，距今已有1200多年，是莆田最古老的荔枝树，与"陈紫""状元红"并称莆田荔枝之绝。

"宋家香"不同于一般的荔树，它的叶缘离尖端三分之一的部位有微凹痕，古称"玉带围"。"宋家香"素来以果实品质优良而闻名。它的果皮鲜红色，薄而脆，单果重12～14克，吃起来脆滑无渣，甜香可口。1903年和1906年，美国传教士蒲鲁士两次从莆田运走树苗，在美国佛罗里达州试栽成功，并推广到南部各州及巴西、古巴等地。现在美国等国所种的荔枝，都可以说是"宋家香"的子孙后代。它是中国园艺科学历史悠久、技术精良和中外文化科学交流的活见证、活标本。

荔枝王

荔枝王在新度镇下横山村通应社前盲肠沟旁，2003年被定为省级名木古树。宋神宗熙宁九年（1076年），莆田延寿徐铎高中状元，衣锦还乡后到下横山亲朋家作客，栽下从家乡带来的荔枝苗——"延寿红"，当地人为纪念其功绩，誉称为"状元红"。树龄已有900多年，树高达13米，树干周长约6米，中心干已经枯死，从离地1米左右的主干生出17条支干，树冠覆地0.08公顷，又美其名为"荔枝王"。荔枝王一般年产量在750千克到1000千克之间，最高年产量达1250千克，堪称八闽之最。

莆田卤面

莆田卤面制作的关键在于面、高汤和肉卤上。莆田卤面所用的面要有韧性，下锅后不易糊。熬高汤要挑选猪骨头里最好的骨段，熬出来的高汤要白花花、香喷喷。肉卤中一般含有瘦肉、虾干、干贝、牡蛎、韭菜，有的莆田卤面还会加香菇增味。最后是烹饪火候，卤面之所以叫卤面，因为它是在文火中慢慢炖出来的，高汤和配料的味道渗透到面条里面，这样做出来的面最有味道。

兴化炒米粉

兴化米粉选用上等白米或粳米为原料，采用传统工艺精制而成。将水发香菇去蒂洗净，切成丝；瘦肉切丝，虾肉切丁；韭菜洗净切段。炒锅上火，下花生油烧热，放入葱、姜末炸出香味，再下香菇、肉丝、虾肉丁、料酒、白糖、酱油、精盐、味精、清汤烧开，调好味后，下米粉、韭菜翻炒至熟透即成。

焖豆腐

焖豆腐也叫"炕豆"，为豆腐加入香菇丝、笋丝、花生米等用文火焖成，是素菜，为佛门酒席必备的名菜；若再加入肉丝、虾肉类、蛋黄，或海蛎、干贝，则为荤菜。制作时，用花生油、蒜头和葱白旺火速炒切成碎粒的瘦肉、虾仁、香菇、冬笋、花生仁、芹菜等，并加上适量的清骨汤、精盐及味精。煮开后，倒进捣成泥状的豆腐拌匀，再淋上搅拌好的鸡（鸭）蛋糊，用文火焖熟，使豆腐吸收各种调配料的味道。此菜最关键的是要掌握好火候、水分和时间。焖熟后，撒上碎葱末即成。

炝　肉

炝肉以境内天九湾的最为知名。将质地柔嫩的猪里脊肉用木槌打烂后切成细丁；把切好的肉丁放入拌有盐、糖、味精、酱油的盘中腌制，待入味后取出；把肉丁均匀地沾上淀粉，然后倒入滚沸的汤水里，待肉煮沸浮起即可；最后将芥蓝菜叶用高汤汆过切细后加入汤中即可。

温汤羊肉

把羊宰后，去毛卸脏，整只放进滚烫的大锅里翻烫，捞起放入大陶缸中，再把锅内滚汤注入，泡浸一定时间后取出上市。把它切成薄片，蘸着上等酱油冷吃，不腻不蕴，味鲜可口，是佐餐佳肴，又是酒席冷盘美味。

（编纂：颜黎丹　审稿：林剑铭）

城　厢　区

一、综述

城厢区位于莆田市中部，湄洲湾顶东北岸，依山靠海。全区陆域面积505平方千米，大陆海岸线全长24.03千米，海域面积33平方千米。城厢区辖霞林、凤凰山和龙桥3个街道，常太、华亭、灵川和东海4个镇。

城厢区山川秀丽，历史文化悠久，民风淳朴，民俗奇异，宗教多元，人文、自然景观丰富，旅游资源品位较高。全区有各级文物保护单位132处，其中有释迦文佛塔和木兰陂2处全国重点文物保护单位，延寿桥、石室寺塔、林兆恩墓、东汾五帝庙、李富墓等5处省级文物保护单位，有广化寺、蔡襄祠等34处市级文物保护单位；有九龙谷国家森林公园、天马山省级森林公园、凤凰山公园省级风景名胜区。

城厢区文化底蕴深厚，人文荟萃，是莆阳文化的发源地，自古享有"海滨邹鲁""文献名邦"之美誉和"十室九书堂"之别称，出过状元3名，进士400多名。境内沿海主要涉及灵川镇和东海镇2个镇，名胜古迹众多。内有东进村后院山新石器遗址、宋代瓷窑遗址、紫璜山明朝抗倭烽火台和笼口山古窑址等景点；有壶南书院、清云寺和灵岩殿（俗称岩头庙）等名胜古迹；有传统"化船"仪式、闹元宵、游灯、演社戏等地方民俗风情。

湄洲湾水质比较肥沃，浅海和滩涂生物量都比较大，适宜多种鱼、虾、藻、贝类生长和繁殖，是不可多得的优良"海洋牧场"，渔业品种有350余种。其中鱼类有100余种，贝类80种以上，头足类10余种，甲壳动物30余种，藻类10多种，是福建省主要水产养殖区和多种经济鱼虾类产卵、繁殖饵料的优良渔场。全区淡水鱼类共有81种，隶属于21科，以鲤科种类最多，有43种。常见的主要种类有草、鲢、鳙、鲤、鲫、鳊、鲴、鲌、黄颡鱼、长吻鮠、日本鳗鲡、泥鳅、黄鳝、倒刺鲃、胡子鲶、香鱼、鲥鱼等。全区有滩涂养殖面积15平方千米，浅海面积约5平方千米，养殖用海面积2000公顷，海水养殖品种有花蛤、牡蛎、蛏及对虾等。港口资源有灵川镇下尾渔港和正在筹建的东进两座三级渔港，内湾避风浪条件好。

城厢区是花蛤人工繁育和养殖技术的发源地，也是莆田市"中国花蛤之乡"的核心区。在区内及周边地区拥有花蛤育苗面积1000多公顷，白苗年产量3万多吨，占全国花蛤苗种总产量的60%以上；花蛤养殖面积3500公顷，年产量5万多吨。2021年，全区完成渔业产量5.9万吨，完成渔业总产值3.87亿元。

二、古建胜迹

木兰陂

木兰陂位于木兰溪下游的城厢区霞林街道木兰村，为莆田二十四景之一——木兰春涨。离莆田城南七里，有一条溪流自上游的永春、德化等地汇聚，自仙

木兰陂

游流经莆田注入兴化湾。因受海潮顶托影响，溪水经常泛滥。宋治平元年（1064年），洪水肆虐，长乐女子钱四娘为百姓筑陂防洪，堰陂三年筑成，后突遭暴雨被山洪冲垮。宋熙宁元年（1068年），同乡林从世承其未竟事业，亦因为选址不当失败。时逢王安石变法，大力推行农田水利法，福州李宏于熙宁八年（1075年）应召建陂，历八年而成。木兰陂工程由陂首枢纽、输水渠系、涵闸三大部分组成系统的灌区，具有"引、蓄、灌、排、挡"的综合功能。陂首枢纽工程就是拦河坝，拦河坝是木兰陂的主体工程，坝上游流域面积1124平方千米。渠系工程主要用于引木兰溪水灌溉农田，莆田人称之为"九十九沟"。经过九十九沟的滋润，兴化平原成了鱼米之乡，是莆田最富饶的地方。木兰陂是当时福建最大的引水工程，也是国内现存最完整的古老陂坝工程之一。1988年，水兰陂被列为全国重点文物保护单位；2013年，被评为国家级水利风景区；2014年，被列入首批世界灌溉工程遗产名录；2016年，入选全国十大最美水工程。

广化寺

南山广化寺，又称莆田广化寺，位于莆田市区凤凰山（别称南山）麓，是莆田历史上最早的佛寺。广化寺是著名的千年古刹，与福州鼓山寺、厦门南普陀寺、泉州开元寺并称福建四大丛林。1983年，被国务院确定为全国第一批重点开放的古刹。1990年南山广化寺被中国佛教协会列为三座全国样板寺庙之榜首。

（详见《海上福建（上）》）

释迦文佛塔

释迦文佛塔位于广化寺东南隅，坐北朝南，始属广化寺下院东塔寺。释迦文佛塔为八角五层楼阁式青花岗岩石塔，造型宏伟轻灵。佛塔的装饰浮雕达891幅之多，雕中的"迦陵频伽"为双人头造型，这在中国极为少见。下方横幅有异域形象特征的供养人物、牡丹、一束莲等。这些为研究唐宋时期"海上丝绸之路"佛教传播、融合和发展提供了线索。1988年，释迦文佛塔被列为全国重点文物保护单位。

（详见《海上福建（上）》）

三、民俗信仰

上元祈福习俗

上元节又称元宵节，是莆田民间最长的一个节日。在元宵佳节期间，东海镇金沙宫都要按照古老的习俗，隆重举行元宵巡游活动，时间从农历正月十五日早至十八日晚，共四天。这一活动共有8个行政村、28个自然村的民众参加，巡游队伍由神驾、执士队伍、文艺表演队伍等近万人组成。该习俗体现了当地人民向往祥和、祈望平安的良好愿望，起源可追溯到宋代。宋嘉祐七年（1062年），蔡襄在《上元祈福诗》中写道："宸游不为三元夜，乐事全归万众心。天上情光留此夕，人间和气阁春阴。"这一习俗经过千年的传承与弘扬，成为当地一年一度最为重要的一个文化节日。活动以金沙宫为中心，以蔡氏家族传承为主，每年精心组织，按照传统约定的各村各境队伍顺序排列，以丰富多彩的文艺踩街为内容，伴随着金沙宫内的妈祖娘娘、慈感仙妃等神驾，人神同乐，共祈新春之福。

东汾五帝庙皂隶舞

东汾五帝庙位于灵川镇东进村境内风紫璜山上，始建于唐宪宗年间，重建于清康熙三十八年（1699年），以供奉黄帝、伏羲、炎帝、少昊、颛顼五帝而远近闻名。该庙在福建、台湾及东南亚等地有诸多分灵，是台湾新竹、台北、高雄等地200多座五帝庙的祖庙，每年都吸引了不少海外信众前来观光朝拜。东汾皂隶舞，由皂隶、旗牌官、八班和乐队组成。皂隶八人，脸戴面具，青面獠牙，口吐夸张的红舌头，头上插着彩色的纸条，身着黑衣红裤，腰系红布带，手持竹棍，腿扎绑带，足蹬草鞋；旗牌官一人，头戴呢质礼帽，身穿长衫马褂；八班八人，头戴藤制高帽，身穿黑衣红裤，手持水火棍；乐队六人，乐器有大锣、小鼓、韵锣、沙锣、钹和唢呐。皂隶舞的表演分为"请牌""收牌"和"开道"三个部分。"请牌"和"收牌"在五帝庙的前殿和顶埕举行。"开道"在五帝郊游时的

东汾五帝庙

路上表演。皂隶舞的舞蹈动作显得简朴刚劲、威严整齐，气氛神秘庄严。其基本动作有"盘腿跳""左右摆""左右望"和"左右跳步"等。乐队所伴奏的乐曲是莆仙戏的《得胜令》等，旋律和缓，音乐低沉而深厚，且有节奏感。

东海西厝木偶戏

莆仙木偶戏古称兴化傀儡戏，俗称"柴头仔戏"。它流行于莆田市各地及其兴化方言区，是中国古老而珍贵的木偶戏剧种之一，于唐代自中原传入福建沿海。木偶戏艺术历史悠久，一直为莆仙人民所喜闻乐见。从中原士族南迁的记载和唐代莆田"百戏"演出的情况看，唐是木偶戏较为完整的表演艺术不断传入莆仙地区的年代。明清期间，莆田木偶戏盛极一时。清末民初，莆仙木偶戏还远渡重洋，赴新加坡等东南亚国家演出，很受侨民欢迎和好评。莆田东海木偶戏现仅有东海镇西厝村佑兴班，称东海镇木偶文化。

四、特色村镇

东海镇

东海镇因原镇址位于东海之滨而得名。地处湄洲湾畔，依山面海，北部是低山、丘陵区，南部濒临湄洲湾，沿岸为海积平原；地势自北向南倾斜；海堤总长度7.2千米。

境内有蔡襄纪念馆、千年古刹石梯寺、贡茶遗址等人文景观，还有许山古窑址、青蛙山古窑址等宋代瓷窑遗址，具有浓厚的人文气息和历史积淀。

石梯寺位于城厢区东海镇坪洋山与邱秀山的风头岑山坳里，原名石梯建福禅院。据记载，石梯建福禅院始建于唐乾符四年（877年），河南魏博节度副使木锄在此落发为僧，兴建此寺。因山高坡陡，以前通往山上的路都是用石块一级级铺上去的，犹如楼梯一般，故称"石梯"。寺中大雄宝殿宏伟壮观，飞檐翘角，古色古香。寺院四周山峦叠嶂，群峰耸立，山间涧流潺潺。有龙潭钟潭、千年玉丹、仙人脚印、群峰映月、八仙浴池、金猴抱瓜等景观，美不胜收。

木锄祖师在坪洋村境内兴建石梯寺时就开辟了茶园。梯山所产的茶叶，具有天然的绿豆味芬香，汤色浅绿，清澈艳丽，入口微苦，后即转甜，味醇厚甜，润滑爽口，十分耐泡。传说，蔡襄曾经到过石梯茶园，品尝其茶，就把此茶进贡于朝廷。皇帝闻之清香扑鼻，饮后精神倍爽，遂将其列为贡茶。

岭下村

东圳水库宛若一个硕大的玉盘镶嵌在青山翠谷之间。而坐落在水库南岸的常太镇岭下村，像点缀在玉盘边上一颗耀眼的珍珠。作为一个库区移民、革命老区基点村，岭下村立足紧临东圳水库，拥有丰富的山林等自然资源、生态资源优势，分层次推进生态文明家园建设，实现了"四美"，即村庄秀美、环境优美、生活甜美、社会和美。先后被列为省级库区移民环境综合整治示范村、市级第三批"幸福家园"建设试点村和城厢区美丽乡村建设试点村。岭下村现为国家AAA级旅游景区。

马院村

常太镇马院村常年气候宜人，四季佳果飘香，有着"小九鲤"之美誉。辖区内，青山碧水融于一体，田园风光，美不胜收。有港头三级瀑布群、院里电站及2000亩竹林，旅游资源丰富。漫步在马院村，"处处皆绿意，步步皆美景"，犹在画中游。河水粼粼别样绿，大树招展迎客来，入眼所及都是干净村道，红花、绿树、青草，点缀其间，特色图案的装饰、错落有致的古风亭子等，让人觉得心情舒畅。马院村现为国家AAA级旅游景区。

五、土特名产

龙　眼

宋代时龙眼已在莆田成片种植，明代列为贡品。城厢全区龙眼共有60多个品种品系和优良单株。宜鲜食的品种有普明庵、红核本、水南、秋分本、乌壳本等；宜制干的有乌龙岭、油潭本、大路本、贼本、绿仔本等；宜制罐的有公妈本、泗洲本、水柜等；鲜食、焙干兼优的品种有泉州本、大鼻龙、后巷本、温本等；还有早熟的立秋本、处暑本；晚熟的九月乌、东山本、松风本、友谊106、立冬本等；稀有的有焦核本、白核本等；外来种有福眼、东壁、石硖、水涨等。

枇　杷

枇杷素来是城厢特产水果之一。城厢区重视枇杷的品种改良，推广小苗嫁接繁殖，改进栽培技术，枇杷的商品价值大幅度提高，栽培面积迅速扩大。全区有50多个品种品系和优良单株。宜鲜吃的有白梨、解放钟、舜白、乌躬白等；宜制罐头的有长红三号、大红袍等。

橄　榄

城厢区橄榄种植历史悠久，最早见于唐代。相比于荔枝、龙眼，城厢区的温度、湿度更适宜橄榄的生长。城厢区橄榄主要分布在常太、华亭等乡镇。

（编纂：郑星星、王亦凡、张旭辉、林靖宇　审稿：林丽洪）

涵　江　区

一、综述

涵江区位于福建省中部，兴化湾南岸湾顶，临港滩涂广阔，海域面积73.66平方千米，海岸线长度约27.6千米，是座千年古镇、海西新城。

涵江历代名人辈出，涌现出郑樵、江春霖等历史名人，还有诸如唐代"一门五学士"等。此外，文天祥、戚继光、陈文龙等都曾在涵江留下历史遗迹。涵江与历代名人相关的祠、社、宫、寺等文物古迹众多，如夹漈草堂、江春霖故居、国欢寺等。涵江区为革命老区，革命先烈在这里留下许多战斗遗迹，如中共闽中特委旧址、闽浙赣人民游击纵队闽中支队司令部旧址等。

涵江区传统节令丰富，民风民俗独特，特别是春节期间"做大岁"、元宵期间涂假山、摆斋菜、霞徐大红团、镇前打铁球、十音八乐、车鼓、"蹈火"、洋尾"跑廿六"以及清明节"踏青"、"七月半祭祖"、重阳节蒸"九重粿"、冬至"搓丸"等，不但丰富民间文化活动内容，也吸引越来越多的游客。

涵江区靠山面海，属典型的亚热带海洋性气候，物产丰富，荔枝、龙眼、枇杷、柿子四大水果名闻遐迩；对虾、鳗鱼、海蛏、牡蛎、跳跳鱼、蟳蟹等特色水产品远销海外；土笋冻、焖豆腐、江口卤面、蛏溜、杂粉、蛎饼、大洋麦芽糖、新县方糕、山里白粿等民间小吃和土特产品风味独特，营养丰富。此外，涵江区商贸发达，拥有小商品批发城和海产品批发市场，是旅游购物的好去处。辖区内渔业资源丰富，有大弹涂鱼、缢蛏、牡蛎等多个品种，其中"哆头缢蛏""江口牡蛎""哆头土笋冻"等水产品以质优味美而闻名全省乃至全国。

涵江旅游资源丰富，境内有全省最大的天然湖——白塘湖，有大洋老鹰尖自

涵江千人锣鼓

然保护区、蜿蜒60千米的全市第二大水流域——萩芦溪水流域，沿溪蕴藏丰富地下温泉；有全市第三、全区第一高峰——望江山，海拔1083.4米；有距今1100多年，堪称"八闽第一榕"的千年榕树王和雁阵山、灯炉寨等诸多胜景。至2021年底，全区有省级休闲集镇3个（大洋乡、白塘镇、萩芦镇），省级乡村旅游特色村26家，其中全国乡村旅游重点村1家（白沙镇坪盘村），省级金牌旅游村1家（南下村）。

涵江区主要海产品为缢蛏、海蛎、花蛤等传统养殖，辖区有水产品加工国家级龙头企业2家，省级龙头企业5家，主要为鳗鱼、鲍鱼、海带等产品的精加工。2021年水产品总产量达到59785吨，同比增长2.14%，渔业总产值120681万元，比增3.2%，在全市5个县区中排名第二位，海洋与渔业经济保持良好的运行态势。同时依托涵江临港产业园，利用港区优势，按照产业规划要求，抓好围绕重点产业和重点领域的招商。至2021年底，园区落地企业6家，包括百威英博啤酒生产基地（部分使用海域）等企业，总投资120亿元。

二、涵江门户——兴化湾

兴化湾位于莆田市东部、海坛海峡西南侧，由福清高山半岛的牛头尾和莆田的石城角环抱而成，面积344平方千米。该湾略呈长方形，由西北向东南展布，湾顶有木兰溪等河流注入，湾口朝向东南，出南日群岛经兴化水道和南日水道与台湾海峡相通。港道分为东、南两水道，东为兴化水道，南为南日水道，各宽1～1.5千米，水深10米以上，但岛礁众多，航道复杂。

涵江港口基础设施主要集中在三江口作业点，为当地生产物资运输服务。现有千吨级以上生产性泊位2个，无万吨级以上深水泊位，年设计核定货物通过能力65万吨。

三江口港位于兴化湾木兰溪入海口，历来为闽中要港。明、清两朝均在此设防，屯驻水师兵船。明时称其为"南日北哨"，认为南日是兴化外门，三江口是兴化内户。清朝后期，三江口港成为兴化最大港口。1979年，三江口开始外贸运输业务，并对港区的土地平整开发。1985年，三江口被列为湄洲湾的中转疏运港。三江口港泥沙逐年淤积，1000～2000吨船只可乘潮进港。港区水域面积18万平方米，可利用岸线150米。1991年，有泊位12个，最大靠泊能力500吨级，装卸机械5台，最大起重能力10吨，港区货物吞吐量16.7万吨。1997年，三江口1000吨级杂货码头疏港公路（即三江口至梧塘）通车，乌菜港1000吨级陆岛交通码头竣工。2000年，港口货物吞吐量57.21万吨。2011年，3000吨级水泥码头竣工投产，泊位长度132米。

三、历史人文

夹漈草堂

夹漈草堂位于涵江区新县镇砹溪村，离市区北面约30千米的夹漈山上。此地

夹漈草堂

山深林密，环境幽静，空气清新，是宋代著名史学家郑樵著书立说的地方，《通志》便在此地著成。夹漈草堂原为名副其实的草屋。宋乾道五年（1169年），兴化军知军钟离松把草屋改建为瓦房，题额"夹漈草堂"，供后人瞻仰。草堂左后方数十米处有胜迹殿，系石构殿宇，二进，由过厅、正殿组成，题额"草堂胜迹"。正殿供奉夹漈先生塑像，先生蔼然端坐，两眼发出烛照大千的灵光。圣迹殿被当地人叫作"无尘山房"，殿内既无蛛丝虫迹，也无烟尘沉积，据说从未经拂扫，何以如此洁净，堪称夹漈山一奇。殿左有两个石砌洗砚池，上池外方内八角，下池外方内圆。今人在上池边上安置一个龙头，涧水顺龙头汩汩注入池中。夹漈草堂四周景点甚多，自古就有"夹漈二十四景"之称。探幽路依托夹漈山的一条天然山涧，傍山曲径而上。夹漈草堂现已改造为郑樵纪念馆。

闽中司令部纪念园

闽浙赣人民游击纵队闽中支队司令部旧址位于涵江区大洋乡大洋村，是闽中最早的革命根据地之一，是闽中革命的摇篮圣地，新中国成立前系南方八省十五块红色游击区之一。2000年，闽中司令部纪念园被莆田市委、市政府定为莆田市首批爱国主义教育基地；2007年，被评为福建省十大爱国主义教育基地；2011年2月，被省委组织部列入福建省省级党员教育培训示范基地；2011年5月，被中共中央宣传部、国家发改委、财政部等十四个部委列入全国红色旅游经典景区第二批名录；2016年，被命名为省级爱国主义教育基地；2018年，被评为省国防教育基地。

澳柄宫

澳柄宫景区位于涵江区村白沙镇澳东，由澳柄宫、澳柄桥、列宁小学、兴隆法坛、灵应法坛组成。澳柄宫始建于宋绍兴二十九年（1159年），清代重建，20世纪80年代重修。宫坐北朝南，单进合院式，建筑面积642平方米，左宫房面阔二间，右宫房面阔三间。左山墙尚存红军时期墨书美术字标语："活捉匪首蒋介石。"1926年，在澳柄宫成立农会和莆田山区第一个党支部；1928年，成立莆田第一支工农游击队；1929年，游击队扩编为红军第二十三军第八师二〇七团；1930年，邓子恢和张鼎丞在此召开扩干会议等。东泉列宁小学坐西朝东，建筑面积125平方米，单体建筑，抬梁式土木结构，是红军在闽中创办的第一所学校。兴隆法坛和灵应法堂是红军、游击队活动的重要据点。

江春霖故居

江春霖故居位于涵江区萩芦镇梅洋村的一处山坡上，俗称"百廿间大厝"，为省文物保护单位。江春霖为清光绪二十年（1894年）进士，历任翰林院检讨、武英殿纂修、国史馆协修，官至新疆道，兼署辽沈、河南、四川、江南道监察御史。他访察吏治，不避权贵，前后六年，封奏六十多起，与庆亲王、袁世凯、徐世昌、孙宝琦等权贵抗争，声震朝野，被誉为"清御史第一人"。大厝为土木结构，占地面积4000多平方米，是一座典型的大型清代老民居，因江春霖而声名远扬。如今，这座大厝保存依旧完好。百廿间大厝是一座土木结构的大厝，坐北朝南，前后三进，面宽七开间，加上东西三列护厝和内外双埕，整座大宅院规模宏大。

瑞云山

瑞云山位于涵江区大洋乡境内，离市区50千米，离涵江庄边高速出口18千米，与省道S202贯通，交通较为便利。景区总面积21平方千米，主峰海拔1080米，奇峰俊秀，怪石嶙峋，云雾缭绕，山间瀑布飞流直下，森林覆盖率达93%以上。原始森林生态郁郁葱葱，溪流潺潺，鸟语花香，空气清新，每平方厘米达5万个以上负氧离子，是个不可多得的天然氧吧；常年平均气温18℃左右，是个天然的避暑胜地。景区有着深厚的历史底蕴和文化内涵，苏东坡、柯潜、刘克庄等文人墨客曾慕名来此一游，并留下了许多珍贵的摩崖石刻诗词作品。岩壁中的千年石窟寺是省重点文物保护单位，张公圣君号为商神，有求必应，海内外信众数千万人。

2014年景区荣获"全国红色旅游金典景区"称号，自然景观与红色教育圣地交相辉映，又先后获得"国家AAAA级旅游景区""省级生态旅游示范区""中国摄影家创作基地"等称号，并与沈阳医药科大学合作创办沈阳药科大学瑞云山闽药科考基地。景区集雄、奇、险、秀、趣于一身，融山光水色于一体，自然景观，多姿多彩，风光旖旎。

萝苴田历史文化街区

街区位于涵江旧城区的核心区，东至鉴前路，西至白塘街，南至河滨路，北至宫口河北岸，总面积56.79公顷，现有居民1200余户，近4000人。2018年8月，萝苴田历史文化街区被列为第三批省级历史文化街区。萝苴田作为涵江旧城区的重要组成部分，曾经是一派商贾云集、物资流通频繁的繁荣景象，水系发达，水路四通八达，直通入海口，很多大宅都是择水而建，见证了涵江昔日的繁华。早在唐贞观元年（627年），涵江就称为涵头，同一时期，开始与南藩通商通贸。宋代，"刘氏初开水心河"，始有"涵江"之称，彼时"游商海贾"云集，水上多有"福船"。民国后期，涵江商贸依旧不衰，主城区上百家名牌商号就地涌出，有"七街三十六埕"之称，俗称"江南七八省，不如涵江咸草顶"，"小上海"之誉由此得名。街区建筑集中，范围大。传统与现代风貌共存，本土与西方风貌

萝苜田历史文化街区（黄智三　摄）

共融，萝苜田街区内众多近现代中西合璧的多样民居建筑，建筑类型多样化，有莆田传统建筑样式，有南洋老洋房样式，有中西融合的样式等，体现了莆田"一颗印"式格局特色，是莆田多样民间建筑文化的集中展现地。

四、特色村镇

江口镇

江口镇地处莆田市北大门、涵江区东北部，东与福清市新厝镇交界，南濒兴化湾，西南与三江口镇和国欢镇相连，西北与梧塘镇毗邻，北与萩芦镇接壤。江口镇古称港口、通应港、龙津渡。宋代形成集镇，称迎仙市，雅称锦江。江口镇西北多山，主要山峰有囊山、大帽山，境内的两大溪流——北萩芦溪和蒜溪横贯交汇，注入兴化湾。

20世纪50年代以前，江口旧街道长不到200米，宽仅3米，中亭街只有18家低矮简陋的店房。1984年10月，江口建镇后，以东岳观为中心，向西伸展，形成"十里长街"，在全省镇级建设中堪称第一。

江口镇名胜古迹较多：蒲坂山于1956年发现新石器时代遗址；草堂山是唐翁承赞的漆林书堂故址，山下自然村（今属福清县辖）仍称漆林；迎仙寨，为古代国防军事要隘，现尚存石寨门，有明崇祯年间的"迎仙寨"石刻；福清、莆田界的江口桥，建于宋代，明代从迎仙桥取其石材重修。在迎仙桥和江口桥之间，旧有江桥夜月、古寨夕阳、长堤烟树、瓜圃笙歌、渔舟唱晚、海市屋楼、青山倒映、隔篱吹笙、春郊麦浪、远浦归帆十景；囊山慈寿寺，创建于唐中和元年（881年），规模宏大。还有鼓峰寺、圣寿寺、西来寺、东来寺，均为闻名古刹。囊山上层岩奇石，故称"古囊峢巘"，与"锦江春色"，同为莆田二十四景之一。

旅游景区有蒜溪旅游片区。片区内东方红水库、蒜溪、萩芦溪的自然生态环境保存良好，水景资源优势明显，且拥有丰富的森林资源、山地资源。历史人文景观资源也极为丰富，有被冠以"小南洋"之称的东大历史民居、气势磅礴的上后莆仙特色民居、年代悠久的园顶园下清民居；还有五大名刹之一的鼓峰涌泉寺以及西来寺，古时学子赶考必经的古驿道等。

坪盘村

坪盘村位于涵江区白沙镇、荔城区西天尾镇、城厢区常太镇"三区三镇"结合部，是革命战争时期的革命老区基点村。该村坐落海拔448米的崇山峻岭之上，东依九华山风景区和南少林风景，南邻东圳水库，西傍九鲤湖风景区和九龙谷风景区，北靠后溪水库和白沙澳柄红军二〇七团旧址，四周群峦叠翠，自然景观奇妙，有着天然的生态资源优势。

坪盘村号称福建小婺源，村里每年发动群众播种500多亩油菜花，作为春季旅游的特色景点，打造旅游品牌。同时，为了填补油菜花旅游淡季的空白，分季节种植荷花、葵花、桃花、樱花等花种，着力打造"四季花海"，实现"四季有花看，全年皆有景"，丰富了乡村旅游资源。此外，坪盘村充分利用坪盘山川、峡谷、湖泊等自然景观资源，结合福建省二十佳旅游特色村及四星级乡村旅游村的定位要求，合作开发旅游项目，打造AAAA级旅游景区。如今坪盘村内已打造出四季花海、滑索、山川峡谷、樱花主题公园、银杏谷、湖心岛曲桥、环山山地运动公路等数十个旅游景点，每年吸引游客近10万人次。

坪盘村先后获得"第十届全国文明村镇""国家级生态村""全国人居环境整治示范村""全国十佳魅力乡村""福建省四星级乡村旅游村""福建省森林村庄""金牌旅游村"等荣誉称号，被定为福建省社会主义新农村建设十个重点示范村之一、福建省乡村振兴试点村之一、全国重点乡村旅游村之一。

五、风味小吃

涵江民间有许多饶有乡土风味的小吃，素的、荤的、点心、盘菜，色、味、香、质各有特色。应时当令，经济可口。

炒豆腐箸

把软豆皮衣卷成小圆筒状（俗叫"豆腐箸"），切成块，加入佐料，油炒成菜，质软味香，叫"炒豆腐著"。这道菜是佛门筵席上品。高明的素菜厨师把它巧制成"鸡肉块"（俗叫"素鸡"）、"鸭颈脖"等名菜，几可乱真。

卷　煎

卷煎的制作工艺是将糯米和糖加入适量的水蒸到八九分烂时，去火稍冷却成米团；然后，把米团捏搓成小圆筒状，再用软豆皮衣卷起来。食时把它切成小段，用花生油煎。它是佛门斋供必备品，也是具有地方特色的经济小点。

蛏　溜

蛏是涵江著名海产。把蛏肉和适量淀粉拌和后，放入锅中滚汤煮熟，浇入蒜头油，撒上葱珠，加些米醋即成，俗叫"蛏溜"，也叫"擦蛏"。它鲜嫩脆滑，味醇爽口，是家常经济菜肴和风味小吃之一。

蚬猴

"蚬"，即牡蛎，浅海产的软体动物，外有硬壳。把去壳的牡蛎肉和适量的淀粉拌成小粉粒状，在汤锅里煮熟时浮起，好像猴子的探头，故叫"蚬猴"。牡蛎性清冷，须把它拌入有油炸的葱头、姜片的汤中滚沸片刻，加些米醋，撒上葱花才好。它鲜而不腥，酸软滑口，烹饪简易，是冬令家常便菜，又是酒席时品。

山里炝粉

炝粉的制作工艺是把碎断的米粉、线面混合牡蛎、猪血、芹菜等佐料入锅合煮，滚沸时拌从溶解的地瓜粉煮熟。吃时放些油炒花生米，经济可口，别具乡土小吃风味，又叫"豆汤"，外地人谑称"乱七八糟"。涵江民俗，结婚时煮炝粉分给邻家吃；年底"扫巡"那天，煮炝粉全家吃，除夕煮炝粉过年。如今炝粉也上了酒席。

温汤章鱼

温汤章鱼的制作工艺是把鲜活的章鱼洗净后放在烧开的清水锅中煮几分钟，捞起放入陶缸内，再将原汤冲入，盖好保温。至缸内水凉时取出，用冷水泡浸章鱼。吃时用刀切后，蘸以上等酱油等调料，肉质嫩脆，味香可口，营养丰富，是夏令佐餐下酒的美味。

保糕

保糕原叫"薄荷糕"，"保"是"薄荷"二字的合音。保糕是用上等白米加入适量的薄荷、茯苓等几味中药，磨成米粉后，再用筛子筛二三次，取其最细的粉末加白糖，在文火上蒸熟，用竹片切成箸状条块的小点。它色白松软，甜香味美，入口即酥，极易消化，是高质量的点心。它有健脾胃的功能，可以作为探问亲友疾病时的馈赠食品。

（编纂：范将　审稿：黄峰）

秀　屿　区

一、综述

秀屿区位于莆田市东南部，与台湾隔海相望，距台中港仅72海里，境域总面积3250.05平方千米，其中陆域面积450.05平方千米，海域面积2800平方千米。

秀屿区山海兼具，资源丰富。湄洲湾、平海湾、兴化湾三湾环绕。全区20米等深线内浅海面积987平方千米，湄洲湾深水岸线长达21.4千米，可建上百个万吨级泊位码头，拥有得天独厚的港口资源。西部海域拥有"中国少有，世界不多"的湄洲湾天然深水良港——秀屿港，是交通部规划的全国四大中转港口之一，也是全省两散核心港区之一；东部有平海湾及福建省最大海湾——兴化湾。

秀屿区海洋资源丰富。乌丘屿拗陷油气区初探面积约6000平方千米，油气储量达2.7亿吨。海域内海水含盐度高，滩涂宽阔平坦，具有发展盐业的良好条件。临海有可开发盐田1845公顷，为福建省主要产盐区。海域内潮汐能可开发的装机容量达360万千瓦，占全省海洋潮汐能总容量的36%；年有效风能达338.2千瓦小时/平方米，年有效风速小时数达2312时。南日岛海域、平海湾建有海上风力发电场，2021年安装海上风力发电机48台，总装机容量284兆瓦。海洋生物有769种，经济种质200多种，可供增养殖的有数十种。一年四季均有鱼汛：春汛有带鱼、大黄鱼、乌鲳、马鲛、鲨鱼、海鳗、虾、鲥鱼，夏汛有蓝圆鲹、金色小沙丁鱼、短尾大眼鲷、刺鲳、鲨鱼、海鳗、小带鱼、绒纹线鳞鲀、舵鲣，秋汛有鲨鱼、海鲶、海蜇、对虾、海鳗，冬汛有带鱼、大黄鱼、蓝圆鲹、小公鱼、梭子蟹、毛虾等。

全区拥有得天独厚的旅游优势和丰富的旅游资源。境内人文景观丰硕，文化

秀屿区埭头养殖区

底蕴深厚，有以生态环境、候鸟栖息为主的土海湿地公园；有以自然风光、洞天怪石为主的埭头天云洞；有以沙滩浴场、海岛风情为主的南日岛、平海湾度假胜地；有文化积淀深厚的陈靖姑祖祠、东峤九龙山白云洞、平海天后宫等。埭头、南日、平海等镇海岸沙滩连片，拥有优质的金色沙滩；位于东峤镇的莆田盐场是福建省最大的食盐生产地，具有开发白色盐文化的旅游潜力；乡村绿色农产品、渔村海产品可赏可尝，是舌尖旅游基地上选；上塘珠宝城是中国银饰城，是开发旅游特色商品的重要基地；"蓝色海洋"与"金色沙滩""银色饰品""绿色山水""白色食盐"共同构成秀屿区"五彩旅游"的美丽图景。2021年，全区有全国重点文物保护单位1个（平海天后宫），省级文物保护单位4个，省级旅游特色村11个，省级旅游观光工厂1个，省级"水乡渔村"休闲渔业示范基地2个，国家AAA级旅游景区3个，国家AA级旅游景区7个。

二、主要岛屿

秀屿区沿海有大小岛屿198个，其中南日岛最大，乌丘屿孤悬海中。秀屿区海岛均为大陆岛，属于基岩岛，极少数由沿海沙洲扩展而成，分布相对集中，呈明显的链状，构成南日群岛、十八列岛、虎狮列岛等。

南日岛

南日岛古称南匿山，因山隐大海而得名，后以方言谐音成今名。早在商周时期，这里就有人类活动。20世纪50年代，在海山和后坑之间发现乱石山遗址。明洪武年间，设南日山水寨，为福建五大水寨之一。清初，这里成为郑成功抗清基地之一。清道光、咸丰年间在南日设县丞。民国五年（1916年）划归福清县，民国二十五年收归省管，为特种区。民国二十九年以后，划回莆田县管辖。2002年8

南日岛

月划归秀屿区管辖。

南日岛形状如多芒角长星，东西长14千米，南北最狭处宽3千米，面积50.67平方千米，岸线长66.43千米。多沙质岸，部分岩岸和陡岸。东北部多暗礁。本岛有澳口20多处，建有二级渔港1座，三级渔港3座。南日岛属亚热带海洋性季风气候，全年风力大。滩涂和海域广阔，水文理化条件优越，海洋生物资源丰富。1996年实施省级"海洋资源开发试验区"，海水养殖业快速发展，已建成全国最大的海上筏式养鲍基地，盛产100多种名特优水产品。"南日鲍"获国家地理标志产品保护。

岛上山岭相连，尖山、猪母山、大峤山、九重山等4个山峰较高，有蓄水10万立方米以上的水库5座，新建的19×850千瓦南日风电场已投产发电。主要景点有尖山望远（海山村）、大峤吐烟（东岱村），九重山（港南村）上有薛刚寨、古堡、妈祖宫等。有南日岛烈士纪念碑，现为市级文物保护单位、省第三批爱国主义教育基地。

十八列岛

十八列岛位于兴化湾湾口外，兴化水道南，南日群岛东北部，属南日群岛，由小鳌屿、横沙屿、西罗盘屿、小横沙屿、大鳌屿、鸡母屿、扒头山、赤山仔、东沙屿、小月屿、东月屿、东都屿、尾沙屿、小麦屿等18个岛屿组成而得名。列岛呈东南—西北波浪形排列，东西长约13千米，南北宽约7千米，面积约91平方千米，最高东沙屿海拔72.6米。

虎狮列岛

虎狮列岛位于湄洲湾北航门南侧，湄洲岛东北侧，由虎狮屿、外白屿、里白屿等18个岛礁组成，以主岛虎狮屿得名。呈品字形排列，最高点海拔27.2米。东南侧水深10米以上，渔船多由此出海。

黄瓜岛

黄瓜岛位于埭头镇东北13千米，兴化湾西南，距大陆最近点2.5千米。略呈菱形，南北长1.5千米，东西宽1千米，面积0.77平方千米，由花岗岩构成，有红壤土。年降水量900～1000毫米。最高点在西突出部，海拔24.6米。岸线长5.48千米，东和西北为岩石陡岸，东北、西南为人工岸。东、南、西皆为泥滩，可供养殖。门兜澳为小避风港。有5个自然村，集中于西南部，以渔业为主，兼养殖，建有二级渔港一座。有渡船与大陆淇沪村来往。附近海域产大黄鱼、带鱼、三角鱼、石斑鱼、毛虾等。

筶杯岛

在美丽的兴化湾南畔，有两座小岛如翡翠般镶嵌在海面，东西相对，其形状像妈祖"信杯"（占卜用具）而得名"筶杯岛"。岛上水电、网络都已开通，建有两个客运码头，配有渡船，生活条件较便利。民风淳朴，岛上女子亦从事海上捕捞活动。

东筶杯岛位于埭头镇东北10.6千米，距大陆最近点2.5千米，与西筶杯岛相隔

筶杯岛火山岩

1千米，在东而得名。南北长约0.8千米，东西宽0.31千米，面积0.18平方千米，由花岗岩组成。东高西缓，最高点海拔80.1米，岸线长2.95千米，有虎坑、沪琴灶、大澳里3个澳口。北侧为沙石滩，其余水深1～16米。经济以渔业为主，现有近海捕捞，养殖紫菜、牡蛎，底播花蛤，网箱养殖等作业。

西箸杯岛位于埭头镇北10.7千米，距大陆最近点2.5千米，与东箸杯岛相隔1千米，在西而得名。南北长0.95千米，东西宽0.7千米，面积0.37平方千米，由花岗岩、辉石闪长岩组成。北高南低，最高点海拔86.2米，岸线长2.86千米，皆岩岸，其东部、北部为陡崖，西南侧为泥滩，其余水深4～17米。现有紫菜、牡蛎养殖等产业。

三、天然良港——秀屿港

秀屿港区位于湄洲湾内，北岸、醴泉半岛南端。宋代称猴屿。明初设小屿巡检司，筑城驻兵防倭。其时曾为莆田、仙游、惠安3个县货物吞吐港，商船云集，市镇繁荣。1976年，交通部、铁道部、石油化工部对全国港口进行普查，把秀屿港区选定为可兴建停泊5～10万吨级轮船的深水港址。1999年，国务院批准秀屿港口岸对外开放。港口基础设施主要集中在秀屿作业区、莆头作业区。主要为莆田地区的煤炭、矿建材料、粮食、LNG等大宗散货和重要物资中转运输服务。

秀屿港是对外开放的一类口岸和海峡两岸人流、货流的重要口岸。秀屿港区由秀屿、莆头、石门澳三个作业区组成。现有千吨级以上生产性泊位8个，其中万吨级以上深水泊位7个（最大的为LNG10万吨级泊位），码头岸线长度1531米，设计年货物总吞吐量1301万吨，其中集装箱4万标准箱。秀屿作业区岸线总长约4.9千米，自然岸线滩槽长期稳定，水域宽阔，水深、流强、淤积轻微，掩护条件好，建港条件佳，为秀屿港区最早开发的作业区。

四、沿海生物

秀屿区海域面积大，滩涂宽阔，岛礁众多，适宜海洋生物的生长和繁殖。海洋生物有769种，经济种质200多种，可供增养殖的有数十种。一年四季均有鱼汛。

蒲　草

蒲草俗名咸草，是短日照喜温好湿植物，耐淹又耐旱，生长于岸边滩涂湿地。旧时，兴化平原是长满蒲草的"海荡"，称为"蒲田"。先民们筑陂引水，围海垦田，开发出南、北洋平原。海水退，良田出，改称"莆田浮"。境内利用蒲草历史悠久广泛：编织床席，称"咸草席"；编织草帽，称"咸草笠"；编织拖鞋，称"草履瓦"；以及编织成各式的草袋、草饭包、草绳等。商贩用"禾船"（毛竹外衣）包装海蛎、蛏等水产品，以蒲草为包扎带，方便又环保。蒲草还用于编织工艺品，出口外销。沿海出现一批以编织蒲草为生计的专业户、专业村。

莆田黄楠

黄楠又称闽楠，常绿大乔木，高达40米；树干通直，树皮浅白色，幼枝有柔毛。单叶互生，叶革质，披针形或倒披针形，长7~13厘米，宽2~4厘米，基部楔形，下面被短柔毛，中脉在上面下凹。圆锥花序生于新枝中下部，被毛，花较紧密。黄楠生于海拔800米以下山地阔叶林或村边风水林中。其木材为上等建筑、家具、造船、雕刻用材。

红毛菜

红毛菜俗名红毛藻、红毛苔、红发菜，属泛暖温带性海藻，生长季节较紫菜略早，盛产于9月底至12月。20世纪七八十年代，秀屿境内率先开展人工养殖，并推广周边海区。

软丝藻

软丝藻是世界性的温带种类，生长在中潮区上层潮水激荡处的岩石上，常成片生长成绿绒毛状，是福建沿海产地人民群众的一种副食品，以南日岛、乌丘屿产量最大。群众一般用卷采法将其推滚成卷，每卷长约5厘米，径约1厘米。莆田市场上所见到的一种绿色绳状物即为此藻。食法是将卷剪碎，于锅内用麻油酥干蘸酱油食用。

长毛对虾

长毛对虾俗名红虾、大虾、白虾，体呈灰蓝色，是福建、广东的主要经济虾类，为重要的捕捞和养殖对象。长毛对虾是福建海区主要的大型虾类，全省沿海均有分布，以闽中渔场及南海域为多，莆田市海域有5个对虾（长毛对虾、日本对虾、斑节对虾）产卵幼苗场，分布在兴化湾、平海湾、湄洲湾、湄洲岛和南日岛附近海域。

栉江珧

栉江珧俗名江瑶，贝壳大，一般长达300毫米左右，分布于闽江口以南浅海，以泉州湾、兴化湾、东山湾海区为多。栉江珧闭壳肌较大，约占体长的1/4，体重的1/5，是极有经济价值的品种。

牡　蛎

莆田海区生长的牡蛎，通常称为褶牡蛎、僧帽牡蛎。长牡蛎壳厚，背腹延伸，形态变化极大，壳面具波纹状鳞片，左壳具有数条较强的放射肋，附着面大，壳面紫色或淡紫色，壳内面白色，但闭壳肌痕呈紫色，韧带槽长而深。长牡蛎叫太平洋牡蛎，生长速度快，生产周期较短，适于短期养殖。

波纹巴非蛤

波纹巴非蛤俗名油蛤，在福建自沙埕港至诏安湾附近水域都有分布，其中兴化湾和东山湾的数量很大，已大规模人工养殖。

中国绿螂

中国绿螂俗称大头蛏，肉供食用。贝壳小，呈长卵形，两壳等大。中国绿螂生活在河口地区盐度较低的潮间带高潮区下层与中潮区上层之间底质较硬的泥沙中，栖息密度相当大。福建沿海都有分布，其中以莆田数量最大。

五、特色村镇

平海镇

因平海半岛地处东南沿海凸出部分，每当夏秋之交，"台风频仍，海啸淫侵"，所以称"南啸"或"南啸澳"。相传，因明太祖朱元璋在此靠岸避风，风平浪静，改名为"平海"。平海镇东、南两面紧临平海湾，西以鹭峰山为界，与东峤镇为邻，北靠埭头镇，东面隔海与南日群岛相望，东南与鸬鹚屿、乌丘屿仅一水之隔。镇域面积63.4平方千米，2021年全镇户籍人口10.44万人。

平海湾地理位置得天独厚，自然条件优越，山、海、岛、田俱备，文化底蕴深厚，海滨旅游资源丰富，素有"玉女瑶池""海上丝绸之路""东方夏威夷""莆田天涯海角"之美称。

（详见《海上福建（上）》）

（编纂：赵秋霖、陈金呈　审稿：李向耀）

附：湄洲岛国家旅游度假区

一、综述

湄洲岛位于湄洲湾口，离大陆文甲码头1.8海里，距台湾省台中港仅72海里，是海上和平女神妈祖的故乡，素有"妈祖圣地，海上明珠"之美誉。陆域面积14.35平方千米，海岸线长37千米。湄洲岛自古隶属莆田县，1988年6月，福建省人民政府批准成立湄洲岛对外开放旅游经济区。翌年成立中共湄洲岛对外开放旅游经济区工作委员会和湄洲岛对外开放旅游经济区管理委员会，辖1个镇11个行政村。1992年，国务院批准湄洲岛为国家旅游度假区，湄洲岛国家旅游度假区党工

湄洲文旅

委、管委会成立，系莆田市委、市政府派出机构。2021年末户籍人口4.98万人。全年实现地区生产总值20.62亿元。

湄洲岛属亚热带海洋性季风气候，冬无严寒，夏无酷暑。全岛有14处澳口，13处沙滩，5000米海蚀地貌。除西侧为沙质岸外，其余皆为岩石陡岸。湄洲岛土地总面积16.1平方千米，没有水田和园地。淡水资源紧缺，中部有一处古代开挖的70亩天然淡水湖（湖石淉）和1个库容10万立方米的前范水库。北部有客、货运码头，南部有3000吨对台客运码头，有东蔡一级渔港1座。跨海供水管道、海底电缆、通信线路设施齐备。渔业以海岸捕捞为主，养殖以紫菜驰名。海产有石斑鱼、鲨、梭子蟹、对虾、马鲛、牡蛎等。

湄洲岛上有30多处自然景观和人文景观。始建于北宋雍熙四年（987年）的湄洲妈祖祖庙跨越千年，经过多次修建、扩建形成目前的规模。妈祖源肇湄洲，分灵世界，故称此为"湄洲祖庙"。新建的祖庙西、南两个轴线建筑群，规模宏大，为世界上最大的妈祖宫建筑群，被喻为"海上布达拉宫"。

2020年，湄洲岛完成全省首个海岛造林绿化提升规划编制，全岛新增绿地150亩，绿化覆盖率达到59.8%，荣获"福建省森林城镇"荣誉称号。同年12月，湄洲岛妈祖文化旅游区成功获批AAAAA级国家旅游景区。2021年，湄洲岛认真贯彻落实习近平总书记关于保护好湄洲岛的重要嘱托，高起点编制《湄洲岛旅游休闲产业发展计划》，不断提升湄洲妈祖祖庙、源流博物馆、平安里等特色景点。全年完成投资约2.1亿元，全面完成天妃故里遗址公园提升改造、祖庙文物修缮保护、湄屿风情渔村风貌整治、环岛北路及其周边环境改造提升、妈祖平安里提升改造等旅游设施建设项目，提前完成全岛绿化覆盖率60%的目标，不断加快生态花园幸福海岛的建设。

二、金色沙滩

湄洲岛全岛面积虽然不大，但海岸线却有30.4千米。海浪与岸坡的淘磨锻造，形成了13处半月形的金色沙滩，建有海滨浴场的有九宝澜、莲池澳、鹅尾山等5处。

九宝澜沙滩

九宝澜沙滩位于湄洲岛风景名胜区的西南端，沙滩面对浩瀚无垠的碧海，背依千亩葱茏的木麻黄，东连著名的三湾滩，西接3000吨对台客运码头，沙滩绵延3千米，纵深300～500米，坡度50～60，滩平坡缓，沙细如米，色如黄金。滩头奇峰挺秀、怪石嶙峋，造化的钟灵毓秀，令人叹为观止，是理想的避暑度假宝地。

莲池澳沙滩

莲池澳沙滩南以北埭山为障，北以祖庙山为屏，形成天然湾澳，因西岸是莲池村而得名。莲池澳沙滩长2000米，面积达45公顷，滩美、沙洁、水清、浪小，加上距离祖庙较近，成为游客就近海滨娱乐的风水宝地。湄洲岛依托此便捷条件，在莲池澳沙滩布局岛内特色美食小吃、娱乐休闲、滨海浴场、水上体育、沙滩游乐等旅游新项目，让游客享受到不一样的海岛风情。

鹅尾沙滩

鹅尾沙滩坐落于鹅尾神石园的山脚下，沙滩细软平缓，海水清澈、洁净，海湾浪小、地势平坦，是游客夏秋季避暑、嬉水、游泳、休闲、度假的好场所。配套鹅尾沙滩文化休闲广场，项目占地面积约2万平方米，主要分为东、西两大部分：东部鹅尾沙滩休闲广场包括两岸艺术民宿、鹅岛啤酒屋、台湾书屋、琢砚楼茶馆、妈祖平安礼等休闲旅游业态；西部日落时光项目包括特色精品民宿、文化创意餐饮、日落观景平台等。

三、湄洲妈祖祖庙及建筑群

位于湄洲岛北部祖庙山上的妈祖庙，是世界上第一座妈祖庙，是当今世界上3000多座妈祖庙的祖庙，是全球3亿多妈祖信众的精神故园。妈祖（960—987）原

妈祖祖庙全景图

名林默，又名林默娘，传说她幼读诗书，得道于玄通法师，善于治病救人，勇于拯溺济困。宋雍熙四年（987年）九月初九，时年28岁的林默娘，因在海上救人而去世。人们感念其恩立庙奉祀，并亲切地叫她"妈祖"。莆田的林氏后裔则称其为"祖姑"。

　　传说她逝世后成了渔民的保护神，历代封建统治者对妈祖崇敬有加，不断予以褒封，湄洲妈祖庙的规模也逐渐扩大。明代，郑和还奉旨上岛主持御祭并大兴土木，形成了"宫殿凌云"气派非凡的妈祖庙建筑群落。清康熙二十年到二十三年（1681—1684），湄洲祖庙经过了福建总督姚启圣和靖海将军侯施琅的大规模重建与扩建，最后形成了以正殿、偏殿等5座主祭庙宇，16座殿堂楼阁，99间斋舍客房。整个建筑群依山而筑，雕梁画栋，金碧辉煌，嵯峨壮观，被人称为"海上龙宫"。有诗赞曰："依山凿石起楼台，绝顶登临亦壮哉。且喜峰头堪坐啸，不知海外有飞埃。烟消岛屿千帆集，月照沧溟一镜开。鲸浪渐平寰宇净，此生何幸临蓬莱。"

祖庙建筑以屹立在海拔80米的山顶上的妈祖石雕像为中心，分北、西、南三条轴线向山下展开。北轴线是一千年来陆续建成的建筑物的恢复，长约400米，其核心妈祖寝殿是现存唯一的民国年间重建的建筑物。左右两边共有建筑物36处，形成了原始的错落有致的民间特色的建筑群，总建筑面积5000多平方米。西轴线自山脚的广场至山顶，依次是大牌坊、左右长廊及妈祖事迹陈列室、山门、仪门、庆典广场及左右对称的钟鼓楼、正殿、朝天阁、升天楼、妈祖石像。从山门至升天楼、从升天楼至妈祖石像的石级分别是323级、99级，象征着妈祖诞辰日三月廿三、升天日九月初九。

2002年秋，南轴线工程建成，是一组气魄宏大的建筑群，依山就势，鳞次栉比，外形酷似西藏布达拉宫，典雅庄重，气势非凡，建筑风格俨然一派古代皇城风范。整个建筑为五进，分牌楼、山门、钟鼓楼、献殿、南北庑殿、妈祖殿、寝殿等12个项目，从牌楼到妈祖石雕像的轴线总长323米，天后殿总建筑面积为999平方米。祖庙东轴线新建筑群超过8万平方米，为妈祖祖庙增添了无限风光。

四、妈祖信俗

妈祖信俗是以崇奉和颂扬妈祖的立德、行善、大爱精神为核心，以妈祖宫庙为场所，以庙会、习俗和传说等为表现形式的民俗文化。

妈祖生前常帮助百姓预测天气、采药治病、救助海难。28岁时，她因在海上救人而献身。岛上渔民为她建庙，奉为海神。宋宣和五年（1123年）开始，妈祖受朝廷褒封，先后被封为天妃、天后、天上圣母，逐渐形成常规化的民间信俗。妈祖信俗由祭祀仪式、民间习俗和故事传说组成。祭祀仪式分为家庭祭祀和宫庙祭祀。家庭祭祀，在家中、船上供神像或对海祭拜，祈求家人平安和航海顺利。宫庙祭祀，日常有献花、点香、燃鞭炮等仪式，庙会时举行祭祀大典，包括司祭、祭器、仪仗、祭品、祭礼、祭乐、祭舞等仪式环节。庙会有妈祖诞辰日、仙

妈祖金身

逝纪念日、"取香灰"分神仪式5种。庙会配以舞龙、舞狮、摆棕轿、耍刀轿、舞凉伞等民俗表演。

妈祖信俗通过妈祖宫庙分灵、家族传授和故事传说而传承，由渔民、商人、海外华人等传播至世界49个国家和地区，现有上万座妈祖庙。妈祖信俗已确认的代表性传承人有45人。

五、特色村落

宫下村

宫下村，素有"湄洲第一村"之称，地处湄洲岛国家旅游度假区北部，因村落布局如三星拱月般地环绕于闻名遐迩的湄洲妈祖祖庙——天后宫的下沿而得名。全村由宫下、宫下沙、牛头尾三个自然村组成。陆域内的祖庙景区、湄屿潮音、闽台风情街、牛头尾特色渔村等一批传统风貌与现代流派相得益彰，形成独有的海岛文化特色。

宫下村拥有7处沙滩、4个渔澳和6000多米长的海岸线。域内建有车渡、游艇、客运、渔港4个专用码头，拥有渔船（运输船）170多条。近年来，宫下村充分利用妈祖文化的影响力和妈祖圣地的辐射圈，培育旅游服务新业态，丰富服务内容，提升服务质量，把朝宫街、朝圣路打造成集住宿、餐饮、购物为一体的旅游服务一条街。在传承发展传统渔业的基础上，立足培育绿色旅游业态，旅游环境日臻向上，经济总量逐年增长，居民生活不断提高，呈现出良好的发展势头：全村现有民宿旅馆70多家，餐饮业48家，旅游纪念品售卖等其他旅游业27户，便利店51家，观光旅游接待车辆102部，还有集开发、加工、销售为一体的特色海产品、妈祖纪念品等各类文化旅游创意项目60多个点。

宫下村于2021年入选第一批福建传统村落名录，并获省级文明村、省级花园式村等荣誉称号。

（编纂：林明希、唐国清、卢伟峰　审稿：陈震）

附：湄洲湾北岸经济开发区

一、综述

湄洲湾北岸经济开发区始建于1996年，2002年改设秀屿区。2007年4月，莆田市委、市政府重新挂牌成立湄洲湾北岸经济开发区，设立党工委、管委会，是福建省赋予县区一级行政管理职能的开发区之一。辖区面积1370平方千米（其中陆域面积131平方千米），辖山亭、东埔、忠门3个乡镇，38个村（社区），户籍人口18万人。

北岸经济开发区属亚热带海洋性季风气候，年平均气温15～20℃，年均日照时数1995.9小时，无霜期300～350天，年降雨量1000～1800毫米，常年多为东南风，气候宜人。辖区湿地总面积10086.62公顷。其中，近海与海岸湿地8904.84公顷，人工湿地1181.77公顷，湿地分布范围广。湄洲湾浅海水域较多，岩石海岸，沙石海滩，常年有淡水流入，水质好，沉积物多种，天然饵料多，适宜多种生物生长、繁殖栖息。平海湾属沙岸泥沙堆积型，底质多沙泥，坡降较大。滩涂宽广，养分丰富，适宜各种鱼、虾、贝、藻繁殖生长。

湄洲湾位于莆田市东南部、惠安县东北，介于忠门半岛的莆禧和惠安县大屿之间，是天然良港湄洲湾所在地。湾口朝东南，水域面积172平方千米。湄洲湾是常年避浪、不冻不淤的深水港湾。大竹岛附近诸岛的西南侧水道，是通往内澳秀屿港的主要航道，水深10～30米。最北侧的盘屿西北水道，一般水深都在10米以上，10万吨级的轮船可以自由通过、进港，15万吨级的轮船可航行到罗屿。北岸经开区的山亭、东埔、忠门三镇均濒临湄洲湾。

二、航道港口

湄洲湾主航道

湄洲湾30万吨级主航道于2019年5月24日正式投入使用。该航道起于湄洲湾湾口剑屿外大峰附近海域，终于罗屿作业区9号泊位附近海域，全长约52.1千米，分为湾外段（通航宽度500米，设计底高程-23米）和湾内段（通航宽度350米，设计底高程-21.5米）；可满足30万吨级散货船乘潮单线通航要求，同时满足40万吨散货船乘潮单线通航和Q-Max型LNG船不乘潮单线通航要求。该航道投入使用后，将湄洲湾主航道通航等级提高至40万吨，可满足目前世界上最大吨级的铁矿砂船、LNG船等通航要求。

东吴港区

东吴港区处于珠江三角洲、长江三角洲"南北三角"和台湾与大陆地区"东西两岸"联接点上，距台中港仅72海里，是大陆离台湾本岛直线距离最近的港

东吴港区码头

口。港区地处湄洲湾口，背靠文甲岬角，外有湄洲岛天然屏障，常年风平浪静，具有不冻不淤、作业时间长的特点。港区直达码头前沿的东吴八方、国投铁路支线和罗屿铁路支线，通过向莆铁路、福厦铁路与全国铁路网相连。"十三五"期间，这里被列入国家重要港区和福建省重点发展的大宗散货核心港区名录，重点发展成为煤炭、矿石等大宗干散货运输，兼顾发展LNG、粮食、旅游客运，逐步发展成为服务临港工业、承担中西部地区及东南沿海大宗干散货转运的综合性核心港区。近年来，年设计总量8000万吨的国投湄洲湾煤炭集配中心、东南沿海最大的罗屿40万吨级铁矿石专用码头等大型港口项目先后在东吴港区建成运营，国投、哈纳斯等大型企业纷纷谋局布阵，落户港区后方，形成港、产、城联动发展的崭新局面。东吴港区由罗屿、东吴、盘屿3个作业区和湄洲岛作业点组成。罗屿作业区共规划建设5万~40万吨大中型干散货泊位15个，设计综合通过能力1.17亿吨，是福建省的十大超级工程之一。

三、遗址遗存

天后祖祠

"敕封天后祠"始建于宋代，位于贤良港。现在的建筑物为清康熙二十年（1681年）重建。这座历经沧桑、庄严古朴的殿宇，是亿万妈祖信众朝圣的重要场所。正殿供奉妈祖金身，妈祖木雕软身宝像居中主祀，冕旒执圭，面部慈祥，慧眼明亮。后殿供奉妈祖列祖列宗神主牌位、妈祖父母像、妈祖兄姐牌位。后殿照壁刻有明代太子少保、刑部尚书林俊撰写的林氏《族范》。祖祠保存着清乾隆五十一年（1786年）由林清标撰写的《重建天后祠记》和清代《历朝褒封徽号》两块碑刻，以及一对清代"春秋谕祭牌"。祠内的文物还有《妈祖经》、清乾隆版《敕封天后志》（上下册）、《妈祖签解》等。奉旨"春秋谕祭"牌是兴化知府来贤良港天后祖祠朝圣的物证。史出清康熙五十九年（1720年），奉旨出使琉球平安归来的海宝、徐葆光上奉朝廷获准，将妈祖祭祀列入国家祭典，着地方官

贤良港天后祖祠

员于妈祖诞辰日和妈祖升天日进行春秋两祭之事。重建天后祠记碑上记载清乾隆五十年（1785年），台湾安平镇官民募资重建天后祖祠的史事。历朝褒封徽号碑上刻自宋至清历代皇帝敕封妈祖之封号。贤良港天后祖祠，为省级文物保护单位。在天后祖祠东侧，有宋代所建的四方形石塔——四方塔，古为航标用。

天后圣殿

天后圣殿位于天后祖祠和妈祖故居之间，坐北朝南，由印尼华侨黄秀卿女士捐资发起，海内外妈祖信众协力捐建。2012年6月圣殿动工时，方圆1000多平方米内，挖出了色彩缤纷的五色土。上古时代，人们对五色土非常崇拜，视为吉祥平安的象征。五色土生成之地，寓意神圣。宋、元、明、清等朝史料均记载："天妃方其生也，地变而紫。"圣殿为三重檐、悬山顶宫殿，宽32.3米，对应妈祖诞辰日吉数；深28米，对应妈祖升天岁数；殿堂高16米，殿脊高20米。殿内由8根直径约1米的大楠木柱支撑，殿中供奉的金丝楠木妈祖圣像高6.06米，是世界最大的金丝楠木妈祖像。殿上"天后圣殿"4个字，系国际佛光会世界总会会长、禅宗临济宗第48代传人星云大师题写。

妈祖故居

妈祖故居位于祖祠西侧，院落式建筑。一进为院门；二进为三间厢，正厅供奉妈祖；三进为五间厢，正厅供奉妈祖父母像。妈祖故居经宋、元多次修建，明末清初尚存书亭、梳妆楼、后花园等遗址。故居于清初"截界"时被焚毁，现存建筑为台湾妈祖联谊会18家妈祖庙于2001年筹资重修，占地面积1000多平方米，建筑面积800多平方米，保持了宋代莆田官宦宅第建筑风格。故居大门两侧墙体嵌着的一对方形连础石柱，是宋代遗存的妈祖故居文物。故居设有妈祖卧室、兄嫂卧房、织布房、制药房等。故居布置，复原了妈祖生前生活场景，各间房陈列妈祖生活和生产用物。离妈祖故居、天后祖祠不足百米处有宋代古井——受符井，保存完好，井水甘甜清冽，被称为"圣水"。井旁有凹陷状似脸盆之石，传说是林默洗衣服的地方。

宋码头遗址

贤良港的宋代千年古码头全部用花岗岩条石砌成，每隔50米建一个系缆石，建一个船舶停靠处。1974年文甲码头修建之前，这个古码头一直是往返湄洲岛的唯一渡口，是宋代福建著名的对外通商口岸。直到20世纪90年代，这里还有600多米长的古码头条石存在。有清代《螺港秋潮》诗为证：象山横亘对莆禧，螺港潮添流火时。一线银钩翻直上，千条雪练走如蛇。无垠仿佛江淮浪，有月还符朔望期。恍若广陵涛涌沸，奔腾万马快争奇。

莆禧古城

朱元璋为防御倭寇侵患，命人筑城于浮曦，称"莆禧守御千户城"。古城初建于明洪武二十年（1387年），位于北岸经开区山亭镇莆禧村境内，保存着较为完整的抗倭文物体系。目前，莆田全市仅存莆禧古城一座，此城与惠安崇武古城、霞浦大京城堡同为福建省现存的明代三大抗倭古城。莆禧城墙原长590丈，高1.9丈，有"三角六涵千余垛"，置东、西、南、北4个城门。西有旱壕，壕长120丈，北门外辟周长3里的教场。城内建石板十字街、署所府第、眷属住寓、税课所、书院、谷仓、仪门和谯楼，设有24个警铺。现尚遗存明代城墙965米、北东2座城门、瓮城2个、城涵3个、炮台2个。城内尚有宋代的天妃宫、鲤江庙、观澜亭和大安桥碑刻，明代石板路十字街、骑街小楼、临街店铺及10方完整碑刻。城外有明代石砌八卦井及其古教场、演武亭和将台遗址等。1956年，莆禧古城被列为莆田县文物保护单位。1996年，莆禧城墙被列入第四批省级文物保护单位。2007年，莆禧古城被公布为省级国防教育基地。2019年，莆禧村被评为省级历史文化名村。

东吴石塔

石塔雄居秀屿港主航道要冲，是古时入港的主要航标，历经雷击、台风、地震，仍不偏不斜，巍然屹立。站在塔顶，极目远眺，湄洲湾四周景物尽收眼底，山海景观，自成一格。该塔建于明万历四十六年（1618年），系石构仿木楼阁式的七层八角形空心塔，塔高30米，边长2米。各层对错设门，门旁均雕刻武士像。每面均设神龛，内置姿态各异的浮雕佛像。底层正门朝东，左右两旁站着两尊手持宝剑的石刻武士，俗称"保门将军"。塔门上额有"海天清梵""奄嘛呢叭咪牛"（观音心咒）和建塔纪年之石刻。塔基须弥座浮雕各种鸟兽，图案精美。其他各层塔门上额还有"海山鳌峰""钟灵毓秀""古刹嘉馨""祝圣伟望"等题刻。塔内每层中间都有曲尺型的石级，沿着塔檐迦廊，可达塔顶。每年元宵节和中秋节，当地住民在塔尾点灯，灯光直照至10余里外的湄头池塘并闪闪发光，被称为"东吴点灯，湄头发光"。塔东为吉蓼烟墩山，塔西为华胥山。2009年，石塔被公布为福建省第七批文物保护单位。

金鸡庙

金鸡庙俗称五帝庙，始建于唐宋之间，历代均有维修，坐东北向西南，建筑由元帅府、中军府、三官殿、天井、佛殿等组成。元帅府面阔三间，进深四柱，主祀鸿轰元帅；中军府面阔三间，进深三柱，中军府前廊透雕鹤鹿狮子戏球图案，奉祀五帝之神像。因庙后有状如金鸡的巨石，石色如玉俗称"金鸡石"，金鸡石后面存有1对旗杆石台座，为明代遗迹。门前存有1对门枕石，浮雕鹤鹿、麒麟图案，埕右侧立有嘉庆七年（1802年）冬谷旦立石碑1通。该建筑群有显著的明清莆田沿海建筑特征，是莆田市重要的涉台文物。北岸旅外乡亲在台湾省台北市以及马来西亚建有分灵金鸡庙，每年都会组团回乡祭祖，加深了闽台和对外文化民间的交流与合作。2009年，金鸡庙被公布为福建省第七批文物保护单位东吴石塔附属文物。

四、民俗节庆

吉蓼寨端午赛龙舟

莆田忠门半岛端午节重要的民俗之一，也是全国少有的海上龙舟竞渡和武备竞技活动。在每年的农历五月初一至初五，东埔镇吉城村委会组织吉江董事会依照古老的习俗，隆重举行赛龙舟祈福活动。这一活动共有3村6个自然村参与。该习俗的起源可追溯到宋代。宋熙宁四年（1071年），吉蓼寨驻有巡检1名与海上弓兵125名，检查过往船只和缉捕海盗。当地的端午习俗结合演化而成的赛龙舟原是军士训练的科目。明正统九年（1444年），南日水寨迁并于吉蓼寨，驻军达数千人。嘉靖年间，吉蓼寨城在抗倭战火中，有胜有败，家园多次被毁，多次重修，吉蓼人民坚贞不屈，英勇顽强。该项目又融入了当时驱倭镇邪、驱邪消灾的民俗内容，起到鼓舞士气、凝聚人心的作用，激发了爱国主义和集体主义情怀，表达了当地人民向往祥和、祈望平安、保家卫国的良好愿望。

渔船点眼

境内渔船分青头船、乌慈船两种。青头船船身为白色，船头画"海天浴日"、五角星图案，两侧雕刻两只巨眼，船身饰有彩画，左右弦画青龙两条，寓意船能像蛟龙一样，适应海洋的生存环境。乌慈船船身为黑色（古代军士衣黑色，因以"黑衣"为军士的代称。乌慈船着黑色，寓意其如军士之勇武和刚强），船头两旁亦雕两只巨眼。新船下水时，船主要备办供品，奉祀海神妈祖，并取鸡冠血泡朱砂，为船头龙眼着色，称点眼。船出海，禁忌说翻、覆之语，家中和船上的物品也忌倒放。

妈祖祭祀

贤良港天后祖祠，农历九月初九"妈祖海祭"，是省级非物质文化遗产项目。此俗源于宋代。海祭地点在宋古码头东侧的三炷香海域及海岸边。整个海祭过程古典、盛大、隆重，是北岸妈祖文化的重要内容之一。目前，域内较为规范的庙祭，为贤良港天后祖祠、灵慈东宫、莆禧古城、沁头天后宫等举行的向妈祖"三献礼"非遗展示仪式。其传承的是南宋初期的"初献、亚献、终献"三献仪式和"迎神、送神"程式，规格依清朝定制。

（详见《海上福建（上）》）

妈祖出游巡安

按照北岸传统习俗，每年元宵期间，妈祖绕境巡安。在北岸70个妈祖宫庙中，有58个宫庙举行大规模的绕境巡安布福活动。妈祖出巡前，由宫庙董事勘察

海祭妈祖（王雪玉　摄）

出巡路线，卤水洒道，称封路。妈祖出巡时，有"銮驾"和"卤簿"执事配置。执事分掌龙头杖、大锣、长管铜号、铜镜、红灯、彩旗、天上圣母牌、肃静牌、回避牌、护驾、香亭、鲎扇、凉伞、玉斧、大刀、画戟、驱妖牌、斩怪刀、扛驾等器械仪仗，以及充任清路婆、八阴官、御林军神曹。还有吹笙、车鼓、十音、八乐、马队、妆驾等队伍。沿途信众挂妈祖灯、插妈祖旗，摆筵设供，焚香迎驾。北岸妈祖绕境巡安活动，规模和影响最大的是贤良港天后祖祠。莆禧古城天妃宫举办的崇福夫人（妈祖）巡安习俗被列入市级非物质文化遗产代表性名录。

妈祖回娘家

"妈祖回娘家"，是由祖祠分香的宫庙或认同贤良港天后祖祠为原祖的宫庙，到祖祠来朝圣、进香，祖祠为其举行盛大祭礼的一种民俗活动。每年农历正月到三月，各地妈祖宫庙护送妈祖神像往湄洲祖庙进香时，必先来贤良港天后祖祠谒祖。进香队伍到贤良港天后祖祠进香并驻驾一夜，称为"妈祖回娘家"。次日，从贤良港码头渡海到湄洲祖庙进香，完成了"请火"仪式后，又于当天回到贤良港祖祠再驻驾一晚，贤良港妈祖后裔和信众为其准备"五味"宴桌接驾，并招待随驾人员食宿。当晚，贤良港祖祠设驻驾筵，张灯结彩，演戏庆祝。期间，祖祠依例举行盛大祭礼。祭礼按照传统的仪式进行，隆重肃穆。其中的道坛科仪严格有序，分为进表科、建坛科、八卦科、入醮科等。该习俗于2007年被福建省政府公布为省级非物质文化遗产代表性项目。

五、特色渔村

蒋山村

蒋山村位于北岸经开区山亭镇东北部，东、南、北三面濒临平海湾，毗邻北岸管委会驻地，村域面积1.6平方千米，下辖下蒋、东头、后山、后垱4个自然村。

蒋山村地理位置优越，靠山临海，海岸线长，滩涂资源十分丰富，适合发展捕捞业和养殖业。蒋山村坐拥后垅三级渔港，海洋捕捞业发达，海洋捕捞每年可为全村100多户渔民带来3000多万元收入。

　　蒋山村是一个典型的渔村。1973年，下蒋村民蒋开水、蒋瑞荣等一行13人，前往浙江、山东等地沿海渔村考察，发现蒋山的气候、海域等自然条件十分适宜紫菜养殖。于是，在下蒋"大厅"滩涂试种紫菜，发现紫菜长势好且品质优良。20世纪90年代初期，紫菜养殖大户带头实行统一时间泼苗、统一时间采收，加强紫菜养殖科学管理，紫菜生长周期由原先的45天缩短至30天左右，而且大幅提升了紫菜品质。蒋山紫菜也逐渐开始声名鹊起，成为人们口口相传的"中国第一紫菜"。目前蒋山附近有3000多亩的紫菜养殖，仅"头水紫菜"，年产量就有5000多千克，产值5000多万元，每年能为村民带来约3000万元的纯收入。蒋山村先后获评市级先进基层党组织、省级美丽乡村示范村、省级乡村振兴试点村、省级美丽渔村示范村等荣誉称号。

（编纂：林耀淦、陈丽娟　审稿：伍进峰）

宁　德

综　述

山海福地闽东独秀

宁德，俗称闽东，地处福建省东北部，东望台湾，西邻南平，南连福州，北接浙江省温州市。全市陆地面积1.35万平方千米，海域面积4.46万平方千米。海岸线长1046千米，居全省各设区市之首。2021年，辖蕉城区、福安市、福鼎市、霞浦县、古田县、屏南县、寿宁县、周宁县、柘荣县等9县（市、区），有43个乡、69个镇、14个街道办事处、213个居委会、2134个村委会。2021年，户籍人口355.66万人。宁德是福建省少数民族的主要聚居地区，2021年有少数民族45个，

宁德市区（郑霞　摄）

少数民族人口23.03万人，其中畲族人口20.52万人，约占全国畲族总人口的1/4，是全国畲族人口最集中的设区市。全市设1个畲族经济开发区、9个民族（畲族）乡，有少数民族万人以上的县5个，少数民族人口千人以上的乡镇59个，少数民族村246个，少数民族自然村约1000个。宁德是福建省的侨乡之一，2021年宁德籍海外华侨华人45.8万人，分布于73个国家和地区；归侨2000多人，侨眷13.67万人，港澳同胞4万余人。闽东名宦勇将不绝于史，清以前有开闽进士薛令之，政绩卓著的王都中；有"三主法曹无一冤狱"的游朴，镇守海疆的台湾提督甘国宝；有杀死权奸贾似道的志士郑虎臣，著述《晞发集》的爱国诗人谢翱以及明代名宦林聪，为官清正的林遂。民国期间，有为民主共和而斗争的朱腾芬、周忠魁、陈辅丞，有早期共产党人郑长璋、蔡威、黄孝敏等；有在土地革命战争时期领导闽东人民进行轰轰烈烈的土地革命，创建闽东苏区，坚持艰苦卓绝的三年游击战争的马立峰、詹如柏、叶秀蕃、范式人、阮英平、许旺等。作为革命老区，先后有7000多名革命先烈和2万多名群众为革命献身。中华人民共和国成立后，有名列全国十大少年英雄的张高谦、"清澈的爱，只为中国"的烈士陈祥榕等，他们是闽东人民的光荣与骄傲。

自然生态优美宜人

宁德属中亚热带海洋性季风气候，四季分明，温暖湿润，光能充足，雨量充沛，无霜期较长。全市有野生植物186科、721属、1500多种；国家公布的珍稀濒危保护树种12种，有地球上濒于灭绝的"活化石"银杏，有距今200多万年的孑遗树种水松、红豆杉等。常见的野生动物有2000多种，其中脊椎动物700多种，无脊椎动物1300多种。珍稀动物有鸳鸯、大灵猫等。闽东海域内地势陡峻，其间杂有山间盆地，海岸蜿蜒曲折，沿海一带夹滨海堆积平原。境内水系沿构造线发育，河流多呈西北—东南走向，形成独流诸河，含沙量小，水质均较好。流域面积较大的溪流有交溪、霍童溪、古田溪。

海洋环境资源优渥

宁德市海岸线北起福鼎沙埕湾，南至三沙湾。海洋水域总面积4.46万平方千米，分布在霞浦县、福安市、福鼎市和蕉城区境内（包括闽东渔场、闽外渔场）。12海里领海线以内海域约8242平方千米，涉及浅海滩涂总面积约2700平方千米。拥有多个海洋自然保护区：福瑶列岛海岛生态特别保护区、日屿岛海岛生态特别保护区、三都湾典型港湾生态系统与官井洋大黄鱼繁育保护区、福宁湾尖刀蛏繁育保护区、西洋岛海域龟足繁育保护区、台山列岛厚壳贻贝繁育保护区、福安市白海豚观察站等。海岛643个；大小港湾29个，最主要的为三沙湾，海湾总面积约570平方千米，湾内最大水深约90米，具有发展大型工业港和综合性枢纽港的优势条件。海洋生物多样性丰富，拥有官井洋大黄鱼天然产卵场（国家级水产种质资源保护区）和东吾洋对虾天然产卵场，福鼎野生紫菜和厚壳贻贝自然繁殖区，其中官井洋大黄鱼、东吾洋对虾、二都蚶、沙塘剑蛏、沙江牡蛎等闻名海内外。主要经济种类有海带、紫菜、浒苔、石花菜、裙带菜、马尾藻、红毛藻等，养殖品种主要有海带和紫菜，养殖区主要在霞浦、福鼎等县市的湾外海区。

山风海韵景色迷人

宁德山川秀美，人文荟萃，有全国佛教重点寺院支提华严寺，国家重点风景名胜区、国家地质公园、"海上仙都"太姥山，"十里水街"白水洋及"人间仙境"屏南鸳鸯溪，还有嵛山岛、台山列岛、大京岛、西洋岛、三都澳等海岸景区。1993年以来，宁德挖掘了赤岸"空海入唐之路"国际交流、宗教朝圣文化，启动了古田陈靖姑宗教文化，建成了中华畲族宫，打出了闽东畲族文化品牌，推出了冯梦龙宦迹文化，再现明清遗风的福安古廉村文化和霞浦大京古城堡文化，建成了屏南白水洋省级青少年科技夏令营活动基地，加快闽东革命摇篮——福安

太姥山（李步登　摄）

溪柄柏柱洋革命老区建设，建成革命历史教育和爱国主义教育基地，形成以"山海川岛、畲族风情、宗教文化、红色历史"为特色的旅游产业。2021年，宁德市拥有世界地质公园1个、优秀旅游县1个、A级景区52个、省级养生旅游休闲基地4个、省级体育旅游休闲基地5个。培育形成屏南"古村落+文创"、福安"数字+文创"、福鼎"白茶+文化"、霞浦"摄影+民宿"等产业发展新模式。

人文胜迹积淀丰富

闽东文化底蕴深厚，至2021年，全市有全国重点文物保护单位12处，省级文物保护单位86处。古厝民居的年代大多可上溯到明、清，不仅有规模宏大、富丽堂皇的翠郊古民居、凤岐吴氏大宅，更有许多坐落在山坳林间、点缀在幽谷溪畔、布局活泼自由的民间小舍。作为全国最大的畲族聚居区，宁德畲族传统民居建筑以畲族传统文化为基础，逐渐形成了比较完善的、相对较封闭的畲族聚落系统。宁德还有大量弥足珍贵的非物质文化遗产：寿宁与屏南的中国木拱桥传统营造技艺、蕉城的中国水密隔舱福船制造技艺、柘荣剪纸、畲族小说歌、畲族民歌、宁德霍童线狮、陈靖姑信俗、抬阁、福鼎白茶制作技艺、福鼎瑞云四月八歌会、平讲戏、柘荣马仙信俗、畲族银器锻制技艺、畲族婚俗等。截至2021年，全市有国家级非遗名录项目23项，省级非遗名录项目84项。与其他地方联合申报的"中国木拱桥传统营造技艺""中国水密隔舱福船制造技艺"项目入选联合国教科文组织急需保护的非物质文化遗产名录；由"柘荣剪纸"与全国各地剪纸组合的"中国剪纸"项目，入选联合国教科文组织人类非物质文化遗产代表作名录。国家级非遗项目代表性传承人17人，省级非遗项目代表性传承人102人。

民俗信仰极具特色

闽东融合杂糅了多种文化积淀，滋生了极具地域特色的民俗文化。农业有春秋"作福"习俗，祈求当年风调雨顺、五谷丰登，有农历四月初八牛歇节对牛的爱护和感谢，还有祈雨、尝新等农业习俗。福鼎、蕉城、福安、霞浦等沿海县（市、区），不少渔民仍保留着一些古老的渔业生产习俗：如每年"禁渔期"结束，开始出海作业前要办祭，祭海、供妈祖、保佑出海平安、渔作丰收；平时渔民（或沿海村民）家中吃饭或请客吃鱼时，仍忌讳将鱼翻过来吃，意忌"翻船"。还有瑞云四月八歌会、双华二月二会亲等。闽东畲族婚俗、连家船民婚俗也颇具特色。闽东的民间信仰较为盛行，主要崇拜神、佛、历史名人和原始图腾等，其中较有影响的有地方神祇临水夫人（陈靖姑）、马仙（马元君）、林公大王（林祖亘）、黄山公（黄槐），以及普遍供奉神祇妈祖（林默娘）、城隍、关帝等；境内还有福鼎太姥山摩尼宫、霞浦柏洋乡乐山堂遗址等摩尼教建筑遗址；创办于1992年的福安种德寺种德佛学苑和福鼎资国寺闽东佛学苑是区内两所培养佛教专门人才的基础点。2021年，宁德市依法登记的宗教活动场所有1225处。此外，还有民间信仰活动场所6504处。

古镇名村别具风采

至2022年5月，全市有11个历史文化名镇、42个历史文化名村、275个传统村落，古镇名村及传统村落数为福建省内最多。有入选2018—2020年度"中国民间文化艺术之乡"的蕉城霍童镇，物产丰饶的福安穆阳镇，坦洋工夫红茶发源地福安坦洋村，"一门五进士、父子兄弟同登科"的福安廉村，"茶花鱼米之乡"的福鼎白茶文化旅游特色小镇福鼎点头镇，造纸工艺历史悠久的福鼎仙蒲村，畲族文化浓郁的福鼎市硖门畲族乡瑞云畲族村，古民居、古桥、古渡、官庙遍布的福鼎巽城村，"闽浙要冲""海疆重镇"霞浦三沙镇，"手工刺绣畲族服饰"和"畲族花斗笠"发源地的霞浦县崇儒畲族乡上水畲族村，国家级非物质文化遗产畲族小说歌发祥地的畲族村霞浦县溪南镇半月里村……沉淀厚重的历史文化和丰富的人文景观，塑造了闽东这些镇村独特的韵味。

风物特产丰饶多样

闽东物产丰饶，蔬菜、水果、畜牧业、药材等特色产业层出不穷。古田是全国最大的食用菌集散地，柘荣是中国太子参之乡，古田水蜜桃、油柰，福鼎四季柚，福安穆阳水蜜桃、芙蓉李、葡萄，蕉城、霞浦晚熟荔枝、晚熟龙眼，屏南无核柿，颇负盛名。作为地方传统产业的茶业有福鼎白茶、坦洋工夫、天山绿茶等茗茶闻名遐迩。福鼎白茶、坦洋工夫、天山绿茶入选"2020中国茶叶区域公用品牌价值百强"，分别列第4、15和46位；福鼎、福安、蕉城、寿宁入选"2020年中国茶业百强县"；"福鼎白茶""坦洋工夫"入选首批中欧地理标志协定保护名录。坦洋工夫红茶技艺入选第五批国家级非遗代表性项目名录推荐项目名单，太姥山镇被授予"中国白茶始祖小镇"称号。宁德市大黄鱼已成为中国最大规模的海水网箱养殖鱼类，跻身于农业部六大优势出口养殖水产品行列，成为宁德

桐城江边围网（刘学斌　摄）

市的一个支柱产业。2021年大黄鱼总产量19.1万吨，居全国首位。宁德农林牧渔业2021年总产值645.61亿元。勤劳的闽东人更是利用自然的馈赠，做出了畲族银器、黄家蒸笼、"仁记"剪刀等颇具地域特色的手工珍品和无数让人垂涎的珍馐美食：宁德光饼、宁德肉丸、畲族乌米饭、霍童八仙糕、穆阳线面、福鼎肉片、福鼎牛肉丸、福鼎蜜汁鸡翅、土钉冻、白茶宴、八宝红蟳饭、霞浦糊汤、三沙蚝饼、咸饼等。

从远古走来，而今，宁德已开启海洋强市时代，《加快建设"海上宁德"推进海洋经济高质量发展三年行动方案（2021—2023年）》正大力实施，海岛、海岸带、海洋"点线面"综合开发正在进行，海洋经济综合实力、海洋基础设施、海洋科技创新、海洋生态环境实现质变，海洋开放合作水平迈上新高度。

（编纂：吴巧蓉　审稿：吴乃意、许立峰）

蕉 城 区

一、综述

蕉城区地处鹫峰山南麓、三都澳之滨，土地总面积1537.17平方千米，海域总面积280平方千米，是宁德市政府所在地，闽东的政治、经济、文化中心，生态环境优美，是一座"山、海、川、岛"兼具的滨海城市。2021年全区常住人口数63.2万人，其中城镇人口43.9万人，城镇化率为69.5%。全区下辖11镇3乡（含1民族乡）、2街道办事处及三都澳经济开发区。

蕉城区历史文化悠久，已有千年建县历史，诗文书画兴盛；革命战争时期涌现出"无名英雄"蔡威、"百丈岩九壮士"等一批革命先烈。文化古迹众多，霍童线狮、畲族"双音"被列为国家级非物质文化遗产，"中国水密隔舱福船制造技艺"被列入世界非物质文化遗产名录，黄鞠水利工程入选世界灌溉工程遗产名录。白鹤鼻山有众多历代文人骚客所留摩崖石刻。玉女峰麓南漈山公园有飞瀑流泉、怪石奇岩。宋绍兴元年（1131年）建成的城隍庙至今香火鼎盛。支提寺（华严寺）为全国佛教重点寺院。三都澳素有"海上天湖，神仙港湾"的美誉。漳湾横屿是戚继光入闽抗倭第一战胜利纪念地。金涵中华畲族文化村具有浓厚的畲族文化色彩。蕉城历史上人才辈出，良将贤达、英雄豪杰、文人墨客、革命志士，不胜枚举。

蕉城区资源丰富，淡水区域总面积为10997公顷，其中可供养殖的池塘、水库水面为2583公顷。境内海域辽阔，海域总面积280平方千米，海岸线总长211千米，可养殖海域总面积为6183.6公顷。滩涂面积约92.67平方千米，是主要海产养殖区。物产丰富，是中国大黄鱼之乡，晚熟龙眼之乡。"天山银毫""茉莉春毫"茶为上品。传统名产霍童仁字剪刀、蕉城马记竹枕、黄家蒸笼等素负盛名。

蕉城区白基湾海域（蕉城区海洋渔业局　供）

蕉城区东距台湾基隆港126海里，开通台湾金门、马祖、澎湖货运直航。港口资源丰富，拥有"世界不多、中国仅有"的东方大港——三都澳，是建设大型物流港、储备港和中转港的理想港址。海洋经济快速发展，水产养殖业实现产值60.32亿元，水产加工业年产值74.5亿元。改革开放后，尤其是党的十八大以来，宁德的工业、农业、商业、交通邮电、城建、金融都取得了巨大的发展和进步，人民生活水平大幅提高。在锂电新能源、新能源汽车、铜材料三大主导产业的带领下，工业经济保持强势上行，宁德时代、新能源科技双双荣获省科技进步一等奖，宁德时代公司获"全球新能源汽车创新技术"大奖。2021年，全区实现地区生产总值1098.59亿元，首次挤进千亿城区，增幅高于全市平均水平16.5个百分点，位居全省首位。

二、美丽岛礁

三都岛

三都岛在宁德市蕉城区东部、三都澳中部，因明代设第三都，故名。面积24.7平方千米。最高峰黄湾山海拔460米。1898年后，英、法等国先后在此建码头、洋行等。岛南三都澳为著名深水良港。三都岛西距蕉城城区17千米，离大陆

463

最近点2千米。岛屿东部尖突，西部宽阔，由火山岩、花岗岩组成。多磊石岸和岩岸，岸线长37.06千米。山头多岩石裸露，低丘为黄、红壤土。平原为水稻土和盐碱土。植被茂密，有长松、灌木、茅草等。年均气温19℃，年降水量1642毫米，全岛有耕地近5千亩，以农业为主，产甘薯、稻谷、果类等，尤其以玕溪荔枝著名。三都岛也是渔业产区，养殖海鱼及海产鲻鱼、比目鱼、大黄鱼、龙须菜、海带、对虾等。澳内岛山环拱水深湾阔，郭沫若曾赞美三都"良港三都举世无，水深湾阔似天湖"。三都岛处于三都澳的中心区域，澳内是中国大黄鱼原产地，是全国农业观光示范点。这里风光旖旎，有许多形态各异的礁石岸坞栩栩如生，让人流连忘返。

青山岛

青山岛西北距三都岛松岐村11千米，距大陆最近点1.25千米。东西长5.75千米，南北宽1.67千米，面积9.61平方千米，由花岗岩组成。北岸平直陡峭，南岸弯曲多滩澳且较缓，最高点鲤鱼头山海拔393.5米。岸线长16.42千米，周围水深多超过20米。植被较茂密。这里曾有30多个自然村，人口5000多人，兼事农、渔，养殖海带、大黄鱼、鲍鱼等。海底电缆通大陆。青山岛虾荡尾东侧，有一石壁临海兀立，岩石石纹隐隐显出关云长骑马持刀的雄姿，阴霾雨雾时，由于水气折射，形象更加清晰，俗称"仙人画"。

横屿岛

横屿岛在漳湾镇区东南3.1千米，原来仅在退潮时与大陆相连，20世纪七八十年代围垦成陆。横屿岛南北走向，南北长1360米，东西宽330米，海拔约百米。岛上有4个村民小组，常驻600多人，居民多为漳湾沿海一带疍民，1966年始定居陆上，多姓郑、卜、林、连、江等。产业以小海捕捞为主，渔业养殖为辅，产牡蛎、缢蛏、锯缘青蟹等。横屿岛是明朝嘉靖年间戚继光抗倭的著名战场之一。嘉靖四十一年（1562年）初，戚继光率六千精兵进入福建，首战横屿，摧毁倭寇老巢。《明世宗实录》记载："生擒九十余人，斩首二千六百余级，焚溺死者无算，夺被虏三千七百余人，印二颗。"另有《戚少保文集》记载："阵亡者陈文彪等十余人也。"横屿之战是明朝抗倭的一次主要战役。

斗帽岛

斗帽岛西北距三都镇区13.5千米,西南距大陆最近点1.83千米,地处三都澳口。东西长1.08千米,南北宽0.6千米,面积0.64平方千米,由花岗岩组成。最高点老鹰坪山海拔91.9米。岸线长3.37千米。陡岸,北侧为滩涂,南侧水深6~20米。地表为黄壤土。人口500多人,兼事农、渔。养殖海带、大黄鱼、鲍鱼等。海底电缆通大陆,班船通三都。岛上斗姆风景区已开发成AAA旅游风景区。

鸡公山岛

鸡公山岛在蕉城区东部,西北距三都镇15.5千米,西南距大陆最近点1.1千米。鸡公山岛东西长1.6千米,南北宽0.59千米,面积0.94平方千米,由花岗岩组成。最高点海拔179.8米。岸线长4.5千米,沿岸多礁,附近水深10米以上。地表为黄壤土,植被较密。岛上有1个自然村,人口200多人,兼事农、渔。养殖海带、大黄鱼、鲍鱼等。有班船通三都。

三、天然海港

三都港

三都港是中国东部沿海中点位置的港湾,是一个天然的深水良港。西北沿霍童溪可通周宁、松溪、政和;西经虎浿达屏南、古田、建瓯;西南过飞鸾入罗源;北越白马山抵达赛岐、福安;东北经盐田通霞浦。三都港经金梭门水道转南向穿过东冲,直通东海。海域面积40.06平方千米,港深10米以上,最深处达51米,一般为30~50米,鸡公山岛西侧深达110米。这里是福建省能进6万~10万吨级轮船的天然深水港之一。1984年经福建省人民政府批准,开辟为进出口大宗物资接驳装卸地。1993年6月,修建三都岛民用码头,对三都港进行疏港维护。港区内有100吨级泊位的三都陆岛交通码头,与对岸礁头村客运快艇交通往返不定时航运。

城澳港

城澳港位于三都澳内，三都岛对面，位于福州与温州之间，离福州马尾港87海里，陆地离蕉城城区27千米。岸线长、水深，可供建设万吨级以上泊位，是船舶良好的避风地。1993年经国务院批准，城澳港作为国家一类口岸对外开放。1994年8月，建设城澳万吨级码头，2003年通过省级验收。城澳作业区是全国少有的深水作业区之一，可建设万吨码头岸线约7.6千米，规划1万吨级至40万吨级生产性泊位22个。2017年宁德市委、市政府提出宁德市三都澳城澳临港工业区及深水码头连片开发项目的建设。2021年有1个万吨级泊位投产运营。

漳湾港

漳湾港水域范围西起熨斗村与帮门村的连线，东至樟屿与濑屿的连线，长7千米。港区面积266.5万平方米，泊位和港域水深均在6米以上。由三都港进入漳湾港的内外两条航道，水深一般在10米以上，内航道在已铃屿附近有700米长的水路，水深7米。锚地避风条件好，横屿锚地面积达3.5平方千米。其中，深水锚地1.5平方千米，水深6~18米，底质为泥沙。漳湾作业区21号泊位工程是福州港三都澳港区首个15万吨级泊位，也是2021年入选交通部平安百年品质工程的示范项目之一。漳湾作业区18—21号泊位项目建成后将改善漳湾作业区港口基础设施条件，更好地服务宁德时代、上汽宁德基地、中铜东南铜业等临港产业发展，进一步促进闽东北协作区区域经济发展。

四、海洋生物

官井洋大黄鱼

大黄鱼又称黄瓜鱼，肉质细嫩鲜美，高蛋白、低胆固醇，是我国沿海传统的滋补海产品。因其体色金黄，唇部橘红，百姓视之为吉祥物，赞为"长命鱼"。蕉城区是全国的大黄鱼之乡，三都的官井洋大黄鱼是首批40个国家水产种质资源

宁德大黄鱼

保护名单之一。官井洋大黄鱼体态形如青瓜，历史上俗称"官井瓜"。"官井洋"大黄鱼产卵场地处无工业污染的"海上天湖"三都澳，地理环境优势和自然生态优势使其成为全国大黄鱼人工养殖的发源地和国内的大黄鱼育苗与养殖基地，创造了网箱养殖模式，养殖网箱达30多万口，同时推广深海围网、大网箱等新模式。这里大黄鱼年产量4万吨，产值10多亿元，产量占全国的70%，出口量占80%。目前，蕉城区正着力打造集种业、养殖、加工、市场、科研、文旅融合为一体的"中国大黄鱼之乡"。

二都蚶

蕉城区飞鸾镇二都村养蚶历史悠久。蕉城区大年初一必吃蚶，人们把蚶壳当作两扇"门"，把蚶肉视为"元宝"，寓意开"门"见"宝"。二都蚶壳薄、肉质肥满、色红血多、咸淡适宜、颗粒大小适中，深受消费者青睐。民间流传着这样一个故事，二都蚶的故乡原是浙江乐清。有一年浙江乐清一带蚶苗大发，蚶农指望这些蚶苗运到外地后能卖得好价钱。想不到那年气候时晴时雨，冷热无常，娇嫩的蚶受不了这般折腾。蚶农们几天后开船到了宁德二都湾，正想靠岸，突然一只海鸟飞来叼起一粒蚶，然后在一片泥滩上盘旋一阵，把蚶吐入滩中。蚶农们受到启发，连夜将蚶全都种在二都湾。第二年，二都蚶长势特好，获得大丰收。从此，浙江乐清蚶就落户在宁德二都湾了。

龙须菜

蕉城龙须菜新鲜时外观呈紫红色，干后变暗，呈紫褐色。藻体呈圆柱状，比较纤细，分枝密，偏生或互生，高可达1米，粗约2~3毫米，茎上部和分枝具纵棱，分枝有时有极狭的翅，叶状枝通常每3~4枚成簇，窄条形，镰刀状，基部近锐三棱形，形鳞片状，叶近披针形。蕉城龙须菜具有生产周期短、生长速度快、产量高等特点，是鲍鱼的食料及工业品加工材料，多养殖于三都澳海域。

五、独特人文

（一）畲族风情

畲家习俗

畲族是一个古老的民族，有着浓郁的民俗文化，蕉城是宁德主要的畲族聚集地之一，畲族同胞擅长歌舞，以歌传情，歌颂劳动与生活，表达爱情。长达三四百句的七言史诗《高皇歌》唱述着畲族人民生生不息的民族之魂，畲族民歌和畲族歌言已入选首批国家非物质文化遗产名录。盘歌是畲族民间最普遍的文娱活动，以男女对唱为主，还有独唱、齐唱和二重唱等形式。每年在畲族宫都举办"三月三""九月九"等大型歌会，歌谣内容涉及畲族人民生产劳动、生活交际、宗教仪式、人生礼俗、喜庆婚恋等。八都镇猴盾畲族村至今保留着相当完整的畲族民俗和文化传统，每年举办"三月三赛歌会""九月九比武会""端午节采茶"等传统文化活动。村民保留着穿畲装、讲畲语、唱畲歌、跳畲舞、过畲族节庆等活动，具有浓郁的畲族风情。特别是雷美凤等歌手演唱的原生态畲族民歌，成为畲族民歌中全国非物质文化遗产地采集歌本。

畲族服饰

畲族有自己独特的服饰，反映该民族特有的风情。一般女服尚青色棉布、苎布衣，少数富裕户也穿绸缎。大襟半长衫，衣领用金线、五色线绣制成二至三层花纹的"虎牙领"，领背中央绣"凤凰采牡丹"。衣襟用五色羽毛布，加粉白洋布做"沉瞭"，绣三至五层梅菊花蕊。领口内"替肩布"用蓝、白色四方形做"替肩"。袖口和衫袄襟边均用大红色羽毛布做边饰，并镶绣各色花纹。节日所穿紫色"诰翠衫"，大襟和袖口都绣"回"字形花纹，古作礼服用。女裙裤通常用黑色棉布，夏天用苎布。出嫁做新娘时，用青色绸缎或精哗哐做裤。外穿蓝色或紫色叠春"虎牙裙"，腰间束四指宽的白色腰带，正面再垂两条飘带至脚面。转裙也刺绣着"凤凰采牡丹"等花鸟装饰。与罗源县毗邻的飞鸾南山村和新岩村一带畲族妇女的服饰，均穿斜襟大领衣，并镶有各种花边。不分季节一律穿短裤、扎绑腿。新中国成立后，男子结婚时戴青色红顶帽，两边插金花。姑娘出嫁戴"凤凰冠"，冠套外围缝上五色波纹的"冠栏布"，额前镶双龙、凤凰、蝴蝶、花木、鱼鸟等图案。一般妇女常手戴鸳鸯银手镯、银戒指，脚戴银镯，耳戴

凤凰装与银凤冠（丁立凡　摄）

耳环。畲族妇女的头饰随发型而不同。与福安接壤一带的畲族妇女的发型，是脑后梳成爪辫状，向上绕成盘匣式。发间环束深红的羽毛带或深红色绒线。正面额前发高是脸部的二分之一。发顶中横压一条银簪，斜插耳把、豪猪簪。未婚小姑娘的发型，均用红绒线掺在发中一起编成辫子盘绕在头上。至十五六岁时梳成"平头型"，插两只小银簪。与罗源县毗邻的飞鸾镇南山、新岩、向阳村一带妇女，则梳成"凤凰髻"，用红色绒线缠发梳扎直至头顶，弯至额头，中间绕成一块圆形发桃，畲语称"凤凰头髻"，再横拴小银簪。

中华畲族宫

中华畲族宫地处蕉城区金涵乡的麒麟山麓，距离市中心3千米。建于20世纪90年代初，整个建筑坐北朝南，占地百余亩。畲族宫的建筑群由龙首师杖、汉阙门、太极祭坛、文物陈列馆、忠勇王殿等一系列标志性建筑构成。龙首师杖是用混凝土雕塑而成，高12米。龙首师杖又称"祖杖"，和族谱、族图并称畲族传家"三宝"，是畲族显示远祖权威的象征物之一。1995年，闽东畲族风情旅游节的盛大祭祖也在这里举行。忠勇王殿建筑面积656平方米、高13.2米，屋顶有"挑角"和"飞檐"。殿前6根玄武岩廊柱上雕刻的是畲民从事农耕和狩猎的图腾，体现了浓郁的畲族风情特色。李鹏、田纪云、布赫等中央领导曾先后到此视察、参观。这里已成为全国畲族同胞的朝圣地、闽东民族团结教育的主要基地和畲族风情旅游景点。

（二）遗迹遗存

黄鞠水利工程

该工程于隋皇泰元年（618年），由避居霍童的原谏议大夫黄鞠所建，包括琵琶涵洞和龙腰水渠。龙腰水渠，又称度泉洞，原为20米长、1米多宽、2.5米高的涵洞和700多米长的明渠，将霍童溪水引进灌溉农田。龙腰水渠是中国历史上现存不多的完好保存的引水工程之一。水渠遗址仍有70余米，由明渠和7段涵洞组成，至今仍能起引水抗旱之用。黄鞠利用龙腰水渠落差修建5个水碓，用于舂米、碾麦、榨油。1956年，这里修建水力发电站，称为"闽东第一水电站"。至今水电站仍能发供电，5个水碓中还有1个保存完好。2000年，黄鞠水利工程被列为县级文物保护单位；2001年，被列为第五批省级文物保护单位；2017年，入选世界灌溉工程遗产项目名录。

支提华藏寺

支提华藏寺又称华严寺，位于蕉城区西北霍童镇支提山上。华藏寺历史悠久，文物众多。华藏寺于宋开宝四年（971年）由吴越王钱俶筹建，元、明两朝代有废兴。明永乐五年（1407年），明成祖遣钦差太监到支提山重建大殿，赐名"华藏寺"。明万历元年（1573年）重修大殿，明神宗救赐"万寿禅寺"。华严寺由珈蓝祠、藏经阁、鼓楼、钟楼、斋堂、法堂、山门等建筑构成。大雄宝殿是明万历年间（1573—1620）大迁和尚奉旨重建的，高四丈八，广八丈，深七丈，有三重檐翼。殿宇构造大方，布局严整，雕梁画栋。殿前匾额"华藏寺"为赵朴初题写，横匾"大雄宝殿"是北京佛学院虞愚教授所书。山门为明代建筑，上悬

支提山华藏寺

"天下第一山"横额牌匾。华藏寺存有明廷赐"千圣天冠"铁佛947尊，御赐五爪金龙紫衣1袭，明宫廷色釉御碗2个，铜渗金大毗卢遮那佛1尊，以及明朝寺景全图木雕等，所藏明内府刊本《北藏·华严经》为全国南方寺院独藏经典，是研究佛学和佛教史的珍贵资料。1985年，支提华藏寺被列为省级文物保护单位、全国汉传佛教重点寺院。

那罗寺

那罗寺又名那罗延窟寺，在蕉城区虎浿镇东北部6千米处的狮子峰下。狮子峰酷似蹲伏的雄狮，威武异常，寺即在"狮口"处，以石窟为梵宇，天然成就。该寺建于唐武则天时期（684—704），后毁于火灾，元至元十六年（1279年）朝廷派登滥禅师进山重修。那罗寺是一座建在百丈石壁岩窟内的无瓦建筑，石洞宽十余丈、深九丈，寺大殿为单檐悬山顶五开进三、两厢房，抬梁式木结构，占地面积1400平方米，建筑面积240平方米。寺周围古树参天，峰险涧曲。主要景观有"孤猿听月""锦鲤朝天""珍珠帘""观音织布""罗汉撞钟""九龙盘""灵源洞""袈裟岩"等。其中以"珍珠帘"为最奇，百米悬崖一泉奔泻而下，似万斛珍珠，倾泻洒落，蔚为奇观。这里风景优美，气候凉爽，是旅游避暑的胜地。

福海关税务司旧址

该址位于三都镇松岐村孙厝里，建于清光绪二十五年（1899年）。旧址为砖木混凝土结构，占地面积600平方米，进深30米，面阔20米，高15米，双层正方脊顶，门窗均为拱形。福海关税务司公馆，券廊式建筑，双层正方脊顶，为主管关务的福海关税务司的居所，是至今仅存的福海关建筑遗迹。据相关文史资料记载，旧时"楼房内有会客厅、餐厅、书房、起居室和卧室等十余个房间，供洋税务司个人享用。室内装饰讲究，陈设豪华，屋顶系用水纹铁板建造，家具、地毯、沙发、窗帘，应有尽有"，这些如今大多已难觅踪迹。公馆前有草坪，供聚会等活动。1992年福海关税务司公馆被列为县级文物保护单位；2009年11月，被列入省级文物保护单位。

三都福海关税务司旧址（阮传龙　摄）

梅鹤花桥

　　梅鹤花桥人称宁阳第一桥，位于虎贝镇梅鹤村。该桥始建于北宋徽宗崇宁五年（1106年），今桥为清乾隆四十三年（1778年）重建，是宁德最古老的石拱廊桥。《宁川域情》记载："花桥，又称'沉字桥''登龙桥'。"明万历乙未，靖江范节题额曰"宁阳第一桥"。桥上有一副对联，上联"紫阳诗谶，石堂名彰千古"，是当时在古田杉洋蓝田教学的朱熹路过石堂时的有感而发；下联"玄帝位尊，金厥寿永万年"，是多年后村里一位少年对出的。这位少年就是后来身体力行推广朱熹理学的教育家陈普先生。花桥促成了两个文学大家的跨时空相会。清《福宁府志》云："淳熙间，朱文公过此语人曰：'后数十年，此中大儒挺生，读书几尽。'淳祐甲辰，有鹧鸪数百绕屋之祥，是日陈普生。"

闽坑岚翠桥

岚翠桥位于蕉城区八都镇闽坑村闽坑溪。始建于唐朝，原是一座木桥，后因年代久远，风吹雨打木头腐烂，所以于清乾隆十三年（1748年）修补为石拱廊桥。乾隆《宁德县志》记载："国朝乾隆十五年，贡生余正康等建桥。长九丈，两头砌石，上架木亭，高一丈六尺，阔一丈八尺。习令敏有记。"清光绪六年（1880年）秋天，一场飓风将桥梁吹倒，使来往道路中断。于是，当地乡贤再次筹集黄金千余两，在原址上建起一座单孔石拱廊屋桥。岚翠桥为南北走向，桥块结构为方石垒，穿斗式梁架，重檐歇山顶，高4.5米，廊屋内供奉玄武大帝等神三尊。福温古道穿桥而过，运输货物，沟通了福安、宁德、福州，有"八都丝绸之路"之称，同时也是学子至福宁府（霞浦）考试、上任的必经之路，被人们称为"官路"。在宁德至福安高速建成之前，这座桥梁也是宁德通往福安的交通要道。数百年前，商贩们从岚翠桥穿行而过，给闽坑带来许久繁华。如今，虽没有了昔日往来的商贩，曾经的古桥、古道、古民居，无一不在诉说着历经百年风霜的芳华。

（三）民居风采

蔡氏古民居

蔡氏古民居位于宁德老城区东门前林坪（现前林路），临近旧时城墙和护城河（今小东门环城路），是蔡氏十六世祖蔡志谅于清道光二十六年至二十八年（1846—1848）修造而成。主体建筑分三进，坐西朝东，砖木结构。附属建筑有照墙、浮池（包括壁水桥）、仪门、文昌阁（书斋）等。整体布局顺地势前低后高，依次排列，错落有序。现仅存仪门及壁水桥、浮池、照墙等。仪门通体刷棕红色油漆，历经岁月洗礼，颜色略显暗淡，仪门屋顶，四角飞檐，高高翘起，凌空欲飞，实属闽东仅有、福建少见。仪门左右廊前各有一幅美人靠，可供人们休憩。天井地面全用花岗岩石板铺设，正中有一个半月形水池，即"浮池"，又称"月池"。池上有一座由五条弧形的花岗岩石板并列铺设的拱桥。照墙是青砖砌成的空斗墙。照墙正上方镶嵌有一块青石匾额，书"蔡氏家庙"四个大字，系清道光举人蔡明绅手迹。照墙左右为文、武拱门，上嵌青石匾额，各书"入孝""出弟"。现为蔡威事迹展陈馆，作为共产党员先进性教育、青少年爱国主义教育、国防教育以及军警民共建教育基地。2001年，蔡氏古民居建筑群被公布为第五批全国重点文物保护单位。

霍童古民居

古民居位于霍童镇，主要分布在霍童、兴贤、柏步、外表等村落，其建筑由文昌阁、百年宗祠、六十多幢大宅组成，主要保留明清时的建筑，古民居集中成片，保存完好。这些古民居建筑群中以兴贤陈姓大宅最为精美，保存也最为完整，是霍童民居的典型。其建筑有浮雕、楹联、名匾、石刻等，集工艺、美术、雕刻、书法和文学等艺术于一体，建筑工艺精湛、文化底蕴深厚，极具观光价值。

邑坂八卦村

八卦村位于霍童溪畔的邑坂村，距城区48千米。古村落三面环水，村庄、森林、溪水、青砖、灰瓦和马头墙交相辉映，村内建筑格局取八卦之意，弄堂似通非通，房屋似连非连，曲折玄妙，具有防火防盗防匪的功能，充分展现道教"天人合一"的文化理念。村前有一片千年历史的森林，林内古木参天，有情人树、榕包楠、姐妹枫、攀龙附凤、怒梅争春、金龟驼树等奇异树木和竹柏、龙爪樟、八角桂花等珍奇树种100多种，最大树龄1400年，最高的有40多米，具有很高的科研与观赏价值。主要景观有八卦村、白鹭洲、生态林、沙洲等。

（四）非遗文化

漳湾水密隔舱福船制造技艺

福建沿海木船制造以樟木、松木、杉木为主要材料，采用榫接、舱缝等核心技艺，使船体结构牢固，舱与舱之间互相独立，形成密封不透水的造船工艺，是人类造船史上的一项伟大发明，对提高航海安全性起到了革命性作用。漳湾镇水密隔舱福船制造技艺已有650多年的历史。2008年，漳湾水密隔舱福船制造技艺被列入国家第二批非物质文化遗产名录；2010年，该技艺被联合国教科文组织列入急需保护的非物质文化遗产名录。

（详见《海上福建（上）》）

畲族"盈盛号"银器制作技艺

畲族历来崇尚银饰、银器，闽东的畲族银饰传统技艺可追溯到唐末五代。"盈盛号"第七代传人林陵祥师从其父，专精打银技艺。10多年后，办起打银小作坊，后创立自有品牌——"盈盛号"。"盈盛号"因制作银壶而闻名，遵循着祖传的畲族银器锻制技艺，经设计、手工开丕、熔银、捶揲、焊接、錾刻、嵌金等多道工序而制作的银壶，大气精致，耀眼夺目。2014年，该技艺被国务院列入第四批国家级非物质文化遗产名录。

畲族歌谣

闽东是全国畲族最大的聚居地之一。畲族没有自己的文字，其文化与音乐的传承主要靠畲族歌言口传身授。畲族民歌主要有二声部山歌"双音"和畲族歌言。宁德畲族二声部山歌"双音"流传于宁德市蕉城区八都猴盾畲族村，这是畲族山歌中唯一存留的二声部山歌歌种。畲族歌言是畲族人民用自己的语言自编自唱的歌，有古老的历史，在生活中产生，并且逐渐形成一系列盘歌（对歌）习俗。2006年，畲族民歌被列入第一批国家级非物质文化遗产名录。

霍童线狮

据《福建省志·文化艺术志》记载，线狮，又称抽狮，源于清代，流行于宁德霍童和福鼎县的管阳、沙埕一带。线狮重量约20公斤。全形分狮头、狮身、狮尾和四足，分别由绳子牵引，挂在特制的车架上，由7人分工拉绳操演，把"死狮"演成"活狮"。主要表现套路有缘柱、出洞、钻穴等。霍童线狮有"雌雄狮"和"母子狮"，主要动作有坐立、蹲卧、搔首等。线狮在大锣大鼓伴奏下，

线狮（俞明寿　摄）

反扑跳跃，回旋翻滚，怒吼发威，场面十分壮观。霍童当地每年都要举行隆重的"二月二"灯会活动，全程历时8个小时。霍童线狮多次受邀参加国内外重大文化活动。1997年春节，受澳门市政府邀请在澳门巡回演出15天，被誉为"中华一绝"。2001年，参加闽台"两岸一家亲"艺术汇演。2004年，霍童线狮表演被福建省文联授予"福建省民间艺术团成员单位"称号。2005年，中央电视台《走遍中国》栏目，专题摄制霍童线狮表演技艺，向国内外广泛宣传。2006年，霍童线狮被国务院公布为第一批国家级非物质文化遗产名录项目。

霍童铁枝

"铁枝"俗称"杠""阁"。霍童铁枝，是传统民俗活动之一。表演作品以传统曲目与民俗文化为主题，有"红楼梦"情节、"宝莲灯"传说、"妈祖祭祀"民俗等。还有"八仙过海""哪吒闹海""杨八姐闯幽州""三打白骨精""四郎探母"等主题。霍童"二月二"灯会所展出作品需年年出新。铁枝也是传男不传女的家族特技。2008年，霍童铁枝被列入国家非物质文化遗产名录。

（详见《海上福建（上）》）

（五）民俗风情

碗板龙庆元宵

该活动主要盛行于蕉城区东南部的碗窑村，一般在元宵节举行，是一场富有传统技艺及当地特色的民俗活动。碗板龙是碗窑最具鲜明特色的传统技艺，碗板龙闹元宵活动在碗窑村已经延续多年。碗板龙全身上下都与"碗窑"二字息息相关。碗板龙的骨架由每段276厘米长的碗板，头尾穿孔，再用木棍连接而成，龙身由古时制作包装碗具的竹青编织，龙皮采用制碗贴花的油纸裱身，而龙身图案则是应用制碗画花的颜料彩绘而成。碗板龙由龙珠、龙头、龙身、龙尾四部分组成，龙身根据制作人数的多少决定，一般在30至50段，最长可达150多米。碗窑祖先早先从闽南引进闽东的是板凳龙，随着时间的推移，先辈们根据自身烧窑制碗的工具，因地制宜，就地取材，采用制碗的碗板做骨架，制作出碗板龙，代代相传至今。随着领头者一声令下——"起！"灯光闪烁的碗板龙有时多达50余节，穿梭在村道上，上百名舞龙人员跟随节奏，不停左右奔走，一会儿俯身摆动，一会儿凌空腾跃，将碗板龙的"游、腾、穿"等神态一一呈现，活灵活现的表演也引得围观群众发出阵阵惊叹。大家围聚在碗板龙周围，跟随板龙巡街，共飨盛景。上百米长的碗板龙在"龙头"引领下回旋、盘绕，一圈又一圈，头尾呼应，圆满团圆。"长龙"以黑夜为纸，以灯光为笔，在黑暗中翻波逐浪，颇有腾云驾雾的气势，抒发了碗窑人民欢度元宵的喜悦。

霍童"二月二"灯会

据史料记载，隋朝年间，谏议大夫黄鞠为避隋炀帝迫害，迁徙咸村，后与早年定居石桥村的姑丈朱福易地而居。为报答姑丈情谊，就在每年农历二月举行灯会，活动的方式是白天表演高跷，傍晚举行纸扎、铁枝、线狮、舞龙等游艺。至明正德八年（1513年），按"二十里排"各甲办灯会，发展到霍童全村四境每境表演一个晚上，称为"小迎"；逢五年一轮，各境重复举行一次称为"大迎"。再后来又发展到霍童村四境各姓以"堡"为表演单位（如黄姓，即"黄堡"）参与，有灯兆丰年、天下太平之寓意。"二月二"灯会除迎灯之外，主要表演项目有霍童线狮、纸扎、铁枝、高跷等内容。在"二月二"灯会的活动中，有一种融木偶、竹扎、木雕、彩灯、绘画、灯光、缝纫等综合艺术于一体的霍童纸扎，各种动物、花鸟和人物栩栩如生，造型景致逼真。纸扎题材选自历史故事和神话传说，其中以"二月二"灯会中的"二十堡"灯扎最具特色。霍童纸扎材料用当地产的毛竹和土纸原料，制作考究，骨架的扎制从里到外，方圆对称，指似铁钳，暗里使劲。纸扎的彩绘则突出"艳丽"的特色：大红、大绿、大黑、大白，黑白相间，红绿相映，加上简练的金线对比运用，视觉冲击力强。纸扎的纹饰装饰，五彩斑斓，热烈明快，再融合现代的电、光、声技术，令人目不暇接、叹为观止。花灯单纯中显丰富，对比中见和谐，具有独特的灯饰风格。

六、海边村镇

三都镇

三都镇是蕉城区唯一的海岛乡镇，因明代在此设第三都而得名，位处于蕉城区东南部，地貌包括陆域、岛屿、海域（浅海）、滩涂，全镇行政区域面积（包括城澳）74平方千米。

清光绪二十五年（1899年），三都澳正式开关，称福海关，时与闽海关、厦海关同为福建省三大海关，至1949年闭关。其间三都港茶业外运兴盛，多家外国公司在此开办贸易洋行，多家银行设点于三都岛上，三都岛成为闽东重要商贸业中心和政治、军事、教育、邮政通讯中心之一。现存有天主教堂、修道院、海关大楼三座古建筑，均为省级文物保护单位。抗战期间，三都岛及三都澳被日寇多次侵扰和攻占。1952年6月，三都辟为军港，成为中国沿海重要的海军基地之一。

从20世纪90年代中期开始，三都澳成为国内大黄鱼人工养殖最大、最重要的海域。三都澳海域养殖网箱约十万箱，绵亘数里，呈现出奇特的"海上浮城"景观，2004年，这里被国家旅游局列为全国农业旅游示范点。

镇域内风光旖旎，自然与人文景观丰富，旅游资源有清末的福海关遗址、西班牙哥特式教堂、修道院、古炮台及红色历史遗址——百克医院，景点多分布在三都岛、斗姆岛、青山岛、鸡公山岛、笔架山等处。近年，斗帽岛被开发为AAA旅游风景区，景点有螺壳岩、金鼠跳崖、犀牛望月、金元宝、斗姥迷宫洞等多处。

漳湾镇

漳湾镇位于蕉城区东部，东南濒海，与三都岛隔海相望。因张姓垦居，原名张湾，后姓氏增多，村界扩大，改名漳湾。镇域面积54.53平方千米，地势平坦，处在大金溪、霍童溪、七都溪3条河流入海口。

漳湾历史悠久，境内有新石器遗址，有明代戚继光率军抗倭战场遗迹，历史名人有阮大成、阮登柄，古建筑有戚公祠、太尉官、资圣寺、圆明寺、小灵鹫寺等，革命文物有位于南埕村的盐民协会旧址，还存有古炮台、麒麟井、恩泽坛等古迹。漳湾居民世世代代靠海生息，形成了独具特色的民俗文化，民间的踩街、土撬、拖石、火炬等活动流传至今。漳湾手工木船制造工艺独特，具有水密隔舱技术，世代相传已有600多年历史，漳湾街岐后村建有水密隔舱福船博物馆。

雷东村

雷东村地处漳湾镇东北部沿海，雷东村建在田螺村的东部，故名螺东，后衍为雷东，分为二截村落，即上雷东、下雷东。全村畲族人口占比86%，属省定畲族聚居村，是蕉城区最大也是唯一的沿海畲族聚居村。村中保留着畲族特有的服饰、银饰、歌谣和习俗等，主要姓氏为雷、钟、蓝（兰）。

雷东村依山傍海，毗邻闽东集装箱码头，疏港公路连接到村，水陆交通极为方便，又地处七都溪流与八都溪流的交汇处，属淡海水交集点，具有丰富的水产养殖资源，盛产生态大黄鱼、生蚝、雷东对虾、血蛤、蟳、缢蛏等名优水产品。当地投资600多万元引进宁德市东升农业开发有限公司，进行生态大黄鱼养殖，建设大网箱养殖区，打造"一村一品"。成立溢蛏合作社，养殖生蚝、鲈鱼、溢蛏、青蟹1000多亩。雷东村旅游资源较为丰富，建成雷东村畲村博物馆、雷东村少数民族革命历史展陈馆、地质科普馆等场馆。

七、美食特产

（一）风味美食

宁德肉丸

肉丸在世界各地均有，虽然做法不一，但是表皮通常都是以小麦粉、面粉等制成。宁德肉丸的最大特色是其表皮由地瓜粉、芋泥、猪油调制而成，晶莹剔透、醇香可口。肉丸原是宁德蕉城人过年必吃的一种食物，地位相当于北方的饺子。

畲族乌米饭

乌米饭是畲族的一道美食。乌饭煮法是将乌饭草熬汤去渣，然后倒入大米暖火焖煮。后改用乌饭草汤先浸透糯米，然后置饭甑蒸熟，装碗时加花生仁、红枣、芝麻等。

（详见《海上福建（上）》）

八都烧麦

八都烧麦由来已久，相传明代即有，形似纱帽，故名"纱帽"，纱帽之名一直沿用到清光绪初年，后因音同"烧麦"而易名。八都烧麦皮薄馅大，形若杯，底为圆，腰收细，上面如同花边，美观好吃，馅料多为糯米、香菇、萝卜、白菜、瘦肉等，加入调味的酱油、盐、香油、食用油、白糖。吃时配以醋、蒜丝，味道可口、鲜美。赖家的老字号店铺烧麦较为出名，该店的纯手工技艺烧麦传承至今已超过百年。

霍童八仙糕

在霍童凡婚丧嫁娶、红白喜事，都少不了美味的八果糕。霍童民间流传，八仙云游霍童山水时，被糕香陶醉，铁拐李化身书生，闻香追随，才知原是八果糕的香味。八仙品尝八果糕，于是，八果糕又有了八仙糕的称谓。八仙糕的馅料主要由花生米、芝麻、糖糕粉组成，八仙糕分三层进行制作，吃起来香甜可口、绵软细腻。

（二）土特名产

畲族银器

畲族人民崇尚银饰、银器，无论是出生、婚丧嫁娶等人生重大日子和民族传统节日、盛事，还是日常生产生活，畲家人都穿戴使用银饰银器，其间蕴含着吉祥平安的美好祝福。正因如此，畲族历代对银器的制作极为重视，工艺手法较为独特。《福建省志·民族志》记载："畲族乡村手工业者还有缝衣匠、铁匠、打银匠等，主要加工本民族的服装、家具、首饰等。畲族妇女平时的首饰包括戒指、手镯等，大多为银制品。"

黄家蒸笼

虎浿黄家蒸笼历史悠久，北宋绍圣四年（1097年）由虎浿镇黄家村人黄一府发明始创，至今已有900多年的历史。至清朝乾隆年间，制作包括蒸笼在内的碗、杯、盘、盒、碟、瓶、壶等日常器用，这些柳杉制品均可做到随物赋形，争奇斗艳，有的甚至成为当时的贡品。黄家蒸笼的制作工艺是柳杉片手缚技艺的典型遗存，在全国民间手工艺中独树一帜，堪称民间传统手工艺中的"活化石"。黄家蒸笼外观雅致，蒸煮出的食品蕴味氤香，据说具有保健、护脏之能。2009年，虎浿黄家蒸笼手工技艺位列福建省第三批非物质文化遗产保护名录。2013年，虎浿黄家蒸笼被国家工商总局批为国家地理标志证明商标。2014年，虎浿镇被中国民间文艺家协会评为"中国传统蒸笼手工艺传承基地"。

晚熟龙眼

蕉城区是我国龙眼经济栽培区的北限，与广东、广西和闽南、莆仙等地相比，同品种龙眼鲜果的自然成熟期要迟20至40天，而最晚熟品种可延迟到11月中旬采收，具有得天独厚的"人无我有"的地域优势。蕉城龙眼主要分布在八都、七都、漳湾等乡镇，主栽品种为福眼、水南一号、松风本、立冬本。2006年，蕉城晚熟龙眼通过了国家级农产品无公害认证；2007年，蕉城晚熟龙眼成功注册地理标志证明商标。同年11月，中国果品流通协会正式授予蕉城区"中国晚熟龙眼之乡"称号。

天山绿茶

天山绿茶系历史名茶，全国名茶，闽东烘青绿茶极品，位列福建绿茶之首。天山绿茶产于鹫峰山脉东南坡宁德天山山麓，历史上为朝廷贡品，新中国成立后，天山绿茶曾多次被授予"全国名茶"称号。天山绿茶系列产品有天山迎春绿、天山翠芽等，以香高、味浓、色翠、耐泡四大特色而著称，远销欧美、东南亚等国家和地区。2003年，张天福先生为之题词："天山绿茶，香味独珍。"2009年天山绿茶被列为中国地理标志证明商标。2018年蕉城区天山绿茶被列为福建省"特色农产品优势区"。

虎浿黄酒

黄酒也称为米酒，属于酿造酒。在闽东，黄酒酿造技艺历史悠久，绵延千载，尤其地处古田、屏南、蕉城三县交界处的虎浿镇、洋中镇一带的黄酒，酿造技艺极具代表性，素有"黄家老酒香飘宁川"的美誉。如今，黄酒酿造是虎浿镇的重点产业，现有黄家酒业、石堂酒业、乐丰酒业、春河酒业等多家企业，有"黄家老酒""陈普家酒"等多个品牌。

（编纂：翁泰其　审稿：陈向东、黄春燕）

福　安　市

一、综述

福安市背山临海，地处鹫峰山脉、太姥山脉和洞宫山脉之间，位于宁德市东北部。唐武德六年（623年）起，境域属长溪县。宋淳祐五年（1245年），划出长溪县西北二乡、九里建县，理宗御批"敷锡五福，以安一县"，福安因此得名。2021年全市土地面积1880.1平方千米，户籍人口67.38万人，常住人口61万人。境域内辖4个街道，13个镇、5个乡（含3个畲族乡），30个社区居委会，17个居民委员会，439个村委会。设有福安经济开发区、福安畲族经济开发区两个省级开发区。

福安地貌以山地为主，海拔千米以上的山峰有31座。海岸线长167千米。境内属亚热带海洋性季风气候，年均降水量1607.2毫米，适宜茶叶、水果、蔬菜等农副产品的种植栽培。境内水力资源丰富，全省五大水系之一的交溪（长溪）自北向南贯穿全境，主干支流总长433千米，流域面积5638千米。境内已探明地下矿藏有钼、硫铁矿、高岭土、叶蜡石、硅石、饰面石材等6种。境内内河水域航道5条，总长176.7千米。赛岐港居于闽东中心位置，处在沈海高速公路国道104线和省道小浦公路交会点。白马港为福建开发最早的深水良港之一，是国家一类开放口岸。

福安拥有"中国电机电器城""中国中小电机之都""中国茶叶之乡""南国葡萄之乡""中国民间最大船舶修造基地之一""中国绿竹笋之乡"等多项荣誉。1957年福安油茶大丰收，周恩来总理亲笔题词"绿色油库"，福安经验得到推广。2013年3月福安油茶油获得国家地理标志证明商标。1992年12月，福安被国家体委命名为第四批全国体育先进县。目前，福安已形成以电机电器、船舶工业为龙头的工业体系和以茶叶为主的食品加工业产业链。福安农业资源极其丰富，

福安宁海村海域（吴庆堂　摄）

是全国花茶基地和福建省商品粮生产基地，全市有茶叶、水果、绿竹面积约3.3万公顷，绿竹笋总产量占全省的40%，建立了晚熟龙眼、巨峰葡萄、枇杷、青柰、橄榄5个千亩名优水果基地。林地11.49万公顷，森林植被类型多样化，有刺桫椤、水松等60多种珍稀树种。拥有浅海6733公顷，滩涂4600公顷，是福建省大黄鱼、对虾、中华绒毛蟹主产区及鳗苗、蚶苗、蛤苗主要生产基地。电机电器企业总数达300多家，拥有产值100多亿元，电机电器品种有200多个，从业人员2万多人，产品出口东南亚、欧洲和美洲等100多个国家和地区。轻工食品、建筑建材、水电工业、包装印刷、冶金铸造、农药化工、机械制造等产业也形成一定规模。

二、福安白云山

国家级景区白云山位于福安市西北部，距福安市区43千米。东与福安市社口镇相邻，西与周宁县毗邻，南与福安市穆云乡相连，北与寿宁县接壤。2004年11月，白云山被省政府列入第六批省级风景名胜区；2009年12月被国务院列入第七批国家级风景名胜区；2010年10月被列入世界地质公园。

白云山景区有独具特色的地质奇观，稀有多样的生物种群，划分为5个游览景区，分别为白云山、九龙洞、龙亭峡谷、黄兰峡谷和金钟山等景区。白云山海拔1448.7米，是福安最高峰，站在山顶，方圆300里景物一览无余。山的西南坡较平缓，是国营蟾溪林场主产区，东北坡峭壁林立，山脊如削，山上怪石嶙峋，有"猴走石山""石虎归山""石鸡欲鸣""仙人棋盘""三角仙井""仙盒"等自然景点。山后峰西坡建以冷水寺为中心的缪仙宫、南北极宫、观音亭；冷水寺前有一池，方圆十余丈，池中长有众多的午时莲。白云山气候独特，常有白云缭绕，春夏季节在仙顶可见"佛光奇观"。以白云山为中心，周围有鲤鱼溪、八仙过海等景点。

宁德世界地质公园白云山园区（丁立凡　摄）

三、福安白马港

白马港地处福安市下白石镇，是海峡两岸港口群的重要组成部分，以大中型深水港口的资源优势，发展成为散杂货、通洋集装箱运输、对台交通旅游客运的新兴港口。2000年11月，交通部批复同意白马港区正式对外国籍船舶开放，白马港成为闽东第一个对外国籍船舶开放的港口。2001年6月，下白石3000吨级杂货码头工程通过省级验收。同年11月，下白石白马港牛头山砂石码头建成运行。当前，白马港可以直航全国各主要港口，是福建进入江浙沪区域重要的港口，具有"北承南联、西进东出"的区位优势。

四、生物资源

福安市海域总面积约为11886公顷（不包括海岛面积），岸线长167公里。海洋资源丰富，水生生物305种，其中大黄鱼、梅童鱼、凤尾鱼、虾蟹类、贝类苗种等经济价值较高。福安建有大黄鱼、红树林、樟屿岛封岛栽培保护区和白海豚观测点。全市共有6个沿海乡镇，6个纯渔民行政村、19个渔业村，水产从业人口6.3万多人。

凤尾鱼

福安赛岐赛江水域生长着一种特殊的鱼——签鱼，学名凤尾鱼，在半咸淡的水区域产卵。凤尾鱼肉质鲜嫩、入口就化，是福安一道独特的美味菜肴。每当端午节到来之际，很多人都用凤尾鱼赠送给亲朋好友。

梅童鱼

梅童鱼，鲈形目石首鱼科梅童鱼属的一种。常见种有黑鳃梅童鱼、棘头梅童鱼等。一般长40~100毫米，大者可达200毫米左右。

五、历史人文

福安平讲戏

平讲戏又称平讲班。最早戏中角色只有小生、小旦、小丑，又称"三小戏"。演员多系一村一族的少年子弟，逢年过节、迎神赛会，化装成戏中角色，由大人驮在肩上游行，叫作"驮故事"。平讲戏基本科步采用"丁"字步，其道白、唱词基本上运用福安方言，而扮演官吏一类角色的念白则又带有土音官腔，明显沿袭"江湖戏"的腔调。唱腔方面词尾多用小嗓向上翻高法，如剧情需要还有后帮腔的。其乐器伴奏有文场、武场之分，文场用笛子、唢呐、毛胡、京胡等；武场用鱼鼓、低音鼓、小锣、平锣、平钹等。平讲戏传统剧目有《双钉判》《双封侯》等近30种。清代中叶，外来江湖戏班流入，平讲班聘其艺人为师，吸

平讲戏《马匹卜驳妻》（福安市平讲戏艺术传承中心　供）

取其正规剧目、音乐唱腔、行当配套及表演艺术，逐渐发展成为专业大班，流行于境内及闽东北各县。因其仍用方言演唱，故被称为平讲班，以区别于外来的江湖班。后来，落户当地的江湖班也入乡随俗，改用方言演唱，难分彼此，仅剩所奉祀戏神各认其宗——平讲戏神为田公元帅，江湖戏神为窦、莒二公。清末民初，闽东北社会相对安定，平讲戏盛极一时，各地兴起的农闲班不计其数，专业长班以下白石莲房头人林聚利所掌的"新长兴"班为最著。新中国成立后，平讲戏逐渐复苏。2014年，平讲戏被列入第四批国家级非物质文化遗产名录。

福安"三月三"

"三月三"是畲族的传统节日，又称"乌饭节"和"对歌节"。节日中用荠菜炖鹅肉、荠菜炖猪小肠或荠菜炖猪肉，食之可清热解毒、防治皮肤湿病等。

福安畲族女性着传统服饰参加"三月三"对歌（丁立凡　摄）

在乡村还有做"糍粑"过节之俗，用糯（粳）米炊熟后，捣成泥状，然后用模具印出圆形糍粑，供过祖先后，全家团聚吃糍粑，取消灾解难之意。畲民还善唱畲歌，这一天，周边村寨的畲民就会三五成群聚在一起，以歌传情、以歌会友，以畲族独特的形式庆祝节日。1991年后，福安市在保持"三月三"传统节日的同时，深入挖掘畲族丰富多彩的民族文化内涵，打造畲族文化传统与保护的载体，推动畲族优秀文化的繁荣兴盛和民族地区经济社会的发展。市、镇（乡）每年都举办畲族"三月三"民俗节歌会，开展畲歌、畲舞、畲拳、畲医、畲药等独具特色的畲族文化活动。1993年至2017年，共举办23届畲族"三月三"民俗节歌会，吸引了不少国内外游客前来观赏。2018年之后改为"三月三"畲族文化周。2005年，"宁德畲族三月三节俗"经福建省人民政府批准，被列入福建省第一批省级非物质文化遗产名录。

狮峰寺

狮峰寺古名"西峰院""西峰寺"，又名广化禅林，位于溪柄镇柏柱洋狮峰山，始建于唐景福元年（892年），名列福安八大名寺之一。寺内5座古建筑为唐宋风格，尤其是大雄宝殿属重檐歇山顶抬梁木构式建筑，内有24根石柱支撑屋顶，外有16根石柱支托飞檐翘角，斗拱交叠，梁架井井，下是八角藻井。清道光《重纂福建通志》载："狮峰寺，为邑丛林之冠。"明清两代多次重修、添建。明洪武年间，宝林寺、报恩寺、大凝寺（黛凝寺）、兴云寺曾遵旨归并狮峰寺。清代是福安禅宗临济"狮峰派"发源地。2014年，重修庙宇。狮峰寺现有天王殿、大雄宝殿等建筑物。1985年，狮峰寺作为革命旧址被核定为第二批省级文物保护单位。2006年，狮峰寺被列为全国重点文物保护单位。

倪下塔

倪下塔俗称七层塔，位于福安市甘棠镇倪下村东1.2千米山峦上。据倪姓族谱记载，北宋熙宁六年（1073年）建塔。该塔为九层八角楼阁式实心石塔，高6.85米。须弥座式塔基，每边0.80米，上下枋刻卷草花纹，上下枭雕仰覆莲，束腰各面浮雕一狮子，转角各雕一力士像，圭脚没入地下。塔身用两块石料雕凿而成。

1984年，倪下塔被列为县文物保护单位。

六、特色村镇

福安廉村

廉村位于福安市溪潭镇、穆阳溪中游西岸，是唐代开闽第一进士薛令之故里。廉村文化底蕴极其深厚，是福建省首批省级历史文化名村、省级廉政教育基地。

（详见《海上福建（上）》）

福安下岐村

下岐村被誉为"闽东沿海船民上岸第一村"，位于白马江畔。1997年以前，全村船民祖祖辈辈以讨小海为生，一条小木船就是几代人的家，"家连着船，船连着家"，被称为"连家船民"。连家船民"上无片瓦、下无寸土"，一直过着海上漂泊的生活，是特殊的贫困群体。

1998年和2000年，习近平同志两次到下岐村入户调研。在习近平同志的积极倡导和大力推动下，下岐村采取"分期分批，全面搬迁"的办法，三年内建房339幢，全村511户2310人连家船民全部搬迁上岸。

20多年来，在各级各部门的关心、帮助和支持下，下岐村强化党建引领，发挥"党建+"的作用，通过"水上党校、党员驿站、村官讲坛、渔民夜校、亲子乐园"的"五位一体"教育模式，充分发挥党支部的战斗堡垒和党员的先锋模范作用，带领船民实现安居致富梦。下岐村对接"三农"、脱贫、金融等政策，巩固脱贫攻坚成果，融合一、二、三产业发展，推进美丽乡村建设，开展新时代文明实践活动，船民安居乐业，生产生活水平不断提高。

溪邳村

福安溪邳村地处闽东东南沿海的盐田港畔，依山面海，是福安市连家船民聚集的纯渔业村，拥有海域面积5000亩、滩涂面积3000亩。村民主要从事水产养殖、内海捕捞、海产品销售、海上运输。溪邳村获得"全国文明村镇""国家级最美渔村""全国民主法治示范村""全国乡村治理示范村""省级美丽乡村""省级乡村振兴试点村"等称号，2021年被列为全国脱贫攻坚考察点。

溪邳村渔民祖祖辈辈以海为生，曾过着"上无片瓦，下无立锥之地"和"一条破船挂破网，祖孙三代共一舱，捕来鱼虾换糠菜，上漏下漏度时光"的贫困生活。改革开放近40年来，溪邳村加快推进脱贫攻坚工作，取得了重大成效。全村农民年人均纯收入、村财年收入分别从20世纪90年代初的850多元、6.6万元，增长到2017年的18756元、116万元，实现了村民和村财收入"双四番"。2015年11月28日，央视《焦点访谈》栏目播出《溪邳连家船民上岸记》，对溪邳村连家船民上岸工程进行专题报道；2015年12月，溪邳村成为全国东部地区扶贫工作座谈会的观摩点。2017年2月16日，中央电视台《新闻联播》头条播出《渔民上岸：告别"水上漂"建设好生活》，对溪邳村连家船民上岸定居奔小康进行了报道，溪邳村连家船民上岸定居扶贫工作成效得到充分肯定。

宁海村

宁海村位于下白石镇半岛西南部鲈门港区，背山面海，村民以海为生，主要从事海上水产养殖业。近年来，宁海村以海上养殖综合整治为契机，践行生态文明理念，按照"全面清、规范养、依规管"的要求，彻底清退了超规划养殖和禁养区养殖，并遵循减量、生态养殖的原则，对可养区和限养区养殖设施进行升级改造，建成宁海1.1万亩渔排示范区，形成了规划有序、海清水净的"海上田园、多彩渔村"特色景观。

在打造宁德市级"金牌旅游村"过程中，宁海村以"海上田园"为铺垫，以特色产业为媒介，以渔耕文化为载体，充分利用宁海村丰富的港湾、山崖、绿树、海岸、滩涂和渔产品、渔文化等资源，启动"海上田园·多彩渔村"渔旅融合发展项目，建设星空房、海上观光平台、海上民宿、海上餐厅等。对海岸沿线120多幢民宅立面和屋顶进行彩绘全覆盖，利用民房发展民宿、渔家乐、海鲜特产店，让四方游客住渔家屋、尝渔家菜、做渔家事、沉醉于渔家风情，"听涛观海

福安宁海村（福安市下白石镇　供）

忆风帆，品鲜问渔游宁海"。2022年1月，宁海村还承办央视春节联欢晚会《东西南北贺新春》等节目的录制，全方位多层次展现新渔村、新渔民、新文化、新风貌。宁海村在渔旅融合全域旅游的背景下推进旅游发展，人流量高峰达到6万人次/月，成为远近闻名的网红打卡点。

七、美食特产

福安畲族银器

福安畲族银器银雕工艺相传源于元代银雕巨匠朱碧山一脉。朱碧山，浙江嘉兴魏唐人，元代著名宫廷银匠，所制酒器最为精妙。元代灭亡后，朱碧山流落民间，"独制银器，隐于姑苏皋桥"。清朝中叶，珍华堂一脉创始人叶常青只身前往泉州师从朱碧山传人之一刘某。满师后叶常青返乡开设银铺。其孙儿叶三妹秉承祖艺，精益求精，并在福州洋头口开设银楼，以其出众的操身制银技艺和银蓝工艺名噪榕城。如今，珍华堂引领民间纯银工艺，秉承"质量为先，精品为上"的经营理念，不断推陈出新，其产品主要突出四大系列：民间特色的古文化系列、民族特色的畲文化系列、地方特色的茶文化系列、现代特色的创意文化系列。主要产销银制餐、酒、茶等饮具器皿，畲、苗、汉等民族饰品，纪念徽章、银饰浮雕等100多个工艺品种，制作精美，匠心独运，广受欢迎，主要销往北京、上海、深圳等全国各大中城市及海外市场。

珍华堂至今已传承五代，已成为福建省珠宝首饰业著名品牌、福建老字号、福建省第三批文化产业示范基地、福建省版权保护重点企业和宁德市知名商标。2006年，珍华堂银雕被列入首批福建省非物质文化遗产代表作名录；2007年，作品"龙腾五洲"获福建省第二届民间艺术珍品展金奖。畲族银器制作技艺项目于2019年被公布为第三批（县市级第一批扩展项目）传统技艺类非物质文化遗产；2011年，被公布为第三批国家级传统技艺类非物质文化遗产。

福安官埔油扇

福安官埔油扇造型独特，竹为扇骨，纸为扇面，扇面点缀花鸟，或题写诗句，上油，曲柄，大如夏笠，小如秋月，遮阳扇风，两皆相宜。在电风扇普及之前，它一直是福安民众扇风消夏的家常用品。福安城北官埔村是这一传统产品的唯一产地。官埔油扇的制作工艺系民间历代祖传。

这扇子还演绎出一种独特的民俗现象。过去福安民间迎亲娶媳，油扇是不可少的礼品，女方的所有亲属人人有份；而且大、中、小各种规格都要齐全，隐喻有大有小，数代同堂。婚后还要继续送，汉家送三年，畲家送一年。福安风俗，每年端午前娘家都要给女儿"送节"，五月初一"送节"的人家最多，这一天官埔村也最为热闹。这种风俗延续至今，虽然已经没有先前那样普遍，那样传统，但是我们依然可以感受到那一股浓郁的亲情和对团团圆圆、和和美美的人生的祈盼。2022年，福安官埔油扇制作技艺被列入第七批福建省级物质文化遗产名录。

福安穆阳水蜜桃

福安穆阳水蜜桃是具有闽东地方特色的传统水果树种之一。穆阳镇清代就开始栽种白蒲桃，但是白蒲桃质量差，产量低，效益不好。1927年穆阳学子缪

福安穆阳水蜜桃（丁立凡 摄）

怀琛（号昆庭）回国时携带欧美国家种子，以本地白蒲桃为母本，用比利时的蜜桃与其嫁接，培育出亲品种"蜜桃"。本叫"接蜜桃"，福安方言"接"与"水"是谐音，就被叫作"水蜜桃"。后来品种经过多次的更新换代，成为福安的地方名产。

穆阳水蜜桃其根系发达，耐旱、耐瘠，适应性强，不论山地、平原、田地均可栽培，丰产、稳产性好，成熟期7月中下旬。平均单果重158~180克，鲜果外形艳丽美观，黄中透红，果大，核小，肉质柔软多汁，味甜，果香浓醇，久弥不散，被誉为桃中珍品。产品销往闽东各县、市及福州、浙江等毗邻地区。

福安刺葡萄

刺葡萄是我国特有的珍贵野生葡萄种类，因葡萄藤上有刺，故名"刺葡萄"。1991年，福安市穆云畲族乡溪塔村扩大刺葡萄种植规模并逐步形成品牌，称为溪塔紫葡萄，2005年，定名为"福安刺葡萄"。穆云溪塔刺葡萄种植发展历史悠久，是畲乡独具特色的"无公害、纯天然、绿色"农产品，优质、高产、抗病、耐湿、耐阴，可防治心脑血管疾病、抗衰老、抗癌、护肤养颜等，具有食用价值又有保健价值。经过多年发展，刺葡萄已成为海西最具特色和发展潜力的农业优势产业。2013年，福安刺葡萄入选农业部优质农产品开发服务中心2013年度全国名特优新农产品目录；2014年，农业部正式批准对"福安刺葡萄"实施农产品地理标志登记保护。

福安坦洋工夫

福安坦洋工夫红茶创制于清咸丰元年（1851年），原产地在福安市社口镇的坦洋村，是中国的历史名茶，名列"闽红三大工夫"之首。

（详见《海上福建（上）》）

福安绿竹笋

福安绿竹在清光绪初年就有人种植，民众称为泥竹或乌叶竹，取其笋食用。绿竹适合种植在溪边河畔，交溪两岸最适绿竹生长。笋型似马蹄，故称为"马蹄笋"，又因洁白如玉，称为"白玉笋"。笋实细嫩清甜，甘醇可口，有清凉消暑的功效，民众种植日广。至2005年，福安已成为全国最大的绿竹基地。同时取得"绿竹丰产栽培技术""绿笋保鲜技术"等项科技成果。特别是"绿竹丰产栽培技术"科技成果经省专家鉴定，达到国内领先水平，曾获省政府科技进步三等奖。

福安穆阳线面

穆阳线面历史悠久，一般认为起源于宋代。穆阳人利用穆水为动力，进行碾米、磨粉、榨油、榨糖，形成了生产线面、红板糖、油纸伞三大名牌产品，远销闽北、福州、江西、上海、浙江等地。

线面的制作主要有和面、揉条、松条、串面、拉面、晒面等数道工序，是逢年过节、生日寿诞等喜庆日子必备的"彩头"食品，也是馈赠亲友的吉祥礼物。福安各地都生产线面，但是公认穆阳人做得最好。"穆阳线面"现已成为一个品牌，一种文化。穆阳线面以苏堤为最，全村有500多人从事线面业，有10多家线面企业（专业户）和10多家线面业合作社。目前，苏堤年产线面1万多吨、产值6000万元，线面真正成为村里的"支柱产业"。2019年，苏堤被福建省农业农村厅公布为2019年度省级"一村一品"（线面）示范村。2011年6月，国家工商行政管理总局核准"穆阳线面"注册中国地理标志证明商标。2016年12月，苏堤华盛线面专业合作社被国家农业部、发改委等九个部委局评为"国家农民合作社示范社"。

（编纂：王小丽　审稿：陈小鲸、钟奇）

福　鼎　市

一、综述

福鼎，别称北岭，又称桐山、桐城，取名于原闽浙交界之福鼎山。《福宁府志》曰："福鼎山，在二十都，脉自平阳赤阳来，峰最高，数十里犹在望中，县命名以此。"福鼎地处福建省东北部，东南临海，至台湾基隆156海里，东北、西北分别与浙江省苍南、泰顺两县接壤，正北的分水关为闽浙两省的分界地，是闽浙两省海陆相连的唯一县级市。陆地面积1544.95平方千米，海域面积14959.7平方千米。2021年，辖有10个镇，3个乡（其中2个畲族乡）和龙安开发区。户籍总户数167833户，总人口605166人，年末常住人口55.40万人。

福鼎地势呈东北、西北、西南向中部和东南沿海波状倾斜，构成三面环山、一面临海的格局。山丘地占陆地总面积的91.03%，盆谷平原占陆地总面积的8.97%。属中亚热带季风气候区，海洋性气候特征显著。植物种类丰富，境内已发现的植物有217科769属1392种。2021年，全市森林覆盖率62.64%，森林蓄积量328.42万立方米。境内已发现的野生动物有69目239科665属904种。属于国家一级保护动物的有云豹、中华白海豚、中华秋沙鸭（候鸟）等6种；国家二级保护动物有毛冠鹿、猕猴、豹猫、丛林猫等39种。

福鼎海域辽阔，港湾众多，岛屿星罗棋布。海洋水域总面积14959.7平方千米，其中，滩涂面积66.7平方千米，0~20米等深线浅海面积700平方千米，海岸线长316千米，有大小港湾41个，大小岛屿158个。境内有沙埕港、杨岐港、秦屿港、硖门港、嵛山港、姚家屿港、桐山港、八尺门内港等港湾。海域水生生物资源繁多，有鱼、虾、贝、藻类和其他生物700多种，其中仅鱼类就有500多种，盛产大黄鱼、青蟹、泥蚶、弹涂鱼、石斑鱼等珍贵海产品，是"福建省十大渔业县（市）"之一，获"中国鲈鱼之乡"美誉。2021年，海水适合养殖水域总面积19771.4公顷，全市渔业产量23.28万吨，其中海水产品22.21万吨。

福鼎山川秀丽，空气清新。有自然景观167处，人文景观（含古建筑、古墓、寺庙、遗迹、历史名人等）309处、红色文化遗存73处，国家级生态乡镇2个、生态村35个，是中国旅游竞争力百强县、福建省森林城市，被列为福建省首批全域生态旅游示范县。国家级、省级和宁德市级历史文化名村39个。太姥山与武夷山、雁荡山并称闽越三大名山，是全国首届"中国最美地质公园"，被誉为"海上仙都""中国海边最美的山"。嵛山岛是"中国最美十大海岛"之一。台山岛海蚀地貌特征明显，是福建省境内距大陆最远的岛屿，为福建省十大美丽海岛之一。赤溪村是中国扶贫第一村，其所在的九鲤溪景区是中国体育旅游精品项目区；翠郊古民居是江南单体面积最大的民居建筑。福鼎物产丰富，福鼎白茶、槟榔芋、四季柚、黄栀子、蚕豆等特色农产品蜚声海内外，是"中国白茶之乡""中国名茶之乡""中国茶文化之乡""全国十大产茶县（市）""中国鲈鱼之乡""中国栀子名市"。福鼎也是福建美食名城，美食小吃300余种，2019年11月，全国首批"美食地标城市"落户福鼎。

福鼎是福建北大门，毗邻浙江温州，长期以来，地域经济受长三角经济区辐射拉动较大，在闽东地区区域经济位居前列。作为福建对接浙南及长三角洲地区的"桥头堡"，具有得天独厚的产业承接、转移优势，2021年，地区生产总值454.24亿元。

二、醉美海岛

福瑶列岛（嵛山岛）

福瑶列岛，也称嵛山列岛，位于福鼎东南海域，沙埕港口西南约22.5千米处，素有"东海明珠"之称。列岛由大嵛山、小嵛山、鸳鸯岛等22个大小海岛组成，总面积25.74平方千米，岸线总长51.09千米。大嵛山岛是福瑶列岛主岛，全岛有大小澳口36个，大小山峰20余座。嵛山岛属大陆岛，岛上丘陵起伏，土壤肥沃，植被茂密。属温带海洋性气候，四季温差不大，舒适宜人。

嵛山岛历史悠久。清乾隆四年（1739年），福鼎置县，大嵛山为福鼎霞浦两县海界分线，小嵛山岛及以南岛屿属霞浦县，大嵛山及以北岛屿归福鼎县。嵛山岛扼闽东海域咽喉，为南来北往海上交通之要道。嵛山岛相继获评"中国最美十大海岛""国家海洋公园""国家生态乡镇""国家特色景观旅游名镇"等。

嵛山高山之巅的大天湖原本是一条经年不涸的溪涧，后政府在此拦河筑坝，建成蓄水量超30万立方米的小一型水库，中有一岛，形如落日，称"日湖"。小天湖是天然湖泊，呈弦月边之箭状，湖水不溢不涸，为"月湖"。临近天湖，还有一湖状若星辰，九条小山余脉环绕湖边，如九头小猪抢食，美其名曰"九猪拱槽"，为"星湖"。列岛沿岸属典型的海蚀地貌，岩礁仪态万千。大使岙水缓沙平，既是天然避风良港，亦为不可多得的海滨浴场；沙澳形似弯月，人称月亮

嵛山月亮湾（董其勇　摄）

湾，为消夏佳境。崳山列岛雄峙闽东渔场，盛产鱼虾蟹类。还有特色作物，如月桃，俗称海良姜，可绿化、可观赏、可入药，是名贵中药和香料。

台山列岛

台山列岛位于沙埕港口东南31.5千米处。东北海域与浙南沿海相连，西南隔水与七星列岛相望。因主岛西台山顶平旷如台而名。现为福鼎市沙埕镇管辖。渔汛时有陆地沿岸渔民在岛上临时居住。台山岛属温带海洋性气候，年均气温17.3℃，年降雨量1042毫米。全年大风日数平均达160天。1—4月为雾季，浓雾时能见度小于50米。台山列岛属大陆岛，呈不规划分布，由15个岛屿和22个礁组成，总面积3.57平方千米，多为低丘盘踞。主要组成物为中生代火山岩及第四纪残积层，最高点为东台山，高168.7米。岸线长27.2千米，多属陡崖岩岸，岛上风景秀丽，堪称"海上公园"。由于长年海浪冲刷及风化，海蚀地貌丰富奇特。"雨伞礁"三面浸入海中，一面连接海岛，状若开伞，为海上一绝。

西台山岛和东台山岛各建有水库，拥有自来水和发电设备。西台山岛为村委会驻地，东台山岛现无人居住。台山列岛位于闽浙沿海交界处，地处外海，是闽东北沿海的门户，周围海域是著名的台山渔场，并与浙南渔场相连，西台山和西台澳口分别有灯桩和灯标导航，拔海而起的东台山亦是航海的良好目标。军事上因其所处的特殊地理位置，对保障闽浙结合部和沙埕港外的安全具有重大作用。

七星列岛

七星列岛位于沙埕港口南20千米，大崳山东13.5千米处。《三山志》曾记载："七星山，在崳山之东，浮立海面，如七星北拱。"故以形似七星拱北为名。古称七星山，俗称七星。包括24个岛礁。七星列岛开发历史较早，宋、元时就有邻近大陆渔民于渔汛时在岛上临时居住，岛上居民系19世纪末由湄州湾迁此定居。现因人口内迁，长期定居居民仅余数户。这里通用闽南方言，渔汛季节尚有附近大陆渔民在此临时栖住。

七星列岛属大陆岛，由中生代火成岩及第四纪残积层组成，原系玄武岩台地，后经地壳构造活动和海水侵蚀，分裂成诸岛礁。列岛多为低丘盘踞，面积

0.58平方千米。最高点东星岛，海拔67.3米，水源主要分布东星、西星岛，分别筑有水仓，因受降水控制，久旱水缺。海岸线曲折，均为岩岸，全长10.5千米，多陡岸。东星岛上有天然草场，牧有山羊。附近海域产目鱼、带鱼、石斑鱼、鳗鱼、鳀鱼等经济鱼类和梭子蟹，是福鼎市重要的渔业生产基地。

星仔列岛（外七星岛）

星仔列岛又称外七星岛，位于福建省台山列岛东北海域，浙江省苍南县北关岛东南33.2千米处。列岛原由5个大岛和7个礁组成，因七处礁石的排列形似北斗七星，故名七星岛。福建称为外七星岛、星仔列岛，浙江称为七星岛、七星列岛。星仔列岛呈东北—西南走向，分布范围8.8平方千米，海岛总面积0.0772平方千米。最大海岛为星仔岛，面积3.14万平方米，最高点高程64米。地貌为低丘陵，四周无海滩，多峻崖陡壁。因远离陆岸，常年受风浪袭击，岛上植物稀少，无树木，有少量海鸥等野生动物栖息。岛上有淡水。东星仔岛亦为基岩岛，面积2.76万平方米，岛上植被覆盖率50%，有较多海鸟。诸岛周围海域水深超过25米，水质优良，是多种经济鱼、虾、蟹的索饵场所。岛北为南麂渔场，岛南有闽东渔场，主产鱼类有带鱼、墨鱼、大黄鱼、鲳鱼、鳓鱼、鳗鱼和梭子蟹等，贝藻类物种丰富。

三、海岸港湾

晴川湾

福鼎晴川湾位于太姥山镇东，北起筼筜一带沿岸，东北至上黄岐，西至太姥山镇，南连里山湾。民国时取唐诗人崔颢《黄鹤楼》中"晴川历历汉阳树"句首而名，别名晴湾。气候温和，降水充沛。面积约40平方千米，长约10千米，最宽11千米，最窄处仅0.8千米，口大腹小，呈喇叭形。东南有福瑶列岛、七星列岛、日屿等岛屿环峙拱护，岐头宫、番岐头分布湾内南北，形成隘口。

海湾海域辽阔，海底地势平缓，水质较好，饵料充足，适宜各种鱼、虾、蟹、贝、藻类的生长、繁殖，也是多种经济鱼类越冬的好场所，是福鼎重要的浅海养殖和水产品捕捞基地之一。附近渔区的水产品多经此地销往内地，使其成为福鼎主要渔港。西北茶塘港内建有160吨级驳岸码头一座，年吞吐量达万吨，是太姥山镇主要物资集散地。晴川湾内风平浪静，是渔船停泊的良港。沿湾内有三条海堤。

福鼎牛郎岗旅游度假区又称晴川海滨景区，位于太姥山麓，由分布在晴川湾海域、跳尾湾海域的沙滩和岛屿组成。海上波光粼粼，渔帆片片，鸥鸟点点，姆屿、日屿、跳尾、七星等岛屿，似翡翠镶嵌在蓝缎般的海面。在长30多千米的海岸线上，散布着大小筻笪、大小蒙湾等众多细软洁净的沙滩。这里海水湛蓝，沙质细软，环境清幽，远离尘嚣，是开展帆板、游泳、赛艇、垂钓等活动的理想场所，也是踏沙、戏浪、拾贝的海滨旅游好去处。

小白鹭海湾

小白鹭海湾位于福建东北沿海沙埕港以南，拥有黄金沙滩约25万平方米，大海、沙滩、山峦、怪石等景观相互交融。海湾内的沙滩宽阔柔软，海水清澈，细沙清洁，波缓浪静，是优质海滩浴场，两岸草木葱郁、奇石峭壁。登山眺海，烟波浩荡，仙境缥缈；凭海观山，奇峰怪石，绮丽多姿。小白鹭海滨度假村位于小白鹭海湾，是以"渔文化民俗游"及"海滨沙滩休闲度假"为主体的海滨休闲度假区，也是国家重点风景名胜区太姥山的"山、海、川、岛"四大旅游休闲基地之一。

崳山月亮湾

崳山岛月亮湾位于崳山芒垱，距崳山游客码头5千米，背靠青山面朝大海，呈蓝色半月状，被誉为"月亮湾"，是崳山岛知名的旅游景点之一。湾内金沙万顷、银卵千叠，有琴海玉璧、犀牛入海、狮龙相会、金龟送宝、古宫庙、蛟龙洞等景观。建有国内独有的船屋酒店、沿海最大的露营平台、风情迥异的海景木屋，旅游休憩设施齐全。这里清溪径流，绿树成荫，清晨可观东海日出，夜晚可赏海上明月。既可尽情体验踏沙嬉浪、海边拾贝、耕海牧渔的无穷乐趣，也可参与渔歌篝火、海鲜烧烤、沙滩拉网、果蔬采摘等休闲活动。

沙埕港

沙埕港位于闽浙交界处，福建沿海最北部。东自沙埕港口起，西至八尺门内，北至桐山溪入海口。这里是沙间公路起点，与国道104线相接，陆路交通方便，是福鼎市主要物资集散地。因港口所在地沙埕而名。港于清光绪三十二年（1906年）开埠。港口西南有南镇半岛环护，东南以南关岛为天然屏障，水面自港口至屿间蜿蜒曲折，呈狭长带状，往内呈扇形开放枝丫状，港湾长度约16海里，宽度约1~3千米，最窄处仅0.25千米。其中水域面积22.94平方千米，滩涂面积45平方千米。港内山地环抱，入口狭窄与外海相通，为半封闭海湾。航道弯曲狭长，主航道水深大多在15~18米，最深45米，沿岩多潮间滞海滩。

海湾气候温和，降水充沛。有桐山溪、龙山溪、大岳溪、照澜溪、百步溪、岩前溪等河流和季节性山涧注入。湾内水产资源丰富，近海养殖业发达，盛产海带、贻贝、蛎、蛏、蚶、虾、蟹及小杂鱼类。西部玉塘是良好的避风地，台风季节沿海渔船云集此地，可避12级大风。建千、万吨级码头十数座，沙埕港为中心渔港，货物年总吞量达百万吨以上。

美丽沙埕港（陈律鹏 摄）

四、特色水产

福鼎坛紫菜

福鼎坛紫菜的母本源自于福鼎硖门畲族乡石兰村附近海域的"石兰紫菜"，有700多年的生产历史。1965年，福鼎在海涂潮间带开始试验坛紫菜人工栽培技术。经过技术改良和推广，至2021年，福鼎市坛紫菜养殖面积3500公顷，产量11677吨，全产业产值超10亿元。全市有紫菜加工企业近150家，育苗、养殖、加工、销售等相关行业从业人员2万多人，有"申石蓝""石兰""钱盛""海川"等知名坛紫菜产品品牌。

桐江鲈鱼

桐江鲈鱼历史悠久，又称"花鲈"，在明代与黄河鲤鱼、长江鲥鱼、太湖银鱼并称为中国"四大名鱼"。桐江鲈鱼产自我国沿海及近河口海域，属广温、广盐性鱼类，喜栖息于河口咸淡水，也能生活于淡水，渔期为春、秋两季，每年的10月至11月份为盛渔期。福鼎桐江鲈鱼已形成"育苗、养殖、加工、研发、销售"为一体的产业发展模式，建有国家级花鲈水产良种场、国家级水产健康养殖示范场，成为福鼎市鱼类养殖的主导品种。桐江鲈鱼作为一种名贵食材，不仅销售到北京、上海、浙江等省市和港澳台地区，还远销日本、韩国、新加坡、马来西亚、菲律宾、泰国等国家。

海蜈蚣

海蜈蚣形似蜈蚣，学名沙蚕，俗称海虫、海蛆、海蜈蚣、海蚂蟥。海蜈蚣生长在沿海滩涂泥沙中，分布范围很广，大西洋、太平洋两岸均有，一般长度在几十厘米不等，而福鼎沿海的海蜈蚣能够长到一两米。海蜈蚣在大部分产地都是作为钓取海鱼的主要饵料，在福鼎则是作为一种特别的美食。海蜈蚣蛋白质高、脂肪低，富含钙、锌、镁等，从传统中医讲，是凉性食品，益脾肾，是一种非常符合现代人健康饮食时尚的天然海产品。

弹涂鱼

弹涂鱼又称跳鱼，因其习性好动、狡猾，弹跳力极强，喜欢在潮水退后的海滩上跳跃，身上又有淡蓝色花斑，故又称为花跳鱼、跳跳鱼。《福鼎旧志》载其"登物捷若猴"，因此俗称土猴。跳鱼虽其貌不扬，但肉质细腻鲜嫩，高蛋白、低脂肪，是海鲜中的佳品。

台山厚壳贻贝

贻贝也叫青口，干制品被称作淡菜。淡菜含有多种维生素及人体必需的锰、锌、硒、碘等多种微量元素，所含的蛋白质有人体需要的缬氨酸、亮氨酸等8种必需氨基酸。贻贝中含有维生素B_{12}和B_2，对贫血、口角炎、舌喉炎和眼疾等亦有较好的疗效。福鼎市沙埕镇台山列岛盛产厚壳贻贝，个大肉肥、营养价值高，素有"海中鸡蛋"之美称。

五、古迹遗址

潋城古堡

潋城古堡位于福鼎市太姥山镇潋城村，始建于明嘉靖十一年（1532年），为抗御倭寇，由当时村中能人叶世孚、林一松、郑合溪、杨南川四人负责工程，叶、杨、王、刘等几大姓分段兴筑。城堡呈不规则圆形，砌石结构，周长1127米，高5.67米，总面积1.5平方千米。北面依山势修筑，设有东、西、南3座城门，环城设4座炮台，有更楼1座。古堡分为四境，每境均设供神明。东门东麓境，有建于宋代的泗洲文佛石屋；西门金鳌境，有庙曰"杨八宫"；南门庆云境，有顺懿庙，供奉"顺天圣母"；北面因风水之故，不设城门，俗称"衙门里"，供"齐天大圣"。城内有环城路，清水渠一条，建上街、下街、下横街三条古街。城外有护城河，东门外有护城石桥一座。清康熙四十一年（1701年），由杨家溪

潋城全景图（张晋　摄）

巡检司主罗彬捐俸重修。旧时有潋城市，设潋城巡检司。潋城村曾是古代文人荟萃之地。南宋时，著名史学家郑樵、理学家朱熹先后在此讲学，所设石湖书院遗址尚存。朱熹高足杨楫出生于此。潋城城堡具有较高的历史文化、科学研究价值。1989年，潋城古堡被列为福鼎首批县级文物保护单位；2008年，被列为第七批省级文物保护单位。

石兰古堡

石兰古堡历史文化悠久，地处福鼎与霞浦交界处，位于福鼎市硖门畲族乡双狮山后脊的石兰村。清乾隆《福宁府志·建置志》中将其称作"石澜"，《福鼎县疆域图》中标有"石兰村"三字。石兰古堡最早建于明代。明清以来，石兰邓氏先祖聚族而居，在石兰建成规模较大的古民居。现以石堡城门为入村口，须穿过一条长长的古巷道。巷道两旁砌2米高石墙，巷道宽处不足1米，窄处只容一人穿身而过。石巷道两边每间隔10米有分路口，砌成石阶和回头墙，为民宅的入通口，各个民宅以家族的分衍为单元组成。古聚落主体格局呈一个长方形框架分布，铺石子路，4个角各有4个分口通往其他民宅。内设水井、水池、花圃、通廊、防火墙等，整个村落有利于防御和生活。从现存的建筑格局，可见当时的整体风貌和宏阔的景象。留存至今的石兰烽火台建于明代，为邓氏族人抵御倭寇所筑。2008年，石兰古堡被列入宁德市第一批历史文化名村；同年，被列入福鼎市文物保护单位。

藤屿古堡

藤屿古堡位于福鼎市白琳镇东部8千米处，距高速公路互通口仅有5千米，始建于嘉靖三十八年（1559年）。藤屿堡地理位置十分险要，屯兵于此，抗击倭寇十分有利。据《福鼎县志》载："藤屿堡，在十五都。"古堡东南依山西边面海，四周城墙今已残缺不全，现只有东面城墙存有一段长20米左右的土包。南面城墙长50米，北面城墙长100米，城墙分别宽3~4米，西面城墙断断续续有几十米。从遗留下来的城墙可以看出，城墙南北长100多米，东西长200多米，城堡总面积达2万平方米。南面城墙外有一条斜岭，宽2米左右，用石块砌成，以缓坡形式逶迤至东南面的山脚下。1960年，当地因修建从白琳至秦屿（今太姥山镇）的公路路基，道路从城堡中间穿过，破坏了城堡最早的模样。后因当地发展需要，对城堡造成很大破坏。

虎头岗义冢群

虎头岗义冢群位于福鼎市太姥山镇秦屿村。有义冢7处，其中5处集中于虎头岗，2处位于圣寿岭西侧，两处墓群相距仅约500米，占地约2800平方米。七处义冢中，除一座时间失考外，其余均有墓碑，可确认为清代之义冢墓群。清朝以福建沿海水师为主力统一台湾，并实施从沿海兵营抽调兵力三年轮番戍守台湾的班兵制度。部分将士出为战，归为骸，葬于属营故地。太姥山烽火营既是由宋至清守卫福建海疆的重要军事力量，也是清代戍守台湾的最为主要的官兵补给基地，虎头岗戍台故兵义冢群因此也成为迄今为止对闽台两地历史上军事往来最为明确的实物佐证资料，也是闽台两岸血气同根、法缘同体的最为直接实物说明。墓群横跨明、清、民国三个朝代，历经抗倭、驱荷、复台、成台、战英、击法、平海盗和中国革命。2009年，虎头岗义冢群被公布为福建省第七批文物保护单位；2013年，被公布为第七批全国重点文物保护单位。

马栏山遗址

马栏山遗址位于福鼎市店下镇洋中村北150米，东面从下底湾村东山坡开始至西面的第三个山梁的整个山前山，南至洋中溪。相对高度10~40米，南北500米、东西250米的区域，面积12.5万平方米。因位于店下镇马栏山，因此得名。1987年第二次全国文物普查时在山东坡坳处（相对高度15米处）发现有早期文化层堆积2处，距地表约1.6米，文化层堆积厚达0.7~1.2米，发现整层的石器、石片、陶片，估计为一处石器制造场所。该遗址被列为福建省1949年以来文物考古工作十九大发现之一。2008年10月至11月，福建省第三次全国文物普查沿海史前遗址专题调查队在福鼎市进行为期18天的文物普查。其中，在对马栏山遗址进行复查时发现，遗址范围可以扩大到12.5万平方米以上，与共处在洋中盆地的洋边山遗址及新发现的后保栏山遗址构成福鼎市目前发现的最大一处遗址群。1991年，马栏山遗址被公布为福建省第三批文物保护单位。

资国寺

资国寺为闽东千年古刹，也是福鼎市原六大寺之一，位于福鼎城郊资国村莲峰山，距福鼎城区5千米。建于唐咸通元年（860年）。宋代重兴，相传有九井十三墩。明、清时重修、扩建。1987年至1993年，几经修建，重展千年古刹之风貌。寺内有唐井、宋井各1口和宋香炉、施食台、石斛、碑刻及灵源洞、卧陀岩、谈经台石刻等文物古迹。宋、明时代法堂石基、梁、栋、柱古建筑犹存。千年铁树、明代桂树、清代柏树和槐树枝叶尚茂。1995年后，相继建成总山门、放生池、伽蓝殿等，成为集朝圣、观光、旅游为一体的园林式寺院。资国寺清幽秀丽，莲峰山状似莲蓬，素有"莲花曙月"之胜景，为桐城八景之一。1980年，资国寺被省政府定为首批对外开放重点寺院之一，继后被县人民政府依法登记并定为县重点文物保护单位。

六、独特人文

福鼎白茶制作技艺

福鼎白茶制作技艺是创制白茶的核心工序，也是茶芽原料到制作成品的关键环节，具有自然、科学、优质的特点。从19世纪中后期，用福鼎大白茶制作的银针开始外销，历千数百年，不断革新创制。类型主要为银针、牡丹、寿眉；还有以牡丹、寿眉制作茶饼。其制法自然而特异，不炒不揉无发酵环节。初制原理和工艺规程主要为萎凋和干燥两道工序，以适度的自然氧化，保留了丰富的活性酶

白茶交易（吴维泉　摄）

和多酚类物质。白茶拥有优秀品质特征，得益于其传承久远的制作技艺，在中国茶类制作中占有重要而独特的地位。2011年，福鼎白茶制作技艺被列入第三批国家级非物质文化遗产名录。

沙埕铁枝制作技艺

沙埕铁枝俗称"杠""阁"，始于清乾隆年间，是沙埕渔家元宵节传统民俗活动，也是福鼎众多民俗文化活动中最具地方特色的民间民俗艺术活动形式。沙埕铁枝制作精美，表演精彩，技艺高绝。夜幕下，灯光闪烁，观者如云，蔚为壮观。2008年，沙埕铁枝被列入第二批国家级非物质文化遗产名录。

（详见《海上福建（上）》）

瑞云四月八歌会

"四月八"俗称歌王节，唱畲歌是"四月八"的主要内容。"火头旺"是瑞云畲族"四月八"的重要活动，畲族人对火充满着敬畏和崇拜，认为烧火可以驱恶避邪，带来光明、希望和吉祥，因而把"烧火"作为祈拜娱乐的游戏活动。这一天，也是瑞云畲村的"牛歇节""爱牛节"，畲家人把耕牛洗干净，在头角上佩红布，喂最好的饲料和"牛酒"，以犒劳它一年来的辛劳，表达对耕牛带来丰收的感恩之情。2011年，歌会"瑞云四月八"被列入国家级非物质文化遗产项目名录。

（详见《海上福建（上）》）

福鼎饼花

饼花是200多年前福鼎当地汉族民间艺人独创的富有地方特色的一种特有画种，它是专门贴在中秋月饼上的一种装饰画。表现内容以戏曲题材为主，形式新颖，有美人式、八景式、八果式、团式等。饼花画面色彩鲜艳、热闹，线条清晰，汉族文化和地方特色极浓，流行于闽东福鼎、霞浦、福安、柘荣等县市和浙江的平阳、苍南一带。饼花的发展大致经历了剪纸、手绘到木刻三个阶段。"剪纸饼花"是福鼎饼花发展最初的一种形式。清乾隆年间，福鼎就有剪纸形式的百子花。民国时期，福鼎一位演木偶戏艺人林通玲将手绘饼花刻在木版上，木刻饼花从此开始。此后，泥金饼花被木版饼花所取代。抗战胜利后，上海洋版戏文图冲击福鼎饼花市场，这种戏文图饼花流行至"文化大革命"前夕。"文革"后，中秋月饼出现简装与高档装潢，原来的饼花逐渐淡出人们视线。2005年，福鼎饼花工艺被列入第一批福建省级非物质文化遗产名录。

福鼎提线木偶

提线木偶是用木偶来表演故事的戏剧，为闽浙地区传统戏的一种，古称"悬丝傀儡"，俗称"傀儡戏"、戏仔，福鼎民间称为"七条线"，源于闽南泉州一带，明清时期，随人口迁移进入福鼎。福鼎提线木偶以木偶道具制作精美、表演技法娴熟、艺术风格独特、融合多种传统戏曲手段而享有盛誉。福鼎艺人表演木偶戏主要使用京剧唱腔，因表演者、受众的语境不同，分别使用桐山话、闽南话和畲语等方言道白，体现福鼎地处闽浙交界特殊地理位置所流传的传统戏种的古老与多元。提线木偶戏由演员通过手指操纵木偶身上绑着的丝线而使舞台上的木偶做出各种表情和动作。木偶提线最初一般是7条线，后来发展到系有16条以上，甚至多达30余条纤细悬丝，线条繁多，操弄复杂，与国内多数传统木偶戏相比，表演技巧难度最高。2009年，福鼎提线木偶被列入第二批福建省级非物质文化遗产名录。

前岐马灯

前岐马灯又称"打马灯"，始创于清乾隆年间。演员身上绑着马头和马身，走着马步，按阵图进行表演，主要有"内外城""交云操""五个螺""卷花心""钱棍曲""蝴蝶操""梅花操""顿营""洗马"等场景，展现古战场上万马奔腾、骁勇善战、进退自如的英雄豪情。在内容上多引进一些群众喜闻乐见的古代传奇故事，结合场面气氛边舞边唱歌曲。马灯在场景表演时，与管弦乐器吹打、民歌传唱以及曲艺表演结合起来，构成了舞美、声

前岐马灯（前岐镇政府 供）

乐、戏曲相融汇的绝妙视听效果。2011年，前岐马灯被列入第四批福建省级非物质文化遗产名录。

福鼎嘭嘭鼓

嘭嘭鼓又称蓬鼓、嘭鼓，是渔鼓的一种，起源于道教的"道情"。福鼎嘭嘭鼓的流入大致在明末清初，成型于清朝中叶，流行于清末民初，距今有400多年的历史。福鼎嘭嘭鼓表演道具仅为一筒一拍。演绎内容通过艺人演唱曲目来表现，将鼓斜放左膝盖上，以左肘护住，右手拇指按住竹筒下端，其余四指以击、滚、抹、弹等指法有节奏地拍打着蒙皮；左手拇指和中指、无名指捏一对竹片，和着鼓声扣动板子。福鼎嘭嘭鼓有两种演唱形式：一为"门头词"，另一种称"传书"。唱词格律和押韵方式灵活自由，文字平实，语句通俗易懂。传统嘭嘭鼓是口头文学，演唱唱本没有文字记载，代代传承都是师徒之间的口口相传。2018年，福鼎嘭嘭鼓被列入第六批宁德市级非物质文化遗产名录。

福鼎畲歌过海调

畲歌福鼎调俗称"过海调"，主要流行于福鼎市和浙江苍南县一带，其基本特点为句首出现语音自由延长，句末词曲同步，为变化重复的平行式双句一段体，音调比较高亢，常在高音区作自由延长，节奏较为自由，句末时有延长尾音，以"呜呼嗨""啰喂"收尾，亦由二个乐句及其变化重复组成。"过海调"以沙埕港为界，南面的店下镇、太姥山镇、硖门畲族乡与北面的前岐镇、佳阳畲族乡的畲族互称"过海"。沙埕港北岸佳阳畲族乡、前岐镇的畲歌称"过海调"；南岸乡镇的畲族均唱"福宁调"，即平常所说的"平调"。福鼎畲歌"过海调"是畲族文化的一张名片，是福鼎地方文化的重要组成部分。

海田"九月九"

南朝《续齐谐记》中记载："汝南桓景，随费长房游学累年。长房谓曰九月九汝家中当有灾，宜急去。令家人各作绛裴囊，盛茱萸以系臂登高饮菊花酒，此祸可除。桓景如言举家登山，夕还，见鸡犬牛羊一时暴死。费长房闻之曰，此可代也。今世人九日登高饮酒，妇人带茱萸，盖始于此。"这个故事生动地反映出人们避邪除灾的心理。桓景感恩，特设立这节俗以纪念费长房。费氏家族迁至本地，相沿成习，流传至今。一年一度的"九月九"，对海田村民来说，非同寻常，海田村到处张灯结彩，人头攒动，竟有几千人参加活动。海田村挨家挨户都会烧上好菜招待十里八乡前来的客人，少则二至三桌，多则十几桌。无论踏入谁家的门，任你拿上碗筷吃喝就是，村民皆会热情招待。海田村"九月九"吃请迎往，以其农耕为主题互相联系。

潋城双端午

福鼎市太姥山镇潋城村有每年五月初四晚上、初五中午连过两次端午节的习俗，俗称"潋城双端午"。相传，唐末宋初，天下纷乱，江南虽偏居一隅，仍受荼毒。有股流寇窜至太姥山国兴寺（一传为店下安福寺），杀死寺僧，霸占寺产，欺男霸女，为所欲为。设局专诱良家妇女上山进香，拐藏至葫芦洞，供其淫乐，乡邻怒而不敢言。潋村杨国显，为朝廷监察御史，回乡省亲时闻说此事，经暗访查实。杨国显召村众乡邻，定于五月初四晚攻打国兴寺。为给青壮年上山除恶壮行，初四晚，潋城全村举家设宴提前过端午节。酒足饭饱后，全村青壮年在杨国显的带领下，奋力攻上国兴寺，打败假僧，救出妇女。初五端午，潋城举村欢腾，为庆祝胜利，每家每户又欢欢喜喜再过一个端午节。此后，潋城村民为纪念这次胜利，每年都过两个端午节，此俗一直延续至今。自2019年开始，潋城每年五月初四举办潋城双端午民俗文化旅游节，表演民俗文艺节目，沿街摆百家宴，大宴宾朋。

秦屿藤牌舞

太姥山镇的民间舞蹈藤牌舞因以藤牌为主要道具而得名。藤牌舞发轫于明末年间，为驻扎在太姥山镇的陆军烽火营会操检阅时的舞队表演。其后经过改造动作、步伐、阵形和赋予情节逐渐演变成为一种舞蹈，经常在民间节庆和祭祀中献演，集娱乐健身于一体。过去太姥山镇正月"迎神"或城隍庙、忠烈祠、康湖毓麟宫和九使庙等重要庙会皆有献演，演出场面犹如战场般气势恢宏，深受当地民众的喜爱。该舞蹈不仅在内容上具有厚重的文化意蕴和鲜明的民族特色，还具有较强的艺术表现力。其表演仪式、形式、套路、技艺精湛繁复，集武术、舞蹈、音乐、杂技、美术之大成，具有丰富的民俗学价值，是太姥山镇重要的文化名片之一。

太姥娘娘信俗

太姥娘娘是古闽越人之始祖母，早年苦行于才山，种蓝为业，沤蓝染布，人称蓝姑。太姥娘娘授民种茶，致富一方，制茶治病，造福百姓，为华夏染人之祖、人类茶叶之母。晚年修成正果，于农历七月初七得道飞升，民间奉为圣母。福鼎当地流传"下海求妈祖，上山求太姥"。才山因之易名太姥山，成为十方信众朝圣、祈福之胜地。每年农历七月初七，是太姥娘娘羽化飞仙之日，村民会自发组织到太姥山参加七月七太姥娘娘祭典活动，怀着虔诚的心态向太姥娘娘献礼。

七、特色村镇

巽城村

巽城村地属福鼎市店下镇西北部，因在八卦之一的巽字方向建有城堡而得名。全村面积18.6平方千米，是省级生态村。

巽城村地理位置优越，上通北浙，下属南闽，系要害之区，为行旅往来必由之路。水陆交通便利，历史上有古驿道经过。自宋代以来，巽城为福宁古道上的重要集镇。明清时期，古村商贸繁荣，因在巽城街经营商铺而发家者不乏其人。当时许多闽浙贸易的小宗货物都从巽城渡上埠下海，巽城渡遂成为沙埕港内水陆交通的重要枢纽，明清福鼎主要渡口之一，是福鼎茶叶重要集散地之一。现存街巷、商铺、福宁古道、古渡、古桥、茶庄、造船遗址，见证了巽城海口商镇历史文明。

巽城依山傍海，自然景观丰富多姿，拥有全国最北的红树林、长屿岛、妈祖岛等海上观光景点。巽城历史悠久，文化深厚，经历明清以来筑堡防海、迁界复界、茶叶贸易、福鼎解放、新中国建设等历史进程，形成了马栏山文化、红色文化、码头驿道文化、茶文化。马栏山古代文化遗址群延伸境内，遗址可追溯到新石器时代。巽城解放战斗遗址是1949年解放福鼎唯一战斗遗址。仁泰茶坊见证曾经的茶叶辉煌历史。划龙舟习俗传承至今、妈祖朝圣长盛不衰。村内遗留的历史古迹众多，有陈姓上下锦芳、林氏大厝、何氏大厝、施仁泰大院等古建筑19处。

巽成村2010年被列为宁德市社会主义新农村建设示范村，2011年被评为福建省历史文化名村，2012年被确定为福鼎市新农村建设明星村、省级生态村。

沙埕镇

沙埕镇原为海水退潮后的浅海沙滩，当地民众曾筑堤围田养蛏，故称沙埕。沙埕镇位于福鼎市东南部，福建省沿海最北端，为闽、浙、台（湾）三省沿海交界的边缘地带。沙埕是明代福建沿海军事重镇，沙埕港水深无礁，为闻名的天然良港。沙埕镇民间传统活动丰富多彩，2008年沙埕铁枝被列入国家级非物质文化遗产名录。

（详见《海上福建（上）》）

太姥山镇

太姥山镇原名秦屿镇，镇名由来据说是为秦人避乱之所居也。该镇位于福鼎市南部、晴川湾入口处，太姥山之东南麓。境内的太姥山是国家级风景名胜区，素有"海上仙都""山海大观""道仙佛地"之美称。

（详见《海上福建（上）》）

八、美食特产

（一）风味美食

桐山老菜"八盘五"

"八盘五"是指福鼎宴席的传统老菜，即：八个盘菜、五个汤品，还有二大将（指两个饱食），此外还加四围碟或八围碟或十六围碟，围碟数量根据宴请的档次来确定，菜肴越精致，围碟越多，档次越高，它是从原廿四大碗演变而成的（偶尔也有十八大碗）。廿四大碗在福鼎有着较为悠久的历史，官方举办寿宴、官宦大户人家的寿宴、结婚喜宴都会办"八盘五"宴请亲朋好友。民间流传着廿四大碗菜品记载：头碗祥燕做头前，二碗香菇凑一双……廿二清炖马鲛鲳，廿三白鳝牵红线，廿四盖尾红枣汤。"八盘五"菜肴烹饪技法上通常是：炸、爆、炒、蒸、焖、煎、烹、炖、烩、卤、拌、挂霜等。2019年6月，桐山老菜"八盘五"制作技艺被列入第五批福鼎市非物质文化遗产。

福鼎香芋宴

福鼎香芋宴全部由槟榔芋为主料而做成。福鼎槟榔芋又名福鼎芋，在福鼎的栽培历史至少在400年以上。福鼎槟榔芋是福建省内公认的上品芋头，闽浙其他地方的槟榔芋基本都是从福鼎引种的。

福鼎槟榔芋肉呈乳白色带紫红色槟榔花纹，易煮熟，风味独特，食不厌口，且营养丰富。在烹调方法上可炒、熘、烧、焖、蒸、烤、煎、炸、煮、煲、烩、炒，作粮作菜皆宜。香芋宴中比较有代表性的菜品有"香芋扣肉""太姥挂霜芋""鱼形芋泥""香酥芋丸""香芋饭""八宝芋泥""太极芋泥""芋丸王"等系列名菜，一般一台宴安排12道菜左右，2道主食外，2道汤品，8道盘菜。2019年，福鼎山前芋头饭、福鼎挂霜芋制作技艺被列入第五批福鼎市非物质文化遗产。

福鼎白茶宴

福鼎白茶宴最重要的食材是白茶。近几年，福鼎白茶宴茶食茶点在传统闽菜技艺的基础上，经过研发，已有近百道茶菜肴品种相继问世，其中涵盖冷菜、热菜、小吃、面点、茶饮等五个烹饪项目。白茶宴最具代表性的菜品有寿眉遇见虾、银针氽海蚌、佳茗豚肉蒸公蟳、白牡丹炖鲍鱼等数十道作品，其烹调方法有炸、炒、蒸、煎、烹、炖、卤、酿、煮等。2019年，福鼎白茶宴制作技艺被列入第五批福鼎非物质文化遗产，并被中国烹饪协会列入中餐特色宴席名录（中华名宴）。

福鼎肉片

福鼎肉片是福鼎最受全国食客喜爱的小吃，曾获"中国十大区域特色小吃""中华名小吃""福建省十大名小吃"等荣誉。

（详见《海上福建（上）》）

店下炒米粉

店下炒米粉来自素有福鼎"米粮仓"之称的店下镇。米粉本来作为人们日常的主食，与当地的面、粿、地瓜粉丝等并称为"四大将"。在众多的店下炒米粉小吃店中最出名的要数"爱萍店下炒米粉"，其驰名于福鼎并被中国烹饪协会认定为"中国名点"，被第十四届厨师节组委会授予"金厨奖"，在首届福鼎风味小吃大奖赛中获"铜奖"。

巽城肉燕

巽城肉燕是福鼎著名的风味小吃。福鼎本无肉燕，是乾隆年间福宁府太守李拔的厨师，将肉燕带到福鼎。智慧的巽城人发挥自己的聪明才智，依据本地特色，将肉燕加以改进，使其更加具有福鼎的山海特色，吃起来油而不腻柔而脆嫩，味鲜适口宛若燕窝兼有荤素风味。

（二）土特名产

福鼎四季柚

福鼎四季柚属芸香科柑橘属柚类，以一年四季都能开花结果而得名，原产于福鼎前岐镇罗唇村抛脚自然村，迄今有500多年的历史。福鼎是全国最大的四季柚生产基地与原产地，也因此被誉为"世界奇果——中国四季柚之乡"。

福鼎四季柚通常以春梢花结果实为主，夏花为补，秋冬花果仅作药用。1989年福鼎四季柚被农业部授予"全国优质农产品"称号；2001年，被授予"福建省名牌农产品"称号；2003年、2004年分别获得国家证明商标和原产地地理标志；2020年，获福建特色农产品优势区认定。

福鼎白茶

白茶是中国六大类茶之一，是我国茶类中的特殊珍品，因其成品茶多为芽头，满披白毫，如银似雪而得名。福鼎白茶清香味浓、汤色橙红；叶底展开后其色泽青灰带黄、筋脉带红；茶汤味似绿茶但无清香，又似红茶而无酵感，浓醇清甘又有闽北乌龙的馥郁。2003年以来，先后有100多件福鼎白茶产品在国内外茶叶品质大奖赛中获得金奖、银奖。2004年，福鼎白茶注册为原产地标记地理标志，并成功申请注册"福鼎白茶"证明商标。2006年，福鼎市被评为"中国白茶之乡"，福鼎白茶入选"奥运五环茶"。2021年，福鼎白茶荣登"2021中国茶叶区域公用品牌价值十强"第五位，被授予"最具品牌发展力"荣誉；同年，福鼎白茶名列国家农产品地理标志保护登记名册。

福鼎白琳工夫

清代出产的白琳工夫红茶产于福鼎县太姥山、白琳、湖林一带，是福建省三大工夫茶之一。白琳工夫茶系小叶种红茶，当地种植的小叶群体种具有茸毛多、萌芽早、产量高的特点。白琳工夫茶外形条索细长弯曲，节毫多呈颗粒绒球状，色泽黄黑，内质汤色浅亮，香气鲜纯。橘红乃白琳工夫红茶系列产品之一，为工夫红茶之珍品，精选细嫩芽叶制成工夫茶，其外形条索紧结纤秀，含有大量的橙黄白毫，具有鲜爽毫香，叶底艳丽红亮，故取名为"橘红"。2009年第八届中茶杯第一阶段名优茶评比中，白琳工夫红茶夺得6个一等奖。

福鼎黄栀子

黄栀子种植在福鼎市贯岭镇有近百年历史。早先是当地药农将山上野生黄栀子移植栽种，树龄60年以上的黄栀子至今尚有数十棵，产量颇丰。黄栀子种植以贯岭镇为中心，向周边十几个乡镇辐射，栽培面积达到6600多公顷，鲜花年产量约25000吨，总产值1.5亿多元，黄栀子种植业已成为福鼎一大产业。福鼎栀子花既可入药，又可采食。在福鼎人们喜欢食用栀子花，或爆炒，或油炸，或伴肉骨头熬汤，其味鲜美，回味生津，食后唇齿留香。

福鼎槟榔芋

福鼎槟榔芋是福鼎名、特、优出口创汇的农副产品，又被称为"福鼎芋"。因山前村种植最早，品质最佳，故又有"山前芋"之称。其形体呈长圆柱形，如"炮弹"，个头大的长度达40厘米，直径达15厘米，一般重量1.5公斤，最大可达6公斤；表皮棕黄色，乳白色的芋肉夹杂着紫红色花纹，易煮熟，质地细、松、酥，芳香可口、风味独特，营养丰富。以槟榔芋粉为原料烹调的"红鲤藏泥""太姥唐塔""太姥芋泥""芋虾包""菊花芋"等系列名菜，均被列为国宴佳肴。

（编纂：张媛钰　审稿：姚满堂、董其勇）

霞 浦 县

一、综述

霞浦位于福建省东北部，是闽东最古老的县份。霞浦东濒东海，西南与宁德、罗源、连江隔海相望，素有"海疆重镇，闽东门户"之称。海域面积2.89万平方千米，为陆地面积（1711.29平方千米）的17倍；海岸线长480千米，居全省沿海县市之冠。2021年，常住人口47.7万人。

霞浦依山面海，为沿海丘陵县，地势由西北向东南呈阶梯状下降。西北峰峦耸峙，中部丘陵连绵，低山、盆谷、平原交错，东南沿海有大小岛屿442个，东冲半岛形如卧虎拱卫闽东内海，东冲口为其出入咽喉。三沙湾、福宁湾闻名遐迩，东吾洋素有"海上明珠"之誉，官井洋系全国著名的大黄鱼天然繁殖场，古镇港乃深水良港，可泊万吨轮船，三沙港以天然渔港被孙中山列入《建国方略》。

霞浦山海资源丰富。境域属中亚热带季风湿润气候区，春多雨水，夏多台风，冬暖夏凉，霜雪少见。境内水系呈树枝状分布，总流域面积635.2平方千米，干流长134.5千米。海域占全省海域面积的21.76%，海洋渔场28897平方千米，浅海、滩涂696平方千米，分别占全省的30.17%和23.76%，捕捞、养殖、航运等海洋经济在闽东地区属首屈一指。森林覆盖率36%，杉、松等优势树种蓄积量83万立方米，还有三尖杉、四季千年桐、千年银杏、桫椤等珍贵林木。东吾洋沿岸晚熟荔枝为历史名贵水果，官井瓜（大黄鱼）、三沙鲙（石斑鱼）、七都蟳、沙洽蛎、盐田蛤、牙城蛏、霞浦文蛤、沙江对虾、沙塘剑蛏、崇儒李干、福宁清水绿茶等名优土特产饮誉海内外。非金属矿产品种众多，以硅石、花岗岩、沸石、蛭石、高岭土、紫砂土和石英砂、矿泉水等为主。河流水能理论蕴藏量7.42万千瓦，可开发量4.5万千瓦，地下水年蕴藏量近亿立方米，潮汐能量巨大，开发条件优越。旅游景点富有地方特色，赤岸以人文荟萃名噪古今，又是唐代日本高僧空海大师入唐求法"漂着受难的圣地"；杨家溪人称"海国桃源"，以青山碧水之幽美，潭、濑、滩与花、草、林镶嵌之秀雅，瀑布、峡谷、奇峰、悬崖、异石、怪洞等鬼斧神工与人文汇聚之胜境，被列为国家重点风景区——太姥山名胜区的"山、海、川"三大主景区之一。此外，大京古城堡是省级文物保护单位，东关建善寺以"八闽古刹"闻名，三沙留云洞有"闽东小普陀"之称，下浒外滩获"闽东北戴河"之誉。

二、特色岛礁

四礵列岛

四礵列岛位于县东南海面，由北礵、南礵、东礵、西礵等18个岛屿及17个礁石组成，略呈方形。分布范围东西长8.5千米，南北宽9千米，岛礁总面积4平方

东礵岛（黄文榕　摄）

千米。海岸线总长31.5千米，多为基岩陡岸。主岛北礵岛，位于列岛之北，距三沙镇约16海里，面积1.88平方千米。岛内地势南陡北缓，最高点大姆山海拔140.2米。岛岸线曲折绵延8.48千米，沿岸有南、北2个澳口。

浮鹰岛

浮鹰岛原名浮瀛山，又称双峰岛，位于四礵列岛西南约13海里处，西北距大陆最近点间峡村约4海里。岛呈长方形，南北长6.35千米，东西宽1.94千米，面积约11.5平方千米，为全县最大的岛屿。该岛海岸线弯曲，长约18.9千米。地势挺拔，山丘绵延，天牛顶、六潮顶两山隆起于南北，最高点六潮顶海拔366米。岛上植被茂密，水源充足。沿岸有里澳、打铁坑澳、武澳、文澳等澳口。

西洋岛

西洋岛原名蜘蛛岛，位于浮鹰岛西南约5海里处，距大陆下浒镇约6海里。南北长约5千米，东西宽1.58千米，面积约7.9平方千米。海岸线长17.78千米，岸坡较陡。地势北高南低，最高点烟台顶海拔220.6米。西北、东北部山丘植被良好，有小溪数条沿山谷汇入肯头河。海岸沿线有北澳、大王澳、贵澳、大澳、风门澳等湾澳，近岛海域带鱼、墨鱼、鲳鱼、虾等资源丰富。

烽火岛

烽火岛又称鸭仔山，位于福宁湾东北端，三沙镇中心村正东4千米处。岛呈工字形，东西长约3.15千米，南北宽约0.66千米，面积约2.1平方千米。地势东低西高，最高点北尖山海拔155.2米。草丛植被较好。海岸线曲折，长约13.7千米，沿岸有协澳港、澳仔澳、烽火澳、网仔澳、网仔澳港等港澳。岛周围水深多超过10米，石斑鱼资源甚丰。

东安岛

东安岛古称东江岛，又称东蚶、东坑岛，位于东吾洋内西南侧，距溪南镇约4.3海里。岛呈三角形，南北宽1.31千米，东西长约5千米，面积6.5平方千米，为内海最大岛屿。海岸曲折陡峻，岸线长约18.7千米。地势北高南低，最高点大山头海拔277.2米。土壤肥沃，黑松、茅草植被丰厚。

竹江岛

竹江岛古名筑屿，又称竹屿，位于东吾洋内北侧，距沙江镇沙江村约0.7海里。岛呈不规则长方形，东西长0.58千米，南北宽0.18千米，面积约0.143平方千米。海岸线较平直，长约1.36千米。地势东向偏高，最高点虎头岗海拔47.3米。东南部地表多岩石，西北部地表为沙质土壤。岛四周滩涂面积约40平方千米，盛产乌鲶、牡蛎。

三、梦幻海岸

大京沙滩

大京沙滩距县城32千米。沙滩呈半月形，细沙金碧柔滑，入手无声，脚踩无

大京海滩（陈骥　摄）

痕，附有五彩小卵石带。沙滩面对笔架岛，联窑后，接丹湾，退潮干出面积约0.5平方千米，内侧凸地3米多高，曰大金坞沙垅岗，面积20多公顷。20世纪70年代种植的木麻黄，绿荫成带，郁郁葱葱，成为大京村的一道防风屏障，也是夏天游客小憩的好去处。大京沙滩周边亦有多处景观，如窑后自然村的岬角岩石多彩纷呈，海浪冲淘而堆积滩头的颗粒小卵石，当地人称之"五彩石"，民国版《霞浦县志》记述其石"润泽莹洁"，有山水、花草、虫鱼各色影纹。窑后的小石可与南京的雨花石媲美。沙滩前方800~1000米，左一屿曰荚杯，右一屿曰笔架，岛上石奇岩异，植物茂盛，景色秀美，贝壳类水生物较丰富，可供游人采撷拾贝和烧烤。

摄影滩涂

霞浦全县滩涂面积约218.5平方千米，其中分布在牙城湾7.2平方千米、福宁湾51.5平方千米、东吾洋83.2平方千米、官井洋42.4平方千米、盐田港27.5平方千米、半岛外侧与海岛四周6.7平方千米。在大陆海岸带和内海岛屿四周的海滩大部分为泥、泥沙滩；外海岛屿周围的海滩绝大多数为沙滩，砾滩主要分布于海岛乡的文澳、马刺和下浒镇的金蟹等地。

境内滩涂是摄影圣地，被誉为"中国最美滩涂"，其中福宁湾湿地有12000公顷天然滩涂湿地，湿地内栖息着国际濒危的鸟类数种（卷羽鹈鹕、黑脸琵鹭等）以及数量众多的大中小白鹭和苍鹭。主要滩涂沙滩有东吾洋海埕等七处。东吾洋海埕分布东吾洋沿岸，呈东北—西南走向，长18千米，宽1.3~7.5千米，总面积约60平方千米。福宁海埕位于福宁湾西侧，北连后港洋滩，南至沙尾滩，东起火烟山岛，西至岐尾鼻。东西宽2~6千米，南北长7.5千米，总面积约37.5平方千米。海埕野生剑蛏为福建名产。盐田港海埕位于盐田港北侧，东西长约3.5千米，南北宽1千米，面积3.5平方千米。长箱涂位于牙城湾西侧，东西长4千米，南北宽3千米，面积约10.5平方千米。砚石滩位于官井洋北侧，东西长3.8千米，南北宽1.8千米，面积约7平方千米。外浒沙滩位于下浒镇外浒村东侧，与海岸平行，呈新月形。南北长1.6千米，东西宽0.2千米，面积约0.35平方千米。沙滩由细砂组成，最

高点高度3.6米，由西向东平缓伸向水下，滩前水深2~10米，为天然海滨浴场。间峡沙滩位于间峡港北侧，与海岸平行，呈弧形。南北长0.6千米，东西宽0.3千米，面积约0.18平方千米。沙滩由石英砂组成，自西向东平缓伸向水下。

四、天然海港

古镇港

古镇港位于福宁湾东北部，三沙镇古镇村东侧，东邻烽火岛，西依烟墩山、大古镇、小古镇，北以纵横屿、尾屿、中屿等小岛为门户，西南濒纺车礁及青屿。港区略呈方形，面积约1平方千米。基岩海岸，岸线稳定。港内暗礁少，港床无淤积，底质以沙砾、泥为主。水深6~40米，透明度0.5~1米。潮流为半日潮往复流，潮差4.16米。夏秋之交受台风影响较强烈，可避10级东北风、8级西南风。

三沙港

三沙港位于福宁湾东北端，三沙镇南侧。港区呈长方形，面积约3.6平方千米。海岸线曲折，长约5千米，海岸坡度平缓。东面烟墩山突出部约1.5千米延伸至海，形势险要。港内有5个澳口，底质以泥沙为主，水深2~11米，透明度0.5~1米，潮差4.8米。夏秋之际主要受西北风向的台风影响，能避11级东北风、10级西南风。

盐田港

盐田港古称西港洋，位于三沙湾北部。北接盐田杯溪，西、西南与福安溪尾港、白马港相通，南至宁德白匏岛，东南连南塘港。东西宽1.2~6千米，南北长21千米，面积约40平方千米。海岸线曲折，长约105千米，多为泥沙岸，间有岩岸。港区水深1~13米，透明度0.5~1米，海底以泥沙质为主，潮差3~5米。

闾峡港

闾峡港位于县东南部的长春镇闾峡村，北起东澳尾，南至闾头尾鼻，西北依闾峡村陆岸，东连东海，略呈长方形。南北宽1千米，东西长2千米，面积2平方千米。海岸线较平直，长约7.5千米，西部为沙岸，其余均为基岩海岸，坡度较陡。水深2~50米，海底属泥沙质，潮差3米。港内岛礁少，风浪小，水流缓慢。出口处风浪大，为闽东海区的险恶地带之一。

东冲口港

东冲口港位于三沙湾东南处，是三沙湾的唯一出入口。港区略呈长方形，东西长0.8千米，南北宽0.6千米，面积约0.5平方千米。海岸线曲折，长约2.5千米，坡度较陡，多属基岩海岸，东侧有部分沙岸。水深4~8米，港口水深20米以上，海底由泥、泥沙组成。港内无岛礁，风浪小，潮流畅通，潮差4米。

五、特色水产

霞浦海带

霞浦海带主产于溪南、沙江、下浒、长春、北壁、海岛、盐田等沿海乡镇。养殖区生态环境独特，所产海带无论从形态、色泽、营养、口感等方面都优于各地同类产品。有关专家曾评价："霞浦海带是全国最好的海带，其口感之美，质量之优，举世无双，是集佳肴良药于一体的珍宝。"2009年，霞浦海带获得国家工商总局颁发的地理标志证明商标注册证书，霞浦县被中国水产流通与加工协会授予全国唯一的"中国海带之乡"称号。2021年，霞浦海带养殖面积30多万亩，干品产量约20万吨（鲜海带约150万吨），养殖规模和产量居全省第一。

霞浦紫菜

霞浦紫菜以色褐而有光泽、营养丰富、口味鲜美、质量上乘而扬名，主产地有三沙、沙江、松港、牙城、溪南、长春、下浒、盐田、北壁等沿海乡镇（街道），养殖区分布福宁湾、东吾洋、牙城湾、官井洋、盐田港等海域。2009年，霞浦紫菜获得国家工商总局颁发的地理标志证明商标注册证书，霞浦县被中国水产流通与加工协会授予"中国紫菜之乡"称号。2021年，霞浦紫菜养殖面积5万多亩，干品产量约0.3万吨，面积、产量均居全省第一。

霞浦海参

霞浦县凭借港湾众多、受风面小、潮流畅通、水质肥沃等海洋自然条件优势成为中国"北参南养"的主产区。近年来，霞浦县大力发展海参养殖、精深加工开发、产销对接机制创新、本土品牌化建设等全产业链模式，逐渐成为全国海参产业的风向标。2019年，霞浦县被中国水产流通与加工协会授予"中国南方海参之乡"称号。2021年，全县海参总产量达3.5万多吨，养殖规模和产量居全省第一。

六、历史人文

（一）文物胜迹

建善寺

建善寺，闽东名刹之一，位于霞浦县城东华峰山麓，始建于南齐永明元年

（483年），为福建省现存最早的寺院，初在古温麻县治，初名"建福斋"，唐景云二年（711年）改名"建善寺"。贞元初（786年），沩仰宗开山鼻祖、一代高僧灵祐禅师在此祝发出家，院后遗留禅师坐禅的灵石和禅堂断墙。历代重修建，现存为清代建筑形制。该寺坐北向南，仿宋代传统建筑，为六扇三进一庑砖木结构之重檐悬山顶式院落，建筑面积1668.4平方米。自南而北为牌楼、山门、天王殿、钟鼓楼、大雄宝殿、月台、观音阁。1981年，被公布为县级文物保护单位。日本高野山真言宗访中团数十次前来赤岸，并在建善寺举行大型法事，使该寺成为日中佛教文化交流活动场所。

法华寺

法华寺位于长春镇法华村，宋乾德二年（964年）建，明、清两度重修，初名"灵瑞院"，宋治平元年（1064年）改为"法华寺"。大门寺额"妙法莲华"系宋镇北将军林国祥题句，今犹存。宋代理学家朱熹曾到寺游览并提楹联："地别九重天，碧水丹山青世界；门当三益友，苍松翠竹白梅华。"大雄宝殿为砖木结构歇山式屋面，飞檐雕刻，柱础双层八角形。寺内竖有明万历碑刻，记载该寺沿革，寺西北约400米处有宋代舍利石塔3座。法华寺风景独特，素有法华十景之称。

竹江天后宫

竹江天后宫始建于南宋庆元年间（1195—1200），清康熙二十九年（1690年）扩建。建筑面积816平方米，为单檐歇山顶木结构，呈衔接式大小两宫的整体布局，两座面板三进、深五间，正门外有东西辕门、照墙。宫内保存清康熙、乾隆年间妈祖神牌、木香炉以及四幅妈祖壁画。逢妈祖诞辰庆典，天后宫沿袭习俗，举办盛大"妈祖走水"活动，各地信众和游客前往参加。1995年，省文化厅选借神牌赴台湾参展；随后，由台胞及村民筹资30万元，将屋顶梁架、环楼木刻重修，宫貌更显得古朴典雅。1988年，竹江天后宫被列为县级文物保护单位；2005年被列为第六批省级文物保护单位。

松山天后宫

松山天后宫又名靖海宫，位于霞浦县松港街道松山村洄岸口，据说松山为妈祖娘家出生地，由朝廷赐建的唯有莆田湄洲和松山两处天后宫。松山天后宫始建于宋代，清康熙年间重建，坐东向西，建筑面积415平方米，由山门、空地、大殿等组成。神龛上供天后圣母妈祖及其父积庆公、其母积庆夫人等。宫内保存有清乾隆五十八年（1793年）"靖海宫祀界"碑1通，记载该宫重建时间及松山形胜等，还记载了将赤岸列入"祀界"，这给研究和确定赤岸为日本国空海大师入唐之地提供了翔实依据。松山天后宫1986年被列为县级文物保护单位，2005年5月被列为第六批省级文物保护单位。2021年，"天佑中华　两岸合和"——海峡两岸妈祖宫庙携手辛丑年迎春祈年大典活动，分别在福建宁德市霞浦县松山天后宫、台湾嘉义新港奉天宫和台湾新北板桥慈惠宫同时举行，两岸妈祖信众"云端"共同祈福。

霞浦福宁山民会馆

福宁山民会馆历史上会员多时达2000余人，影响到闽浙赣三省十多县的畲族社群，是畲族主要聚居地区畲族同胞的民间社会组织，起着联谊、商议、祭祀、慈善、维护畲民权益等重要作用。会馆位于霞浦县松城街道旗下街3号，建于清光绪二十四年（1898年），坐北朝南，硬山顶、穿斗式砖木结构，占地面积741平方米。从南至北中轴线上依次为山门、天井、拜厅、过道、客厅。主体建筑拜厅面阔五间，进深七柱，中堂设有神龛。金柱上悬挂联板："功建前朝帝喾高辛亲敕赐名垂后裔皇孙王子免差徭。"两侧壁间，书写楷字"盘蓝雷钟李吴"。清光绪二十四年，福建按察使司"向山民劝改妆束"的告示，发到福宁府，各地"山民"代表（族长）陆续前来领取。因城里没畲族专门客栈，代表多感不便，因而动议集资建馆。仿照当时颇为盛行的"会馆"之称，取名为"福宁山民会馆"，专门接待畲族宗人，并在厅堂设神牌，偶有祭祀活动。2005年，会馆被定为县级文物保护单位；2009年，定为省级文物保护单位。

大京城堡（郑德雄　摄）

大京城堡

大京城堡位于霞浦县长春镇大京村，原称"福宁守卫大金千户所"，是全省12个千户所之首。大京城堡于明洪武二十年（1387年）建，万历二年（1574年）拓宽，初建"周长三里许，后扩建为五里"。城堡平面呈长方形，北面靠山，堡墙乱毛石干砌，东、南、西各设一城门。大京城堡对研究福建海防建设具有特别重要的意义。《福宁志》载："楼橹云巍巍，旌旌云闪闪，真足以寒贼胆。"1986年，大京城堡被公布为福建省文物保护单位。

（详见《海上福建（上）》）

传胪城堡

传胪城堡位于长春镇传胪村，明嘉靖年间（1522—1566）建。据《霞浦县志》："明嘉靖年间连年倭寇侵犯东南各乡，以戚参将奏准沿海各乡筑堡自卫……于是乡人始知有城堡之利，而沿海五十七堡，次第筑云。"城堡呈正方形，周长640米，残墙高5米，座基宽5米，墙顶宽3.5米，城堡分设西、南、北3个城门（东门早年堵塞），西、北门为悬臂式呈正方形，门中装有石门槛，南门为椭圆形外圆内方，系1988年重修。建城时依城四周植有岩柴树260株，城内竖有明嘉靖年间（1522—1566）、清光绪年间（1875—1908）碑刻各一块。1996年，传胪城堡被省政府列为第四批省级文物保护单位。

畲族观音亭寨

观音亭寨位于水门乡半岭畲族村，建于明洪武二年（1369年）。寨堡依山势，沿东北方向筑寨墙，用条石和乱毛石砌筑，清代福宁总兵曾派士兵在此驻守。亭寨分前后两座，前座"文化大革命"期间被毁，后座在原址重建，建筑面积640平方米，硬山顶，木结构，面阔三间，进深二间。殿内佛座为浮雕莲花式，亭内竖一块双面青石碑刻"奉宪勒碑"。北面依山垒筑寨堡，长148米，高5.4米。每年元宵节、"三月三"、重阳节，福鼎、福安、蕉城以及浙江平阳等县畲民，都会在此举行盘歌会。后来逐渐演变为闽浙边境畲民进香、盘歌、认亲、会友的重要活动场所。1986年，霞浦县人民政府公布其为县级文物保护单位；1992年，半岭观音亭被列入全省唯一畲族文物名胜点，并入选中国文物名胜词典；2001年，被列入省级文物保护单位。

汐路桥

汐路桥又名达路桥，系连接陆地与竹江岛的石桥。桥为东西走向，因路和桥建在滩涂上，涨潮没于海水中，退潮时才能行走，故称汐路桥。该桥位于沙江镇竹江村与小马村之间，南边桥头为竹江村，北面桥头为小马村。此桥为双层石拱桥，清乾隆年间由乡绅郑绣轩倡建，至嘉庆十六年（1811年）郑启昂耗巨资建三年而成，后被潮水冲垮，其子郑琼森又进行三次大修才得畅通。由于地处海涂泥泞中，建路时，路基用松树打桩、铺垫杂木草皮，然后铺上条石横竖三层砌成。全长3651米，最宽1.8米，途经六座桥，最高2.9米。其中有四座桥，桥孔上下二层，边有小孔，具有排潮防潮作用，是目前国内罕见的海埕石路桥建筑。2009年，汐路桥被公布为省级文物保护单位。

（二）民俗风情

白露坑畲族小说歌

霞浦县溪南镇白露坑畲族村，从清代以来，村民们在"二月二""三月三""九月九"等传统节日，都要传唱小说歌。"小说歌"属于长篇故事歌，是霞浦畲族人民的传统称法，是畲族歌言的一种，又称"全连本"或"戏出"，俗称"大段"，约有百余种。内容多取材于汉族民间神话、故事、传说、章回小说、评话唱本等，题材广泛，情节生动，引人入胜。其基本特征是叙事性强，有故事情节，有章法结构，有人物形象艺术刻画。小说歌每篇由众多的单首组成，单首的结构为四行，每行七个字。小说歌除了独唱、对唱、合唱外，还有"双音唱法"，即由一个歌手先唱2个字或4个字，另一歌手紧接着唱，这是中国民歌演唱的稀有形式。在歌唱过程中夹用"哩、罗、啊、依、勒"等辅助音的唱法，称为"哎噜调"，反之为"平调"。小说歌在畲族文化中占有独特地位，是畲族文学的最高形式，也是闽东最有特色的文化艺术种类。2006年5月，畲族小说歌被列入第一批国家级非物质文化遗产名录。

畲族武术（盘柴槌）

盘柴槌，是一种棍术，又叫盘柴糙。相传，盘柴槌起源于畲族发祥地潮州凤凰山，是由畲族先人雷乌公首创，后经各代武术宗师传承、创新，不断完善而形成，广泛流传于各处畲民聚居地，至今有400多年的历史。盘柴槌分为长棍和短棍。长棍共有十个招式。短棍是两人对打，有几十个变化不定的招式。盘柴槌是畲族在特定的区域环境和社会生活中，经过长期实践发展而积累演变形成的。通过盘柴槌，可以更好地解读畲族历史和文化，了解畲族人民在发展的历史长河中自强不息、英勇顽强的精神。2009年，畲族武术（盘柴槌）被列入福建省第三批省级非物质文化遗产代表性项目名录。

闽东畲族婚俗

闽东畲族长期以来实行的是宗族外婚制和民族内婚制。整个畲族婚俗保留着古老的"（婚）俗不离歌"的传统：以歌传情、以歌结交、以歌述怀、以歌欢娱，几乎以歌贯穿从议婚到完婚的全过程。霞浦畲族婚俗，通常要经过议婚、订婚、做表姐、做亲家伯、迎亲、出嫁、拜堂、办正酒等阶段，在上轿、传代、嫁妆、踏路牛等程序上也别具一格。婚礼中的男歌手，俗称赤郎，以歌代言，以歌

畲族风俗·迎亲（谢荷生　摄）

传知，以歌论事。畲族婚俗是畲族人文历史的缩影，具有极其强烈的民族特征和乡土气息。2005年，以霞浦为代表的闽东畲族婚俗被列为福建省首批非物质文化遗产。

霞浦曳石

曳石活动用来纪念戚继光及义乌将士抗倭胜利，并祈求平安。霞浦曳石活动起源于明嘉靖年间（1522—1566），倭寇侵扰福宁城（霞浦县城），戚继光不得已以曳石计疑之，而城得以保全，故曳石又称"太平石"。为了纪念这一历史，每年中秋，霞浦城乡民众都进行曳石活动，历经400多年至今。曳石方式有两种，一是用块大石头作道具，另一种就是用竹子绑成一个四方形坐垫，并在竹子空心处放入石子、铜钱等物。两种方式，都必须有一名成人坐在上面，由人拉着在石板路上奔跑。每年农历中秋节前后几天，都要组织大小10余个曳石队，相互竞争，间或两石对冲，甚至各受重伤而不恤。沿街呐喊、观者云集、盛况空前。霞浦的曳石活动，旧时在沿海各乡镇十分盛行，有的村庄也有女青年参与活动。现在作为一种民俗活动重新兴起。2018年，霞浦沙江曳石被列入宁德市级非物质文化遗产代表作名录。

渔村神会

渔村神会是庆祝妈祖诞辰的一种娱神活动。逢农历三月十五，竹江村妈祖宫的执事人就召集村里的福头、戏头、协事头来宫商议阿婆神诞庆典之事，用抓阄的形式，按数字先后顺序，依次罗列五位福头、五位戏头、五位协事，各自负责该年妈祖神节之事，按顺序排列决定贡献神产的五艘船（一船3户，计15户），在二三月间所捕捞的各种鱼类统一销售，其收入充作妈祖诞辰庆典的福礼香灯支出。并按全村妈祖信众的户数，由福头挨家逐户分发庆典福酒、福肉，以示妈祖圣诞即将来临。"渔村神会"举行3天，三月二十一至二十二日，请戏班演出，祈求妈祖赐"肥水"给东吾洋。二十三日，祭祀妈祖，保佑全村平安。二十四日，中午潮平时，渔村神会结束，妈祖走水、抢水活动正式开始。

妈祖"换龙袍"

逢农历三月二十日，是霞浦沙江镇天后宫为妈祖"换龙袍"的日子。该天后宫的妈祖神像系木身（又称软身）妈祖，是专供神诞活动时抬着出巡的。软身妈祖神像身着金线刺绣的皇后龙袍，此龙袍是由女信众制献，一年一换。换龙袍的时间是农历三月二十日上午巳时（九点），由信众推选出一个儿孙满堂、德高望重的60岁左右的女信众，充当换龙袍的神诞执事人，另有4个女信众做助手。选定的吉时一到，宫殿钟鼓齐鸣，爆竹齐响。神诞执事人在烧香礼拜妈祖后，便在妈祖神像的四周，用红绸缎围起来，由神诞执事人将妈祖像旧龙袍宽衣解带后，用事先准备好的香水热汤，小心翼翼地为妈祖婆洗浴。洗浴结束后，再将新的龙袍为妈祖婆换上。换下的旧龙袍放到妈祖宫前的香炉中焚化后，换龙袍仪式宣告结束。

妈祖宫"迎老爷"

逢农历三月二十一日，是霞浦沙江镇天后宫"迎老爷"的日子。"老爷"为活人充任。整个活动过程，均仿照清朝福宁知州（现在霞浦城关）出巡规格。传说清康熙年间，新任福宁知州徐必遇，携眷从福州乘船前来福宁就任，夜里船至官井洋，突遇大雾迷失方向。在危急时刻，知州下跪祈祷神明指引，霎时，船首半空中突现一片火光，徐即下令官船朝火光方向驶去，不久官船转危为安，抵达福宁州的沙江村。见村的山上有座天后宫，官船上的人一致认为昨夜所见火光，就是妈祖灯。于是，福宁知州便率众人，参拜天后圣母。翌年妈祖诞辰日，他前来参加庆典。为感谢妈祖保佑，他交代今后自己如因公务缠身，无法亲自前来参拜，可以按他参加庆典的仪式，推选一个老者替代。从此，沙江村的妈祖诞庆典，便增添了"迎老爷"这个仪式。

阿婆出巡

逢农历三月二十三日妈祖诞辰日，霞浦沙江村天后宫要举行"阿婆出巡"。上午8时左右，出巡队伍以龙伞、高灯、衔牌、仪仗队为前导，中间为软身妈祖神像，接着是鼓乐队、戏班扮演的八仙等随后。队伍长达数百米，沿村妈祖宫的大岭而下，遍巡东城、江边、黄厝街、外店街四境。一路鼓乐喧天、鞭炮震耳。在巡街期间，本村及外村的善男信女，如有结婚多年不育的或结婚多年只生女孩没有男孩的，就会拦在轿前，脱妈祖的鞋，焚香跪拜要求妈祖保佑早生贵子。相传极其灵验。因此，妈祖出巡，拦轿或脱妈祖鞋的习俗，代代沿袭。

妈祖夜巡

逢农历三月二十六日，沙江镇竹江村后澳天后宫都要举行"妈祖夜巡"活动。下午4点左右，抬出木身（软身）妈祖像的神舆，夜巡村街。"妈祖夜巡"与"妈祖出巡"不同的地方是没有戏班参加；又因是夜巡，增加众多的照明灯具，有各式彩灯、骨牌灯乃至汽灯。夜巡开始，由村街各境挑选10名壮汉抬轿，从天后宫出发逐境接送，各村街的渔民信众，要全程用蛎竹烧火迎接，以求海蛎鱼虾肥美、生活富足。夜巡至次日凌晨6时结束，回宫时，宫中执事人擂起神鼓，众人将阿婆神像重新安座，信众执事人立即将夜巡的妈祖文身装饰改换为武身装饰，准备第二天的"阿婆走水"活动。

阿婆走水

逢农历三月二十七日，是竹江村后澳天后宫"阿婆走水"的日子。是日，凌晨5时左右，将妈祖神舆抬至海边"走水"，借以"安澜"。妈祖"走水"的队伍是由数十位壮汉充当，他们将妈祖神舆边抬边扶着从东岸向西岸涉水疾走，走至浅滩中心点时停住，众人卷裤管，脚下穿草鞋齐力挟着妈祖神舆往水面上下连续蹾7下，祈求来年海产丰收。蹾完之后，又飞速地将妈祖神舆"走水"抬到妈祖宫旁。转换另一村境派出的壮汉，将妈祖神舆接至另一水域，涉水疾走至浅滩水中心点连续蹾7下，反复多次，待潮水回升后，两班人马共同簇拥着妈祖神舆回宫。"阿婆走水"起源于沙江镇竹江村后澳天后宫，以后逐渐扩大到霞浦松山、溪南等地妈祖宫。

七、海边村镇

大京村

在东海之滨、霞浦县城向东南三十公里处，有一座被誉为闽东第一村的滨海古城——大京村。大京背倚峰峦起伏的群山，面向碧涛万顷的大海，是个有着1600多年历史的古村落，现有60多个姓氏族人在这里繁衍生息。

大京自古文风蔚然，古时就有多处家塾、私塾，1917年始设公立学校，至今已百年历史，孕育出了许多贤人志士。宋至清代林、郑两族就出了七位进士、十多位举人，各姓氏中有秀才百余人，武将骁勇上百人，在外仕宦三十多人。新中国成立以后大京培养出莘莘学子，多人考入清华、北大等重点大学，有二十多人获得硕士、博士学位，各地各行各业都有大京人的身影。

大京是座抗倭名城，此地踞入闽北口要道。元末明初，福建沿海屡遭倭寇侵扰，为抗击倭寇，明洪武二十年（1387年）江夏侯周德兴奉建福宁卫大金守御千户所。城墙周长3415米，城高6.3～9米，花岗岩砌就。东、西、南、北各设一门。墙上设垛口、窝铺、炮位，装备周全，城外凿800多米长的护城河。古堡在抵御倭寇侵扰上发挥了重要作用，"执福建之喉舌，固福宁之藩屏"。古堡至今保存十分完好，1997年被列为福建省文物保护单位，并列为省级爱国主义教育基地。

进入古堡，一条长达1200米石街纵贯东西，两旁古民居保存完好，木栏砖墙，比邻而建。街中建有四个街亭，别具风格。村中有明代官府开凿的四口八角大井，人称"皇帝井"。古寺庙历史悠久，有唐代的宝岩寺，宋代的法华寺、宝峕寺，元代的白鹤庵，明代的城隍庙等，至今香火旺盛，每逢神诞吸引四乡八里信众前来奉祀。

大京村前的沙滩长3000多米，开阔平缓，沙质洁亮如玉，在福宁海湾中独占品质，被誉为闽东"夏威夷"，古诗曾赞云："此地莹沙细如尘，轻车驶过了无痕。"海面近处诸岛罗列，错落有致，其间有一座方圆两公里的小岛，因"三峰矗立如笔架浮空"而得名笔架山，据记载曾多次出现海市蜃楼神奇景观。另有"三狮戏球""巨龟下海""龙岩仙洞"等古城十景，甚为迷人。

赤岸村

赤岸村距霞浦中心城区4000米，因后山褐红巨岩得名。罗汉溪穿绕村西，村南临福宁湾海，环境十分优美。1981年，著名考古学家、书法家游寿经过实地考察和挖掘论证，发现了赤岸在唐以后的许多重要人文遗迹（包括空海到赤岸），从此，揭开了赤岸尘封的历史，在考古界产生影响，赤岸也成为中外游客的向往观光地。

唐长安二年（702年），长溪县设赤岸镇（军事驻防）。唐乾符二年（875年），赤岸林嵩科考中第，为境内第一位进士，被誉为"闽中全才"。乾符三年（876年），由僖宗敕赐，改赤岸为"劝儒乡擢秀里"。宋代，赤岸建造提刀城、徐牛街，城内十八境、十八井，每境二井五条，街横四条、直五条，后街集居林姓，前街居住林、王两族。

赤岸先贤除唐金州刺史林嵩之外，宋资政殿学士、参知政事王伯大也出生于赤岸，此外还有林湜、王模、王都中、王荐等。今遗存的古迹有：王右军遗址、马锁、林嵩的"桂枝亭"、王伯大的"留耕堂"、宋太府司农卿林湜的"湜然井"、墓志铭和朱熹讲学台等21处。明嘉靖三年（1525年），以林夏为领头修筑的赤岸城堡，城墙高15米，宽12~15米，周长2600米。历经500多年岁月风霜，古城堡遗址部分保存。《福宁府志》称赤岸"阻山带海，夷船乘风，一帆数点，烟峦缥缈之间，瞬息及岸，泊瀛濡重镇，闽浙门户"。

八、美食特产

（一）风味美食

盐田"曲确"

清光绪晚期，霞浦县盐田中街"昌大有"商号业主陈昌荣，创制"椒盐曲确糖"，投放市场后大受欢迎，当地群众称之为"红糖曲确"，外乡人则以产地称之为"盐田曲确"。盐田曲确以糯米粉、红糖、饴糖和特选的瘪壳花生仁为原料，按饴糖1份、其余各2份、椒盐适量的比例配料，每次（锅）用料约4.5公斤，经熬糖、拌料、压料、切片等工序，制成条块状曲确成品。咬食时发出"叽咯、叽咯"的碎裂声，与本地口语"曲确"音相近，乡人借以称赞陈氏曲确"声是名，名如声，声名皆响亮"。当时盐田是闽浙官道入（出）境船渡口岸，福宁府赴京科考的学子和各地来往的商贾途经盐田时，会慕名捎带曲确以飨亲朋好友，盐田曲确由此销往闽省各地乃至京城及东南亚地区。

霞浦糊汤

糊汤是霞浦城关的传统风味小吃。以粉丝为主料，配以干墨鱼片、肉片、鲜鱼片、鲜虾、鲜牡蛎、蛏干和淀粉、鱼露、葱花等佐料制成。所用材料考究，海味浓而不浊，口感纯正，口味协调，风格鲜明，食之香醇爽口、回味悠长，在城区小吃中独树一帜，备受推崇。

三沙塌头糕

塌头糕是来自霞浦三沙的小吃。孩子们最爱塌头糕的餐具，那是削成船桨形状的竹片。进食时，用这竹片将碗内糕切成几小片，再用它挑着吃，独有一种情趣。吃塌头糕要冷吃才地道，吃前，需加以经沸油氽炸的青葱拌酱油抹面。葱酱油香味扑鼻，闻之使人垂涎欲滴。其糕入口滑嫩，不必细嚼，却余味无穷。

（二）土特名产

霞浦糖塔

"糖塔"为霞浦县特有的民间工艺。传说，明嘉靖年间的一个中秋夜，倭寇围攻霞浦松城，当地民众制作"光饼"作为抗倭将士的食物，但光饼干硬难咽，又制作糖块以作佐餐。后来，倭寇退了，松城保住了，人们就把中秋用于佐餐光饼的糖块，作为传统吉祥物保留下来。因"塔"在民间有镇邪纳吉的意义，所以后来逐渐演变成"糖塔"。其后，又发展成青年男女订婚时，男方要送给女方各色小糖塔人100个，谓之"百喜"。之后，糖塔形状也逐渐从小糖人变化为飞禽走兽、其他人物造型、器物造型等。

糖塔现在已成为一种独特的糖制工艺品。它是以糖加水熬煎成糊状，伴以红、黄、绿各种食用颜料，倒入用樟木或柚木雕刻拼制的印模，凝固后去箍开模，取出各种形状的糖塔。糖塔大的一斤，小的三四两，分实心、空心两种，其中以七层宝塔最美观。每逢中秋，长辈都要购买几个糖塔送给晚辈，以求吉祥平安。

霞浦畲族花斗笠

霞浦畲族花笠是畲族女子专用竹制品，是介于生产、生活用品与工艺美术品之间的传统竹编制品。其工艺精致，造型美观，花纹细巧，质地结实，富有民族风格和地方特色，自古驰誉闽东，闻名遐迩。

霞浦畲族花笠始于明代，由迁居县境的畲民传入。斗笠造型设计取材于畲族女子凤冠。花笠竹架用枭竹篾编织，面层竹架做工尤为精细，所用篾丝油嫩剔透，两竹架间隔层铺以半透明的油漆纸。斗笠正中镶嵌如意纹箬竹叶和三角形黑色油漆饰纸，并用水藤缠压油纸，形成四角双线三角形立体装饰，上端为攒尖亭顶式的"斗笠顶"，其下则制成"斗笠燕"。斗笠边缘"花箍"两道或三道，分称"二重檐""三重檐"，里圈花箍为红、白、黑相错的犬牙纹或缠枝纹，外圈花箍为红白相间的"花蛇纹"。用时配以水红绸带、白色织带和各色串珠等饰品，显得格外优美雅观，耀眼夺目。

霞浦"福宁元宵绿"

民国二十四年（1935年），霞浦县崇儒后溪岭村吴姓茶农在樟坑村发现一株特早芽茶树，移植于后溪岭茶山分株加以繁育，遂发展至千余株，年产干茶百余斤。20世纪90年代，霞浦县茶叶技术部门在后溪岭春分茶优势茶树基础上，在元宵节前后，加工成特种绿茶"福宁元宵绿"。其上市时间比福建"福云6号"毛峰茶早半个月左右，成为福建省最先上市的绿茶新品种。"元宵绿"制作工艺严谨，所采鲜叶必须芽叶完整，每公斤含1500个芽梢。其外形条索细秀卷曲，色泽银绿隐翠，内质汤色清明，香高味醇，滋味鲜爽生津，叶底黄绿明亮，香味纯厚。福宁元宵绿1991年、1992年连续两年被评为福建省优质茶；1999年被认定为省级优良茶种；2000年获中国茶叶流通协会"太姥杯"名优茶金奖。

（编纂：梁婉婷、刘冰、吴飞帆、郑智勇　审稿：李焰、王文、申闽生）

平　潭

一、综　述

美丽海岛

平潭地处福建东南沿海，由126个岛屿和702个礁石组成，素有"百屿千礁"之称。平潭东濒台湾海峡，东部的牛山岛与台湾新竹港相距126千米；西临海坛海峡，与长乐、福清、莆田三市隔海为邻，海坛岛的娘宫与福清市东南突出部的小山东相隔仅3.5千米；北接长乐海域，与白犬列岛相望；南连兴化水道，与南日群岛对峙。平潭陆域面积371.07平方千米（含海涂面积62.92平方千米）。主岛海

平潭敖东凤凰沙滩（念望舒　摄）

坛岛面积267.13平方千米，为福建省第一大岛，全国第五大岛。平潭地形属木兰溪与龙江丘陵台地平原岛屿区，丘陵、海积平原分别占全区陆地面积的51.45%和42.7%。海岸线蜿蜒曲折，总长448千米，并形成海湾、港湾、澳口285个。海岸有基岩海岸、沙质海岸、泥质海岸等类型。拥有海域面积2164平方千米，其中滩涂面积62.93平方千米；浅海面积243.96平方米；近海面积1857.11平方千米。三十六脚湖是福建省最大的天然淡水湖，汇流面积13.4平方千米。2020年全区森林覆盖率为38.85%。海域蕴藏着丰富的渔业资源，全区共有鱼、虾、蟹、贝、藻934种。花岗岩与石英砂蕴藏量丰富，已探明石英砂储量约16亿吨。海洋新能源有风能、潮汐能、波浪能、潮流能等，是全国乃至世界少有的风能最佳区之一，波浪能、潮流能蕴藏量丰富，全县波浪能理论蕴藏量161.655万千瓦，开发前景广阔。漫长的岛礁海岸线，因受强烈上升的新构造运动，以及海蚀、风化等共同作用，形成了以海岸风光为主题的丰富的旅游资源。依据普查，海坛国家风景名胜区的风景资源涵盖二大类、六中类和十九小类，被列为国家重点风景名胜区，列入国家自然遗产名录。

历史悠久

平潭古称海坛，俗称"海山"，别名"东岚"，简称"岚"。据平潭壳丘头遗址群发掘、考证，平潭远在一万年前就有人类活动。2009年9月，福州（平潭）综合实验区成立，为福州市委、市政府派出机构，行政级别为副厅级，2010年2月，升格为福建省平潭综合实验区，为省委、省政府派出机构，行政级别为正厅级，县行政区划仍属福州市。2019年8月，平潭综合实验区成立海坛、金井、君山、苏平4个片区管理局。2021年4月，平潭县行政区划调整，成立"三镇一街道"，将原潭城镇、澳前镇、岚城乡合并成立海坛街道；将原北厝镇、敖东镇合并成立金井镇；原流水镇、中楼乡、芦洋乡合并成立君山镇；原苏澳镇、平原镇、白青乡、大练乡合并成立苏平镇。保留屿头乡、东庠乡、南海乡。2021年末，按户籍口径统计全区共有131428户、45.28万人。

地灵人杰

长期与风浪搏斗的平潭人民，早有民风强悍、吃苦耐劳的美誉，富有反压迫、反侵略的斗争精神。明嘉靖年间，岛上民众奋起抗倭，筑寨拒敌，留下许多感人的故事、习俗和传说。明末清初，平潭民众积极配合郑成功部队，开展海上抗清斗争。清康熙年间设立海坛镇水师，巡防浙、闽、粤三省海域。清康熙二十二年（1683年）设立"班兵戍台"制度，海坛镇水师经历了全程。班兵戍守台澎，捍卫海疆，参与并带动闽人移垦台湾、开发台湾，促进两岸交往与文化的交融。鸦片战争爆发后，身为金门镇总兵的平潭人江继芸，为保卫国土，与英军展开殊死搏斗，英勇献身。平潭人民富有革命斗争精神，早在土地革命战争时期，就点燃了革命火种。抗日战争时期，爱国军民协同抗日，浴血奋战，气壮山河。解放战争时期，在中共福建省委城工部平潭县委的领导下，开展农运、学运和武装斗争。中华人民共和国成立后，平潭作为海防前线，在长期战备工作中，积极响应支前战备号召，协助守岛部队构筑国防工事，建设战备防空设施。同时，开展军民联防，加强海上巡逻与岗哨执勤相结合，组织武装护渔，加强澳口管理和海防岗哨建设，形成海上、海岸、陆上联合防线，巩固海防，为祖国的海防建设做出了重大贡献。平潭风沙肆虐，自然环境恶劣，社会发展受到制约。海岛人靠着聪明才智和勤劳的双手，在贫瘠的土地上，闯出生存发展的广阔天地，"隧道业""海运业""海水网箱养鱼"跨越海峡，走向全国，创建了平潭特色产业品牌。

多彩文化

在历史长河中，长期在海岛上生产、生活，平潭人形成了极富特色的海洋文化、海岛文化、海防文化。这里有入选第八批全国重点文物保护单位的平潭壳丘头遗址群，是迄今福建沿海地区时代最早的新石器时代遗址；有入选第七批全国重点文物保护单位的海上丝绸之路遗址——平潭海坛海峡水下遗址，该遗址从五代一直延续到清代，是古代海上丝绸之路贸易航线、港口及商贸交流的重要实物证据。岛上遗存有系列的海防遗迹，明清时期抗倭抗清的古营寨、烟墩、烽火台，以及现代军事遗址；传承有抗倭将领戚继光部队操练的"藤牌操"，以及抗倭时期阵法形成的"灯牌蛇"，并成为民间活动流传至今；平潭五福庙供奉有"海坛城隍"和"班兵戍台"时从台湾移奉的"台湾城隍"，从而形成特色的"一庙两城隍"；还有抗倭时期沿袭下来的节日文化，海防文化氛围浓厚。苍劲古朴的石头厝，最能彰显平潭的特色和风格。平潭岛上盛产花岗岩，勤劳聪慧的海岛先民就地取材，用岛上的石头搭建房屋，古朴的石头厝村落是平潭一道亮丽的风景线。富有宗教色彩的寺庙、诱人瞻仰的名人陵墓、字迹苍古的摩崖石刻，以及现代的建筑遗存，这些无不浸透浓重的文化传承，具有浓墨重彩海洋文化的色彩。富有海岛特色的生产方式、生活习惯，在延绵的历史进程中，传播、衍生、创造，保留了自己独特的海岛风貌和民俗风情。古人对造船、出海的仪式，以及海上作业形成的一系列生产经验，口耳相传，代代不绝，体现了浓浓的渔村文化。平潭的节俗，有"四年八节"，既有继承中华传统礼仪之大义，又有海岛独有的迷人特色。传统婚俗礼仪、寿诞风俗、丧事风俗世代相传，保留了传统的精华。平潭美食特产以原生态的海产品为主，既有平潭海鲜特产烹饪的传统佳肴，也有浓缩传统饮食习惯的特色小吃；平潭特产有"三鲜三宝三贡品"，汇聚了平潭特产的精华。

海洋经济

水产业是平潭的支柱产业，1996年、2000年被省委、省政府评为"全省渔业生产先进县""全省渔业十强县"。2000年后，高优水产品养殖规模不断扩大。实施了抗风浪深水网箱养鱼技术；大力发展鲍鱼工厂化和海区养殖，创建"平潭鲍鱼"农产品地理标志；水产品精深加工培育取得实效。2021年，全区水产品总产量46.91万吨，渔业总产值64.76亿元。海运业是平潭的传统产业。平潭综合实验区成立后，加大对海洋运输业的发展力度，率先进行港口建设，先后建成澳前客货滚装渡轮码头、平潭港区金井作业区5万吨深水码头。平潭港口岸金井港区作为国家一类口岸对外开放。开展海运业务试点，增设平潭为独立的船籍港。开辟海上航线，平潭先后开通平潭至台中、台北、高雄海上高速客货航线；开通台湾马祖至平潭澳前码头对台直航客运航线。平潭在大陆率先实现与台湾北、中、南部港口客货运直航航线全覆盖。2021年，注册在平潭的海运企业达到137家，运输船舶452艘，总运力525万载重吨。旅游产业发展迅速，2016年8月，国务院正式批复《平潭国际旅游岛建设方案》，平潭国际旅游岛建设正式上升为国家战略，平潭也成为继海南之后获批的第二个国际旅游岛。2021年，全区共接待游客684.19万人次；旅游综合收入61亿元。实验区先后多次荣获"中国体育旅游十佳目的地""中国最美文化生态旅游区"等称号。新能源产业快速崛起，至2021年，全区风力发电总装机容量49.13万千瓦，年发电量达18亿千瓦时。

平潭正瞄准海洋经济发展新领域、新方向，着力构建海洋经济发展新格局。进一步做大做强"平潭蓝"国际旅游品牌，努力建成两岸同胞向往的幸福家园和国际知名的海岛休闲度假旅游胜地。加大传统渔业转型升级，做大港口物流经济，拓展海洋经济服务业态，稳步推进海洋新能源开发，深化海洋资源集约化利

平潭大福湾海上娱乐

用，抓好发展海工装备制造业，全面推进平潭海洋经济高质量发展。

二、海坛诸岛

平潭综合实验区有大小岛屿126个，礁石有702个，其中明礁152个，暗礁106个，干出礁444个。常年有人定居的岛屿9个，环绕主岛海坛岛周围，西北有屿头岛、鼓屿、小练岛、大练岛；东北有小庠岛、东庠岛；南部有塘屿、草屿。季节性有人居住的有山白岛、三洲岛、大嵩岛、大怀屿、横屿、老箩屿、姜山岛、牛山岛、东甲岛、南横岛等10个小岛屿。

海坛岛

海坛岛，又名平潭岛，别名海山，为福建省第一大岛。南北长29千米，东西狭窄，宽19千米。陆域面积267.13平方千米，周围滩涂面积38.39平方千米。海坛岛地形南北高、中部低。其北部呈现南北走向的三条丘陵带，并间以松散的堆积平原。芦洋埔为县内最大的沙积平原，面积30.23平方千米。君山东有王爷山（196.3米）、大澳埔；西有龙头山（181.1米）和上攀洋、酒店洋。海坛岛中部多海滨平原，有燕下埔、龙凤头埔、七里埔等。海坛岛南部多低丘。海岸曲折，岸线全长204.5千米。主要港湾有娘宫港、竹屿港、苏澳港、观音澳。全岛耕地约6000公顷，多是山坡地沙壤，易受风沙干旱威胁。大部分荒山、海滩营造防护林，防护林带800多条，长200多千米。

平潭综合实验区党工委、管委会，平潭县委、县政府所驻的岛上金井镇，是平潭政治、经济、文化中心。公铁两用大桥、海峡大桥，高速铁路、京台高速公路通达岛上。建有高等级的环岛公路和二横三纵骨干路网，高等级道路遍布全岛；22万伏、11万伏输变电入岛；每日11万吨供水管道已向岛上供水，永泰大樟溪22万吨调水工程已接近尾声；岛上建有5万吨码头泊位3座，2万吨客货滚装码头泊位1座，已开通平潭至台北、台中、高雄客货航线。沿海防护林带和农田防护林网保护大片土地免遭风沙袭扰，促进城乡建设全面推进。海坛岛旅游资源丰富，是国务院批准的国际旅游岛，海坛国家重点风景名胜区的石牌洋、君山、仙人井、南寨山、坛南湾、将军山、山岐澳景区均在岛上；洁净绵柔的滨海沙滩镶嵌沿海岸线上，岛上海蚀地貌所催生的奇岩怪石撒落在岛上的各个角落；北部生态廊道、南部生态廊道可以近距离感受滨海美丽风光。

屿头岛

屿头岛，在海坛岛西北，是福清、长乐、平潭三县市海上交通必经之处。南北长6.3千米，东西宽约1.2千米，面积7.62平方千米，周围滩涂面积2.85平方千米。岛上丘陵地占全岛面积30%，多沙质土。海岸线曲折，长23.2千米。沿岸沙滩与岩群相间，形成20多个港口。屿头乡政府驻岛上。建有陆岛交通码头，客船通航平潭的苏澳、福清市的海口镇、长乐市的松下镇。岛上敷设海底电缆和通讯电缆，环岛路通各村。"碗礁一号"古沉船水下遗址在该岛周边海域。海域辽阔，海洋资源丰富，是石斑鱼的主产区；浅海养殖产业已具规模，海带、紫菜、挂蛎、花蛤等为浅海养殖大宗产品。

鼓屿岛

鼓屿岛，在海坛岛西北，是福清、长乐、平潭三县市水路交通主要航道，岛的东北端有1984年新设灯标导航。南北长0.95千米，面积0.294平方千米，周围滩涂0.055平方千米。岛形略呈圆形。最高峰羊堆山，海拔55.9米。多基岩海岸，岸线长2.53千米。有1个建制村，属屿头乡管辖。

大练岛

大练岛，在海坛岛西北。东西长6.26千米，南北宽1.57千米，面积9.85平方千米，周围滩涂面积1.38平方千米。岛内大部分为丘陵，围营山海拔238.5米，由火山岩组成。基岩海岸，岸线长20.35千米。可泊船的澳口有15个。岛上有6个建制村，属苏平镇管辖。大练岛山地面积占土地总面积99%，森林覆盖率达到62%，是全区森林覆盖率最高的岛。岛上的海蚀地貌景观雄奇壮丽，是海坛国家地质公园的重要组成部分；周边海域为海坛海峡水下遗址所在区域，拟建的海坛海峡水下遗址公园选址在岛上；岛上旅游资源丰富，林密、草茂、无污染，山清水秀。海峡公铁两用大桥经过此岛，高速公路通达岛上。建有码头、渔港，环岛路通往各村，敷设有海底电力电缆、通讯电缆。经济以渔为主，海水养殖突出，主养花蛤，是区内花蛤养殖的主产区。

东庠岛

东庠岛，在海坛岛东北，东西长约3.6千米，南北宽0.8~2.5千米，面积4.46平方千米，周围滩涂面积2.57平方千米。全岛由火山岩组成，多基岩海岸，陡峭曲折，岸线长17.76千米。东西两侧为丘陵地带，中间为沙丘和坡地。东庠门坐落在西南角，是内海定置网作业区。北面的葫芦澳，是天然避风港口。东庠乡以东庠岛设乡，全乡有耕地98.8公顷，林地108.2公顷。建有葫芦澳渔港、1000吨级滚装客货运码头，乡村道路通往各村；敷设有海底电力电缆、通讯电缆。以渔为主，与塘屿并称为"金东庠、银塘屿"。东庠门渔场，特产金蟳、虾皮、丁香鱼、紫菜，闻名省内外。近年，大力发展原生态渔村旅游，吸引不少游客慕名而来。

小庠岛

小庠岛，在海坛岛东北侧，南北走向，长1.36千米，宽0.34千米，面积0.48平方千米。中部高，南北低，西部为陡坡，东部为基岩海岸。岛上有2个建制村，属君山镇管辖。以渔为主，海上鲍鱼养殖非常发达，年产鲍鱼在1亿粒以上，是区内鲍鱼养殖的重点村。岛上建有码头、渔港，通海底电力电缆、通讯电缆。

塘屿岛

塘屿岛，在海坛岛南面，东西宽0.72千米，南北长4.23千米，面积3.24平方千米，周围滩涂面积0.89平方千米。附近岛礁密布，海岸曲折，岸线长15.67千米，形成12个澳口。塘屿岛是紫菜生长的天然海域，出产的"塘屿紫菜"美味可口，闻名海内外。因水产资源丰富，素有"金东庠、银塘屿"之称。20世纪80年代后，铺设海底供电电缆和通讯电缆，建有陆岛交通码头，八九十年代对台小额贸易活跃。南楼澳南侧的"海坛天神"为国家级风景名胜区，旅游设施不断完善，每年都招徕不少游客前来观光度假。

牛山岛

牛山岛，在海坛岛东边，距澳前村约9千米。因山形似牛，故名。又因周围水产资源丰富，故俗称"宝山"，属海坛街道管辖。全岛由火山岩组成，中部最高，海拔70.5米。南北长约0.94千米，东西宽约0.23千米，面积0.27平方千米，岛屿附近礁石星罗棋布，水深40米以上。周边海域水产资源丰富，著名的牛山渔场即以其岛命名，岛周围产有坛紫菜以及珍稀贝类海产品。与台湾新竹距离68海里，是祖国大陆离台湾岛最近的地方。牛山海域是国际航线，岛上建有国际灯塔。

三、海岸沙滩

平潭海滨沙滩长约70千米，主要分布在海坛湾与坛南湾内，其次分布于长江澳、山岐澳内。沙滩宽度多在300~500米左右，其中长度在2.5千米以上的有八处。在高潮点200米以上的滩头，纯沙层深度在2~23米，且富含淡水。沙质适中、洁净、无污染，有"滨海沙滩甲天下"的美称，是平潭得天独厚的自然旅游资源。

坛南湾滨海沙滩

坛南湾地处台湾海峡西侧，海坛岛东南，故名。湾内海域辽阔，东北—西南长10.5千米，西北—东南宽5千米，面积为50多平方千米。西北部低丘环抱，多沙质岸，岸线长22千米，形成20多个港湾，湾内分布20多个岛礁，底质为泥沙，水深4~15米。年均水温20.1℃。坛南湾状呈新月形，分布有远垱澳、田美澳、崎沙澳、山崎澳等13座优质沙滩。沙滩总长9.23千米，面积3.19平方千米。沙粒均匀纯净，晶莹洁白，含泥量低，素有"白金海岸"之誉。拥有海蚀崖、海蚀洞、海蚀穴、海蚀龛、海蚀平台、海蚀阶地等海蚀地貌景观，这些景观星罗棋布，形态各异。有独具滨海情调的特色石头厝民居，有闻名遐迩的"蓝眼泪"奇观。

坛南湾国际旅游度假区气候宜人，生态环境优美，已开发开放有山崎澳、远垱澳、田美澳、崎沙澳、北澳月海湾、彩虹湾等重点景区。作为深受游客喜爱的海岛度假胜地，坛南湾国际旅游度假区可以满足你对夏天的一切幻想，陶醉于旖旎的滨海风光。度假区内建有现代化酒店集群，集吃、住、游、玩、购、娱于一体的旅游配套设施，休闲度假氛围浓厚。开展包括滨海沙滩嬉戏、滨海沙滩观光、近海帆船游艇运动、拉网捕鱼以及追寻"蓝眼泪"等旅游项目。

海坛湾海滨沙滩

海坛湾在海坛岛东侧，东临台湾海峡，因海湾伸入海坛岛腹部得名。湾内海域南北长7.5千米，东西宽约6千米，面积40多平方千米，呈半圆形。北部、西部多为沙质岸，南部是基岩海岸。岸线曲折，形成港湾10余个，散布岛礁60多个。底质为沙或泥沙。西南侧的龙凤头沙滩（也称龙王头沙滩）洁净平缓，西部为沙质海岸，岸线平直；西南部为基岩海岸，岸线曲折。北面散布龟模、大营、小营

平潭海坛湾龙凤头海滨浴场（念望舒　摄）

等岛礁。东部距海岸1.5千米以内的水域，水深不足10米。与陆地相连接的腹地林带葱茏，有国家森林公园，形成海滨绿屏。

海坛湾旅游度假区融合"阳光海岸线、海滨休闲园"元素，突出海上运动、沙滩运动、民俗文化、风文化等特色，把平潭文化与滨海休闲运动有机地结合在一起，着力打造具有平潭特色的沙滩文化、沙滩体育运动场所和实验区旅游品牌，使其成为具有国际标准的旅游休闲目的地。

长江澳沙滩

长江澳沙滩位于海坛岛北部。港湾呈U型，沙滩长达4千米，面积约2平方千米。岸上腹地与芦洋埔相连。湾口向北，海域面积约1.7平方千米。沙质岸，岸线平直。沙底质，水深3~4米，外沿水深7米。风浪大，潮流急。东边与君山相连。南面种植有沿海防护基干林带，林中建有长江澳风电场。环岛公路从岸边经过。每年春季出现"蓝眼泪"奇观。沙滩洁净，沙粒细绵，海景甚佳。

四、海湾澳口

平潭是海岛县，也是以渔为主的县，有港湾、澳口283个。这些天然的港湾、澳口为平潭的交通和渔业生产提供了码头和渔港建设条件。

（一）平潭港区

金井作业区

金井作业区规划建设5万吨货运码头泊位6座。2011年开工建设，2#泊位于2014年建成，3#泊位于2016年建成，4#泊位于2018年建成。码头为重力式沉箱结构，3座码头总长约1000多米。建有2万平方米保税仓库和约800平方米冷链查验场所以及码头配套设施。作业区2014年对外运营。2019年12月，平潭港口岸金井港区通过国家一类口岸验收，正式对外开放。2019年11月，完成金井作业区3#泊位技改项目。改建后3#泊位将形成客货兼备作业功能，具备15万吨邮轮靠泊作业条

平潭金井作业区吉钓港区（念望舒　摄）

件，满足5万吨级多用途泊位使用要求；同步建有客运联检中心、停车场等邮轮客运配套设施。2021年，港口货物吞吐量121.43万吨，同比增长14.7%；集装箱吞吐量8.85万标准箱，同比增长83.8%。

澳前作业区

澳前作业区2011年2月开工建设，8月建成。设计年通过旅客36万人次，标准车辆10万辆次。建有2万吨客货滚装渡轮码头1座，2万平方米的旅检大楼，以及防波堤、港池、广场、道路等配套设施。2011年11月投入运营，"海峡号"高速客货滚装渡轮首航台湾台中。目前，已开通平潭至台北、台中、高雄3条航线。2017年，规划建设澳前作业区海峡客滚码头二期工程，与已建澳前客滚码头相接，建设1万吨（实船）高速滚装泊位1个（水工结构按20000GT客滚船设计），岸线长度233米，同步建设口岸查验等配套设施，年设计旅客通过能力39.2万人次，车辆

10.8万辆次。

金井码头

金井码头于1991年12月建成，港区面积6.548公顷，建有重力式带卸荷板实心方块结构5000吨级泊位1个，长127米；工作船泊位1个，长39米；港区驳岸总长396米。设计年货物吞吐量20万吨。1995年1月，省口岸办同意金井码头辟为二类口岸，成为国轮外贸运输装卸点。2002年被交通运输部、海关总署批准为临时外轮停泊点，2011年被批准为国家一类临时口岸。

（二）港湾

苏澳港

苏澳港位于海坛岛西北岸，苏平镇苏澳村西。港湾三面陆地环抱，沿岸为花岗岩低丘。基岩海岸，岸线呈U形，长约2千米，口宽内窄，湾口向西敞开，宽0.7千米，纵深约0.8千米，面积约1.7平方千米，港内大潮水深3～5米，小潮水深1.5～3米，退潮全部干露，港外水深在10米以上，质泥底，锚地好，是天然避风港。北岸建有1000吨级滚装客货运码头和200吨级客货运码头，为平潭与福清海口、长乐松下和屿头、大练客货往返码头。东北岸建有船厂。

竹屿港

竹屿港位于海坛岛中部西岸，东距海坛街道约5千米。原为海坛海峡进入平潭内港的一条港道，1959年12月筑堤堵口，内港遂废。港湾近似长方形，口宽0.5千米，纵深1.7千米，面积约1.4平方千米。多泥沙底质，水深0.3～13.6米。岸线曲折，长达5千米。港内可泊500吨级货轮。港内建有100吨散杂货码头泊位5座，500吨级水泥浮码头泊位1座，100吨级搁浅停靠机帆船泊位2座。20世纪90年代前，平潭的生产、生活物资均在此港口进出。

娘宫港

娘宫港位于海坛岛西南突出部，西濒海坛海峡与福清小山东相峙，东北距海

557

坛街道11千米。港口朝西，宽0.5千米，纵深0.25千米，面积0.08平方千米，水深3～10米。港内为泥沙贝壳质沙滩，低潮时多露出。北岸为娘宫码头，建有斜坡式渡运码头、直立式靠泊码头、常用和备用码头共4个。渡运艇靠泊码头，总长72.85米可停泊小型渡运艇10艘；渡运码头设3个泊位。海峡大桥未建前，娘宫码头为平潭对岛外交通的主要港口。南岸建有5000吨级散杂货码头——金井码头。平潭海峡大桥起点即在此港北侧。

观音澳

观音澳位于海坛岛东南突出部，坛南湾东北侧，海坛街道澳前村西，西北距海坛街道驻地约3.5千米。东、北部低丘环抱，为沙底质、基岩海岸，岸线曲折，长6千米。澳口向南，口宽内窄，宽3千米，纵深1.3千米，面积2.5平方千米，水深4～10米。澳内建有澳前国家中心渔港，建有防波堤1298米，港区内可停泊渔船1000艘；建有600HP渔船码头泊位17个，2000吨冷藏船泊位1个，渔政执法码头1座；建有护岸堤739米，形成陆域面积13.61万平方米。是中国沿海重要渔港之一。1979年1月国务院批准东澳港为台湾渔船停泊点，为台湾渔船渔民补充生产生活物资、修理渔船、救护治疗、通讯联络等服务。北岸建有平潭港区澳前作业区—客货滚装渡轮码头，"海峡号""丽娜轮"高速客货滚装船从此码头开往台湾的台北、北中、高雄，也是对台货物贸易的重要口岸。

五、海洋生物

平潭植被多为逆行演替的人工植被，种类少，群落结构单纯。森林植被有七大类型，10个群系，12个群丛，58个科，161种。其中乔木38科、113种；灌木及草本20科、48种。山丘坡地迎风面以黑松、相思树混交林为主，背风面以相思树纯林为主；平原地带沙埔地、沙荒风口以成片的木麻黄林为主。岛上产有原生种的平潭水仙花。2020年全区林地面积12200.03公顷，森林覆盖率为38.85%。草地面积596.81公顷。海洋生物种类繁多，鱼、虾、蟹、贝、藻总计934种。其中鱼类242种，经济价值较高的有20种以上，主要有带鱼、大黄鱼、鳗鱼、银鲳、马鲛鱼、蓝圆鲹、鲐鱼、大甲鲹、金色小沙丁鱼、鲨鱼、石斑鱼、鳓鱼、真鲷、黑鲷、白姑鱼、日本鳀、日本鳗丽苗等；虾蟹类75种，虾类主要有中国对虾、日本对虾、长毛对虾、斑节对虾等，蟹类主要有三疣梭子蟹、红星梭子蟹、锯缘青蟹等；贝类169种，主要有缢蛏、花蛤、牡蛎、巴非蛤、中华仙女蛤、文蛤、鲍鱼、贻贝、血蛤等；浮游生物266种，有浮游动物110种，浮游植物156种；还有腔肠动物、环节动物、棘皮动物29种。久负盛名的特产有锯缘青蟹（俗称金蟳）、坛紫菜、贻贝、中国鲎、中华仙女蛤。

（一）陆海植物

木麻黄

木麻黄是平潭防风固沙，改善生态环境的优良树种。1954年平潭开始引种，1959年试验成功。1960年后开展沙荒大造林运动，在县城东北边的燕下埔风口试造基干林获得成功。至1995年，全县海岸线中适宜绿化的161.45千米地段海岸基干林带已基本建成，平均宽度140米，总面积3558公顷。其中基干林带44.49千米，总面积611.3公顷；防风固沙2673公顷；农田林网506千米，227公顷；护路林102千米，46.7公顷。木麻黄改善了平潭五大风口的生态环境，保证了全县5000公顷沙改田稳定耕作。1996年后，通过造林绿化、更新改造，形成带网片相结合、林树种相配套，能够抗御风沙水旱潮五大灾害的防护林体系。2004年，平潭成为"全国防沙治沙综合示范区"，被国家林业和草原局列为全国沿海防护林建设示范区。

相思树

相思树系清末平潭人至台湾经商时带回，是深受群众喜爱的薪炭林树种。相思树喜暖热气候，亦耐低温，喜光，亦耐半阴，耐旱瘠土壤，亦耐短期水淹，喜酸性土。相思树的生长速度非常快，适应性也非常强，在各种环境中都能正常生长。长期栽种该树木还能改善土壤条件。因此该树种适宜于平潭山坡地种植。

1987年全县有相思树面积910公顷，至1992年，全县面积1284公顷。相思树多分布于县内各个背山坡、谷地，生长较好，总盖度60%。在黑松和相思树混交林中，相思树在黑松的庇护下，长势优于黑松，层盖度50%。

黑松林

黑松是平潭荒山造林绿化、水土保持的先锋树种。黑松原产日本，具有耐干旱、瘠薄、抗恶劣气候、抗风沙为害、保持水土等性能。民国时期曾引种。1961年，县内试验引种46公顷，获得成功后推广全县。1987年，全县黑松面积4338公顷，到1992年黑松面积增加到4639公顷，分布在全县各个山头。黑松多生长于山坡迎风面和中、上部，总覆盖度65%。黑松具有天然更新能力，15年生树林下多出现第二代幼林。林下生长丘陵台地灌木、草本，灌木层盖度15%左右，草本层盖度30%。

平潭水仙花

平潭水仙早在清乾隆年间就以"金盏银台"的品种名称载入县志。最早的水仙从海上漂泊到平潭荒野坡地，已有近300年历史。平潭独特的气候，造就了平潭水仙"花枝多、花期长、花味浓"的特点。1990年，平潭水仙花被评定为中国水仙花优良品种，正式命名为"平潭水仙"。1992年3月，"平潭水仙"作为指定展品参加香港国际花展，获"最佳展品奖"，之后获中国花协评比一等奖；1999年获中国（昆明）世界园艺博览会球根类大奖。1999年，万亩水仙花生产基地由国家财政部立项，省市将"平潭水仙"列入花卉产业重点发展项目。2000年8月，福州市技术质量监督局认定"远帆牌"刻花保鲜水仙花产品为福州市名牌产品。2001年该产品申报国家专利。2008年1月，国家质量检验检疫总局对平潭水仙花实施中国地理标志产品保护。2013年，平潭水仙地理标志证明商标经国家知识产权局核准注册。

坛紫菜

平潭养殖、加工紫菜历史悠久，质量甚佳。宋代列为贡品，上宫廷宴席。

在日本被誉为"中国长寿菜"。坛紫菜营养丰富，具有清热消烦、健胃益脾、化痰利水、补肾养心之功用。对防治高血压、动脉硬化、甲状腺肿大、水肿、慢性气管炎、咳嗽等症，也有明显功效。传统民间通过天然晒制，制成散紫菜、紫菜饼、紫菜条。现在多机械化加工成紫菜饼，以及调味紫菜等产品。

平潭野生紫菜生长于浅海礁石上。1959年中国科学院青岛海洋研究所来岚考察紫菜生活史，将平潭紫菜其命名为"坛紫菜"。坛紫菜自然繁育生长有其特定的海域范围，县域北部、东部、东南部海域一带的岩石上均有繁育生长坛紫菜。特别是朝东北大风浪正面冲击的陡峭险峻的岩石，紫菜附苗率更高。1959年，县内开始人工育苗试验。1966年在海区试养紫菜取得成功。2020年，全区紫菜总产量1.42万吨。2003年，《平潭海洋功能区划》将东甲列岛列为坛紫菜繁育特别保护区，由周边5个岛屿组成，总面积2平方千米，主要保护坛紫菜及周边环境。2020年5月，平潭坛紫菜同时获得农业农村部农产品地理标志登记和国家知识产权局地理标志证明商标双重认证。

石花菜

石花菜俗称"磹花"，产于沿海中潮或低潮区的岩山上，有大石花菜、小石花菜、细毛石花菜三种，色呈紫褐色或淡黄色。石花菜是提取琼脂的主要原料，富有养分及红藻胶质，为滋阴补品。平潭石花菜均为野生。民间食用石花菜历史较久。

（二）海洋动物

"蓝眼泪"

平潭"蓝眼泪"在2013年8月13日首次发现，并先后在平潭龙凤头、坛南湾田美澳、远垱澳、长江澳等海域出现。"蓝眼泪"是一种在海底生存的微生物，可发出蓝光，因为细小如沙粒，随着海浪被冲上岸后，"蓝眼泪"的光芒很快就会失去。"蓝眼泪"现象一说是由夜光藻大量聚集引起的，夜光藻属于甲藻门，晚上会发出蓝色的光。一说是海萤的身体内有一种叫发光腺的奇特构造，受海浪拍打等刺激时，就会产生浅蓝色的光。在海浪的拍打下，不断出现荧光色的蓝点，整个海岸线犹如浩瀚的银河星空，让人仿佛置身在美妙世界里。"蓝眼泪"奇观可遇不可求，只有光污染影响小、环境优美无污染的地方才可以看到。每年4月到6月之间出现。而今，"蓝眼泪"已经成为平潭旅游的一张名片，越来越多的游客慕名而来，希望一睹"蓝眼泪"梦幻般的美景。

中国鲎

平潭是中国鲎盛产区。20世纪90年代前，年产量9500对左右。中国鲎的产卵地点必须在高潮带，许多中国鲎没能上岸就被捕捞走，少量成年的中国鲎有幸能到高潮带产卵，但脆弱的受精卵在发育成幼鲎之前往往因高潮带环境受人为干扰而夭折。由于幼鲎发育生长到成年鲎需要13至15年时间，大量的成年鲎被捕杀后，中国鲎资源已面临枯竭。1984年到2002年的十几年间，平潭中国鲎的产量缩减了90%以上。为加强中国鲎保护，2003年，平潭制定了《平潭海洋功能区划》，将坛南湾海区和敖东建民海区，总面积9.6平方千米，列为中国鲎特别保护区。

鲐鱼

鲐鱼俗称花鳀，为暖水性中上层鱼类，能作远距离洄游，趋光性强，6—7月盛产在北自福鼎、南至东山的海域。平潭捕捞网具有灯光围网、机围、流刺网等。鲐鱼为平潭经济鱼类之首，2020年产量7754吨。

鲳鱼

福建省是鲳鱼的主要产区之一，鲳鱼也是平潭捕捞作业的主要经济鱼类之一。《闽中海错疏》以"将鱼"为鲳鱼。民国版《平潭县志》载："将鱼，板身，口小，颈缩，肥腴而少鲠。"鲳鱼为暖水性中上层鱼类，渔汛4月下旬至8月中旬，常群栖息礁石水域中。平潭捕捞主要品种有乌鲳、灰鲳、银鲳、刺鲳、中国鲳、燕尾鲳等。2020年，平潭鲳鱼产量4073吨（含远洋捕捞）。

鳓鱼

鳓鱼为中上层鱼类。其肉嫩味美，乃广大群众喜爱的水产佳品之一。鳓鱼渔汛为2—6月，其中3—4月为盛产期。21世纪后，实施休渔政策后，鳓鱼产量逐年回升。2020年平潭鳓鱼产量165吨。

石斑鱼

石斑鱼栖息在礁石、岩穴、砂砾海域或礁盘浅海区，其肉质鲜美，营养价值高，是餐桌上的高档佳肴。石斑鱼捕捞作业有手持钓、竿钓、延绳钓三种。《福建省海洋渔具》载："钓类分布最广的要推石斑鱼手钓，以平潭县历史最久，产量最多。"20世纪80年代后期，人工石斑鱼养殖获得成功，网箱养石斑鱼迅速兴起，产量逐年提高。2020年平潭石斑鱼产量2265吨。

鲍鱼

平潭海域风浪大，海水交换顺畅，水质优良，所生产鲍鱼具有个头大、口感脆嫩、弹性好的特点。平潭鲍鱼贝壳坚实，呈稍扁卵圆形，壳顶较为凸起，壳面有不规则的环状皱褶，呼吸孔3~6个；足部肥厚，富有弹性、吸附力强；肉质呈淡黄色，天冬氨酸含量高，味道鲜美独特。目前平潭已形成鲍鱼育苗、养殖、加工、流通等完整的产业链。2020年全区鲍鱼产量22670吨。2020年12月，平潭鲍鱼获农业农村部农产品地理标志登记。

中国仙女蛤

中国仙女蛤为珍稀海产贝类，具有营养丰富、味道鲜美的特点，深受人们的喜爱，主要分布在东海、南海，但只有在平潭海坛湾一带形成种群资源。2003年，《平潭海洋功能区划》将海坛湾列为仙女蛤繁育特别保护区，由流水镇、岚城乡和澳前镇交界处岛礁及周边海域组成，总面积12平方千米。2008年成功培育了中国仙女蛤苗种。2011年在海坛湾实施仙女蛤增殖放流。2018年4月平潭的中国仙女蛤入选第三批"福建十大渔业品牌"。2019年实施中国仙女蛤育苗及浅海底播试验示范推广。

六、文化承载

（一）遗迹遗存

平潭壳丘头遗址群

壳丘头遗址位于海坛岛西北部的苏平镇山显美村南垄自然村，为1964年调查时发现。1985年至1986年春，福建博物馆考古队首次对遗址进行科学考古发掘，发掘面积772平方米，揭露贝壳坑、墓葬、柱洞等遗迹和一批丰富的陶、石、骨器等实物资料，并将其命名为"壳丘头类型文化"。其后至2016年，又历经两次发掘，最终共确认26处史前遗址。1991年，壳丘头文化遗址被列为省级文物保护单位。2019年10月，平潭壳丘头遗址群入选第八批全国重点文物保护单位。

（详见《海上福建（上）》）

平潭海坛海峡水下遗址

该遗址位于屿头乡北侧五州群礁的中心——碗礁附近，地处古代海上丝绸之路航线上。2005年水下考古发现，沉船年代为清康熙中期，船上承载物主要以瓷器为主，累计出水1.7万余件。主要器型有将军罐、大盘、花觚等。该古沉船遗址被命名为"碗礁1号"沉船遗址，是大陆沿海首个国家级水下遗址重点文物保护单位，也是福建乃至全国已知水下遗存分布最为密集、内涵丰富且文化面貌相对明确的水下遗存分布区。该遗址已确认"碗礁一号"清代沉船遗址和南宋、元代等10余处水下文化遗存。这些水下文化遗存的时代序列完整，从五代一直延续到清代，是研究论证古代海上丝绸之路贸易航线、港口及商贸交流的重要实物证据。2013年，遗址被列为全国重点文物保护单位。2016年6月，平潭海坛海峡水下文化遗址摸底调查，新发现两处宋元时期沉船遗址。2019年，海坛海峡水下遗址公园入选首批省级考古遗址公园。

招康垄烟墩遗址

该遗址位于平潭县苏平镇招康村西烟堆山上，系明嘉靖年间为防备倭寇所建，遗址面积120平方米。遗址有大小烟墩各一座，东西并列，平面呈圆形，石砌墩墙。西烟墩基，直径5米，火门长方形，东烟墩基，直径4米。火门朝北。两墩相距7米。北有司火者住所遗址，间有甬道相通，后立有旗杆石。现仅存烟墩基底，难以辨别火门朝向。1988年，招康垄烟墩遗址被列为县级文物保护单位。

龟山营寨遗址

该遗址位于平潭县金井镇北洋村三十六脚湖湖中的龟山上，系明末清初水军都督周鹤芝致力于抗清复明、镇守海坛岛时所建，遗址面积约6800平方米。遗址依山面水，地势险要，易守难攻。寨垣由块石和乱毛石垒砌，计有里、中、外三道，每道等高差约1.5米，里墙呈环形状，背山临湖；由里墙外扩8米为中墙，亦呈半环状；外墙由中墙向外扩12米，依山势起伏而建。三道留有残垣长分别为40、60、100余米。1988年，龟山营寨遗址被列为县级文物保护单位。

（二）非遗文化

藤牌操

藤牌操是由明朝抗倭名将戚继光传入平潭，有450多年的历史。戚继光研创战阵"鸳鸯阵"，成为明代抗倭战斗的主阵法，其后演变为藤牌操。明嘉靖四十三年（1564年），戚家军追倭剿灭窜踞平潭的倭寇，向乡勇授艺藤牌操，由此传入民间。清顺治期间，郑成功军队入驻平潭，进一步推动藤牌操在平潭的传播和普及。清乾隆年间，驻守平潭的海坛水师加以改进完善，逐渐形成藤牌操阵法，使其成为海坛水师必练军操。民国期间，民间武术拳师在沿袭原陈法的基础上，融入技击、体操、舞蹈等元素，形成现在民间的表演形式。藤牌操共有一字长蛇、二龙戏珠、三才走穴、四门兜底、五虎下山、六和三合、七星坠地、八卦圆场、九宫定胜、十面埋伏等十个阵法，以及数十种动作和三十六式样组成。2017年，藤牌操列入福建省非物质文化遗产代表性项目。

平潭藤牌操表演（念望舒　摄）

灯牌蛇

灯牌蛇又称龙牌灯、板凳龙。相传灯牌蛇源于明朝嘉靖年间，戚家军抗击倭寇，为吓阻敌人，戚继光命令士兵排灯行进，倭寇远远望去，以为是戚继光在调兵遣将，吓得不敢进犯。因此，民间相传灯牌蛇乃吉祥之物，能驱妖除怪，久而久之，元宵游蛇灯就形成风俗，代代传承。灯牌蛇以2米长的木板凳为灯座，每条板凳上安装一至三盏灯，用木条固定。巡游时，每人扛一灯座，手擎柱杖，相互衔接，连缀成一条逶迤摆动的板凳龙。龙头以竹篾制成，龙嘴装有花炮以便燃放，龙尾则由七八个人用粗绳拉紧，以防扭断灯架。长的灯牌蛇达150米，绵延曲折，灯影闪亮，伴以阵阵锣鼓，舞起来如同长蛇游动，场面颇为壮观。

平潭贝雕

平潭盛产贝、螺、蚌、蛤等海产品，有贝类169种，形态各异，色彩斑斓。平潭贝雕利用贝壳的天然色泽、纹理、形状，根据其奇异的造型、绚丽的色彩和精美的花纹，经过艺术构思、选料、总图设计分解、磨雕、粘贴等几十道艺术加工，精制成花鸟、山水、人物等浮雕、贝雕画等工艺品，形象逼真，尽其工艺之美。1959年8月，平潭成立地方国营贝壳工艺厂。其后工艺人员不断进行技术创新，采用平面拼贴、块片浮雕、坯模造型、螺向镶嵌等工艺技法，创作出圆雕、浮雕、嵌贝漆器、嵌贝仿古家具等6大类500多种产品，先后获得诸多奖项和荣誉。至1995年，平潭贝雕已远销国内20多个省市和世界40多个国家和地区。2019年，平潭贝雕被列入福建省政府公布的第六批省级非物质文化遗产代表性项目名录。

（三）特色建筑

一庙两城隍

五福庙又名威灵公庙，取福建省、福州府、福清县、福兴境以及筹建人陈福五个"福"字而名。该庙位于海坛街道辕门社区五福庙街西侧，明代始建。庙为木石结构，硬山屋顶，坐南朝北，面积940平方米，面阔三间，进深四间，殿供台湾城隍与都城隍。西辕门上石匾刻"五福境"，外有24级阶石。门内楣处书"平潭古迹"，门立于隐蔽的平坦巨岩上，为"平潭"地名之来源。五福庙因内祀都城隍和台湾城隍，民间称为"一庙两城隍"，佐证闽台两地文化交流及清代海坛水师戍台御敌的历史，为两岸信众所推崇。相传平潭班兵在海上曾遇大风，祈求家乡城隍爷保佑，终神明现身，安然脱险。其后平潭城隍爷作为保护神被移奉澎湖与台南，供于澎湖马公岛兵馆海山馆（平潭别称海山）的神像称"海山城隍"，移奉台南海山馆的则被称为"五福爷"。而台湾的城隍爷也同样作为保护神被班兵从台湾移奉海坛岛，供于五福庙。台湾城隍移奉平潭后，由福建赴台的官吏、将士、商人、船员多到此叩拜，祈求庇佑。台湾商船来平潭经商贸易时，也要到五福庙烧香祈福。另一说法，称甲午战争后清廷割让台湾，戍台官兵挥泪撤退，特将台湾城隍神像奉送到平潭驻地，安放于五福庙，以示对领土台湾的缅怀。2001年，五福庙被列入省级文物保护单位。

霞海寺

霞海寺位于金井镇苍霞垄村和东海村之间，故此得名。因寺后掘土，色如金屑，又称金土寺。据《平潭县志》（民国版）载，该寺始建于元代，清乾隆年间重修，同治二年（1863年）复修。此后修毁交替，几经沧桑。1996年后又经两度重修。寺为木石结构，三进三开间，呈阶梯式，硬山顶，双层燕尾翘脊，风火墙，抬梁穿斗木构架。寺分前庭、正殿、后殿。前庭中间设木构活动戏台。正殿楼阁式神龛，正中主祀五龙顺化王，两旁祀蔡帝爷、夫人、匡阜先生、观音、五显诸神。后殿设龛台，正中主祀如来佛，配祀文殊、普贤、弥勒佛、地藏王、观音诸菩萨。山门门额白石镌刻"霞海禅寺"四字。1988年，该寺被列为县级文物保护单位。

石头厝

"平潭岛，光长石头不长草，风沙满地跑，房子像碉堡……"这首民谣说的就是平潭岛独有的建筑群——石头厝。平潭岛上盛产花岗岩，勤劳聪慧的海岛先民就地取材，用岛上的石头搭建房屋，这些古厝是海岛人生存智慧的结晶，渗透着独特的海洋文化底蕴，是平潭古村落、古民居文化的承载者、传播者。石头厝外形简洁美观，而且冬暖夏凉，更重要的是其坚固性足可抵挡岛上频繁的台风、海潮的侵害。

（详见《海上福建（上）》）

（四）民间习俗

婚嫁习俗"六礼"

平潭旧时婚礼有六项内容，又称"六礼"，即纳采、问名、纳吉、纳征、请期、迎亲。经过岁月的洗礼，完全遵循古礼已不多见，但仍保留说媒、相亲、定亲、请期、迎亲等大部分形式，其中有些习俗颇具地方特色。说媒定亲，指媒人提亲后三日内，男女两家均平安无事，女家向男方查家当，男方到女家"相亲"

（让女方亲属相看男方），双方同意后，男方要过"上半礼"（聘金的一半）给女家，也称订婚。男方在结婚前一夜，要备简单酒菜招待族亲，此夜称"闹厅晡"。到了结婚日，新郎到女家去迎亲，叫作"邀新人"。迎亲上午男方家要向女方家送礼，女方家要回礼（一般为"四果"：冬瓜条、红枣、桂园、糖果）。迎亲多在下午进行。自新娘进门至新郎、新娘进入新房，若干环节中各有相应的禁忌。宴会后，新女婿还要封一"红包"压在自己席位桌上，俗称"压桌"。新娘出嫁后第三天，要回门。娘家将派人（大多数是新娘弟辈）请新婚夫妇回娘家，俗称"归宁"，也称作"请回门"或"请头行""请三日"，后来逐步改为结婚次日就回门。回门宴结束，新婚夫妇即双双回家。而娘家则要用平潭本地所产的鱼篓装上一只公鸡、一只母鸡以及若干线面（称"外孙面"），让新婚夫妇带回婆家，以示祝福早生贵子。至此，婚嫁礼仪方告一段落。

七、海岛渔村

北港文创村

北港村位于平潭县君山镇君山东南侧山脚，村落沿港湾一带自然聚集形成。村子周边山田相依，靠山面海，站在高处眺望，村中石头厝尽收眼底，层层叠叠，配以海水，宛如一幅素雅的水墨画。村中完整地保留了传统的石构建筑风貌，石头厝以青色、灰色花岗岩为墙体，屋顶红色和灰色瓦片覆盖，上覆形态各异的鹅卵石，石头屋总计241座。

北港文创村以"原生态+现代化"理念为引领，以文创为要素，将原始海岛渔村融入台湾文化，营造两岸共同家园的文化创意聚落区，同时整合周边原生态的山、石、田、海等旅游资源，打造国际知名原生态海岛和渔村文化旅游目的地。现已形成以"石头会唱歌""望乡人""石厝人家"等石厝民宿为中心的文创聚落品牌，形成文化创作、民宿体验、休闲旅游为一体的特色主题村。

北港村2017年被列入福建省乡村旅游创客示范基地；2019年入选第一批全国

乡村旅游重点村，获评"中国美丽休闲乡村"；2021年入选全国首批地质文化村（镇）名录。

上攀历史文化村

上攀村，位于海坛岛东北部，平潭县苏平镇辖区内。由于处在平潭五大洋（洋是指由风、海堆积物发育形成的滨海平原）之一的"上攀洋"而得名。村子依山傍海，临近长江澳风景区，在沙滩边拥有一整片林带，具有秀美的田园风光。

村中保留着340余座历经百年的老石头厝群落，2018年此村落建筑群被列为福建省第九批省级文物保护单位。龟山遗址坐落在上攀村，该遗址为壳丘头文化遗址重要组成部分，具有很高的历史文化价值，1991年被列为省级文物保护单位，2017年被列为第八批全国文物保护单位。2017年，国际南岛语族考古研究基地落地上攀村。基地依托壳丘头文化遗址聚落群而建，征用村中传统石头厝作为考古基地，进行开发建设。上攀村汇聚国际南岛语族考古研究基地、石头厝、滨海沙滩、田园风光、长江澳风车等旅游资源优势，进行文化与旅游融合开发。村口建有遗址休闲公园，村中游览步道、路灯、景光灯、指示路牌等旅游设施配套完善，村中布设有蹲坐各式木雕人像、浮雕歇脚木凳，铺设有青石板步道，处处彰显着浓厚的古老气息。

上攀村现已形成集休闲、旅游、观光为一体的历史文化村，拥有"百镇千村旅游村""乡村振兴试点村"等称号，2019年获评"福建省四星级乡村旅游休闲集镇与旅游村"；2020年，被列为第二批全国乡村旅游重点村。

国彩红色旅游村

国彩村，原称北盾、北党，1948年改称伯塘村，中华人民共和国成立后，为纪念吴国彩烈士，遂取现名国彩村。村庄位于海坛岛西北面，平潭县苏平镇辖区内。三面环山，一面临海。

全村以吴姓为主，吴姓村民于明万历年间迁移至此，已有四百多年的历史。村内的伯塘吴氏宗祠始建于清光绪元年（1875年），是平潭唯一的吴氏宗祠。村中红瓦灰墙的古朴石头厝密密匝匝在海岸边上错落分布。石头厝多是临海而立，天晴的时候，湛蓝清凌的海水、细白柔软的沙滩以及"种"在沙滩上的白色风车，使这片海岸静谧美好得犹如童话世界。

国彩村有着光荣的革命传统。抗日战争时期，村中成立了抗日自卫队，并参加抗击日寇的战斗。解放战争时期，成立武工队，开展武装革命斗争。1949年5月5日，平潭人民游击支队解放平潭时，伯塘村籍队员占三分之一。他们个个英勇善战、视死如归，吴国彩在战斗中英勇牺牲，为平潭解放书写了可歌可泣的历史篇章。

国彩村以红色资源为本源，发挥天蓝水清山美的环境优势，围绕"红色文化+乡村生态旅游"，大力发展特色产业，秉承"现代化+原生态"理念，对闲置、废旧的石头厝加以改造提升，打造特色海岛渔村民宿。现已开发海洋文化体验旅游、滨海渔村观光休闲游、拉网捕鱼体验、海上运动休闲等类型旅游项目。2009年获得"省级生态村"称号；2013年成为全国"美丽乡村"创建试点乡村；2015年被列入国家级乡村旅游品牌；2015年被列入福建省首批传统村落名单；2019年入选福建省金牌旅游村。

八、美食特产

平潭人日常食用的海产品有海蛎、蛏、蛤、蚶、紫菜、海带、虾、鲳鱼、带鱼、马鲛鱼、鳗鱼、鱿鱼、墨鱼、小黄鱼等。其中，金色小沙丁鱼、红石斑鱼、龟足、东庠门金鲟、三疣梭子蟹、坛紫菜、石花菜（即"草燕"）均是平潭的特色海产，具有极高的经济价值和营养价值。平潭特产有"三鲜三宝三贡品"，三鲜为丁香鱼、目鱼干、虾米；三宝为水仙花、贝雕、草燕；三贡品为金鲟、坛紫菜、蝴蝶干。

（一）传统佳肴

平潭菜系以闽菜为主。因四面环海，海产丰富，传统佳肴自然以海鲜为主要原料。

香炒龟足

平潭方言称龟足为"黄吉",又根据其外形,俗称"笔架"或"皇冠"。把龟足用绍酒、葱、盐、味精、白糖调拌后腌制10分钟,投入香油中炒至金黄色即可。该菜肴虽做法简单,但其味道鲜嫩,而且因龟足产量稀少而备受食客喜爱。

金蟳糯米饭

平潭民谚云"东庠金蟳,世上难寻",因此东庠蟳蒸糯米饭成为平潭宴席中的一道名菜。其做法是:将东庠的活金蟳泡在陈年老酒里,待"醉"后将之切块,加入香菇、冬笋以及其他的调味佐料,装入瓷盆,下面铺上湿透的糯米,加入陈年老酒及少量水,加盖入锅蒸熟即可。该菜色艳味醇,而且具有很好的滋补作用,为幼儿学步时必食之物。

油爆石拒

石拒属章鱼科,学名长腕蛸。秋冬季常穴居近海水域沙泥岩礁处。食用时,用木槌砸数百下,待肉质松软,将其脚切成横断面小段,用旺火重油爆炒,加佐料等,肉脆味丰。民间烹调的石拒羹,亦清醇可口。

蝴蝶赤肉汤

厚壳贻贝,为平潭一大特产。粒大肉肥,生剖晒干,呈黄褐色蝴蝶状,称"蝴蝶干"。平潭蝴蝶干炖赤肉,为宴席名菜。蝴蝶干、赤肉洗净后,放入锅内加清水,温火慢煨至烂熟,加少许盐,不加佐料,其汤色橙黄清澈,汤汁鲜美,清香,富有营养,有滋阴健胃功效。

坛紫菜炖肉

自然生产的坛紫菜是平潭一大特产。紫菜状如丝带,色若紫缎,味同甘饴,乃海珍上品。坛紫菜特别细嫩,晒干可久贮备用。煨焖紫菜加赤猪肉,其香扑鼻,美味舒心,为筵席佳者。

（二）特色小吃

鱼面、鱼片

鱼面是平潭特有佳肴。以黄瓜鱼或马鲛鱼为主料，将鱼肉捣成稀糊状，加少量食盐与调味品，粘上适量研末薯粉，碾成薄皮，切成细丝煮熟，捞起冷却。烹饪时，配蟹块、肉丁、虾仁、花菜、木耳、葱段、胡椒粉等佐料，入高汤煮滚即可。色、香、味俱佳，嫩中带脆，味荤且清。炒烹皆宜。若将薄片切成块状，则称为"鱼片"。

炸油茧

炸油茧的皮和咸粿做法一样。馅料用炒的花生研成碎粒，再加芝麻、白糖、葱头油等搅拌做成馅，将馅裹入皮中，捏成饺子状，入油锅炸熟，香甜可口，美其名曰"天长地久"。也可用煮，称为"拗九"。

（三）土特产品

蝴蝶干

厚壳贻贝，盛产于平潭北部、东部和南部的100多个礁屿，资源丰富。采收、加工贻贝有300多年历史。厚壳贻贝俗称壳菜，古时誉称"东海夫人"。生剥鲜肉晒干，形成蝴蝶状，故称"蝴蝶干"，干品呈金黄略带淡褐色，肉厚味美，含蛋白质55%，糖分19.7%，脂肪7%，并有无机盐及多种维生素，铁、碘、钙含量亦丰，且有良好的医药疗效。贻贝能治虚劳伤惫、精血衰少、吐血久痢、肠鸣腰痛等症，产后妇女食用尤宜。

丁香鱼

丁香鱼俗称"白瓦"，是平潭水产珍品。身圆头尾尖，体长3~5厘米，状若钉子，故称"丁香"。渔家把绝大部分丁香鱼晒成干品，其呈半透明，肉质细嫩，味中可口，营养丰富。平潭人常用来煮粥食用。佐餐时，用它泡汤，或拌凉菜或炒蛋等均宜，香味扑鼻，生津开胃。据药典记载："海蜓，味咸性温，有清热、止泻之功效。"平潭民间还用于治疗慢性肠炎、肺结核等病症。

草燕

草燕色呈紫褐色或淡黄色，是一种富含琼脂海藻的石花菜，富含养分及红藻胶质，为滋阴补品。平潭民间食俗：把石花菜放在清水中洗净加醋熬汤，去渣过滤，冷却后凝成胶状透明半固体，晶莹如玉。把冷胶放在碗里搅碎，加白糖、香精和冰水，成为冻粉，名为"草燕"，清凉爽口，是消夏之冷饮佳品。

（编纂：蔡荫、黄跃平、游岚钦

审稿：吴惠凤、欧晶群、李加盛、郑娴凌、林茜）

后　记

2021年以来，福建省委党史方志办聚焦省委提出的发展"海洋经济"战略，组织编纂"蓝色福建　向海图强"丛书，全方位展示福建海洋历史发展、现实状况和未来战略的图景。其中，《海上福建》由"福建篇"（上册）和"市县篇"（下册）组成。"福建篇"从全省的角度，重点梳理了"海上福建"的资源空间与发展位势，并分别以沿海岛屿、海岸沙滩、海港海湾、生物资源、历史人文、特色村镇、美食特产等为视角，全方位反映福建沿海地区丰富的海洋资源、独特的历史人文、多彩的风情风貌等。"市县篇"则对沿海市、县（区）逐一进行集中的展现、精心的描绘，彰显地域特色，散发文化气息，传递乡土风味。全书还辅以大量图片，生动直观地展示了福建沿海地区独特的风情和魅力。

本书的编写由福建省委党史方志办室务会议统筹规划和组织协调，黄誌牵头负责，曹宛红具体负责。沿海设区市和平潭综合实验区的"市县篇"编写工作，分别由林毅敏、唐明娟、朱建池、周顺安、陈国华、吴乃意、吴惠凤统筹组织。

2022年1月，本书编写工作启动。福建省委党史方志办先后向沿海市、县（区）和平潭党史方志部门发出编纂工作通知、图照征集通知，各地闻风而动，精心组织，开始编写初稿。本书由市县志指导处牵头，秘书处、人事处、省方志馆等处（馆）积极支持、配合。4月，"福建篇"完成初稿；经过着力推动，"市县篇"也于6月完成初稿，并汇总到市县志指导处统稿把关。后经多次修改、补充，整理提供图照，反复打磨完善，"福建篇""市县篇"分别于7月和9月交付出版审校。本书具体编纂工作分工如下：张维义负责全书策划统稿，胡志明负责《丰富的生物资源》章，孙洁斐负责《美丽的海岛明珠》《璀璨的海岸沙滩》《天然的海港海湾》章，田保家负责《独特的历史人文》章，肖菊香负责《海边的特色村镇》《沿海的美食特产》章，《蓝色纵贯线》章由曹斌、李莉、孙众超执笔。"市县篇"由沿海市、县（区）和平潭党史方志部门组织编写，市县志指导处牵头统稿；照片（含未署名照片）主要由沿海市、县（区）和平潭党史方志部门搜集提供，滕元明、谢燕燕汇集整理。

本书资料主要来源于省内志书、年鉴及其他地情书籍，以及省内外海洋相关部门出版的书籍和官方网站信息等。

特别鸣谢福建省财政厅、全省沿海市、县（区）和平潭党史方志部门、福建人民出版社给予的大力支持和帮助。

限于我们的学识和编写水平，本书难免有疏漏之处，敬祈读者批评指正。

本书编写组

2023年12月